PONS

Bildwörterbuch

Japanisch

Deutsch

PONS Langenscheidt GmbH
Stuttgart

INHALT

目次

mokuji

14

MENSCHEN
人
hito

36

ZU HAUSE
家で
uchi de

66

ESSEN UND TRINKEN
食べ物と飲み物
tabemono to nomimono

102

UNTERWEGS
外出中
gaishutsu chū

128

IN DER STADT
町で
machi de

146

BILDUNG UND BERUF
教育と職業
kyōiku to shokugyō

170

KOMMUNI-KATION
コミュニケーション
komyunikēshon

186

SPORT UND FITNESS
スポーツとフィットネス
supōtsu to fittonesu

212

FREIZEIT
余暇
yoka

236

KÖRPER UND GESUNDHEIT
身体と健康
shintai to kenkō

266

NOTFÄLLE
緊急の場合
kinkyū no baai

276

ERDE UND NATUR
地球と自然
chikyū to shizen

320

ZAHLEN UND MAßE
数と計測単位
kazu to keisokutani

332
IN JAPAN
日本で
nihon de

346 DIE WICHTIGSTEN SÄTZE
最も重要な文章
mottomo jūyō na bunshō
DIE VERBEN
動詞
dōshi

394 INDEX
索引
sakuin

MENSCHEN –
人 hito **14**

DIE FAMILIE – 家族 kazoku **16**
Der Stammbaum – 家系図 kakeizu 16
BEZIEHUNGEN – 人間関係 ningen kankei **18**
Familie und Lebensphasen – 家族と人生段階 kazoku to jinseidankai 18
Begrüßen und verabschieden – 挨拶と別れを告げる aisatsu to wakare o tsugeru 19
EREIGNISSE IM LEBEN – 人生の出来事 jinsei no dekigoto **21**
Feste – 祝祭 shukusai 20
Wendepunkte – 転機 tenki 21
MENSCHEN BESCHREIBEN – 人を描写する hito o byōsha suru **22**
Das Gesicht – 顔 kao 22
Das Haar – 髪の毛 kami no ke 23
Die äußere Erscheinung – 外見 gaiken 24
Gefühle und Persönlichkeit – 気持ちとパーソナリティ kimochi to pāsonaritī 25
DIE KLEIDUNG – 衣服 ifuku **27**
Babysachen – ベビー用品 bebī yōhin 27
DIE KLEIDUNG – 衣服 ifuku **28**
Unisex-Kleidung – ユニセックス衣服 yunisekkusu ifuku 28
Herrenkleidung – 紳士服 shinshi fuku 29
Damenkleidung – 婦人服 fujin fuku 30
Accessoires – 装身具 sōshingu 32
Schuhe und Lederwaren – 靴と革製品 kutsu to kawaseihin 33
DIE KÖRPERPFLEGE – 体の手入れ karada no teire **34**
SCHMINKSACHEN – 化粧品 keshōhin **35**

ZU HAUSE –
家で uchi de **36**

DIE WOHNUNG – 住宅 jūtaku **38**
DAS HAUS – 家 ie **40**
Der Eingang – 入口 iriguchi 41
Das Wohnzimmer – 居間 ima 42
Das Esszimmer – ダイニングルーム dainingu rūmu 43
Die Küche – 台所 daidokoro 44
Küchengeräte – 台所用器具 daidokoro kigu 45
Koch- und Backutensilien – 調理と製菓器具 chōri to sēka kigu 46
Das Schlafzimmer – 寝室 shinshitsu 49
Das Kinderzimmer – 子供部屋 kodomobeya 50
Das Jugendzimmer – 子供部屋 kodomobeya 51
Das Arbeitszimmer – 書斎 shosai 52
Das Badezimmer – 浴室 yokushitsu 53
Sanitäre Anlagen – 衛生設備 eisei setsubi 54
Im Badezimmer – 浴室で yokushitsu de 55
Die Waschküche – 洗濯場 sentaku ba 56
Reinigungsartikel – 掃除道具 sōji dōgu 57
Die Heimwerkstatt – 作業場 sagyōba 58
Renovieren – リフォーム rifōmu 61
Strom und Heizung – 電気と暖房 denki to danbō 62
DER GARTEN – 庭 niwa **63**
Gartengeräte – 園芸用具 engei yōgu 64
Die Gartenarbeit – 園芸 engei 65

ESSEN UND TRINKEN –
食べ物と飲み物 tabemono to nomimono **66**

TIERISCHE PRODUKTE – 動物性食品 dōbutsu sei shokuhin **68**
Fleisch – 肉 niku 68
Geflügel – 鳥肉 toriniku 69
Fisch – 魚 sakana 70
Meeresfrüchte – 魚介類 gyokai rui 71
Milchprodukte und Eier – 乳製品と卵 nyūseihin to tamago 72
GEMÜSE – 野菜 yasai **74**
Wurzelgemüse – 根菜類 konsai rui 75
Blattgemüse – 葉菜類 yōsai rui 76
Fruchtgemüse – 果菜類 kasai rui 77
Hülsenfrüchte – 豆果 tōka 78
OBST – 果物 kudamono **79**
Beeren und Steinobst – ベリーと核果 berī to kakuka 79
Exotische Früchte – エキゾチックな果実 ekizochikku na kajitsu 80
Zitrusfrüchte und Melonen – 柑橘類とメロン kankitsu rui to meron 81
Nüsse und Trockenobst – ナッツとドライフルーツ nattsu to dorai furūtsu 82
KRÄUTER UND GEWÜRZE – ハーブと香辛料 hābu to kōshinryō **83**
Kräuter – ハーブ hābu 83
Gewürze – 香辛料 kōshinryō 84
Würzmittel und Soßen – スパイスとソース supaisu to sōsu 85
GETREIDE UND MEHL – 穀物と小麦粉 kokumotsu to komugiko **86**
Brot – パン pan 88
Brotaufstriche – スプレッド supureddo 89

GETRÄNKE – 飲料 inryō ... **90**
Erfrischungsgetränke – 清涼飲料水 seiryōinryōsui ... 90
Heißgetränke – ホットドリンク hotto dorinku ... 91
Alkoholische Getränke – アルコール飲料 arukōruinryō ... 92
KOCHEN – 料理する ryōri suru ... **93**
Zubereitung – 調理 chōri ... 93
GERICHTE UND MAHLZEITEN – 料理と食事 ryōri to shokuji ... **94**
Das Frühstück – 朝食 chōshoku ... 94
Snacks und Knabbereien – スナックとおつまみ sunakku to otsumami ... 96
Das Fastfood – ファーストフード fāsuto fūdo ... 97
Hauptmahlzeit – 正餐 seisan ... 98
Im Restaurant – レストランで resutoran de ... 99
Geschirr und Besteck – 食器とカラトリー shokki to karatorī ... 100
DIE ERNÄHRUNG – 食習慣 shoku shūkan ... **101**

UNTERWEGS – 外出中 gaishutsu chū ... 102

STRAßEN UND VERKEHR – 道路と交通 dōro to kōtsū ... **104**
Verkehrsschilder – 道路標識板 dōro hyōshikiban ... 106
DAS AUTO – 自動車 jidōsha ... **107**
Autotypen – 車のタイプ kuruma no taipu ... 107
Das Auto - Außenansicht – 自動車一外観 jidōsha – gaikan ... 108
Das Auto - Innenausstattung – 自動車一内装 jidōsha – naisō ... 110
Die Tankstelle – ガソリンスタンド gasorin sutando ... 111
DER BUS – バス basu ... **113**
DAS MOTORRAD – オートバイ ōtobai ... **114**
DAS FAHRRAD – 自転車 jitensha ... **116**
DAS LASTKRAFTFAHRZEUG – トラック torakku ... **118**
WEITERE FAHRZEUGE – その他の乗り物 sonota no norimono ... **119**
DER ZUG – 列車 ressha ... **120**
Am Bahnhof – 駅で eki de ... 121
DAS FLUGZEUG – 飛行機 hikōki ... **122**
Im Flugzeug – 機内で kinai de ... 123
Am Flughafen – 空港で kūkō de ... 124
DAS SCHIFF – 船舶 senpaku ... **126**
Der Hafen – 港 minato ... 127

IN DER STADT – 町で machi de ... 128

DIE INNENSTADT – 都心 toshin ... **130**
Gebäude in der Innenstadt – 都心の建物 toshin no tatemono ... 132
Auf der Straße – 通りで tōri de ... 133
Das Hotel – ホテル hoteru ... 134
Die Bank – 銀行 ginkō ... 136
EINKAUFEN – 買い物 kaimono ... **138**
Läden und Geschäfte – 店と商店 mise to shōten ... 138
Der Supermarkt – スーパー sūpā ... 140
Der Kiosk – キオスク kiosuku ... 142
CAFÉS UND BARS – 喫茶店とバー kissaten to bā ... **143**
SEHENSWÜRDIGKEITEN – 観光名所 kankōmeisho ... **144**
DIE ARCHITEKTUR – 建築 kenchiku ... **145**

BILDUNG UND BERUF – 教育と職業 kyōiku to shokugyō ... 146

DIE SCHULE – 学校 gakkō ... **148**
Das Klassenzimmer – 教室 kyōshitsu ... 149
Die Schulfächer – 教科 kyōka ... 150
Im Labor – 実験室で jikkenshitsu de ... 152
In der Pause – 休憩時間に kyūkei jikan ni ... 154
Die Sporthalle – 体育館 taiikukan ... 155
DIE UNIVERSITÄT – 大学 daigaku ... **156**
DIE ARBEITSWELT – 仕事の世界 shigoto no sekai ... **159**
Die Bewerbung – 応募 ōbo ... 159
Berufe – 職業 shokugyō ... 160
Das Organigramm – 会社の組織 kaisha no soshiki ... 164
DAS BÜRO – オフィス ofisu ... **166**
Büromöbel – オフィス家具 ofisu kagu ... 166
Der Bürobedarf – 事務用品 jimu yōhin ... 167
Der Besprechungsraum – 会議室 kaigi shitsu ... 168
Der Büroalltag – オフィスの日常 ofisu no nichijō ... 169

KOMMUNIKATION – コミュニケーション komyunikēshon ... 170

DER COMPUTER – コンピューター konpyūtā ... **172**
Der Desktop-Computer – デスクトップコンピューター desukutoppu konpyūtā ... 172
Hardware und Zubehör – ハードウエアと付属部品 hādouea to fuzokubuhin ... 173
Am Computer arbeiten – コンピューターで作業をする konpyūtā de sagyō o suru ... 174

Das Internet – インターネット intānetto ... 176
Mobile Endgeräte – モバイル装置 mobairu sōchi ... 177
DAS TELEFON – 電話 denwa ... **178**
DIE MEDIEN – メディア media ... **179**
Das Fernsehen – テレビ terebi ... 179
Das Radio – ラジオ rajio ... 181
Die Printmedien – プリントメディア purinto media ... 182
DIE POST – 郵便 yūbin ... **184**

SPORT UND FITNESS – スポーツとフィットネス supōtsu to fittonesu ... **186**

BALLSPORTARTEN – 球技種目 kyūgi shumoku ... **188**
Der Fußball – サッカー sakkā ... 188
Der Handball – ハンドボール handobōru ... 191
Der Volleyball – バレーボール barēbōru ... 192
Der Basketball – バスケットボール basuketto bōru ... 193
WEITERE BALLSPORTARTEN – その他の球技 sonota no kyūgi ... **194**
BALLSPORTARTEN MIT SCHLÄGERN – ラケットを用いた球技 raketto o mochiita kyūgi ... **195**
Das Badminton – バドミントン badominton ... 195
Das Tennis – テニス tenisu ... 196
Das Tischtennis – 卓球 takkyū ... 197
DAS GOLF – ゴルフ gorufu ... **198**
DER WASSERSPORT – 水上競技 suijōkyōgi ... **200**
Das Segeln – セーリング sēringu ... 200
Das Tauchen – ダイビング daibingu ... 201
DER REITSPORT – 乗馬 jōba ... **202**
DAS ANGELN – 釣り tsuri ... **204**
DER WINTERSPORT – ウインタースポーツ uintā supōtsu ... **206**
SONSTIGE SPORTARTEN – その他のスポーツ sonota no supōtsu ... **208**
DIE FITNESS – フィットネス fittonesu ... **210**

FREIZEIT – 余暇 yoka ... **212**

DAS THEATER – 劇場 gekijō ... **214**
DIE MUSIK – 音楽 ongaku ... **216**
Das Orchester – オーケストラ ōkesutora ... 216
Die Musikinstrumente – 楽器 gakki ... 217
HOBBYS – 趣味 shumi ... **220**
Kunst und Basteln – 美術と工作 bijutsu to kōsaku ... 221
Nähen und Stricken – 縫い物と編み物 nuimono to amimono ... 224
Das Kino – 映画館 eigakan ... 227
Fotografieren – 写真を撮る shashin o toru ... 228
Spiele – ゲーム gēmu ... 230
FERIEN – 休暇 kyūka ... **232**
Am Strand – 浜辺で hamabe de ... 232
Das Zelten – キャンプ kyanpu ... 234

KÖRPER UND GESUNDHEIT – 身体と健康 shintai to kenkō ... **236**

DER KÖRPER – 身体 shintai ... **238**
Die Hand und der Fuß – 手と足 te to ashi ... 240
Der Kopf – 頭 atama ... 241
Die Muskeln – 筋肉 kinniku ... 242
Das Skelett – 骨格 kokkaku ... 243
Die inneren Organe – 内臓 naizō ... 244
Die Körpersysteme – 身体のシステム shintai no sisutemu ... 245
Die Geschlechtsorgane – 性器 seiki ... 246
SCHWANGERSCHAFT UND GEBURT – 妊娠と出産 ninshin to shussan ... **248**
DER ARZTBESUCH – 診察 shinsatsu ... **250**
SYMPTOME UND KRANKHEITEN – 症状と病気 shōjō to byōki ... **251**
BEHINDERUNGEN – 障害 shōgai ... **254**
VERLETZUNGEN – けが kega ... **255**
BEIM ZAHNARZT – 歯医者で haisha de ... **256**
BEIM AUGENOPTIKER – 眼鏡屋で meganeya de ... **258**
IM KRANKENHAUS – 病院で byōin de ... **259**
Die Chirurgie – 外科 geka ... 260
Die Unfallstation – 救急病棟 kyūkyūbyōtō ... 261
DIE APOTHEKE – 薬局 yakkyoku ... **262**
DIE ALTERNATIVMEDIZIN – 代替医療 daigae iryō ... **264**
WELLNESS – ウェルネス uerunesu ... **265**

NOTFÄLLE – 緊急の場合 kinkyū no baai ... **266**

ERSTE HILFE – 応急処置 ōkyūshochi ... **268**
DIE POLIZEI – 警察 keisatsu ... **270**
DIE FEUERWEHR – 消防署 shōbōsho ... **272**
IN DEN BERGEN – 山で yama de ... **273**

DAS MEER – 海 umi **274**
WEITERE NOTSITUATIONEN –
その他の緊急事態 sono ta no kinkyūjitai **275**

ERDE UND NATUR –
地球と自然 chikyū to shizen **276**

DER WELTRAUM – 宇宙 uchū **278**
DIE ERDE – 地球 chikyū **281**
DIE WELTKARTE – 世界地図 sekai chizu **283**
UN-MITGLIEDSSTAATEN –
国際連合加盟国 kokusai rengō kameikoku **285**
Europa – ヨーロッパ yōroppa 285
Nord- und Mittelamerika –
北アメリカと中米 kita amerika to chūbei 287
Südamerika – 南アメリカ minami amerika 289
Afrika – アフリカ afurika 290
Asien – アジア ajia 293
Ozeanien – オセアニア oseania 296
Internationale Organisationen –
国際組織 kokusai soshiki 297
DAS WETTER – 天気 tenki **298**
Naturkatastrophen – 自然災害 shizen saigai 300
DIE LANDSCHAFT – 地勢 keikan **301**
STEINE UND MINERALIEN –
石と鉱物 ishi to kōbutsu **303**
Edel- und Halbedelsteine –
宝石と準宝石 hōseki to junhōseki 304
PFLANZEN – 植物 shokubutsu 305
Bäume – 樹木 jumoku 305
Wildpflanzen – 野生植物 yasei shokubutsu 306
Zierblumen – 観賞用草花 kanshōyō kusabana 307
Gartenpflanzen – 園芸植物 engei shokubutsu 309
TIERE – 動物 dōbutsu **310**
Säugetiere – 哺乳類 honyūrui 310
Vögel – 鳥類 chōrui 314
Reptilien und Amphibien –
爬虫類と両生類 hachūrui to ryōseirui 316
Fische – 魚類 gyorui 317
Insekten und Spinnen –
昆虫と蜘蛛 konchū to kumo 318

ZAHLEN UND MAßE –
数と計測単位 kazu to keisokutani **320**

DIE ZAHLEN – 数 kazu **322**
Die Kardinalzahlen – 基数 kisū 322
Die Ordinalzahlen – 序数 josū 323
Die Bruchzahlen – 分数 bunsū 324
Weitere Zahlwörter –
その他の数詞 sonota no sūshi 325
DIE ZEIT – 時間 jikan **324**
Die Uhrzeit – 時刻 jikoku 326
Tag und Nacht – 日中と夜 nicchū to yoru 328
Der Kalender – カレンダー karendā 329
MAßE – 計測単位 keisokutani **330**
DAS GEWICHT – 重量 jūryō **331**
DIE WÄHRUNG – 通貨 tsūka **331**

IN JAPAN –
日本で nihon de **332**

TRADITIONELLE KULTUR –
伝統文化 dentō bunka **334**
VIER JAHRESZEITEN UND FESTE –
季節と行事 kisetsu to gyō ji **335**
Der Frühling – 春 haru 335
Der Sommer – 夏 natsu 336
Der Herbst – 秋 aki 336
Der Winter – 冬 fuyu 337
WAHRZEICHEN UND TOURISTISCHE ATTRAKTIONEN – ランドマークと観光名所
randomāku to kankōmeisho **338**
ESSEN UND TRINKEN –
食べ物と飲み物 tabemono to nomimono **339**
Süßwaren – 和菓子 wagashi 341
MUSIKINSTRUMENTE – 和楽器 wagakki **342**
SPORT – スポーツ supōtsu **342**
FREIZEIT – 余暇 yoka **343**
UNTERWEGS – 外出 gaishutsu **344**
BRAUCHTUM – 慣習 kanshū **345**

DIE WICHTIGSTEN SÄTZE –
最も重要な文章 mottomo jūyō na bunshō **346**

DIE VERBEN –
動詞 dōshi **351**

INDEX DEUTSCH –
索引　ドイツ語 sakuin doitsugo **394**

INDEX JAPANISCH –
索引　日本語 sakuin nihongo **417**

LEICHTER LERNEN MIT BILDERN – WARUM IST DAS SO?

Liebe Leserin, lieber Leser,

wie wichtig die Bedeutung von Bildern ist, wenn es um das Merken von Begriffen geht, wissen wir seit Jahren aus der Lernpsychologie. Kennen Sie das? Wenn Sie ein Bild zu einem Wort sehen, bleibt das Wort viel schneller im Gedächtnis haften, als wenn es nur geschrieben dasteht. Und wenn es darum geht, in einer fremden Sprache Wortschatz nicht nur nachzuschlagen, sondern auch zu verstehen und ihn sich zu merken, unterstützen die Bilder Sie dabei, sich die Wörter schneller und besser einzuprägen. Das hat ganz einfache Gründe:

→ **Bilder wirken schneller und direkter als reiner Text**. *Schon als kleine Kinder denken wir in Bildern und können sie ganz intuitiv entschlüsseln, interpretieren und aufnehmen. Sind Bilder mit Wörtern verknüpft, bilden sie eine Einheit, die unser Gehirn mit hoher Effizienz verarbeitet und abspeichert.*

→ **Bilder erleichtern und unterstützen das Verständnis.** *Sie vermitteln Zusammenhänge und liefern uns deutlich mehr Informationen als nur Text alleine.*

→ **Bilder sind emotional.** *Sie wecken unser Interesse, steigern unsere Motivation und bleiben besser im Gedächtnis haften als einzelne Wörter.*

→ **Bilder machen Freude.** *Wo viel Text abschreckt, sorgen Bilder dafür, dass uns das Lernen Spaß macht, und wir bleiben länger bei der Sache.*

Gesehen, verstanden und schon gemerkt – so leicht kann das visuelle Lernen sein. Überzeugen Sie sich selbst!

Ihre

PONS-Redaktion

図解で簡単に学ぶ － どうしてでしょうか。

読者の皆様、

言葉を覚える際に図解の意義がいかに重要かということは、学習心理学から何年も前から分かっていることです。ご存知でしたでしょうか。単語に図解が添えられていると、単に書かれた言葉よりずっと速く記憶に留まるものです。外国語の単語を辞書で調べるだけでなく理解し覚える場合、図解のサポートで言葉をより速くより良く覚えられます。

これには単純な理由があります：

→ **図解は単なる文字より、素早く直接影響を及ぼします。**既に幼児期から私達は図解を見て考え、直観的に解読、解釈し吸収しています。図解と言葉を結びつけると、頭が高効率で整理、保存し一体をなします。

→ **図解は理解を容易にし、サポートします。**図解は関連性を伝え、文字だけよりも明らかに多くの情報を提供します。

→ **図解は感情に訴えます。**図解は興味を呼び起こし、やる気を高め、個別の文字より良く記憶に残ります。

→ **図解は喜びをもたらします。**多くの文字にうんざりした時でも、図解によって学習が楽しくなり、長い間集中できます。

見て、理解し、既に覚えました　—　視覚的学習はそれほど簡単なのです。どうかご自身で確かめて見てください。

PONS 編集部

SO ARBEITEN SIE EFFIZIENT MIT DEM BILDWÖRTERBUCH

die Erdbeere
いちご
ichigo

die Himbeere
ラズベリー
razuberī

die Brombeere
ブラックベリー
burakku berī

die Heidelbeere
ブルーベリー
burūberī

Ganz gleich, ob Sie erst anfangen, eine Fremdsprache zu erlernen, oder ob Sie bereits über gute Sprachkenntnisse verfügen: Dieses Wörterbuch ist Ihr idealer Begleiter. Für jede Sprache decken rund 8.000 Begriffe alle Bereiche des Alltags ab und die Kombination von Wort und Bild ermöglicht Ihnen, Wörter schnell nachzuschlagen, zu übersetzen und sich mühelos einzuprägen. Hier die wichtigsten Tipps, wie Sie den größten Nutzen aus diesem Wörterbuch ziehen:

この辞書は、初めて外国語を学ぶ人、および既に十分な知識がある人にも打って付けのガイドです。各言語約8000語で、日常におけるすべての範囲を網羅しています。単語と絵の組み合わせにより、素早く単語を引き、翻訳し、容易に記憶することが可能です。ここでは、この辞書を最大限に活用する最も重要なヒントを紹介します。

1. Wörter im Zusammenhang lernen

Wörter werden schneller gemerkt, wenn man sie im Kontext lernt. Aus diesem Grund ist dieses Wörterbuch nach Themenfeldern aus dem Alltagsleben gegliedert. Ganz gleich, in welches Thema Sie eintauchen - ob Einkaufen, Kleidung, Lebensmittel oder Familie - betrachten Sie beim Lernen das Thema als Ganzes und versuchen Sie, möglichst viele Wörter aus dem Themenbereich aufzunehmen. Sie werden erstaunt sein, wie viel Wortschatz Sie sich in kürzester Zeit merken können.

1. 単語を関連付けて学ぶ

単語を文脈で学ぶと速く覚えられます。この理由から、この辞書は日常生活のテーマ分野により構成されています。買い物、衣服、食料品、家族など、どのテーマから始める場合も学ぶ際にテーマを全体として捉え、テーマ分野から出来るだけ多くの単語を吸収するように心掛けてください。多くの単語が短期間で学べるということに驚かれるかと思います。

図解辞書で効率的な学習を

Herzlichen Glückwunsch!	心からお祝いします kokoro kara oiwai shimasu
Alles Gute zum Geburtstag!	お誕生日おめでとう otanjōbi omedetō
Wie viel Uhr ist es?	何時ですか。Nan ji desu ka.
Es ist zwei Uhr.	2時です。Ni ji desu.
Guten Appetit!	ごゆっくりどうぞ。goyukkuri dōzo.
Zum Wohl!	乾杯 kanpai
①	②

2. Die wichtigsten Schlüsselsätze auf einen Blick

Ob in der Fremdsprache nach der Uhrzeit fragen, oder zum Geburtstag gratulieren: In den 13 thematisch sortierten Kapiteln finden Sie neben der reinen Wort-Bild-Zuordnung die wichtigsten Sätze für die häufigsten Situationen ①. Prägen Sie sich diese Schlüsselsätze gut ein und schon haben Sie den Grundstein für eine erfolgreiche Kommunikation gelegt.

2. 最も重要なキーフレーズが一目瞭然

13に分かれた章の各テーマでは、単語、写真、分類のほかに外国語で時刻について尋ねたり、誕生日のお祝いを言うなど、よくある場面での最も重要な文章を見つけることができます ①。このキーフレーズを習得することで、効果的なコミュニケーションの基礎を築きます。

3. Richtig aussprechen

Damit Sie jedes Wort richtig aussprechen, haben wir alle Wörter und Sätze nach dem Hepburn-System transkribiert ②. Dieses System ist sowohl in Japan als auch international weit verbreitet. Da das Hepburn-System sich an der englischen Sprache orientiert, weicht die Aussprache von manchen Konsonanten vom Deutschen ab:
***sh** = **sch**, **ch** = **tsch**, **y** = **j**, **j** = **dj**.*
Eine Übersicht über die Transkription finden Sie bequem auf der letzen Seite des Buches.

3. 正しい発音

各単語を正しく発音できるように、全ての単語とフレーズをヘボン式ローマ字に書き換えました②。このシステムは日本でも国際的にも広く行き渡っています。ヘボン式ローマ字は英語に準拠したので、多くのドイツ語の子音発音とは異なっています。sh=sch, ch=tsch, y=j, j=dj

発音表記概要は、巻末にて簡単にご覧いただけます。

INDEX DEUTSCH –
索引 ドイツ語 sakuin doitsugo **394**

INDEX JAPANISCH –
索引 日本語 sakuin nihongo **417**

③

glutenfrei
グルテンを含まない
guruten o fukumanai

laktosefrei
ラクトースを含まない
rakutōsu o fukumanai

④

4. Schnell übersetzen

Wenn es einfach schnell gehen muss, schlagen Sie im Anhang im Stichwortverzeichnis die richtige Übersetzung nach ③. Dort ist jedes Stichwort in Deutsch und Japanisch in alphabetischer Reihenfolge aufgeführt und im Nu gefunden.

4. 素早く翻訳

急いでいる場合は、付録にある索引③で適切な翻訳を調べて下さい。

ドイツ語と日本語の各見出し語がアルファベット順に記載され、即座に見つけることができます。

5. Für den Notfall

Bilder sind eine universelle Sprache, die von allen Kulturen verstanden wird. Sollten Ihnen doch mal die Worte fehlen, zeigen Sie einfach auf das entsprechende Bild ④. Ob im Hotel, Restaurant oder auf der Straße – so können Sie sich überall auf der Welt ganz ohne Sprache verständigen.

5. 緊急の場合

絵はあらゆる文化圏で理解される世界共通語です。言葉が見つからない場合は、単に適した絵④を指し示してください。ホテルやレストランまたは通りでも、世界のいたるところで言葉なしに意思の疎通ができます。

6. Noch mehr Sprache

Für die ersten Schritte in der fremden Sprache liefern Ihnen die Extras im Anhang des Bildwörterbuchs praktische Unterstützung: Mit den wichtigsten Sätzen auf Deutsch und auf Japanisch sind Sie für den gelungenen Einstieg in die Fremdsprache gewappnet. Und wenn es darum geht, eigene Sätze zu bilden, hilft Ihnen unsere ausführliche Verbliste, wo Sie auch abstrakte Verben, die sich nicht abbilden lassen, nachschlagen und übersetzen können.

6. 言語知識を増やす

第一歩として、図解辞書の付録にて実用的なサポートを提供しています。ドイツ語と日本語による最も重要な文章により、読者は良いスタートを切る準備が整います。そして自分で文章を構成する際には、描写できない抽象的な動詞も調べることができる詳しい動詞リストが役立ちます。

die Bankkauffrau
女性銀行員
josei ginkōin

der Lehrer
教師
kyōshi

die Ingenieurin
エンジニア
enjinia

der Kellner
ウエイター
weitā

Das sollten Sie noch wissen

Die Stichwörter in diesem Wörterbuch stehen immer in der Einzahl, es sei denn sie werden in der Regel nur in der Pluralform verwendet.

さらに知っておくとよい情報

この辞書の見出し語は、いつも複数形でしか使われない単語以外は、全て単数形で表記されています。

7. Land und Leute

*Einen visuellen und sprachlichen Eindruck der kulturellen Besonderheiten Japans liefern Ihnen 12 Sonderseiten im letzten Kapitel **In Japan**. Hier werden die wichtigsten Begriffe aus dem Alltagsleben des Landes, typische Speisen sowie einige der beliebtesten Sehenswürdigkeiten gesondert abgebildet und beschrieben. So wird Ihnen das Fremde schnell vertraut erscheinen.*

7. 国と人々

最終章 **日本で** では、12ページある特別ページで日本の文化特性における印象をビジュアルと言語でお届けします。この章では、日本の日常で最も重要な言葉、名物、およびいくつかの人気の観光地をそれぞれ掲載、説明しています。これにより、この国のことを素早く知ることができます。

Es war uns wichtig, bei Funktions- und Berufsbezeichnungen Männer und Frauen gleichermaßen und gleichberechtigt zu berücksichtigen. Da wir aber aus Platzgründen nicht immer beide Geschlechter gleichzeitig abbilden können, haben wir uns immer für eines entscheiden müssen. Dabei orientiert sich das Geschlecht des Wortes immer am Geschlecht der abgebildeten Figur.

男性と女性の職務や肩書きを同等で男女平等になるように配慮することは重要でしたが、スペース的な理由で両方の性別描写を同時に掲載することはできず、常にどちらかに決める必要がありました。そのため、単語は掲載された個別の絵に合わせて描写されています。

Alle Verben sind in der Nennform des Schriftstils angegeben, wie üblich in japanischen Wörterbüchern.

従来の日本語辞書の通り、全ての動詞は不定形で表示されています。

MENSCHEN

人

hito

DIE FAMILIE – 家族 kazoku

Der Stammbaum – 家系図 kakeizu

der Schwiegervater
舅
shūto

die Schwiegermutter
姑
shūtome

die Schwägerin
義理の姉妹
giri no shimai

der Schwager
義理の兄弟
giri no kyōdai

der Ehemann
主人/夫
shujin/otto

die Ehefrau
家内/妻
kanai/tsuma

der Schwiegersohn
婿
muko

die Tochter
娘
musume

der Sohn
息子
musuko

der Enkel
孫
mago

die Enkelin
孫娘
magomusume

DIE FAMILIE – 家族 kazoku

Der Stammbaum – 家系図 kakeizu

der Großvater
祖父
sofu

die Großmutter
祖母
sobo

die Mutter
母
haha

der Vater
父
chichi

die Tante
叔母
oba

der Onkel
叔父
oji

die Schwester
姉妹
shimai

der Bruder
兄弟
kyōdai

die Cousine
従妹
itoko

die Nichte
姪
mei

der Neffe
甥
oi

der/die Verwandte	親戚 shinseki
die Großeltern	祖父母 sofubo
die Eltern	両親 ryōshin
das Ehepaar	夫婦 fūfu
der Vorfahre	先祖 senzo
ledig	独身 dokushin
verheiratet	既婚 kikon
geschieden	離婚 rikon
verlobt	婚約中 konyakuchū
verwitwet	男寡, 未亡人 otoko yamome (m), mibōjin (w)
verwandt	親戚 shinseki

BEZIEHUNGEN – 人間関係 ningen kankei

Familie und Lebensphasen – 家族と人生段階 kazoku to jinseidankai

das Baby
赤ちゃん
akachan

das Kind
子供
kodomo

Herr ...
。。。さん
... san

der Mann
男性
dansei

die Jugendliche
ティーンエージャー
tīnējā

die Zwillinge
双子
futago

die Frau
女性
josei

Frau ...
。。。さん
... san

der/die Bekannte
知り合い
shiriai

der Junge
男の子
otoko no ko

das Mädchen
女の子
onna no ko

die Freunde
友達
tomodachi

das Paar
カップル
kappuru

die Freundin
ガールフレンド
gārufurendo

der Freund
ボーイフレンド
bōifurendo

der Erwachsene	大人 otona
die Geschwister	兄弟姉妹 kyōdaishimai
der Patenonkel	代父 daifu
die Patentante	代母 daibo
der Stiefvater	継父 mamachichi
die Stiefmutter	継母 mamahaha
der Stiefbruder	義理の兄弟 giri no kyōdai
die Stiefschwester	義理の姉妹 giri no shimai
der Nachbar	隣の男性 tonari no dansei
die Nachbarin	隣の女性 tonari no josei

BEZIEHUNGEN – 人間関係 ningen kankei

Begrüßen und verabschieden – 挨拶と別れを告げる aisatsu to wakare o tsugeru

jemanden vorstellen
...を紹介する
... o shōkai suru

jemanden begrüßen
...に挨拶する
... ni aisatsu suru

sich die Hand geben
握手する
akushu suru

sich verbeugen
お辞儀する
ojigi suru

sich umarmen
抱き合う
dakiau

lachen
笑う
warau

weinen
泣く
naku

sich verabschieden
別れを告げる
wakare o tsugeru

einen Knicks machen
膝を屈めてお辞儀する
hiza o kagamete ojigi suru

winken
手を振る
te o furu

jemandem einen Kuss geben
キスする
kisu suru

jemanden anrufen
...に電話をかける
... ni denwa o kakeru

Hallo!	やあ yaa
Guten Tag!	こんにちは konnichi wa
Guten Morgen!	おはようございます ohayōgozaimasu
Guten Abend!	こんばんは konban wa
Wie heißt du?	あなたの名前は。Anatano namae wa.
Wie heißen Sie?	何というお名前ですか。Nan to yū onamae desu ka.
Ich heiße ...	私は...と申します。Watashi wa ... to mōshimasu.
Herzlich willkommen!	ようこそいらっしゃいました yōkoso irasshai mashita
Tschüss!	またね mata ne
Auf Wiedersehen!	さようなら sayōnara

das kleine Geschenk
ささいな贈り物
sasaina okurimono

EREIGNISSE IM LEBEN – 人生の出来事 jinsei no dekigoto

Feste – 祝祭 shukusai

die Hochzeit
結婚式
kekkonshiki

der Geburtstag
誕生日
tanjōbi

das Weihnachten
クリスマス
kurisumasu

der Valentinstag
バレンタインデー
barentaindē

das Thanksgiving
収穫感謝祭
shūkakukanshasai

das Halloween
ハロウイン
harouin

der/das Silvester
大晦日
oomisoka

das Ostern
イースター
īsutā

die Hanukkah
ハヌカー祭り
hanukā matsuri

das Wesakfest
ウェーサク祭り
uēsaku matsuri

das Ramadanfest
ラマダン祭
ramadan sai

das chinesische Neujahr
旧正月
kyūshōgatsu

der Karneval
カーニバル
kānibaru

das Diwalifest	ディーワーリー dīwārī
das Passah	ペサハ祭り pesaha matsuri
die Feier	祝い iwai
der Hochzeitstag	結婚記念日 kekkonkinenbi
der Feiertag	祝祭日 shukusaijitsu
der Muttertag	母の日 haha no hi
der Vatertag	父の日 chichi no hi
die Taufe	洗礼 senrei
Herzlichen Glückwunsch!	心からお祝いします kokoro kara oiwai shimasu
Alles Gute zum Geburtstag!	お誕生日おめでとう otanjōbi omedetō

EREIGNISSE IM LEBEN – 人生の出来事 jinsei no dekigoto

Wendepunkte – 転機 tenki

die Geburt
誕生
tanjō

der Kindergarten
幼稚園
yōchien

die Einschulung
入学
nyūgaku

der Schulabschlussball
学校卒業祝賀会
gakkōsotsugyōshukugakai

der Studienabschluss
大学卒業
daigakusotsugyō

der Berufseinstieg
就職する
shūshoku suru

sich verlieben
恋をする
koi o suru

sich verloben
婚約する
konyaku suru

heiraten
結婚する
kekkon suru

die Schwangerschaft
妊娠
ninshin

umziehen
引っ越す
hikkosu

in Rente gehen
年金生活に入る
nenkinseikatsu ni hairu

die Beerdigung
葬式
sōshiki

volljährig werden	成人になる seijin ni naru
jemandem einen Heiratsantrag machen	結婚を申し込む kekkon o mōshikomu
das Brautkleid	ウェディングドレス uedingu doresu
die Braut	花嫁 hanayome
der Bräutigam	花婿 hanamuko
eine Familie gründen	所帯を構える shotai o kamaeru
die Scheidung	離婚 rikon
sich scheiden lassen	...と離婚する ... to rikon suru
sterben	死ぬ shinu

MENSCHEN BESCHREIBEN – 人を描写する hito o byōsha suru

Das Gesicht – 顔 kao

eine Grimasse schneiden
しかめっつらをする
shikamettsura o suru

die Haut	皮膚 hifu
die Falte	皺 shiwa
das Muttermal	ほくろ hokuro
das Grübchen	えくぼ ekubo
die Sommersprossen	そばかす sobakasu
die Pore	毛穴 keana
der Pickel	にきび nikibi

MENSCHEN BESCHREIBEN – 人を描写する hito o byōsha suru

Das Haar – 髪の毛 kami no ke

rothaarig
赤毛
akage

gewellt
ウェーブがついた
uēbu ga tsuita

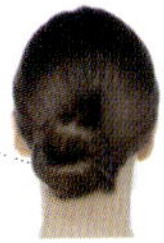

der Dutt
お団子ヘア
odango hea

brünett
こげ茶色
kogechairo

grau meliert
白髪交じりの
shiraga majiri no

der Kurzhaarschnitt
短髪
tanpatsu

die Perücke
ウィッグ
uiggu

der Stufenschnitt
レイヤースタイル
reiyā sutairu

der Pony
フリンジバング
furinji bangu

die Strähnchen
メッシュ
messhu

die Bobfrisur
ボブ
bobu

glatt
ストレート
sutorēto

blond
ブロンド
burondo

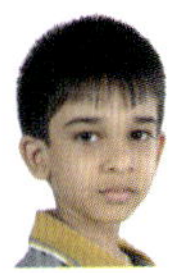

dunkel
黒髪
kurokami

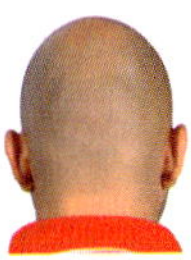

die Glatze
はげ
hage

der Pferdeschwanz
ポニーテール
ponītēru

lockig
カールした
kāru shita

der Zopf
お下げ髪
osagegami

MENSCHEN BESCHREIBEN – 人を描写する hito o byōsha suru

Die äußere Erscheinung – 外見 gaiken

der Bart
髭
hige

der Schnurrbart
口髭
kuchihige

jung
若い
wakai

alt
としとった
toshitotta

muskulös
筋骨たくましい
kinkotsu takumashii

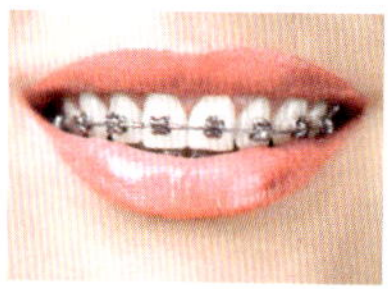

die Zahnspange
歯列矯正ブリッジ
shiretsu kyōsei burijji

blass
青ざめた
aozameta

sonnengebräunt
日焼けした
hiyakeshita

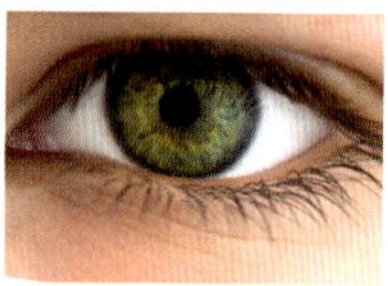

die grünen Augen
緑の目
midori no me

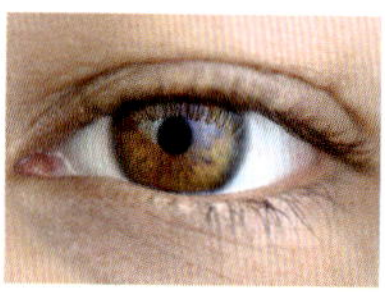

die braunen Augen
茶色の目
chairo no me

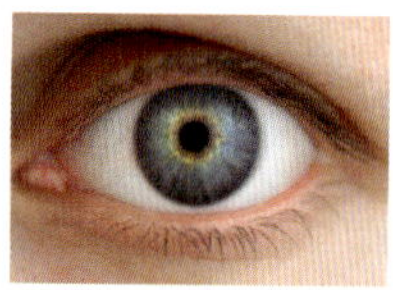

die grauen Augen
灰色の目
haiiro no me

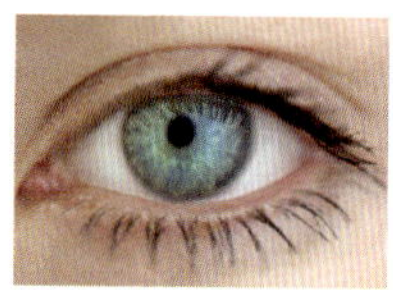

die blauen Augen
青い目
aoime

attraktiv	魅力的な miryokutekina
hübsch	可愛い kawaii
hässlich	醜い minikui
schön	美しい utsukushii
jemanden nach dem Äußeren beurteilen	外観で判断する gaikan de handan suru
schlank	細い hosoi
dick	太い futoi
groß	大きい ookii
klein	小さい chiisai
die Narbe	傷跡 kizuato

MENSCHEN BESCHREIBEN – 人を描写する hito o byōsha suru

Gefühle und Persönlichkeit – 気持ちとパーソナリティ kimochi to pāsonaritī

glücklich
幸せだ
shiawase da

stolz
誇りだ
hokori da

überrascht
驚いた
odoroita

aufgeregt
興奮する
kōfunsuru

verlegen
困惑する
konwakusuru

verwirrt
混乱する
konransuru

schüchtern
恥ずかしがり
hazukashigari

nachdenklich
考え込む
kangaekomu

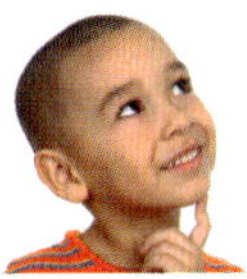

neugierig
好奇心が強い
kōkishin ga tsuyoi

niedlich
愛らしい
airashii

verliebt
恋をする
koi o suru

selbstbewusst
自信満々だ
jishin manman da

offen	率直だ socchoku da
tolerant	寛大だ kandai da
geduldig	我慢強い gamanzuyoi
freundlich	親切だ shinsetsu da
sympathisch	好感が持てる kōkan ga moteru
nett	感じがいい kanji ga ii
lächeln	微笑む hohoemu
Ich bin verärgert/froh/traurig.	私は怒っている/楽しい/悲しい。 Watashi wa okotteiru/tanoshii/kanashii.

MENSCHEN BESCHREIBEN – 人を描写する hito o byōsha suru

Gefühle und Persönlichkeit – 気持ちとパーソナリティ kimochi to pāsonaritī

traurig
悲しい
kanashii

gestresst
ストレスを感じる
sutoresu o kanjiru

verärgert
怒っている
okotteiru

wütend
酷く怒る
hidoku okoru

eifersüchtig
嫉妬する
shitto suru

verängstigt
おびえる
obieru

nervös
緊張する
kinchō suru

müde
疲れている
tsukarete iru

angeekelt
嫌気がさした
iyake ga sashita

dickköpfig
強情だ
gōjō da

gelangweilt
退屈だ
taikutsu da

sauer
不機嫌だ
fukigen da

die Stirn runzeln	眉をひそめる mayu o hisomeru
bestürzt	動揺している dōyō shiteiru
unsympathisch	感じのよくない kanji no yokunai
verzweifelt	絶望した zetsubōshita
neidisch	羨む urayamu
ungeduldig	いらいらする iraira suru
arrogant	傲慢だ gōman da
intolerant	寛容でない kanyōdenai
sensibel	敏感だ binkan da

DIE KLEIDUNG – 衣服 ifuku

Babysachen – ベビー用品 bebī yōhin

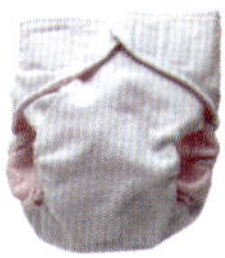

die Stoffwindel
布おむつ
nuno omutsu

die Wegwerfwindel
紙おむつ
kami omutsu

der Body
ボディスーツ
bodī sūtsu

der Schneeanzug
スノースーツ
sunōsūtsu

der Babyschlafsack
ベビーシュラフ
bebīshurafu

die Rassel
がらがら
garagara

der Strampler
カバーオール
kabā ōru

der Babyfäustling
ベビーミトン
bebī miton

die Mütze
縁なし帽子
fuchinashi bōshi

das Babyschühchen
ベビーシューズ
bebī shūzu

der Schnuller
おしゃぶり
oshaburi

das Lätzchen
よだれ掛け
yodarekake

der Sonnenhut
日よけ帽
hiyoke bō

das Söckchen
ソックス
sokkusu

das Latzhöschen
オーバーオール
ōbāōru

die Babydecke
ベビーブランケット
bebī buranketto

das Babyfläschchen	哺乳瓶 honyūbin
die Biobaumwolle	オーガニックコットン ōganikku kotton
aus Kunstfaser	化学繊維 kagaku seni

DIE KLEIDUNG – 衣服 ifuku

Unisex-Kleidung – ユニセックス衣服
yunisekkusu ifuku

der Trainingsanzug
トレーニングウェア
torēningu uea

der Kapuzenpullover
パーカー
pākā

der Turnschuh
運動靴
undōgutsu

der Schlafanzug
ねまき
nemaki

der Hausschuh
スリッパ
surippa

der Bademantel
バスローブ
basurōbu

der Wintermantel
冬のコート
fuyu no kōto

die Regenjacke
レインコート
reinkōto

die Schneehose
スノーパンツ
sunōpantsu

Könnte ich das mal anprobieren?	試着してもいいですか。 Shichaku shite mo ii desu ka.
Haben Sie das auch eine Nummer größer/kleiner?	もうひとつ大きい/小さいサイズはありますか。 Mōhitotsu ōkii/chiisai saizu wa arimasuka.
eng/weit	きつい/ゆるい kitsui/yurui
kurz/lang	短い/長い mijikai/nagai
klein/groß	小さい/大きい chiisai/ōkii
Das passt gut, ich nehme es.	ちょうどいいです。これにします。 Chōdo ii desu. Koreni shimasu.
mit kurzen/langen Ärmeln	半袖/長袖の hansode/nagasode no
der Knopf	ボタン botan
der Druckknopf	スナップ sunappu
das Knopfloch	ボタン穴 botan ana

DIE KLEIDUNG – 衣服 ifuku

Herrenkleidung – 紳士服 shinshi fuku

das T-Shirt
Tシャツ
tīshatsu

das Polohemd
ポロシャツ
poroshatsu

der Rollkragenpullover
タートルネックセーター
tātorunekkusētā

die Weste
チョッキ
chokki

der Pullunder
Vネックスリップオーバー
V-nekku surippu ōbā

die Fliege
蝶ネクタイ
chōnekutai

der Anzug
スーツ
sūtsu

der Kragen
襟、えり
eri

die Krawatte
ネクタイ
nekutai

das Hemd
ワイシャツ
waishatsu

der/das Sakko
上着
uwagi

die Hose
スラックス
surakkusu

die kurze Hose
半ズボン
hanzubon

die Boxershorts
ボクサーパンツ
bokusāpantsu

die Unterhose
パンツ
pantsu

die Badehose
水着
mizugi

DIE KLEIDUNG – 衣服 ifuku

Damenkleidung – 婦人服 fujin fuku

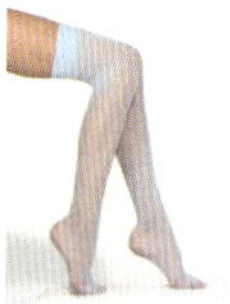

der Strumpf
ストッキング
sutokkingu

die Strumpfhose
タイツ
taitsu

die Leggings
レギンス
reginsu

der Slip
ショーツ
shōtsu

der Bikini
ビキニ
bikini

der Badeanzug
水着
mizugi

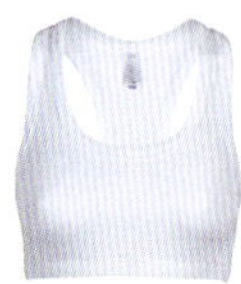

der Sport-BH
スポーツブラ
supōtsu bura

der Büstenhalter/der BH
ブラジャー
burajā

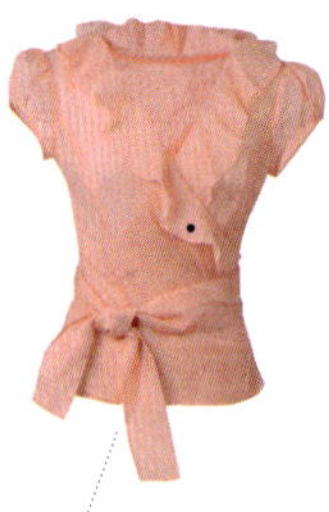

die Rüsche
フリル
furiru

die Umstandsmode	マタニティウェア matanitīuea
die Naht	縫い目 nuime
der Ärmel	袖 sode
der Saum	裾 suso
die Seide	絹 kinu
die Spitze	レース rēsu
die Größe	大きさ ōkisa
der Ausschnitt	襟ぐり eriguri
trägerlos	ストラップレス sutorappuresu
tailliert	ウエストを細く仕上げる uesuto o hosoku shiageru
leger	カジュアル kajuaru
schick	しゃれた shareta
bequem	快適だ kaiteki da
mit Stretchanteil	ストレッチ素材の sutorecchi sozai no
modisch	流行の ryūkō no

DIE KLEIDUNG – 衣服 ifuku

Damenkleidung – 婦人服 fujin fuku

die Schleife
リボン
ribon

das Kleid
ワンピース
wan pīsu

das Trägertop
キャミソール
kyami sōru

die Bluse
ブラウス
burausu

die Strickjacke
カーディガン
kādigan

der Rock
スカート
sukāto

das Schulterpolster
肩パット
kata patto

der Blazer
ジャケット
jaketto

das Oberteil
トップス
toppusu

die Jeans
ジーンズ
jīnzu

die Stiefelette
アンクルブーツ
ankurubūtsu

die Shorts
ショートパンツ
shōto pantsu

die Röhrenhose
スキニーパンツ
sukinī pantsu

die Schlaghose
ベルボトム
berubotomu

die leicht ausgestellte Hose
ブーツカットパンツ
būtsukatto pantsu

DIE KLEIDUNG – 衣服 ifuku

Accessoires – 装身具 sōshingu

der Sonnenhut
日よけ帽子
hiyoke bōshi

der Hut
縁のある帽子
fuchinoaru bōshi

die Brille
眼鏡
megane

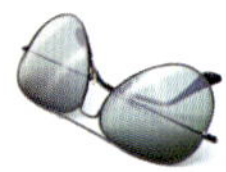

die Sonnenbrille
サングラス
sangurasu

der Rucksack
リュックサック
ryukkusakku

die Krawattennadel
ネクタイピン
nekutaipin

der Regenschirm
雨傘
amagasa

die Uhr
時計
tokei

die Hosenträger
サスペンダー
sasupendā

der Ring
指輪
yubiwa

der Handschuh
手袋
tebukuro

die Mütze
縁なし帽子
fuchinashi bōshi

der Schal
マフラー
mafurā

der Ohrring
イアリング
iaringu

die Halskette
ネックレス
nekkuresu

der Manschettenknopf
カフスボタン
kafusu botan

der Reißverschluss	ファスナー fasunā
der Klettverschluss	マジックテープ majikkutēpu
die Handytasche	携帯ケース keitai kēsu
die Reisetasche	旅行鞄 ryokōkaban
der Koffer	スーツケース sūtsu kēsu

DIE KLEIDUNG – 衣服 ifuku

Schuhe und Lederwaren – 靴と革製品 kutsu to kawaseihin

der Pumps
パンプス
panpusu

die Sandale
サンダル
sandaru

der Ballerina
バレエシューズ
barēshūzu

der Gummistiefel
ゴム長靴
gomu nagagutsu

der Flip-Flop®
ビーチサンダル
bīchi sandaru

der hohe Stiefel
ロングブーツ
rongu būtsu

die Handtasche
ハンドバッグ
hando baggu

das Portemonnaie
財布
saifu

die Brieftasche
札入れ
satsuire

die Aktentasche
書類鞄
shorui kaban

der Gürtel
ベルト
beruto

die Lederjacke
革のジャンパー
kawa no janpā

der Schnürschuh
ビジネスシューズ
bijinesu shūzu

der Wanderstiefel
ハイキングブーツ
haikingu būtsu

die Socke
靴下
kutsushita

der Schnürsenkel	靴ひも kutsuhimo
die Gürtelschlaufe	ベルトループ beruto rūpu
der Keilabsatz	ウェッジソール uejji sōru
der Absatz	ヒール hīru
die Sohle	靴底 kutsuzoko
der Riemen	ストラップ sutorappu
die Schnalle	バックル bakkuru

die Trekkingsandale
トレッキングサンダル
torekkingu sandaru

der Turnschuh
運動靴
undōgutsu

DIE KÖRPERPFLEGE – 体の手入れ karada no teire

die Zahnpasta
歯磨き粉
hamigaki ko

das Parfüm
香水
kōsui

das Deo
デオドラント
deodoranto

die Gesichtscreme
フェイスクリーム
feisukurīmu

der Kamm
櫛
kushi

das Duschgel
シャワージェル
shawājeru

das Shampoo
シャンプー
shanpū

die Spülung
コンディショナー
kondishonā

die Seife
石鹸
sekken

die Haarbürste
ヘアーブラシ
heāburashi

die Sonnencreme
日焼け止めクリーム
hiyakedome kurīmu

der Kulturbeutel
洗面用具ポーチ
senmenyōgu pōchi

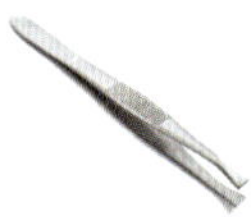

die Pinzette
ピンセット
pinsetto

die Nagelschere
爪切りバサミ
tsumekiri basami

die Nagelfeile
ネイルファイル
neiru fairu

die Haarspange
ヘアークリップ
heā kurippu

die Feuchtigkeitscreme	保湿クリーム hoshitsu kurīmu
sich die Augenbrauen zupfen	眉を抜く mayu o nuku
die Enthaarung	脱毛 datsumō
der Nagellackentferner	エナメルリムーバー enameru rimūbā
das Haarprodukt	ヘアー製品 heā seihin
sich die Haare föhnen	髪をドライヤーで乾かす kami o doraiyā de kawakasu
sich die Haare glätten	髪を真っすぐにする kami o massugu ni suru
der/das Haargummi	ヘアゴム hea gomu

SCHMINKSACHEN – 化粧品 keshōhin

die Grundierung
ファンデーション
fandēshon

der Lippenstift
口紅
kuchibeni

die Abdeckcreme
コンシーラー
konshīrā

die Wimperntusche
マスカラ
masukara

die Farbpalette
カラーコンパクト
karā konpakuto

der Spiegel
鏡
kagami

der Lidschatten
アイシャドー
aishadō

die Puderdose
フェイスパウダー
feisupaudā

der Nagellack
マニキュア
manikyua

der Bronzer
ブロンザー
buronzā

das Rouge
チーク
chīku

der Pinsel	筆 fude
der Kajalstift	アイライナー airainā
der/das Lipgloss	リップグロス lippu gurosu
die Wimpernzange	ビューラー byūrā

ZU HAUSE

家で

uchi de

DIE WOHNUNG – 住宅 jūtaku

der Hausschlüssel
玄関の鍵
genkan no kagi

die Sprechanlage
インターホン
intāhon

die Hausnummer
家の番号
ie no bangō

die Türklingel
呼び鈴
yobirin

das Türschloss
ドアの錠前
doa no jōmae

der Fußabtreter
玄関マット
genkan matto

der Briefkasten
郵便受け
yūbin uke

das Einfamilienhaus
一戸建て住宅
ikkodate jūtaku

das Doppelhaus
二戸建て住宅
nikodate jūtaku

das Reihenhaus
列状住宅
retsujōjūtaku

das Mehrfamilienhaus
共同住宅
kyōdōjūtaku

der Bungalow
バンガロー式住宅
bangarōshiki jūtaku

der Schirmständer
傘立て
kasatate

die Eigentumswohnung	分譲住宅 bunjōjūtaku
die Mietwohnung	賃貸アパート chintai apāto
der Hof	中庭 nakaniwa
das Eigentum	所有物 shoyūbutsu
das Grundstück	土地 tochi
der Umbau	改築 kaichiku
der Anbau	増築 zōchiku
zu verkaufen	売却するため baikyaku suru tame

DIE WOHNUNG – 住宅 jūtaku

der Dachboden
屋根裏部屋
yaneura beya

der Keller
地下室
chikashitsu

der Flur
廊下
rōka

der Aufzug
エレベーター
erebētā

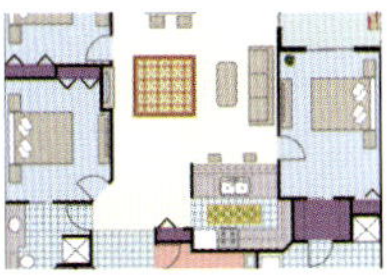

der Grundriss
見取り図
mitorizu

die Garage
ガレージ
garēji

der Carport
簡易自動車車庫
kani jidōsha shako

der Altbau
古い建物
furui tatemono

der Hausmeister
家屋の管理人
kaoku no kanrinin

die Wendeltreppe
螺旋階段
rasen kaidan

der Rauchmelder
煙感知器
kemuri kanchiki

das Treppenhaus
階段の吹き抜け
kaidan no fukinuke

mieten	借りる kariru
die Miete	家賃 yachin
vermieten	貸す kasu
der Vermieter	家主 yanushi
die Vermieterin	家主 yanushi
der Mieter	借家人 shakuyanin
die Mieterin	借家人 shakuyanin
die Kaution	敷金 shikikin

der Mietvertrag
賃貸契約
chintai keiyaku

DAS HAUS – 家 ie

das Einzelhaus	一軒家 ikkenya
der Neubau	新築 shinchiku
die Dreizimmerwohnung	マンション2LDK manshon nī LDK
möbliert	家具付き kagutsuki
das Stockwerk	階 kai
der Eigentümer	持ち主 mochinushi
die Eigentümerin	持ち主 mochinushi
eine Hypothek aufnehmen	抵当に入れる teitō ni ireru

DAS HAUS - 家 ie

Der Eingang - 入口 iriguchi

die Diele
玄関
genkan

der Spiegel
鏡
kagami

der Sessel
アームチェア
āmuchea

der Ablagetisch
サイドテーブル
saido tēburu

die Wohnungstür
住まいに入るドア
sumai ni hairu doa

der Garderobenständer
コート掛け
kōto kake

der Schirmständer
傘立て
kasatate

das Treppengeländer
階段の手摺
kaidan no tesuri

die Treppe
階段
kaidan

der Treppenabsatz
階段の踊り場
kaidan no odori ba

die Treppenstufe
階段の段
kaidan no dan

das Schlüsselbrett
鍵板
kagi ita

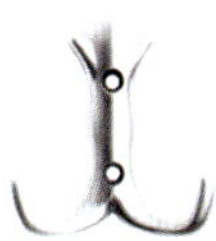

der Kleiderhaken
洋服フック
yōfuku fukku

der Kleiderbügel
ハンガー
hangā

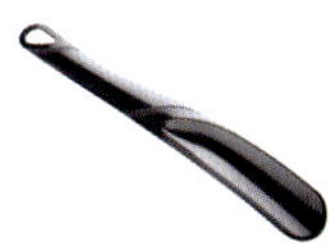

der Schuhlöffel
靴べら
kutsubera

DAS HAUS – 家 ie

Das Wohnzimmer – 居間 ima

der Spiegel
鏡 kagami

der Vorhang
カーテン kāten

der Ventilator
扇風機 senpūki

die Decke
天井 tenjō

der Bilderrahmen
額縁 gakubuchi

das Gemälde
絵画 kaiga

das Sofa
ソファー
sofā

die Lampe
ランプ
ranpu

das Sofakissen
ソファー用のクッション
sofāyō no kusshon

der Beistellschrank
サイドキャビネット
saido kyabinetto

der Kaminsims
マントルピース
mantorupīsu

der gepolsterte Hocker
足のせ台
ashinosedai

der Teppichboden
敷き詰め絨毯
shikitsume jūtan

der Kamin
暖炉
danro

der Sessel
アームチェア
āmuchea

der Couchtisch
センターテーブル
sentā tēburu

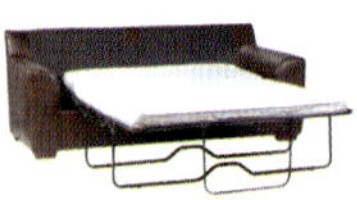

die Schlafcouch
ソファーベッド
sofā beddo

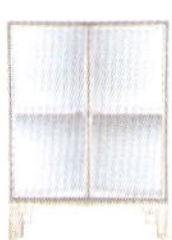

die Vitrine
ガラス戸棚
garasu todana

die Fernsehbank
テレビキャビネット
terebi kyabinetto

das Bücherregal
本棚
hondana

DAS HAUS - 家 ie

Das Esszimmer - ダイニングルーム dainingu rūmu

das Rollo
ローラーブラインド
rōrāburaindo

der Kronleuchter
シャンデリア
shanderia

die Vitrine
ガラス戸棚
garasu todana

die Zimmerpflanze
室内鑑賞植物
shitsunai kanshō shokubutsu

das Fensterbrett
窓台
madodai

der Tischläufer
テーブルセンター
tēburu sentā

die Kerze
ろうそく
rōsoku

der Stuhl
椅子
isu

der Esstisch
食卓
shokutaku

die Tischdekoration
食卓デコレーション
shokutaku dekorēshon

der Holzboden
板張り床
itabari yuka

die Blumenvase
花瓶
kabin

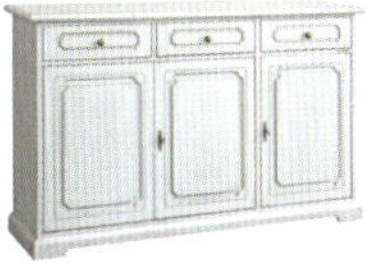

die Anrichte
サイドボード
saidobōdo

die Wanduhr
掛け時計
kakedokei

der Hochstuhl
ベビーチェアー
bebīcheā

DAS HAUS – 家 ie

Die Küche – 台所 daidokoro

die Einbauküche
システムキッチン
shisutemu kicchin

die Einbauleuchte
ダウンライト
daunraito

die Dunstabzugshaube
換気装置フード
kankisōchi fūdo

die Arbeitsplatte
調理台
chōridai

der Hängeschrank
つり戸棚
tsuritodana

der Backofenschalter
オーブンのスイッチ
ōbun no suicchi

der Herd
こんろ
konro

der Backofen
オーブン
ōbun

das Spülbecken
シンク
shinku

der Küchenhocker
キッチンスツール
kicchin sutsūru

die Schublade
引き出し
hikidashi

der Kühlschrank
冷蔵庫
reizōko

die Frühstückstheke
朝食用カウンター
chōshoku yō kauntā

die Spülmaschine
食器洗い機
shokki araiki

der Gefrierschrank
冷凍庫
reitōko

das Geschirrtuch
ふきん
fukin

der Mülleimer	ゴミ箱 gomibako
die Mülltrennung	ごみの分別 gomi no bunbetsu
die Verpackung	梱包 konpō
das Altglas	空き瓶 akibin
den Ofen vorheizen	オーブンを予熱する ōbun o yonetsu suru
die Spülmaschine laufen lassen	食器洗い機を動かす shokkiaraiki o ugokasu
das Essen auftauen	料理を解凍する ryōri o kaitō suru
das Geschirr abtropfen lassen	食器を乾かす shokki o kawakasu

DAS HAUS – 家 ie

Küchengeräte – 台所用器具 daidokoro yō kigu

der Pürierstab
ハンドブレンダー
hando burendā

der Mixer
ミキサー
mikisā

die Küchenmaschine
フードプロセッサー
fūdo purosessā

die Mikrowelle
電子レンジ
denshi renji

das Handrührgerät
ハンドミキサー
hando mikisā

der Wasserkocher
電気ポット
denki potto

das Waffeleisen
ワッフルメーカー
waffuru mēkā

der Elektrogrill
ホットプレート
hotto purēto

der Toaster
トースター
tōsutā

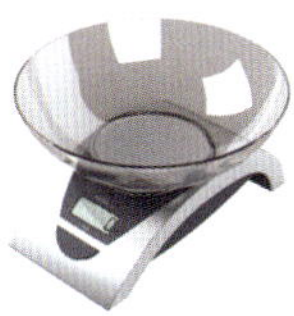

die Küchenwaage
調理用はかり
chōriyō hakari

der Schnellkochtopf
圧力釜
atsuryoku gama

der Sandwichgrill
ホットサンドメーカー
hottosando mēkā

die Kaffeemaschine
コーヒーメーカー
kōhīmēkā

der Dampfgarer
電気蒸し器
denki mushiki

der Raclettegrill
ラクレットグリル
rekuretto guriru

der Reiskocher
炊飯器
suihanki

DAS HAUS – 家 ie

Koch- und Backutensilien – 調理と製菓器具 chōri to sēka kigu

der Küchenwecker
キッチンタイマー
kicchin taimā

das Ausstechförmchen
抜き型
nukigata

das Küchenpapier
キッチンペーパー
kicchin pēpā

die Schürze
エプロン
epuron

das Muffinförmchen
マフィン型
mafin gata

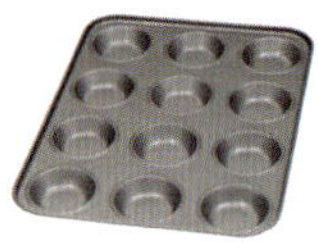

die Törtchenform
カップケーキ型
kappukēkigata

die Springform
ケーキの型
kēki no kata

das Backblech
天板
teppan

der Messerschärfer
包丁研ぎ器
hōchō togiki

das Teigrad
パイ車
pai guruma

der Topfhandschuh
鍋つかみ
nabetsukami

das Tablett
盆
bon

die Sanduhr
砂時計
sunadokei

das Kuchengitter	ケーキクーラー kēkikūrā
der Spritzbeutel	絞り袋 shibori bukuro
das Backpapier	クッキングシート kukkingu shīto
die Frischhaltefolie	ラップ rappu
der Putzlappen	雑巾 zōkin
die Alufolie	アルミ箔 arumi haku
der Gefrierbeutel	冷凍用袋 reitō yō fukuro
die Rührschüssel	ミキシングボウル mikishingu bōru

DAS HAUS - 家 ie

Koch- und Backutensilien - 調理と製菓器具 chōri to sēka kigu

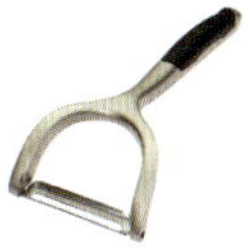

der Schäler
皮むき器
kawamuki ki

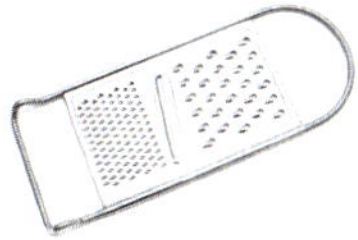

die Reibe
おろし器
oroshi ki

das Hackmesser
出刃包丁
debabōchō

das Küchenmesser
包丁
hōchō

das Küchensieb
ふるい
furui

das Abtropfsieb
水切りざる
mizukiri zaru

der Kartoffelstampfer
ポテトマッシャー
poteto masshā

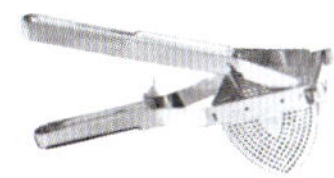

die Knoblauchpresse
ガーリックプレス
gārikku puresu

die Schöpfkelle
お玉
otama

der Schneebesen
泡だて器
awadate ki

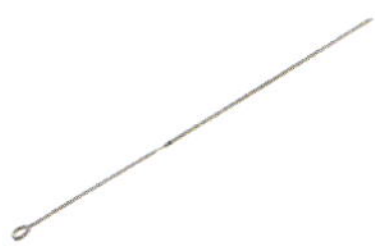

der Spieß
串
kushi

der Dosenöffner
缶きり
kankiri

der Mörser	すり鉢 suri bachi
der Stößel	すりこぎ suri kogi
der Messerblock	ナイフ立て naifu tate
der Fleischklopfer	肉たたき niku tataki
der Eierschneider	エッグスライサー eggu suraisā
der Eisportionierer	アイスクリームスクープ aisukurīmu sukūpu
die Thermoskanne®	魔法瓶 mahōbin
der Spüllappen	食器用ふきん shokki yō fukin

das Schneidebrett
まな板
manaita

DAS HAUS – 家 ie

Koch- und Backutensilien – 調理と製菓器具 chōri to sēka kigu

der Korkenzieher
栓抜き
sen nuki

der Backpinsel
刷毛
hake

das Nudelholz
のし棒
noshi bō

der Pfannenwender
フライ返し
furai gaeshi

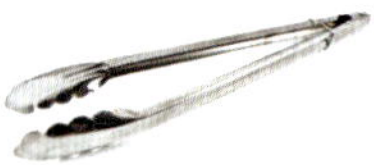

die Küchenzange
トング
tongu

der Teigschaber
スパチュラ
supachura

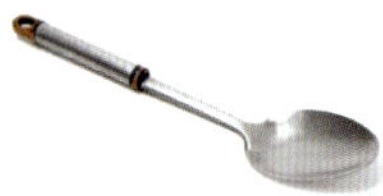

der Servierlöffel
サービングスプーン
sābingu supūn

der Kochlöffel
調理用スプーン
chōriyō supūn

die Bratpfanne
フライパン
furai pan

der Wok
中華鍋
chūka nabe

der Kochtopf
調理鍋
chōri nabe

der Schmortopf
キャセロール鍋
kyaserōru nabe

das Auflaufförmchen
ラメキン皿
ramekin zara

die Bratengabel	カービングフォーク kābingu fōku
der Untersetzer	コースター kōsutā
die Grillpfanne	グリルパン guriru pan
der Messbecher	計量カップ keiryō kappu
der Trichter	じょうご jōgo
der Messlöffel	計量スプーン keiryō supūn
der Abtropfständer	水切り台 mizukiri dai
der Flaschenöffner	栓抜き sen nuki

DAS HAUS - 家 ie

Das Schlafzimmer - 寝室 shinshitsu

der Kleiderschrank	洋服ダンス yōfuku dansu
der Wecker	目覚まし時計 mezamashi dokei
den Wecker stellen	目覚ましをセットする mezamashi o setto suru
die Wärmflasche	ゆたんぽ yutanpo
die Heizdecke	電気毛布 denki mōfu
die Tagesdecke	ベッドカバー beddo kabā
die Schlafbrille	アイマスク ai masuku
das Zimmer mit Bad	バス付きの部屋 basu tsuki no heya

DAS HAUS – 家 ie

Das Kinderzimmer – 子供部屋 kodomobeya

der Ball
ボール
bōru

die Puppe
人形
ningyō

die Wickeltasche
マザーズバッグ
mazāzu baggu

der Kinderwagen
ベビーカー
bebīkā

das Babyfon®
ベビーモニター
bebī monitā

der Laufstall
ベビーサークル
bebīsākuru

das Gitterbettchen
ベビーベッド
bebī beddo

die Flauschdecke
ソフト毛布
sofuto mōfu

das Mobile
モビール
mobīru

der Gitterstab
柵
saku

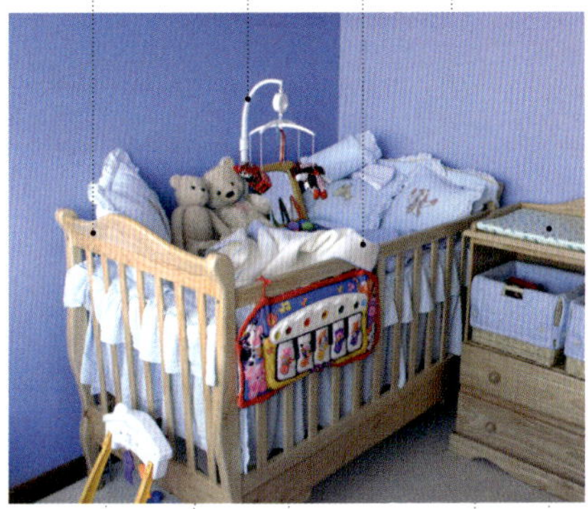

der Teddy
テディベア
tedi bēa

der Wickeltisch
おむつ交換台
omutsu kōkan dai

das Kuscheltier
縫いぐるみ
nuigurumi

das Spielzeug
おもちゃ
omocha

die Wickelauflage
おむつ替えシート
omutsu kae shīto

das Töpfchen
おまる
omaru

die Babytragetasche
キャリーコット
kyarīkotto

der Schulranzen
ランドセル
randoseru

das Bauklötzchen
積み木
tsumiki

DAS HAUS – 家 ie

Das Jugendzimmer – 子供部屋 kodomobeya

das Einzelbett
シングルベッド
shinguru beddo

die Hängelampe
吊り下げ電灯
tsurisage dentō

der Schreibtisch
勉強机
benkyō zukue

das Bücherregal
本棚
hondana

die Schreibtischlampe
卓上電気スタンド
takujō denki sutando

die Schublade
引き出し
hikidashi

der Teppichboden
絨毯を敷き詰めた床
jūtan o shikitsumeta yuka

die Fensterbank
窓台
madodai

der Stuhl
椅子
isu

das Etagenbett	2段ベッド ni-dan beddo
einschlafen	寝入る neiru
schlafen	寝る neru
aufwachen	目覚める mezameru
aufstehen	起きる okiru
der Albtraum	悪夢 akumu
träumen	夢を見る yume o miru

tief schlafen	熟睡する jukusui suru
schnarchen	いびきをかく ibiki o kaku
ausschlafen	十分に眠る jūbun ni nemuru
wach sein	目覚めている mezamete iru
das Bett machen	ベッドを整える beddo o totonoeru
ins Bett gehen	寝る neru
das Zimmer aufräumen	部屋を片づける heya o katazukeru

DAS HAUS – 家 ie

Das Arbeitszimmer – 書斎 shosai

der Bilderrahmen
額縁
gakubuchi

die Verandatür
ベランダのドア
beranda no doa

der Bücherschrank
本棚
hondana

die Zimmerpflanze
鑑賞植物
kanshō shokubutsu

das Foto
写真
shashin

das Tageslicht
昼間の光
hiruma no hikari

der/das Laptop
ノートパソコン
nōto pasokon

die Rückenlehne
背もたれ
se motare

der Sessel
アームチェア
āmuchea

der Schreibtisch
事務机
jimuzukue

der Rollcontainer
キャスター付きキャビネット
kyasutā tsuki kyabinetto

der Drehstuhl
回転椅子
kaiten isu

die Armlehne
肘掛け
hijikake

die Unterlage	資料 shiryō
die Steuererklärung	納税申告 nōzei shinkoku
arbeiten	働く hataraku
sich konzentrieren	集中する shūchū suru
die Überstunde	残業 zangyō
von zu Hause arbeiten	家で仕事をする ie de shigoto o suru
eine Pause machen	休憩する kyūkei suru
selbstständig sein	自営業 jiēgyō

DAS HAUS - 家 ie

Das Badezimmer - 浴室 yokushitsu

der Spiegel
鏡
kagami

das Waschbecken
洗面台
senmen dai

der Seifenspender
ソープディスペンサー
sōpu disupensā

der Waschbecken-unterschrank
シンクキャビネット
shinku kyabinetto

die Duschkabine
シャワー室
shawā shitsu

die Dusche
シャワー shawā

der Handtuchhalter
タオルかけ
taorukake

das Handtuch
タオル taoru

der Wasserhahn
蛇口 jaguchi

die Badewanne
浴槽
yokusō

die Toilette
トイレ
toire

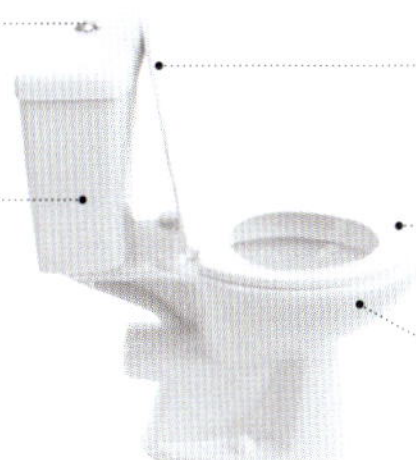

die Toilettenspülung
トイレの洗浄
toire no senjō

der Spülkasten
洗浄タンク
senjō tanku

auf die Toilette gehen
トイレに行く
toire ni iku

der Toilettendeckel
トイレの蓋
toire no futa

die Toilettenbrille
便座
benza

die Kloschüssel
便器
benki

die Klobürste
トイレブラシ
toire burashi

das Toilettenpapier
トイレットペーパー
toiretto pēpā

der Raumduft
芳香剤
hōkōzai

der Klostein
芳香洗浄剤
hōkō senjō zai

DAS HAUS – 家 ie

Sanitäre Anlagen – 衛生設備 eisei setsubi

der Elektroboiler
電気ボイラ
denki boira

der Behälter
タンク
tanku

das Thermostat
サーモスタット
sāmosutatto

der Warmwasser-ablauf
給湯
kyūtō

der Kaltwasserzulauf
給水
kyūsui

das Gas-Wandheizgerät
壁掛け式ガス給湯器
kabekake shiki gasu kyūtōki

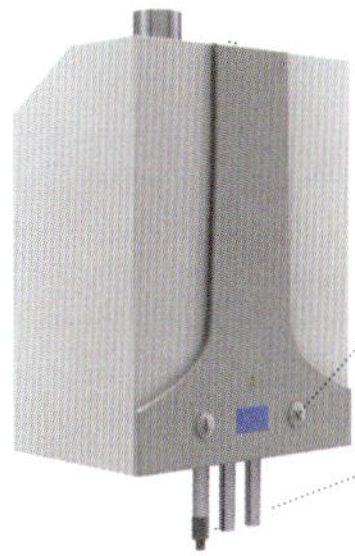

das Sicherheitsventil
安全弁
anzen ben

der Regler
調節器
chōsetsuki

der Überlauf
オーバーフロー
ōbāfurō

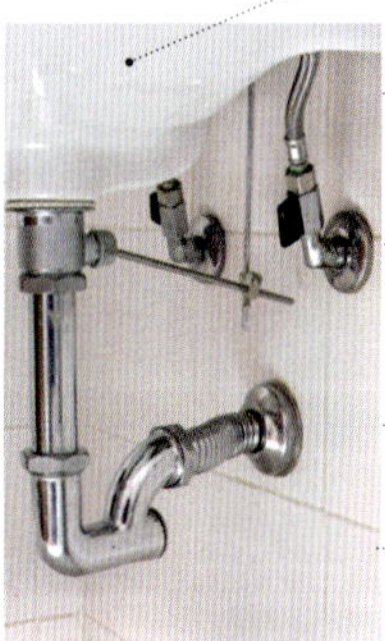

das Waschbecken
洗面台
senmen dai

die Zuleitung
供給パイプ
kyōkyūpaipu

der Absperrhahn
元栓
motosen

der Abfluss
排水口
haisui kō

der Siphon
排水トラップ
haisui torappu

der Spülkasten
洗浄タンク
senjō tanku

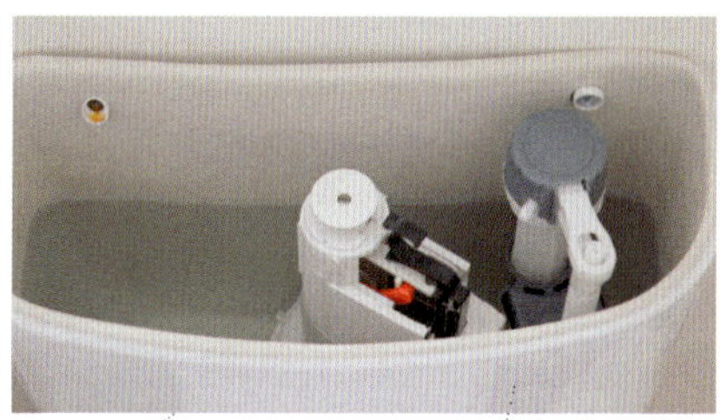

die Heberglocke
フラッシュバルブ
furasshu barubu

der Überlauf
オーバーフロー
ōbāfurō

DAS HAUS - 家 ie

Im Badezimmer - 浴室で yokushitsu de

das Wattepad
化粧用コットン
keshō yō kotton

der Duschschwamm
シャワー用スポンジ
shawā yō suponji

der Lockenstab
カールアイロン
kāru airon

das Glätteisen
ストレートアイロン
sutorēto airon

der Rasierapparat
電気かみそり
denkikamisori

das Schwammtuch
スポンジクロス
suponji kurosu

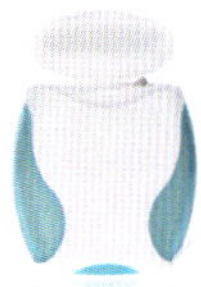

die Zahnseide
デンタルフロス
dentaru furosu

die Zahnbürste
歯ブラシ
ha burashi

das Taschentuch
ティッシュ
tisshu

das Wattestäbchen
綿棒
menbō

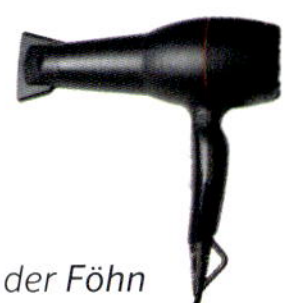

der Föhn
ヘアドライヤー
hea doraiyā

der Rasierschaum
シェービングフォーム
shēbingu fōmu

der Waschlappen	浴用タオル yokuyō taoru
das Mundwasser	口内洗浄液 kōnai senjōeki
sich rasieren	髭をそる hige o soru
sich frisch machen	洗ってさっぱりする aratte sappari suru
sich schminken	化粧をする keshō o suru
sich die Zähne putzen	歯をみがく ha o migaku
das Rasierwasser	アフターシェーブ afutā shēbu
der Duschkopf	シャワーヘッド shawā heddo
der Duschvorhang	シャワーカーテン shawā kāten
die Badematte	バスマット basu matto
sich waschen	体を洗う karada o arau
baden	お風呂に入る ofuro ni hairu
den Hahn auf-/zudrehen	蛇口を開ける/閉める jaguchi o akeru/shimeru
duschen	シャワーを浴びる shawā o abiru

der Rasierer
かみそり
kamisori

DAS HAUS – 家 ie

Die Waschküche – 洗濯場 sentaku ba

die Waschmaschine
洗濯機
sentaku ki

die Waschmittelkammer
洗剤引き出し
senzai hikidashi

der Frontlader
ドラム式
doramu shiki

der Wäschekorb
洗濯籠
sentakukago

die zusammengelegte Wäsche
たたんだ洗濯物
tatanda sentakumono

die Wäscheleine
物干しロープ
monohoshi rōpu

die Wäscheklammer
洗濯ばさみ
sentaku basami

der Fleckenentferner
しみ抜き剤
shiminuki zai

der Weichspüler
柔軟剤
jūnan zai

das Bleichmittel
漂白剤
hyōhaku zai

das Waschpulver
粉末洗剤
funmatsu senzai

das Bügeleisen
アイロン
airon

das Bügelbrett
アイロン台
airon dai

die Waschmaschine füllen	洗濯物を洗濯機に入れる sentakumono o sentaku ki ni ireru
die Wäsche waschen	洗濯物を洗う sentakumono o arau
die Wäsche schleudern	洗濯物を絞る sentakumono o shiboru
der Wäscheständer	洗濯物干し sentakumono hoshi
der Wäschetrockner	乾燥機 kansō ki
der Schmutzwäschekorb	洗濯物籠 sentakumonokago
die Wäsche zum Trocknen aufhängen	洗濯物を干す sentakumono o hosu
bügeln	アイロンをかける airon o kakeru

DAS HAUS – 家 ie

Reinigungsartikel – 掃除道具 sōji dōgu

das Reinigungsmittel
洗剤
senzai

das Spülmittel
食器用洗剤
shokki yō senzai

die Bürste
ブラシ
burashi

die Sprühflasche
スプレーボトル
supurē botoru

der Gummiwischer
ウォータースクイジー
uōtā sukuijī

die Kehrschaufel
ちりとり
chiritori

der Handfeger
ハンドブラシ
hando burashi

der Wischmopp
モップ
moppu

der Schwamm
スポンジ
suponji

der Gummihandschuh
ゴム手袋
gomu tebukuro

der Eimer
バケツ
baketsu

der WC-Reiniger
トイレ用洗剤
toire yō senzai

schrubben	ごしごし洗う goshigoshi arau
fegen	箒で掃く hōki de haku
polieren	磨く migaku
putzen	きれいにする kirei ni suru
abwischen	ふき取る fukitoru
der Staubsauger	掃除機 sōji ki
Staub saugen	ほこりを吸う hokori o sū
der Staubwedel	はたき hataki

die Wurzelbürste
たわし
tawashi

DAS HAUS – 家 ie

Die Heimwerkstatt – 作業場 sagyōba

die Handsäge
手挽きのこぎり
tebiki nokogiri

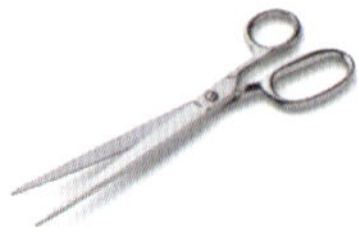

die Schere
はさみ
hasami

die Schraube
ボルト
boruto

die Mutter
ナット
natto

der Schrauben-schlüssel
スパナ
supana

der Holzhammer
木づち
kizuchi

die Rohrzange
パイプレンチ
paipu renchi

das Maßband
メジャー
mejā

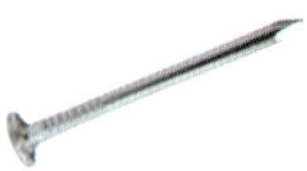

der Nagel
釘
kugi

der Hammer
ハンマー
hanmā

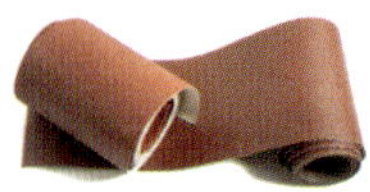

das Schleifpapier
サンドペーパー
sandopēpā

die Wasserwaage
水平器
suihei ki

die Kombizange
万能ペンチ
bannō penchi

der Schraubenzieher
ドライバー
doraibā

die Bügelsäge
弓のこ
yumi noko

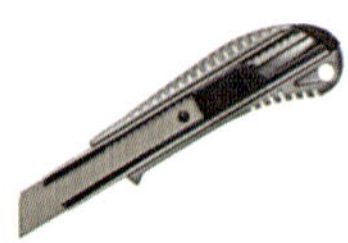

das Teppichmesser
カッターナイフ
kattā naifu

DAS HAUS - 家 ie

Die Heimwerkstatt - 作業場 sagyōba

der Akkubohrer
充電式ドリル
jūden shiki doriru

der Akku
充電バッテリー
jūden batterī

der Bohrer
ドリル
doriru

der Elektrobohrer
電動ドリル
dendō doriru

das Stemmeisen	突きのみ	tsuki nomi
die Nietenzange	リベットプライヤー	ribetto puraiyā
der Seitenschneider	ワイヤーカッター	waiyā kattā
das Sägeblatt	鋸刃	nokoba
schrauben	ネジで締める	neji de shimeru
löten	半田付けする	handazuke suru
messen	はかる	hakaru
abschmirgeln	研磨する	kenma suru
sägen	鋸で切る	nokogiri de kiru
schneiden	切断する	setsudan suru
bohren	穴をあける	ana o akeru
hämmern	ハンマーで打つ	hanmā de utsu
feilen	やすりをかける	yasuri o kakeru
ausstemmen	えぐりとる	eguri toru
nieten	リベットで固定する	ribetto de kotei suru
streichen	塗る	nuru
hobeln	かんなで削る	kanna de kezuru

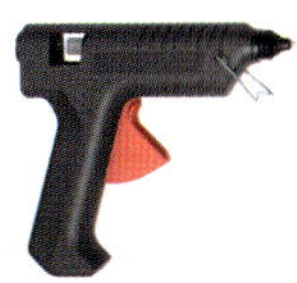

die Klebepistole
グルーガン
gurū gan

die Stichsäge
ジグソー
jigusō

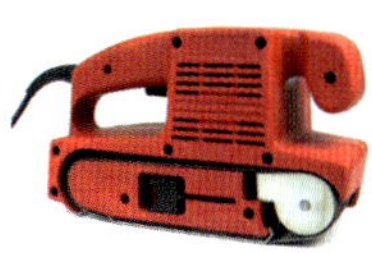

der Bandschleifer
ベルトサンダ
beruto sanda

die Kreissäge
丸のこ
maru noko

DAS HAUS - 家 ie

Die Heimwerkstatt - 作業場 sagyōba

der Müllbeutel
ごみ袋
gomi bukuro

das Mikrofasertuch
マイクロファイバー布
maikurofaibā nuno

der Dichtstoff
シーリング剤
shīringu zai

die Kartuschenpistole
コーキングガン
kōkingu gan

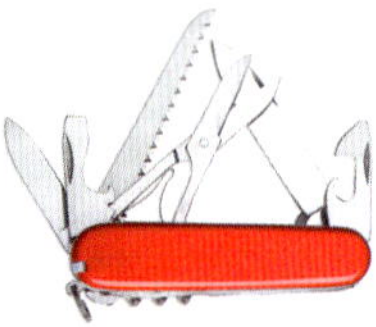

das Taschenmesser
ポケットナイフ
poketto naifu

der Werkzeugkasten
工具箱
kōgu bako

die Werkbank
作業台
sagyō dai

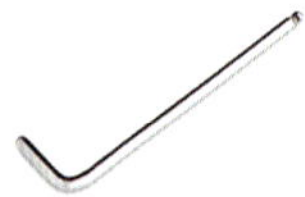

der Inbus®-Schlüssel
六角レンチ
rokkaku renchi

der Besen
ほうき
hōki

die Schutzbrille
保護めがね
hogo megane

der Lötkolben
はんだごて
handa gote

das Lötzinn
はんだ
handa

das Sperrholz	合板 gōban
die Spanplatte	パーティクルボード pātikuru bōdo
der Lack	ニス nisu
das Metall	金属 kinzoku
der rostfreie Stahl	ステンレス sutenresu
der Kunststoff	プラスチック purasuchikku
der Draht	ワイヤー waiyā
das Holzbrett	木板 ki no ita

DAS HAUS - 家 ie

Renovieren - リフォーム rifōmu

der Acryllack
アクリル系塗料
akuriru kei toryō

der Flachpinsel
平刷毛
hirahake

die Farbwanne
ペイントトレイ
peinto torei

das Verdünnungsmittel
塗料用シンナー
toryō yō shinnā

der/die Spachtel
へら
hera

der Farbroller
ローラー
rōrā

der Handwerker
職人
shokunin

die Leiter
はしご
hashigo

die Latzhose
胸当て付きズボン
muneate tsuki zubon

die Farbdose
塗料缶
toryō kan

tapezieren
壁紙を貼る
kabegami o haru

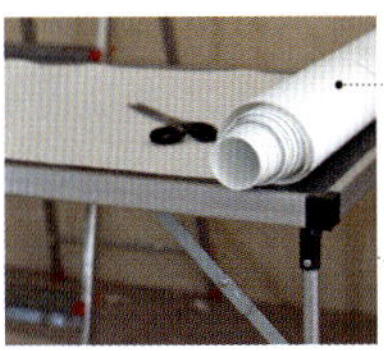

die Tapetenrolle
壁紙ロール
kabegami rōru

der Tapeziertisch
糊付け台
noritsuke dai

die Farbe
塗料
toryō

das Abdeckband
マスキングテープ
masukingu tēpu

kacheln	タイルを貼る tairu o haru
verputzen	漆喰を塗る shikkui o nuru
spachteln	埋める umeru
die Tapete entfernen	壁紙を剥がす kabegami o hagasu
die Abdeckfolie	マスキングシート masukingu shīto
die Spachtelmasse	充填剤 jūten zai
das Lösungsmittel	溶剤 yōzai
das Versiegelungsmittel	シーリング材 shīringu zai

das Farbmuster
カラーサンプル
karā sanpuru

DAS HAUSE – 家 ie

Strom und Heizung – 電気と暖房 denki to danbō

der Stromzähler
電気メーター
denki mētā

die Sicherung
ヒューズ
hyūzu

der Heizkörper
ラジエーター(暖房)
rajiētā (danbō)

der Kaminofen
暖炉
danro

der Stecker
プラグ
puragu

die Steckdose
コンセント
konsento

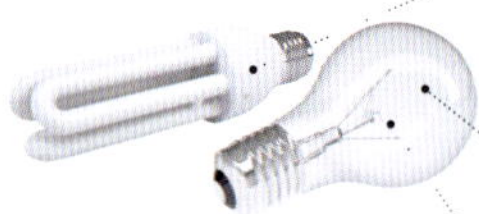

die Energiesparlampe
省エネランプ
shōene ranpu

die Glühbirne
白熱電球
hakunetsu denkyū

der Lampensockel
電球の口金
denkyū no kuchigane

der Glühfaden
フィラメント
firamento

das Verlängerungskabel
延長ケーブル
enchō kēburu

der Schalter
スイッチ
suicchi

die Mehrfachsteckdose
テーブルタップ
tēburu tappu

der Luftkanal	空調ダクト kūchō dakuto
die Heizung anschalten/ ausschalten	暖房をつける/消す danbō o tsukeru/kesu
die erneuerbare Energie	再生可能エネルギー saisei kanō enerugī
das Stromnetz	電力供給 denryoku kyōkyū
die Stromstärke	電流の強さ denryū no tsuyosa
die Spannung	電圧 den atsu
die Solarheizung	太陽エネルギー利用の暖房 taiyō enerugī riyō no danbō
die Zentralheizung	セントラルヒーティング sentoraru hītingu
die Fußbodenheizung	床暖房 yuka danbō
der Sicherungskasten	ヒューズボックス hyūzu bokkusu
die Leitung	配線 haisen
das Ampere	アンペア anpea
das Watt	ワット watto
das Volt	ボルト boruto
der Adapter	アダプター adaputā
die Erdung	アース āsu

DER GARTEN – 庭 niwa

die Terrasse
テラス
terasu

der Gartenteich
庭の池
niwa no ike

der Gartenweg
庭の通路
niwa no tsūro

der Gemüsegarten
菜園
saien

die Küchenkräuter
ハーブ
hābu

das Gewächshaus
温室
onshitsu

das Gartenhaus
物置小屋
monooki goya

das Blumenbeet
花壇
kadan

die Gartenbank
庭のベンチ
niwa no benchi

die Gartenmöbel
庭用家具
niwa yō kagu

die Gartenmauer
庭の塀
niwa no hei

der Dachgarten
屋上庭園
okujōteien

der Komposter
堆肥
taihi

der Steingarten
石庭
sekitei

der Gartenzaun
庭のフェンス
niwa no fensu

die Hecke
垣根
kakine

DER GARTEN – 庭 niwa

Gartengeräte – 園芸用具 engei yōgu

die Rosenschere
剪定ばさみ
sentei basami

der Gartenschlauch
庭用散水ホース
niwa yō sansui hōsu

die Topfpflanze
鉢植え
hachiue

der Handrechen
ハンドフォーク
hando fōku

die Blumenkelle
移植ごて
ishoku gote

der Laubrechen
草かき熊手
kusakaki kumade

der Spaten
ショベル
shaberu

die Gießkanne
じょうろ
jōro

der Gartenhandschuh
ガーデングローブ
gāden gurōbu

der Rasenmäher
芝刈り機
shibakari ki

der Rasentrimmer
刈払機
kariharai ki

der Rechen
レーキ
rēki

die Mistgabel
ピッチフォーク
picchi fōku

die Schubkarre
手押し車
teoshi guruma

die Heckenschere
刈込鋏
karikomi basami

die Hacke
鍬
kuwa

der Rasensprenger
スプリンクラー
supurinkurā

DER GARTEN - 庭 niwa

Die Gartenarbeit - 園芸 engei

Rollrasen verlegen
ロール芝生を敷く
rōru shibafu o shiku

den Rasen sprengen
芝生に水をまく
shibafu ni mizu o maku

das Laub rechen
落ち葉を熊手で掃除する
ochiba o kumate de sōji suru

pflanzen
植える
ueru

stutzen
刈り込む
karikomu

den Rasen mähen
芝刈りする
shibakari suru

Unkraut jäten
除草する
josō suru

umgraben
掘り起こす
horiokosu

zurückschneiden
剪定する
sentei suru

pflücken
摘む
tsumu

säen
種をまく
tane o maku

spritzen
散布する
sanpu suru

düngen	肥料をやる hiryō o yaru
ernten	収穫する shūkaku suru
züchten	栽培する saibai suru
vermehren	増殖する zōshoku suru
gießen	水をやる mizu o yaru
der Sämling	苗 nae
der Dünger	肥料 hiryō
der Unkrautvernichter	除草剤 josō zai

eintopfen
鉢に植え替える
hachi ni uekaeru

ESSEN UND TRINKEN

食べ物と飲み物

tabemono to nomimono

TIERISCHE PRODUKTE – 動物性食品 dōbutsu sei shokuhin

Fleisch – 肉 niku

das Lammfleisch
子羊の肉
kohitsuji no niku

das Rindfleisch
牛肉
gyūniku

das Steak
ステーキ
sutēki

das Schweinefleisch
豚肉
butaniku

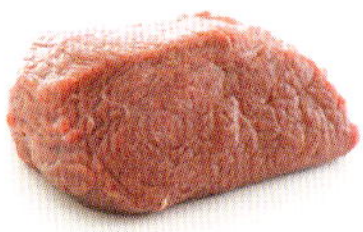

das Filet
ヒレ肉
hireniku

das Kalbfleisch
子牛肉
koushiniku

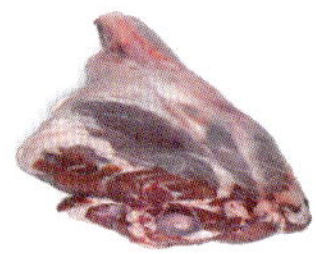

die Keule
もも肉
momoniku

das Kotelett
あばら肉
abaraniku

die Leber
レバー
rebā

die Niere
腎臓
jinzō

das Kaninchen
兎肉
usaginiku

der Schinken
ハム
hamu

das Hackfleisch
挽肉
hikiniku

die Wurst
ソーセージ
sōsēji

der Aufschnitt
ハム、ソーセージの盛り合わせ hamu, sōsēji no moriawase

die Salami
サラミ
sarami

TIERISCHE PRODUKTE – 動物性食品 dōbutsu sei shokuhin

Geflügel – 鳥肉 toriniku

das Hähnchen
鶏肉
toriniku

der Schenkel
大腿部
daitai bu

die Brust
胸肉
muneniku

der Flügel
手羽肉
tebaniku

die Hähnchenkeule
鶏のもも肉
tori no momoniku

die Ente
鴨
kamo

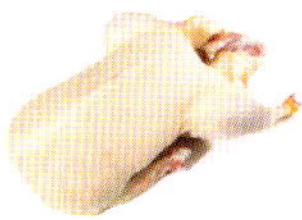

das Entenfleisch
鴨肉
kamoniku

die Gans
鵞鳥
gachō

das Gänsefleisch
鵞鳥肉
gachōniku

die Wachtel
鶉
uzura

das Wachtelfleisch
鶉肉
uzuraniku

die Pute
七面鳥
shichimenchō

das Putenfleisch
七面鳥肉
shichimenchōniku

das Bioprodukt	オーガニック製品 ōganikku
die Innereien	臓物 zōmotsu
mariniert	マリネした marine shita
geräuchert	燻製の kunsei no
gepökelt	塩漬けの shio zuke no
braten	焼いた yaita
schmoren	蒸し煮 mushini
grillen	グリル guriru

aus Freilandhaltung
放し飼いの
hanashi gai no

TIERISCHE PRODUKTE – 動物性食品 dōbutsu sei shokuhin

Fisch – 魚 sakana

die Forelle
鱒
masu

der Karpfen
鯉
koi

der Zander
ホタルジャコ
hotarujako

der Seeteufel
アンコウ
ankō

die Makrele
鯖
saba

die Seezunge
ひらめ
hirame

die Sardine
いわし
iwashi

die Scholle
かれい
karei

der Aal
鰻
unagi

der Thunfisch
鮪
maguro

der Kabeljau
鱈
tara

der Seebarsch
鱸
suzuki

der Lachs
鮭
sake

der Heilbutt
おひょう
ohyō

der Fischrogen
魚の腹子
sakana no harako

das Fischsteak
魚のステーキ
sakana no sutēki

TIERISCHE PRODUKTE – 動物性食品 dōbutsu sei shokuhin

Meeresfrüchte – 魚介類 gyokai rui

die Garnele
小エビ
koebi

der Hummer
ロブスター
robusutā

der Krebs
カニ
kani

der Flusskrebs
ザリガニ
zarigani

die Miesmuschel
ムール貝
mūru gai

die Kammmuschel
ホタテ貝
hotate gai

die Venusmuschel
マルスダレガイ
marusudare gai

die Herzmuschel
二枚貝
nimai gai

die Auster
牡蠣
kaki

der Tintenfisch
いか
ika

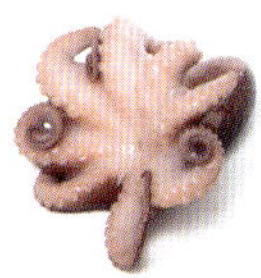

der Krake
おおだこ
ōdako

der Räucherfisch
燻製の魚
kunsei no sakana

das Filet	魚の切り身 sakana no kirimi
geräuchert	燻製の kunsei no
einen Fisch entgräten	魚の骨を取る sakana no hone o toru
die Gräte	魚の骨 sakana no hone
die Schuppe	鱗 uroko
abschuppen	鱗を落とす uroko o otosu
tiefgefroren	冷凍する reitō suru
frisch	新鮮だ shinsen da

der Dosenfisch
缶詰の魚
kanzume no sakana

TIERISCHE PRODUKTE – 動物性食品 dōbutsu sei shokuhin

Milchprodukte und Eier – 乳製品と卵 nyūseihin to tamago

die Sahne
生クリーム
nama kurīmu

die Milch
ミルク
miruku

der Hüttenkäse
カッテージチーズ
kattēji chīzu

der Ziegenkäse
山羊のチーズ
yagi no chīzu

der Quark
カード（凝乳）
kādo (gyōnyū)

der Joghurt
ヨーグルト
yōguruto

der Brie
ブリーチーズ
burī chīzu

der Gorgonzola
ゴルゴンゾーラチーズ
gorugonzōra chīzu

der Feta
フェタチーズ
feta chīzu

das Hühnerei
鶏卵
keiran

die Eierschale
卵の殻
tamago no kara

das Eiweiß
卵の白身
tamago no shiromi

das Eigelb
卵の黄身
tamago no kimi

das Wachtelei
鶉の卵
uzura no tamago

das Gänseei
鵞鳥の卵
gachō no tamago

TIERISCHE PRODUKTE – 動物性食品 dōbutsu sei shokuhin

Milchprodukte und Eier – 乳製品と卵 nyūseihin to tamago

der Eierkarton
紙の卵パック
kami no tamago pakku

die Butter
バター
batā

der Parmesan
パルメザンチーズ
parumezan chīzu

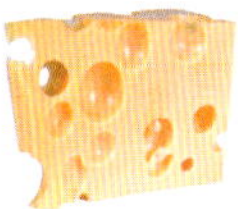

der Emmentaler
エメンタールチーズ
ementāru chīzu

der Cheddar
チェダーチーズ
chedā chīzu

der Raclettekäse
ラクレットチーズ
rakuretto chīzu

der Camembert
カマンベールチーズ
kamanbēru chīzu

der Gouda
ゴーダチーズ
gōda chīzu

der Mozzarella
モッツァレラチーズ
mozzarera chīzu

der geriebene Käse
卸したチーズ
oroshita chīzu

die Buttermilch
脱脂乳
dasshinyū

der Frischkäse
生チーズ
nama chīzu

die Kuhmilch	牛乳 gyūnyū
die Ziegenmilch	山羊乳 yaginyū
die laktosefreie Milch	無乳糖ミルク munyūtō miruku
die Sojamilch	豆乳 tōnyū
homogenisiert	均質の kinshitsu no
pasteurisiert	低温殺菌した teionsakkin shita
fettarm	低脂肪の teishibō no
die Vollmilch	全乳 zennyū

die Kondensmilch
コンデンスミルク
kondensu miruku

GEMÜSE – 野菜 yasai

die/der Trüffel
トリュフ
toryufu

der Champignon
マッシュルーム
masshurūmu

der Steinpilz
ヤマドリタケ
yamadoritake

der Pfifferling
アンズタケ
anzutake

der Spargel
アスパラガス
asuparagasu

der Kohlrabi
コールラビ
kōrurabī

der Rhabarber
ダイオウ
daiō

der Mangold
フダンソウ
fudansō

der Fenchel
フェンネル
fenneru

der/die Stangensellerie
セロリ
serori

die Artischocke
アーティチョーク
ātichōku

die Kresse
クレソン
kureson

die Brunnenkresse
ウォータークレソン
uōtā kureson

das Blatt	葉 ha
der Strunk	茎 kuki
das Röschen	カリフラワーの房 karifurawā no fusa
das Herz	芯 shin
die Spitze	先端 sentan
das gedämpfte Gemüse	蒸かした野菜 fukashita yasai
aus biologischem Anbau	有機栽培 yūkisaibai
aus heimischer Produktion	地場産物 jiba sanbutsu

GEMÜSE – 野菜 yasai

Wurzelgemüse – 根菜類 konsai rui

die Süßkartoffel
さつま芋
satsumaimo

die Karotte
人参
ninjin

die Kartoffel
ジャガイモ
jagaimo

die Schalotte
エシャロット
esharotto

die rote Zwiebel
赤たまねぎ
akatamanegi

die Pastinake
パースニップ
pāsunippu

der Knoblauch
ニンニク
ninniku

die Rübe
かぶ
kabu

die Zwiebel
玉ねぎ
tamanegi

das Radieschen
ラディッシュ
radisshu

die Frühlingszwiebel
ワケギ
wakegi

die Rote Bete
テーブルビート
tēburu bīto

die Knoblauchzehe	ニンニク一片 ninniku hitokake
die Knoblauchknolle	ニンニク一玉 ninniku hitotama
die Wurzel	根 ne
bitter	苦い nigai
roh	生 nama
scharf	辛い karai
mehligkochend	粉っぽく煮る konappoku niru
festkochend	固ゆで katayude

der Lauch
西洋ねぎ
seiyō negi

GEMÜSE – 野菜 yasai

Blattgemüse – 葉菜類 yōsai rui

der Brokkoli
ブロッコリー
burokkorī

der Rotkohl
赤キャベツ
akakyabetsu

der Wirsing
ちりめんキャベツ
chirimen kyabetsu

der Rosenkohl
芽キャベツ
mekyabetsu

der Blumenkohl
カリフラワー
karifurawā

der Weißkohl
白キャベツ
shirokyabetsu

der Kopfsalat
サラダ菜
saradana

der Eisbergsalat
玉レタス
tama retasu

der Römersalat
ロメインレタス
romein retasu

der/die Chicorée
チコリ
chikori

der Feldsalat
ノヂシャ
nojisha

der Spinat
ほうれん草
hōrensō

der Rucola
ルッコラ
rukkora

der Endiviensalat
エンダイブサラダ
endaibu sarada

GEMÜSE – 野菜 yasai

Fruchtgemüse – 果菜類 kasai rui

der/die Paprika
パプリカ
papurika

die Zucchini
ズッキーニ
zukkīni

die Aubergine
茄子
nasu

die Tomate
トマト
tomato

die Kirschtomate
プチトマト
puchi tomato

die Olive
オリーブ
orību

die Okraschote
オクラ
okura

die Chilischote
唐辛子
tōgarashi

die Avocado
アボカド
abokado

die Gurke
きゅうり
kyūri

der Kürbis
かぼちゃ
kabocha

der Butternusskürbis
バターナットスクワッシュ
batānattosukuwasshu

schälen	むく muku
schneiden	切る kiru
roh	生 nama
gekocht	調理した chōrishita
gegart	煮上げた niageta
das Püree	ピューレ pyurē
püriert	ピューレにする pyurē ni suru
braten	焼く yaku

der Mais
とうもろこし
tōmorokoshi

GEMÜSE – 野菜 yasai

Hülsenfrüchte – 豆果 tōka

die grüne Linse
緑のレンズマメ
midori no renzumame

die Ackerbohne
ソラマメ
soramame

die schwarze Bohne
黒豆
kuromame

die Gartenerbse
エンドウ豆
endōmame

die Kichererbse
ヒヨコマメ
hiyokomame

die rote Linse
赤レンズマメ
akarenzumame

die grüne Bohne
インゲン豆
ingenmame

die Zuckererbse
サヤエンドウ
sayaendō

die Kidneybohne
キドニービーンズ
kidonī bīnzu

die Limabohne
ライ豆
raimame

die Tellerlinse
レンズ豆
renzumame

die Hülse	サヤ saya
der Kern	穀粒 kokutsubu
die Schote	えんどう豆 endōmame
der Samen	種 tane
die Sojasprossen	もやし moyashi
die Sojabohne	大豆 daizu
die Mungobohne	リョクトウ ryokutō
die Schwarzaugenbohne	黒目豆 kurome mame

OBST – 果物 kudamono

Beeren und Steinobst – ベリーと核果 berī to kakuka

die Erdbeere
いちご
ichigo

die Brombeere
ブラックベリー
burakku berī

die Himbeere
ラズベリー
razuberī

die Heidelbeere
ブルーベリー
burūberī

die roten Johannisbeeren
レッドカラント
reddokaranto

die schwarzen Johannisbeeren
ブラックカラント
burakkukaranto

die Weintraube
ブドウ
budō

die Stachelbeere
セイヨウスグリ
seiyōsuguri

die Preiselbeere
コケモモ
kokemomo

die Kirsche
さくらんぼ
sakuranbo

die Holunderbeere
ニワトコの実
niwatoko no mi

der Pfirsich
桃
momo

die Nektarine
ネクタリン
nekutarin

die Zwetschge
プラム
puramu

die Aprikose
杏
anzu

der Apfel
リンゴ
ringo

die Birne
洋ナシ
yōnashi

die Quitte
マルメロ
marumero

OBST – 果物 kudamono

Exotische Früchte – エキゾチックな果実 ekizochikku na kajitsu

die Feige
いちじく
ichijiku

die Birnenmelone
ペピーノ
pepīno

die Physalis
ホオズキ
hoozuki

die Litschi
ライチ
raichi

die Sternfrucht
スターフルーツ
sutāfurūtsu

die Ananasguave
フェイジョア
feijoa

die Papaya
パパイア
papaia

die Cherimoya
チェリモヤ
cherimoya

die Passionsfrucht
パッションフルーツ
passhon frūtsu

die Mangostanfrucht
マンゴスチン
mangosutin

der Granatapfel
石榴
zakuro

die Kiwano
ツノニガウリ
tsunonigauri

die Rambutan
ランブータン
ranpūtan

die Drachenfrucht
ドラゴンフルーツ
doragonfurūtsu

die Ananas
パイナップル
painappuru

die Guave
グアバ
guaba

die Banane
バナナ
banana

die Kiwi
キウイー
kiuī

die Mango
マンゴー
mangō

die Kokosnuss
ココナツ
kokonatsu

OBST – 果物 kudamono

Zitrusfrüchte und Melonen – 柑橘類とメロン kankitsu rui to meron

die Orange オレンジ orenji

die Limette ライム raimu

geschält 皮をむく kawa o muku

die Clementine クレメンティンみかん kurementin mikan

die Grapefruit グレープフルーツ gurēpufurūtsu

die Zitrone レモン remon

der Schnitz みかんの房 mikan no fusa

die Schale 皮 kawa

die Zuckermelone マスクメロン masuku meron

die Honigmelone ハネデューメロン hanedyū meron

die Wassermelone スイカ suika

die Blutorange ブラッドオレンジ buraddo orenji

kernlos	種の無い tane no nai
saftig	みずみずしい mizumizushii
knackig	カリカリした karikarishita
das Kerngehäuse	果芯 kashin
sauer	すっぱい suppai
reif	熟した jukushita
frisch	新鮮な shinsen na
faulig	腐りかけた kusarikaketa

die Kumquat 金柑 kinkan

OBST – 果物 kudamono

Nüsse und Trockenobst – ナッツとドライフルーツ nattsu to dorai furūtsu

der Cashewkern
カシューナッツ
kashūnattsu

die Mandel
アーモンド
āmondo

die Kastanie
栗
kuri

die Walnuss
クルミ
kurumi

die Haselnuss
ヘーゼルナッツ
hēzerunattsu

die Erdnuss
ピーナッツ
pīnattsu

die Pekannuss
ペカンの実
pekan no mi

die Macadamianuss
マカダミアナッツ
makadamianattsu

der Pinienkern
松の実
matsu no mi

die Rosine
レーズン
rēzun

die Sultanine
スルタナレーズン
surutana rēzun

die Backpflaume
干しプラム
hoshipuramu

die Dattel
デーツ
dētsu

die Paranuss	ブラジルナッツ burajirunattsu
die Pistazie	ピスタチオ pistachio
geröstet	煎った itta
gesalzen	塩味の shioaji no
das Studentenfutter	レーズン入りミックスナッツ rēzun iri mikkusu nattsu
der Nussknacker	くるみ割り器 kurumiwari ki
die Nussschale	くるみの殻 kurumi no kara
eine Nuss knacken	くるみを割る kurumi o waru

KRÄUTER UND GEWÜRZE - ハーブと香辛料 hābu to kōshinryō

Kräuter - ハーブ hābu

der Lavendel
ラベンダー
rabendā

der Estragon
タラゴン
taragon

der Oregano
オレガノ
oregano

das/der Liebstöckel
ロベージ
robēji

der Salbei
セージ
sēji

die Minze
ミント
minto

der Majoran
マジョラム
majoramu

der Rosmarin
ローズマリー
rōzumarī

das Basilikum
バジル
bajiru

die Petersilie
パセリ
paseri

der Thymian
タイム
taimu

der Koriander
コリアンダー
koriandā

der Schnittlauch
アサツキ
asatsuki

der Fenchel
フェンネル
fenneru

der Dill
ディル
diru

die Zitronenmelisse
レモンバーム
remon bāmu

KRÄUTER UND GEWÜRZE - ハーブと香辛料 hābu to kōshinryō

Gewürze - 香辛料 kōshinryō

der Sternanis
八角
hakkaku

das Lorbeerblatt
ローリエ
rōrie

der Koriander
コリアンダー
koriandā

die Zimtrinde
シナモン
shinamon

die Kurkuma
ウコン
ukon

das Currypulver
カレー粉
karēko

der Paprika
パプリカ
papurika

der Pfeffer
胡椒
koshō

die Muskatnuss
ナツメッグ
natsumeggu

der/das Kardamom
カルダモン
karudamon

die Nelken
クローブ
kurōbu

der Ingwer
ショウガ
shōga

die Chiliflocken
チリフレーク
chiri furēku

die Chilischote
唐辛子
tōgarashi

der Fenchel
フェンネル
fenneru

das Garam masala
ガラムマサラ
garamumasara

KRÄUTER UND GEWÜRZE – ハーブと香辛料 hābu to kōshinryō

Würzmittel und Soßen – スパイスとソース supaisu to sōsu

der Essig
酢
su

das Olivenöl
オリーブ油
orību yu

der Pfeffer
胡椒
koshō

das Salz
塩
shio

die Pfeffermühle
コショウひき器
koshōhiki ki

die Salsa
サルサソース
sarusa sōsu

der/das Ketchup
ケチャップ
kechappu

der Senf
マスタード
masutādo

die Mayonnaise
マヨネーズ
mayonēzu

zerstoßen	つぶした tsubushita
gemahlen	挽いた hiita
geraspelt	おろした oroshita
der Salzstreuer	塩入れ shioire
die Salatsoße	サラダドレッシング sarada doresshingu
würzen	味付けする ajitsuke suru
anmachen	混ぜ合わせる mazeawaseru
marinieren	マリネにする marine ni suru

die Sojasoße
醤油
shōyu

GETREIDE UND MEHL – 穀物と小麦粉 kokumotsu to komugiko

der Dinkel
スペルト小麦
superuto komugi

die Kürbiskerne
かぼちゃの種
kabocha no tane

die Sonnenblumenkerne
ひまわりの種
himawari no tane

die Quinoa
キヌア
kinua

der Wildreis
野生米
yaseimai

der Hafer
オーツ麦
ōtsumugi

die Gerste
大麦
ōmugi

der Naturreis
玄米
genmai

der Mais
とうもろこし
tōmorokoshi

die Hirse
キビ
kibi

der Weizen
小麦
komugi

der/das Couscous
クスクス
kusukusu

der Buchweizen
そば
soba

der Basmatireis
バスマティ米
basumati mai

der Bulgur
ブルグア
burugua

der Reis
米
kome

GETREIDE UND MEHL - 穀物と小麦粉 kokumotsu to komugiko

die Penne
ペンネ
penne

die Spaghetti
スパゲティ
supageti

die Tagliatelle
タリアテッレ
tariaterre

die Ravioli
ラビオリ
rabiori

die Fusilli
フジッリ
fujirri

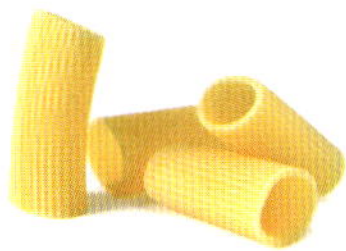

die Rigatoni
リガトーニ
rigatōni

die Tortellini
トレテリーニ
toreterīni

das Weizenmehl
小麦粉
komugiko

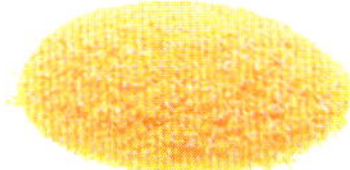

das Maismehl
トウモロコシ粉
tōmorokoshi ko

die Hefe
イースト
īsuto

der Teig
生地
kiji

das Backpulver	ベーキングパウダー bēkingupaudā
das glutenfreie Mehl	グルテンを含まない粉 guruten o fukumanai kona
das Roggenmehl	ライ麦粉 reimugi ko
das Vollkornmehl	全粒粉 zenryūfun
sieben	ふるいにかける furui ni kakeru
kneten	こねる koneru
verrühren	混ぜる mazeru
backen	焼く yaku

die Reisnudeln
米麺
beimen

GETREIDE UND MEHL – 穀物と小麦粉 kokumotsu to komugiko

Brot – パン pan

die Brezel
プレッツェル
purettsueru

das Croissant
クロワッサン
kurowassan

das/die Baguette
バゲット
bagetto

das Schwarzbrot
黒パン
kuropan

das Weißbrot
精白パン
seihaku pan

das Vollkornbrot
全粒粉パン
zenryūfun pan

das Mehrkornbrot
穀物パン
kokumotsupan

das Graubrot
ライ麦パン
raimugipan

das Fladenbrot
ピタパン
pita pan

die Tortilla
トルティーヤ
torutīya

das Toastbrot
トーストパン
tōsuto pan

das Sauerteigbrot
サワー種パン
sawādane pan

das Brötchen
丸パン
maru pan

der Bagel
ベーグル
bēguru

das belegte Brötchen
オープンサンドイッチ
ōpun sando icchi

das Knäckebrot
クリスプブレッド
kurisupu bureddo

GETREIDE UND MEHL – 穀物と小麦粉 kokumotsu to komugiko

Brotaufstriche – スプレッド supureddo

das Glas
瓶
bin

der Honig
蜂蜜
hachimitsu

der Waldhonig
ハニーデュー蜂蜜
hanīdū hachimitsu

der flüssige Honig
透明蜂蜜
tōmei hachimitsu

der Zitronenaufstrich
レモンカード
remon kādo

die Konfitüre
粒入りジャム
tsubu iri jamu

die Marmelade
マーマレード
māma rēdo

der Ahornsirup
メープルシロップ
mēburu shiroppu

die Erdnussbutter
ピーナツバター
pīnatsu batā

der Schokoladen-aufstrich
チョコレートスプレッド
chokorēto supureddo

die Margarine
マーガリン
māgarin

der Laib
パンの塊
pan no katamari

die Scheibe
スライス
suraisu

das Paniermehl
パン粉
pan ko

das Sandwich
サンドイッチ
sandoicchi

GETRÄNKE – 飲料 inryō

Erfrischungsgetränke – 清涼飲料水 seiryōinryōsui

das Wasser
水
mizu

das Tonicwater
トニックウォーター
tonikku uōtā

der Orangensaft
オレンジジュース
orenjijūsu

der Tomatensaft
トマトジュース
tomatojūsu

das alkoholfreie Bier
ノンアルコールビール
non arukōru bīru

der Karottensaft
人参ジュース
ninjinjūsu

die/das Cola
コーラ
kōra

die Limonade
レモネード
remonēdo

der Eiskaffee
アイスコーヒー
aisukōhī

die Eisschokolade
アイスチョコレート
aisu chokorēto

der Eistee
アイスティー
aisutī

die Apfelschorle
りんごジュースの炭酸水割り
ringojūsu no tansansui wari

der Milchshake
ミルクシェーク
mitruku shēku

die Saftpresse	ジュース抽出器 jūsu chūshutsu ki
der frisch gepresste Grapefruitsaft	搾り立てのグレープフルーツ shiboritate no gurēpu frūtsu
das Tafelwasser	ミネラルウオーター mineraruuōtā
das Leitungswasser	水道の水 suidō no mizu
das Mineralwasser mit Kohlensäure	炭酸入りのミネラルウォーター tansan iri no mineraru uōtā
das stille Mineralwasser	炭酸抜きのミネラルウォーター tansannuki no mineraru uōtā
der Apfelsaft	りんごジュース ringojūsu
der Johannisbeersaft	ブラックカラントジュース burakkukarantojūsu

GETRÄNKE – 飲料 inryō

Heißgetränke – ホットドリンク hotto dorinku

der Espresso
エスプレッソ
esupuresso

die Kaffeebohnen
コーヒー豆
kōhī mame

der Amaretto
アマレット
amaretto

der Kaffee zum Mitnehmen
持ち帰りコーヒー
mochikaeri kōhī

der Deckel
蓋
futa

der Becher
カップ
kappu

der Milchschaum
ミルクの泡
miruku no awa

der Teebeutel
ティーバッグ
tī baggu

die Teeblätter
茶の葉
cha no ha

die Teekanne
ティーポット
tī potto

der Schwarztee
紅茶
kōcha

der/die Latte macchiato
ラテマキアート
rate makiāto

der Kaffee
コーヒー
kōhī

der Cappuccino
カプチーノ
kapuchīnō

der Milchkaffee
ミルクコーヒー
miruku kōhī

der Minztee
ミントティー
minto tī

der Kamillentee
カモミールティー
kamomīru tī

der Kräutertee
ハーブティー
hābu tī

der Glühwein
ホットワイン
hotto wain

GETRÄNKE – 飲料 inryō

Alkoholische Getränke – アルコール飲料 arukōruinryō

der Cocktail
カクテル
kakuteru

die Sangria
サングリア
san guria

mit Eis
オンザロック
on za rokku

der Whisky
ウイスキー
uisukī

der Gin Tonic
ジントニック
jintonikku

der Rum
ラム酒
ramu shu

das Bier
ビール
bīru

das Pils
ピルスナービール
pirusunā bīru

das dunkle Bier
黒ビール
kuro bīru

der Wodka
ウオッカ
uokka

der Roséwein
ロゼワイン
roze wain

der Weißwein
白ワイン
shiro wain

der Rotwein
赤ワイン
aka wain

der Sekt
スパークリングワイン
supākuringu wain

der Tequila
テキーラ
tekīra

der Weinbrand	ブランデー	burandē
der Schnaps	スピリッツ	supirittsu
der Sherry	シェリー	sherī
der Likör	リキュール	rikyūru
der Cidre	シードル	shīdoru
die Weinschorle	スプリッツァー	supurittsuā
das Hefeweizen	白ビール	shiro bīru
der Champagner	シャンパン	shanpan

KOCHEN – 料理する ryōri suru

Zubereitung – 調理 chōri

schälen
皮をむく
kawa o muku

schneiden
切る
kiru

schlagen
泡立てる
awadateru

reiben
すりおろす
suriorosu

zerstoßen
つぶす
tsubusu

glasieren
照りをつける
teri o tsukeru

sieben
ふるう
furuu

stampfen
磨り潰す
suritsubusu

klopfen
トントン叩く
tonton tataku

ausrollen
ロールでのばす
rōru de nobasu

salzen
塩を加える
shio o kuwaeru

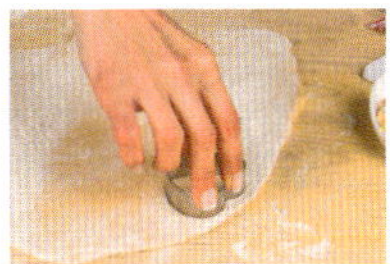

ausstechen
型で抜く
kata de nuku

rösten	焼く yaku
kochen	料理する ryōri suru
köcheln lassen	とろ火で煮る torobi de niru
grillen	グリルする guriru suru
anbraten	軽く焼く karuku yaku
braten	炒める itameru
frittieren	油で揚げる abura de ageru
pochieren	ゆでる yuderu

streuen
振りかける
furikakeru

GERICHTE UND MAHLZEITEN – 料理と食事 ryōri to shokuji

Das Frühstück – 朝食 chōshoku

das Brot
パン
pan

der Orangensaft
オレンジジュース
orengi jūsu

das Brötchen
丸パン
maru pan

die Milch
ミルク
miruku

der Käse
チーズ
chīzu

die Marmelade
マーマレード
māma rēdo

der Cappuccino
カプチーノ
kapuchīno

das gekochte Ei
ゆで卵
yude tamago

das Müsli
ミューズリー
myūzurī

die Melone
メロン
meron

der Schinken
ハム
hamu

die Butter
バター
batā

die Frühstücksflocken
朝食用シリアル
chōshoku yō shiriaru

das Croissant
クロワッサン
kurowassan

die Cornflakes
コーンフレーク
kōnfrēku

der Früchtejoghurt
フルーツヨーグルト
furūtsu yōguruto

das frische Obst
新鮮な果物
shinsen na kudamono

der Müsliriegel
ミューズリーバー
myūzurī bā

die Weizenkeime
小麦胚芽
komugi haiga

GERICHTE UND MAHLZEITEN – 料理と食事 ryōri to shokuji

Das Frühstück – 朝食 chōshoku

das Toastbrot
トースト
tōsuto

die gegrillte Tomate
グリルしたトマト
guriru shita tomato

die gebackenen Bohnen
焼いた豆
yaita mame

die Rösti
ハッシュドポテト
hasshudo poteto

die Blutwurst
ブラッドソーセージ
buraddo sōsēji

der Speck
ベーコン
bēkon

die Pilze
キノコ
kinoko

die Wurst
ソーセージ
sōsēji

das Spiegelei
目玉焼き
medama yaki

das Rührei
いりたまご
iritamago

das Omelett
オムレツ
omuretsu

armer Ritter
フレンチトースト
furenchi tōsuto

die Waffel
ワッフル
waffuru

der Pfannkuchen
パンケーキ
pankēki

der Haferbrei
オートミール粥
ōtomīru gayu

der Fruchtshake
フルーツシェーク
furūtsu shēku

die heiße Schokolade
ホットチョコレート
hotto chokorēto

GERICHTE UND MAHLZEITEN – 料理と食事 ryōri to shokuji

Snacks und Knabbereien – スナックとおつまみ sunakku to otsumami

die Chips
ポテトチップ
poteto chippu

die Salzbrezel
塩プレッツェル
shio purettsueru

das Popcorn
ポップコーン
poppu kōn

der/das Bonbon
飴
ame

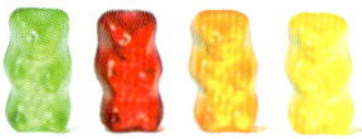

das Gummibärchen
熊型のグミ
kumagata no gumi

die Lakritze
甘草キャンディー
kanzō kyandī

der/das Kaugummi
チューインガム
chūingamu

der Lutscher
棒のついた飴
bō no tsuita ame

die weiße Schokolade
ホワイトチョコレート
howaito chokorēto

der Schokoriegel
チョコバー
choko bā

die Zartbitter-schokolade
ダークチョコレート
dāku chokorēto

die Milchschokolade
ミルクチョコレート
miruku chokorēto

der Eislutscher
アイスキャンディー
aisukyandī

der Frozen Yogurt
フローズンヨーグルト
furōzun yōguruto

der Keks
クッキー
kukkī

die Praline
プラリネチョコレート
purarine chokorēto

GERICHTE UND MAHLZEITEN – 料理と食事 ryōri to shokuji

Das Fastfood – ファーストフード fāsuto fūdo

das Stück Pizza
ピザー切れ
piza hitokire

die Pizza
ピザ
piza

der Hamburger
ハンバーガー
hanbāgā

die Pommes frites
フライドポテト
furaido poteto

die Tortilla-Chips
トルティーヤチップス
torutīya chippusu

der Taco
タコス
takosu

die gebratenen Nudeln
焼きそば
yakisoba

das Sushi
寿司
sushi

der/das Hot Dog
ホットドッグ
hottodoggu

der Döner
ドネルケバブ
doneru kebabu

der Wrap
ラップ
rappu

der Fisch mit Pommes
フィッシュアンドチップス
fisshu ando chippusu

Ich würde gerne etwas zum Mitnehmen bestellen.	持ち帰り用に注文したいのですが。 Mochikaeri yō ni chūmon shitai no desuga.
Eine Portion Pommes rot-weiß, bitte.	フライドポテト一人前、ケチャップとマヨネーズ付きでお願いします。 Furaidopoteto ichininmae, kechappu to mayonēzu tsuki de onegai shimasu.
klein/mittelgroß/groß	小さい/中ぐらい/大きい chiisai/chūgurai/ookii
süß	甘い amai
salzig	塩辛い shio karai
der Lieferservice	配達サービス haitatsu sābisu
bestellen	注文する chūmon suru
liefern	届ける todokeru

das Nugget
ナゲット
nagetto

GERICHTE UND MAHLZEITEN – 料理と食事 ryōri to shokuji

Hauptmahlzeit – 正餐 seisan

die Suppe
スープ
sūpu

die Frikadelle
フリカデルハンバーグ
furikaderu hanbāgu

das Steak
ステーキ
sutēki

der Beilagensalat
サラダの付け合せ
sarada no tsukeawase

die Kartoffelspalten
くし型に切ったポテト
kushigata ni kitta poteto

die Lasagne
ラザニア
razania

die Spaghetti Bolognese
スパゲッティミートソース
supagetti mīto sōsu

das Brathähnchen
ローストチキン
rōsuto chikin

das panierte Schnitzel
トンカツ
ton katsu

die Bratkartoffeln
炒めたじゃがいも
itameta jagaimo

der Eintopf
煮込み料理
nikomi ryōri

der Auflauf
グラタン
guratan

die Pastete
ミートパイ
mīto pai

die Quiche
キッシュ
kisshu

das Curry
カレー
karē

GERICHTE UND MAHLZEITEN – 料理と食事 ryōri to shokuji

Im Restaurant – レストランで resutoran de

① *der Gast*
来客
raikyaku

② *der Kellner*
ウェイター
wēitā

③ *der Tisch für zwei Personen*
二人掛けテーブル席
futarigake tēburu seki

④ *das Rotweinglas*
赤ワイングラス
aka wain gurasu

⑤ *die Speisekarte*
メニュー
menyū

⑥ *die Bestellung*
注文
chūmon

die Vorspeise
前菜
zensai

der Nachtisch
デザート
dezāto

die Beilage
付け合せ
tsukeawase

das Hauptgericht
メイン料理
mein ryōri

die Suppe
スープ
sūpu

der Aperitif
食前酒
shokuzen shu

der/das Sorbet
シャーベット
shābetto

der Salat
サラダ
sarada

der Käseteller
チーズ盛り合わせ
chīzu moriawase

der Kaffee
コーヒー
kōhī

der Likör
リキュール
rikyūru

das Käsemesser
チーズ用ナイフ
chīzu yō naifu

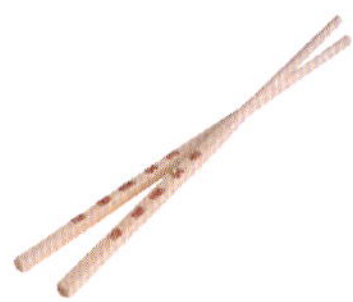

das Stäbchen
箸
hashi

GERICHTE UND MAHLZEITEN – 料理と食事 ryōri to shokuji

Geschirr und Besteck – 食器とカラトリー shokki to karatorī

die Serviette
ナプキン
napukin

der Brotteller
パン用皿
pan yō sara

die Gabel
フォーク
fōku

die Tischdecke
テーブルクロス
tēburu kurosu

der Essteller
ディナープレート
dinā purēto

das Wasserglas
水用グラス
mizu yō gurasu

das Weinglas
ワイングラス
wain gurasu

der Dessertlöffel
デザート用スプーン
dezāto yō supūn

der Suppenlöffel
スープ用スプーン
sūpu yō supūn

das Messer
ナイフ
naifu

die Schüssel
深皿
fukazara

die Karaffe
カラフ
karafu

das Steakmesser
ステーキ用ナイフ
sutēki yō naifu

der Zahnstocher
爪楊枝
tsumayōji

Könnten Sie uns bitte die Weinkarte bringen?	ワインリストをお願いします。 Wain lisuto o onegai shimasu.
Guten Appetit!	ごゆっくりどうぞ。 goyukkuri dōzo.
Zum Wohl!	乾杯! kanpai
Als Vorspeise/Hauptgericht/Nachtisch nehme ich ...	前菜/メイン料理/デザートは…にします。 Zensai/mein ryōri/dezāto wa … ni shimasu.
die Spezialitäten	特別料理 tokubetsu ryōri
Ich hätte gerne die Rechnung, bitte.	お勘定お願いします。 Okanjō onegai shimasu.
die Bezahlung	支払い shiharai
das Trinkgeld	チップ chippu

DIE ERNÄHRUNG – 食習慣 shoku shūkan

das Fett
脂質
shishitsu

der Zucker
糖分
tōbun

das Kohlenhydrat
炭水化物
tansuikabutsu

das Eiweiß
蛋白質
tanpaku shitsu

ohne Eier
卵不使用
tamago fushiyō

zuckerfrei
無糖
mutō

glutenfrei
グルテンを含まない
guruten o fukumanai

laktosefrei
ラクトースを含まない
rakutōsu o fukumanai

die Ballaststoffe
食物繊維
shokumotsu seni

das Cholesterin
コレステロール
koresuterōru

vegetarisch
ベジタリアン
bejitarian

vegan
絶対菜食主義
zettai saishoku shugi

die Lebensmittelintoleranz	食物不耐症 shokumotsu futaishō
die Fruktose	果糖 katō
die Glukose	ブドウ糖 budōtō
das Natrium	ナトリウム natoriumu
die Kalorien	カロリー karorī
der Geschmacksverstärker	うま味調味料 umami chōmiryō
die gesunde Ernährung	健康食 kenkōshoku
fasten	絶食 zesshoku

die Diät
ダイエット
daietto

UNTERWEGS

外出中

gaishutsu chū

STRASSEN UND VERKEHR – 道路と交通 dōro to kōtsū

① *die Straßenlaterne*
街灯
gaitō

② *die Einbahnstraße*
一方通行
ippō tsūkō

③ *die Fußgängerampel*
歩行者用交通信号灯
hokōshayō kōtsūshingōtō

④ *der Bürgersteig*
歩道
hodō

⑤ *der Bordstein*
縁石
enseki

⑥ *die Ampel*
信号
shingō

⑦ *das geparkte Auto*
駐車中の車
chūshachū no kuruma

⑧ *die Fahrspur*
車線
shasen

⑨ *die Straßenmarkierung*
道路標示
dōro hyōji

⑩ *der Rinnstein*
側溝
sokkō

der Tunnel
トンネル
tonneru

der Parkscheinautomat
路上駐車券自動販売機
rojō chūshaken jidō hanbaiki

der Fahrradweg
自転車専用道路
jitensha senyō dōro

der Behindertenparkplatz
障害者用駐車場
shōgaishayō chūshajō

die Brücke
橋
hashi

der Kreisverkehr
ロータリー
rōtarī

der Zebrastreifen
横断歩道
ōdan hodō

die Notrufsäule
非常電話
hijō denwa

STRASSEN UND VERKEHR - 道路と交通 dōro to kōtsū

das Autobahnkreuz
高速道路の立体交差
kōsokudōro no rittai kōsa

die Autobahn
高速道路
kōsokudōro

der Berufsverkehr
通勤ラッシュ
tsūkin rasshu

① der Mittelstreifen
中央分離帯
chūō bunritai

② die Überholspur
追い越し車線
oikoshi shasen

③ die Überführung
高架橋
kōka kyō

④ die Kurve
カーブ
kābu

⑤ die Unterführung
高架下
kōka shita

⑥ die Einfahrt
入口
iriguchi

⑦ die Ausfahrt
出口
deguchi

der Verkehrspolizist
交通警官
kōtsū keikan

der Strafzettel
交通違反切符
kōtsū ihan kippu

die Mautstelle
料金所
ryōkinjo

abschleppen
レッカー移動する
rekkā idō suru

die Kreuzung	交差点 kōsaten
die Vorfahrt	優先通行権 yūsen tsūkōken
die Geschwindigkeitsüberschreitung	スピード違反 supīdo ihan
anhalten	止める tomeru
der Standstreifen	路肩 rokata
die Raststätte	サービスエリア sābisu eria
die Entfernungstafel	距離表示板 kyori hyōji ban
rückwärtsfahren	バックする bakku suru

der Stau
交通渋滞
kōtsū jūtai

STRASSEN UND VERKEHR – 道路と交通 dōro to kōtsū

Verkehrsschilder – 道路標識板 dōro hyōshikiban

Einfahrt verboten
車両侵入禁止
sharyō shinnyū kinshi

das Halteverbot
駐停車禁止
chūteisha kinshi

die Baustelle
道路工事中
dōro kōji chū

der Tunnel
トンネル
tonneru

das Parkverbot
駐車禁止
chūsha kinshi

der Stau
交通渋滞
kōtsū jūtai

das Gefälle
急勾配あり
kyūkōbai ari

der Kreisverkehr
ロータリーあり
rōtarī ari

die Geschwindigkeitsbegrenzung
速度制限
sokudo seigen

Vorfahrt gewähren!
前方優先道路
zenpō yūsen dōro

die Einbahnstraße
一方通行
ippō tsūkō

der Gegenverkehr
二方向交通
nihōkō kōtsū

Einbiegen nach rechts verboten
右折禁止
usetsu kinshi

Einbiegen nach links verboten
左折禁止
sasetsu kinshi

Wenden verboten
転回禁止
tenkai kinshi

die Schnee- oder Eisglätte
雪又は氷による路面凍結
yuki matawa kōri niyoru romen tōketsu

DAS AUTO – 自動車 jidōsha

Autotypen – 車のタイプ kuruma no taipu

die Stretchlimousine
ストレッチリムジン
sutorecchi rimujin

das Cabrio
カブリオレ
kaburiore

die Fließhecklimousine
ハッチバック
hacchibakku

der Sportwagen
スポーツカー
supōtsu kā

der Kleinstwagen
超小型車
chōkogatasha

der Kleinwagen
小型車
kogatasha

der Oldtimer
クラシックカー
kurashikku kā

die Limousine
リムジン
rimujin

der Kombiwagen
ステーションワゴン
sutēshon wagon

der Pick-up
ピックアップトラック
pikku appu torakku

der Kleintransporter
バン
ban

die Klimaanlage	クーラー kūrā
die Sitzheizung	シートヒーター shīto hītā
die Automatikschaltung	オートマチック変速機 ōtomachikku hensokuki
die Handschaltung	マニュアル変速機 manyuaru hensokuki
die Zündung	点火装置 tenka sōchi
zweitürig	ツードアの tsūdoa no
dreitürig	スリードアの surī doa no
viertürig	フォードアの fō doa no

der Geländewagen
オフロード車
ofurōdo sha

DAS AUTO – 自動車 jidōsha

Das Auto – Außenansicht – 自動車ー外観 jidōsha – gaikan

die Beifahrerseite
助手席側
joshu seki gawa

das Dach
ルーフ
rūfu

die Windschutzscheibe
フロントガラス
furonto garasu

die Fahrerseite
運転手側
untenshu gawa

die Begrenzungsleuchte
車幅灯
shahaba tō

der Rückspiegel
バックミラー
bakku mirā

die Blinkleuchte
ウインカー
uinkā

das Rad
車輪
sharin

der Scheibenwischer
ワイパー
waipā

der Kühlergrill
ラジエータグリル
rajiēta guriru

die Stoßstange
バンパー
banpā

das Nummernschild
ナンバープレート
nanbā purēto

das Markenemblem
メーカーエンブレム
mēkā enburemu

der Nebelscheinwerfer
フォグランプ
foguranpu

das Reifenprofil
タイヤのトレッドパターン
taiya no toreddopatān

der Ölmessstab	オイルゲージ oirugēji
der Luftfilter	エアフィルター eafirutā
der Bremsflüssigkeitsbehälter	ブレーキフルードリザーバータンク burēki furūdo rizābā tanku
die Antenne	アンテナ antena
die Radaufhängung	サスペンション sasupenshon
das Abblendlicht	ロービーム rōbīmu
das Fernlicht	ハイビーム haibīmu

DAS AUTO – 自動車 jidōsha

Das Auto – Außenansicht – 自動車ー外観 jidōsha – gaikan

① *der Seitenspiegel*
ドアミラー
doa mirā

② *die B-Säule*
B ピラー
B-pirā

③ *der Kofferraum*
トランク
toranku

④ *die Heckscheibe*
リアウインドーのガラス
ria uindō no garasu

⑤ *die Motorhaube*
ボンネット
bonnetto

⑥ *das Seitenfenster*
サイドウィンドウ
saido uindō

⑦ *die Autotür*
ドア
doa

⑧ *die Radkappe*
ホイールキャップ
hoīru kyappu

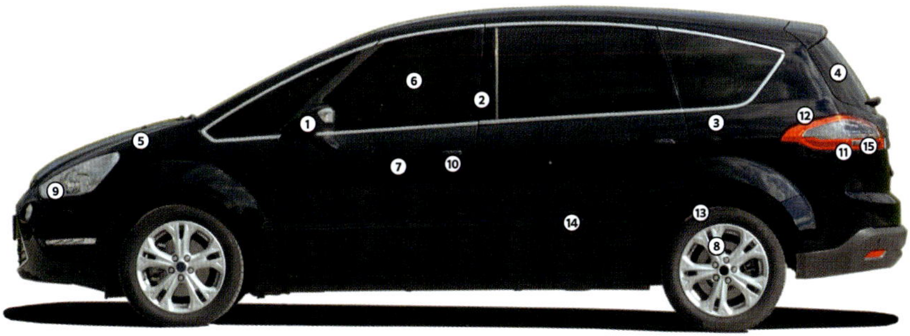

⑨ *der Scheinwerfer*
ヘッドライト
heddo raito

⑩ *der Türgriff*
ドアハンドル
doa handoru

⑪ *die Bremsleuchte*
ブレーキランプ
burēki ranpu

⑫ *die Rückleuchte*
テールランプ
tēru ranpu

⑬ *der Reifen*
タイヤ
taiya

⑭ *die Seitenschutzleiste*
プロテクティブストリップ
purotekutibu suturippu

⑮ *der Rückfahrscheinwerfer*
バックランプ
bakku ranpu

der Motor	エンジン enjin
der Benzintank	ガソリンタンク gasorin tanku
das Getriebe	ギア gia
der Kühler	ラジエーター rajiētā
der Ventilator	ファン fan
die Batterie	バッテリー batterī
der Auspufftopf	マフラー mafurā
das Auspuffrohr	排気管 haikikan

die Felge
リム
rimu

DAS AUTO - 自動車 jidōsha

Das Auto - Innenausstattung - 自動車ー内装 jidōsha – naisō

① *der Seitenspiegel*
ドアミラー
doa mirā

② *das Lenkrad*
ハンドル
handoru

③ *das Armaturenbrett*
ダッシュボード
dasshu bōdo

④ *der Türöffner*
インナードアハンドル
innā doa handoru

⑤ *der Fahrersitz*
運転席
unten seki

⑥ *die Mittelkonsole*
センターコンソール
sentā konsōru

⑦ *die Handbremse*
サイドブレーキ
saido burēki

⑧ *der Heizungsregler*
温度調節
ondo chōsetsu

⑨ *das Handschuhfach*
グローブボックス
gurōbu bokkusu

⑩ *der Schalthebel*
シフトレバー
shifuto rebā

⑪ *der Beifahrersitz*
助手席
joshu seki

der Warnblinkschalter
ハザードランプスイッチ
hazādo ranpu suicchi

die Stereoanlage
ステレオ装置
sutereo sōchi

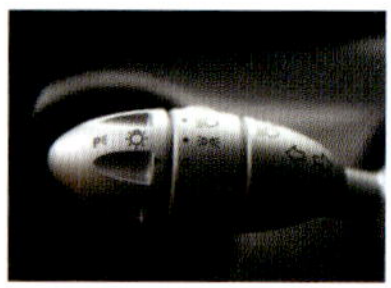

der Blinkerhebel
方向指示器レバー
hōkō shijiki rebā

der Zigaretten-anzünder
シガーライター
shigā raitā

das Navigationsgerät
カーナビ
kānabi

die Fußstütze	フットレスト futto resuto
das Kupplungspedal	クラッチペダル kuracchi pedaru
das Bremspedal	ブレーキペダル burēki pedaru
das Gaspedal	アクセル akuseru
der Sicherheitsgurt	シートベルト shīto beruto
die Kopfstütze	ヘッドレスト heddoresuto
der Airbag	エアバッグ ea baggu
die Hupe	クラクション kurakushon

DAS AUTO - 自動車 jidōsha

Die Tankstelle - ガソリンスタンド gasorin sutando

die Preisanzeige
価格表示
kakaku hyōji

die Literanzeige
リットル表示
rittoru hyōji

der Feuerlöscher
消火器
shōka ki

die Zapfsäule
ガソリンポンプ
gasorin ponpu

das Reifenfüllgerät
空気入れポンプ
kūkiire ponpu

das Rauchverbot
喫煙禁止
kitsuen kinshi

das Benzin
ガソリン
gasorin

der Diesel
ディーゼル
dīzeru

bleifrei
無鉛
muen

verbleit
有鉛
yūen

der Zapfschlauch
給油ホース
kyūyu hōsu

die Zapfpistole
給油ノズル
kyūyu nozuru

der Tankdeckel
給油口のキャップ
kyūyukō no kyappu

der Wagenheber
ジャッキ
jakki

(das) Öl wechseln	オイル交換する oiru kōkan suru
der Reifendruck	タイヤ圧 taiya atsu
der Keilriemen	ファンベルト fan beruto
die Lichtmaschine	オルタネータ orutanēta
der Sommerreifen	夏用タイヤ natsuyō taiya
der Winterreifen	冬用タイヤ fuyuyō taiya
der Allwetterreifen	全天候用タイヤ zen tenkōyō taiya
die Schneekette	スノーチェーン sunō chēn

tanken
給油する
kyūyu suru

DAS AUTO - 自動車 jidōsha

Die Tankstelle - ガソリンスタンド gasorin sutando

① *die Tankanzeige*
燃料計
nenryōkei

② *die Tankleuchte*
燃料残量警告灯
nenryō zanryō keikokutō

③ *der/das Tachometer*
スピードメーター supīdo mētā

④ *die Geschwindigkeit*
速度 sokudo

⑤ *der Kilometerstand*
トリップメーター torippu mētā

⑥ *der Drehzahlmesser*
タコメーター
tako mētā

⑦ *die Kühlmitteltemperaturanzeige*
冷却材温度表示
reikyakuzai ondo hyōji

den Reifen wechseln
タイヤ交換
taiya kōkan

der Radmutternschlüssel
ホイールナットスパナ
hoīru natto supana

das Reserverad
スペアタイヤ
supea taiya

die Reifenpanne
パンク
panku

der Verkehrsunfall	交通事故 kōtsū jiko
Ich habe eine Panne.	車が故障しました。Kuruma ga koshōshimashita.
Könnten Sie bitte den Pannendienst anrufen?	故障サービスに電話してくれませんか。 Koshōsābisu ni denwa shitekuremasen ka.
Der Motor springt nicht an.	エンジンがかかりません。Enjin ga kakarimasen.
das Starthilfekabel	ブースターケーブル būsutā kēburu
Könnten Sie mir Starthilfe geben?	ジャンプスタートをしてくれませんか。 Janpu sutāto o shite kuremasen ka.
der Ersatzreifen	スペアタイヤ supea taiya
Könnten Sie mir beim Reifenwechseln helfen?	タイヤ交換を手伝っていただけますか。 Taiyakōkan o tetsudatte itadakemasu ka.

DER BUS – バス basu

der Doppeldecker
2階建てバス
nikai date basu

die Liniennummer
路線番号
rosen bangō

das Fahrziel
目的地
mokutekichi

der Reisebus
団体旅行用バス
dantai ryokōyō basu

die Automatiktür
自動ドア
jidō doa

der Gepäckraum
トランク室
toranku shitsu

die Bushaltestelle
バス停
basu tei

der Fahrplan
時刻表
jikoku hyō

das Wartehäuschen
待合所
machiai jo

der Schulbus
スクールバス
sukūru basu

der Halteknopf
降車ボタン
kōsha botan

der Niederflurbus	ノンステップバス non suteppu basu
der Busbahnhof	バスターミナル basu tāminaru
der Linienbus	路線バス rosen basu
der Kleinbus	マイクロバス maikuro basu
die Monatskarte	定期券 teiki ken
der Fahrpreis	料金 ryōkin
die Fahrkarte	乗車券 jōsha ken
der Fahrkartenautomat	自動券売機 jidō kenbaiki

die Halteschlaufe
つり革
tsurikawa

DAS MOTORRAD – オートバイ ōtobai

die Rennmaschine
レーシングバイク
rēshingu baiku

das Cockpit
コックピット
kokku pitto

der Kupplungshebel
クラッチレバー
kuracchi rebā

der Lenkergriff
ハンドグリップ
hando gurippu

der Fahrersitz
運転席
unten seki

der Rückspiegel
バックミラー
bakku mirā

der Soziussitz
後部座席
kōbu zaseki

das Schutzblech
泥除け
doro yoke

der Seitenständer
スタンド
sutando

die Fußraste
ステップ
suteppu

die Rückleuchte
テールランプ
tēru ranpu

das Getriebe
トランスミッション
toransu misshon

der Fußschalthebel
シフトペダル
shifuto pedaru

die Radaufhängung
サスペンション
sasupenshon

der Motorroller
スクーター
sukūtā

das Quad
四輪バギー
yonrin bagī

das Geländemotorrad
ダートバイク
dāto baiku

der Chopper
チョッパー
choppā

DAS MOTORRAD - オートバイ ōtobai

der Motorradhelm
ヘルメット
herumetto

die Lederjacke
革ジャン
kawa jan

die Motorradkombi
バイクウエア
baiku uea

der Lederhandschuh
革手袋
kawa tebukuro

das Visier
バイザー
baizā

der Lufteinlass
空気取り入れ口
kūki toriire guchi

der Reflektorstreifen
反射ストライプ
hansha sutoraipu

der/das Tachometer
スピードメーター
supīdo mētā

der Lenker
ハンドル
handoru

der Tankdeckel
タンクキャップ
tanku kyappu

der Benzintank
ガソリンタンク
gasorin tanku

der Blinker
方向指示器
hōkō shijiki

der Bremshebel für die Vorderradbremse
フロントブレーキレバー
front burēki rebā

der Gasdrehgriff
アクセル
akuseru

das Motorradgespann
サイドカー
saidokā

der Tourer
ツーリングバイク
tsūringu baiku

der Beiwagen
側車
sokusha

DAS FAHRRAD – 自転車 jitensha

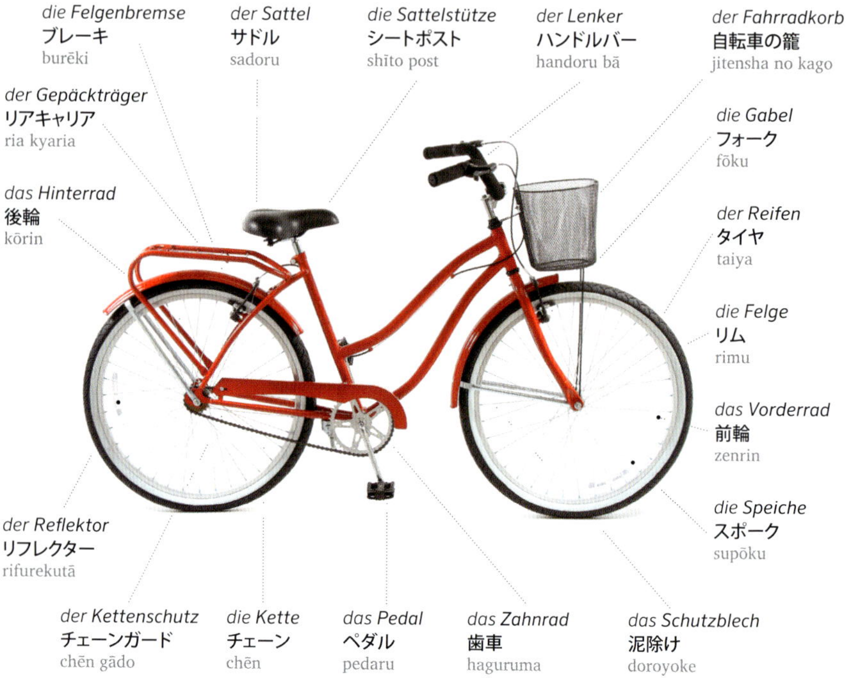

der Schalthebel	変速レバー hensoku rebā
der Bremshebel	ブレーキレバー burēki rebā
die Luftpumpe	空気入れ kūki ire
der Fahrradhelm	ヘルメット herumetto
der Dynamo	ダイナモ dainamo
in die Pedale treten	ペダルをこぐ pedaru o kogu
bremsen	ブレーキをかける burēki o kakeru
in einen höheren/niedrigeren Gang schalten	高い/低いギアに入れる takai/hikui gia ni ireru
Radfahren lernen	自転車に乗る練習をする jitensha ni noru renshū o suru
einen Fahrradschlauch flicken	自転車のチューブにパッチをあてる jitensha no chūbu ni pacchi o ateru

DAS FAHRRAD - 自転車 jitensha

der Kindersitz
チャイルドシート
chairudo sīto

das Einrad
一輪車
ichirin sha

das Tandem
タンデム自転車
tandemu jitensha

das BMX-Rad
BMX バイク
BMX baiku

das Rennrad
ロードレーサー
rōdo rēsā

das Tourenfahrrad
ツーリング自転車
tsūringu jitensha

das Mountainbike
マウンテンバイク
maunten baiku

das Elektrofahrrad
電気自転車
denki jitensha

das Liegerad
リカンベント
rikanbento

das Dreirad
三輪車
sanrin sha

das Fahrradschloss
自転車の鍵
jiten sha no kagi

das Flickzeug
修理キット
shūri kitto

das Leihfahrrad
レンタサイクル
renta saikuru

der Kinderanhänger
チャイルドトレーラー
chairudo torērā

die Satteltasche
サドルバッグ
sadoru baggu

der Fahrradständer
自転車ラック
jitensha rakku

DAS LASTKRAFTFAHRZEUG - トラック torakku

der Autotransporter
車輌運搬車
sharyō unpansha

die Schneefräse
除雪車
josetsusha

die Straßenkehr-maschine
路面清掃車
romen seisōsha

der Müllwagen
ごみ回収車
gomi kaishūsha

der Tankwagen
タンカー
tankā

der Sattelzug
連結式トラック
renketsushiki torakku

der Auflieger
トレーラー
torērā

der Flachbettauflieger
フラットベッドトレーラー
furattobeddo torērā

WEITERE FAHRZEUGE - その他の乗り物 sonota no norimono

der Bagger
パワーショベル
pawā shoberu

der Radlader
ホイールローダー
hoīru rōdā

der Betonmischer
コンクリートミキサー
konkurīto mikisā

der Kipper
ダンプカー
danpukā

der Wohnwagen
キャンピングトレーラー
kyanpingu torērā

das Wohnmobil
キャンピングカー
kyanpingu kā

der Gabelstapler
フォークリフト
fōkurifuto

das Feuerwehr-fahrzeug
消防車
shōbōsha

der Anhänger
トレーラー
torērā

der Traktor
トラクター
torakutā

der Polizeiwagen
パトロールカー
patorōrukā

das Taxi
タクシー
takushī

der Abschleppwagen
レッカー車
rekkā sha

der Fahrzeugkran
クレーン車
kurēn sha

der Taxistand
タクシー乗り場
takushī noriba

ein Taxi herbeiwinken
タクシーを拾う
takushī o hirou

DER ZUG – 列車 ressha

der Zug
列車
ressha

der Führerstand
運転士室
untenshi shitsu

die Schiene
線路
senro

der Waggon
車両
sharyō

das Kleinabteil
コンパートメント
konpātomento

die Gepäckablage
手荷物置き場
tenimotsu okiba

die Armlehne
肘掛け
hijikake

der Sitz
座席
zaseki

die Kopflehne
ヘッドレスト
heddo resuto

der Güterzug
貨物列車
kamotsu ressha

die Straßenbahn
路面電車
romen densha

die U-Bahn
地下鉄
chikatetsu

die Einschienenbahn
モノレール
monorēru

die Dampflok
蒸気機関車
jōki kikansha

der Hochgeschwindigkeitszug	高速列車 kōsoku ressha
das Großraumabteil	オープンサロン車両 ōpun saron sharyō
die Oberleitung	架線 kasen
die erste Klasse	一等車 ittōsha
die zweite Klasse	二等車 nitōsha
der Klapptisch	折り畳み式テーブル oritatamishiki tēburu
der Triebwagen	動力車 dōryokusha
die Sitzplatzreservierung	指定席 shitēseki

DER ZUG – 列車 ressha

Am Bahnhof – 駅で eki de

der Bahnsteig
プラットフォーム
purattofōmu

einsteigen
乗る
noru

aussteigen
降りる
oriru

das Geländer
柵
saku

die Gleisnummer
ホーム番号
hōmu bangō

der Wegweiser
案内標識
annai hyōshiki

der Reisende
乗客
jōkyaku

die Rolltreppe
エスカレーター
esukarētā

die Bahnhofshalle
駅コンコース
eki konkōsu

der Fahrkartenschalter
切符発売窓口
kippu hatsubai madoguchi

der Fahrkarten-automat
切符自動販売機
kippu jidō hanbaiki

die Schaffnerin
車掌
shashō

die Verspätung	遅延 chien
pünktlich	時間通り jikan dōri
umsteigen	乗り換える norikaeru
schwarzfahren	無賃乗車 muchin jōsha
Eine einfache Fahrt nach ..., bitte.	。。。へ片道切符お願いします。 … e katamichi kippu onegai shimasu.
hin und zurück	往復 ōfuku
Ist dieser Platz noch frei?	この席は空いていますか。 Kono seki wa aite imasu ka.

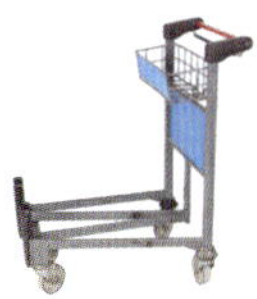

der Kofferkuli
手荷物運搬用カート
tenimotsu unpanyō kāto

DAS FLUGZEUG – 飛行機 hikōki

das Verkehrsflugzeug
旅客機
ryokakuki

der Windsack
吹き流し
fukinagashi

Ihr Flug ist jetzt zum Einsteigen bereit.	ただいまお客様を機内にご案内する準備が整いました。 Tadaima okyakusama o kinai ni goannaisuru junbi ga totonoi mashita.
die Fluggesellschaft	航空会社 kōkūgaisha
der Flugsicherungsdienst	航空交通管制 Kōkūkōtsū kansei
der Pilot/die Pilotin	パイロット pairotto
die erste Klasse	ファーストクラス fāsuto kurasu
die Businessklasse	ビジネスクラス bijinesu kurasu
die Economyklasse	エコノミークラス ekonomī kurasu

DAS FLUGZEUG - 飛行機 hikōki

Im Flugzeug - 機内で kinai de

die Sicherheits-anweisung 機内安全説明 kinai anzen setsumei

die Flugbegleiterin 乗務員 jōmuin

der Sitzplatz 座席 zaseki

das Gepäckfach 荷物入れ nimotsu ire

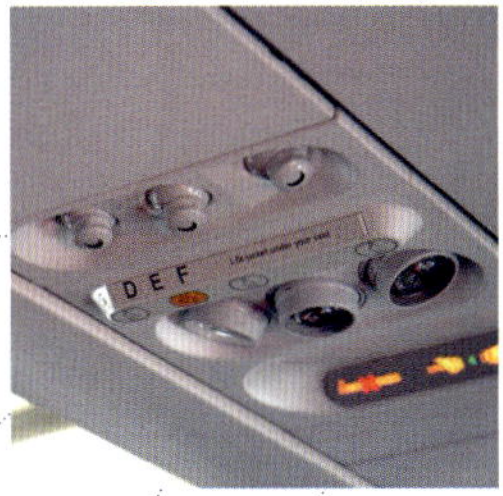

die Luftdüse 空気噴射口 kūki funsha guchi

die Sitznummer 座席番号 zaseki bangō

der Nichtraucherflug 禁煙フライト kinen furaito

die Leselampe 読書灯 dokusho tō

das Handgepäck 手荷物 tenimotsu

der Gang 通路 tsūro

der Notausgang 非常口 hijōguchi

der Sitzabstand 座席間隔 zaseki kankaku

die Sitzreihe	座席の列 zaseki no retsu
der Sicherheitsgurt	シートベルト sīto beruto
sich anschnallen	シートベルトを締める sīto beruto o shimeru
die Start- und Landebahn	滑走路 kassōro
fliegen	飛ぶ tobu
starten	離陸する ririku suru
landen	着陸する chakuriku suru
die Turbulenzen	乱気流 rankiryū
die Notlandung	緊急着陸 kinkyū chakuriku
die Sauerstoffmaske	酸素マスク sanso masuku

der Bildschirm für das Bordprogramm 機内エンターテイメントシステムの画面 kinai entāteimento shisutemu no gamen

DAS FLUGZEUG – 飛行機 hikōki

Am Flughafen – 空港で kūkō de

der Check-in-Automat
自動チェックイン機
jidō chekkuinki

der Check-in-Schalter
チェックインカウンター
chekkuin kauntā

die Bordkarte
搭乗券
tōjōken

der Reisepass
パスポート
pasupōto

die Ankunft
到着
tōchaku

der Abflug
出発
shuppatsu

das Terminal
ターミナル
tāminaru

der Zoll
税関
zeikan

die Sicherheitskontrolle
保安検査
hoan kensa

die Ticketkontrolle
搭乗券のチェック
tōjōken no chekku

der Duty-free-Laden
免税店
menzeiten

die Fluggasttreppe
タラップ
tarappu

der Flugsteig
搭乗ゲート
tōjō gēto

die Fluggastbrücke
ボーディングブリッジ
bōdingu burijji

der Kontrollturm
管制塔
kanseitō

der Fluglotse
航空管制官
kōkū kanseitō

DAS FLUGZEUG – 飛行機 hikōki

Am Flughafen – 空港で kūkō de

① *die Anzeigetafel*
案内板
annai ban

② *das Reiseziel*
行先
ikisaki

der Langstreckenflug
長距離フライト
chōkyori furaito

der Auslandsflug
国際線
kokusai sen

der Inlandsflug
国内線
kokunai sen

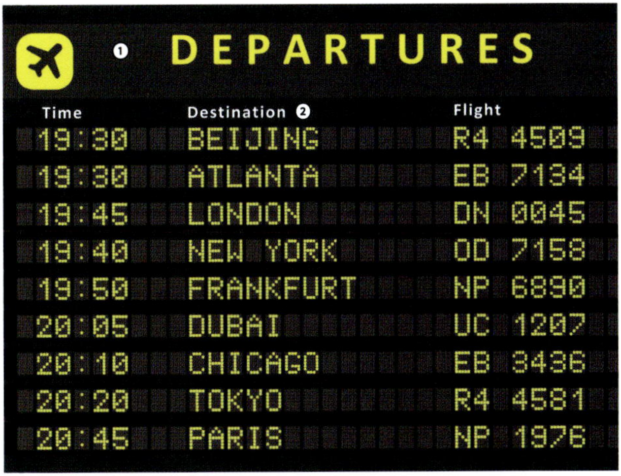

der Rollkoffer
トローリーバッグ
torōrī baggu

das Übergepäck
超過荷物
chōka nimotsu

das Gepäckband
荷物引き取りターンテーブル
nimotsu hikitori tāntēburu

der Fahrsteig
動く歩道
ugoku hodō

die Zwischenlandung	ストップオーバー sutoppu ōbā
einen Flug buchen	フライトを予約する furaito o yoyaku suru
der/das Online-Check-in	オンラインチェックイン onrain chekku in
die Buchungsnummer	予約番号 yoyaku bangō
das Visum	ビザ biza
die Gepäckkontrolle	手荷物検査 tenimotsu kensa
der Gepäckabschnitt	手荷物半券 tenimotsu hanken
der Währungsumtausch	両替 ryōgae

der Rucksack
リュックサック
ryukkusakku

DAS SCHIFF – 船舶 senpaku

das Kreuzfahrtschiff
クルージング船
kurūjingu sen

die Radarantenne
レーダー用アンテナ
rēdāyō antena

das Deck
甲板
kanpan

die Kabine
船室
senshitsu

der Schornstein
煙突
entotsu

die Funkantenne
無線用アンテナ
musenyō antena

die Backbordseite
左舷側
sagen gawa

der Rumpf
船体
sentai

das Bullauge
舷側の丸窓
gensoku no marumado

die Steuerbordseite
右舷側
ugen gawa

der Bug
船首
senshu

das Rettungsboot
救命ボート
kyūmei bōto

der Bugwulst
船首バルブ
senshu barubu

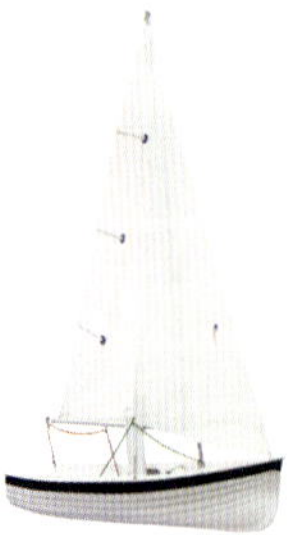

das Segelboot
ヨット
yotto

die Motorjacht
エンジン付きヨット
enjin tsuki yotto

das Motorboot
モーターボート
mōtā bōto

der Katamaran
双胴型ヨット
sōdōgata yotto

DAS SCHIFF – 船舶 senpaku

Der Hafen – 港 minato

der Containerhafen
コンテナターミナル
kontena tāminaru

das Containerlager
コンテナ倉庫
kontena sōko

die Fracht
貨物
kamotsu

der Kai
波止場
hatoba

der Kran
クレーン
kurēn

das Containerschiff
コンテナ船
kontena sen

der Leuchtturm
燈台
tōdai

die Vertäuung
係留
keiryū

der Poller
係柱
keichū

die Boje
浮標
fuhyō

den Anker werfen/lichten	錨を下ろす/上げる ikari o orosu/ageru
die Küstenwache	沿岸警備隊 engan keibitai
anlegen	接岸させる setsugan saseru
auslaufen	出港する shukkō suru
an Bord gehen	乗船する jōsen suru
von Bord gehen	下船する gesen suru
der Landungssteg	上陸用桟橋 jōriku yō sanbashi
das U-Boot	潜水艦 sensuikan

die Fähre
フェリー
ferī

IN DER STADT

町で

machi de

DIE INNENSTADT – 都心 toshin

die Vorstadt
郊外
kōgai

die Brücke
橋
hashi

der Fluss
川
kawa

die Straße
通り
tōri

das Geschäftsviertel
オフィス街
ofisu gai

der Fernsehturm
テレビ塔
terebitō

der Wohnblock
住宅街区
jūtakugaiku

der Dom
大聖堂
daiseidō

der Gehweg
歩道
hodō

die Altstadt
旧市街
kyūshigai

der Turm
塔
tō

die Straßenbeleuchtung
街灯
gaitō

die Seitenstraße
裏通り
uradōri

der Boulevard
大通り
ōdōri

die Treppe
階段
kaidan

die Gasse
路地
roji

DIE INNENSTADT – 都心 toshin

der Park
公園
kōen

der Kanal
運河
unga

das Ausgehviertel
繁華街
hankagai

der Platz
広場
hiroba

das Einkaufsviertel
ショッピング街
shoppingugai

das Industriegebiet
工業地域
kōgyō chiiki

das Wohngebiet
住宅区域
jūtaku kuiki

das Rathaus
市庁舎
shichōsha

die Universität
大学
daigaku

die Schule
学校
gakkō

die Post
郵便局
yūbinkyoku

die Feuerwache
消防署
shōbōsho

die Polizeiwache
交番
kōban

das Krankenhaus
病院
byōin

die Bibliothek
図書館
toshokan

das Gerichtsgebäude
裁判所
saibansho

DIE INNENSTADT – 都心 toshin

Gebäude in der Innenstadt – 都心の建物 toshin no tatemono

der Wolkenkratzer
超高層ビル
chō kōsōbiru

die Burg
城塞
jōsai

das Schloss
城
shiro

die Kirche
教会
kyōkai

die Moschee
モスク
mosuku

die Synagoge
シナゴーグ
sinagōgu

der Tempel
寺院
jiin

die Ruine
崩れた古城
kuzureta kojō

das Bürogebäude
オフィスビル
ofisu biru

das Theater
劇場
gekijō

das Kino
映画館
eigakan

die Fabrik
工場
kōjō

die Botschaft
大使館
taishikan

das Opernhaus
オペラハウス
opera hausu

das Museum
博物館
hakubutsukan

die Kunsthalle
美術館
bijutsukan

DIE INNENSTADT – 都心 toshin

Auf der Straße – 通りで tōri de

die Straßenlaterne
街灯
gaitō

die Fußgängerampel
歩行者用交通信号灯
hokōshayō kōtsūshingōtō

die Ampel
信号
shingō

das Denkmal
記念碑
kinenhi

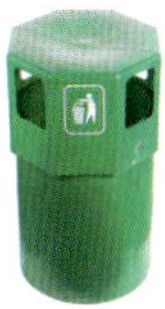

der Abfalleimer
ゴミ箱
gomibako

der Kanaldeckel
マンホールのふた
manhōru no futa

der Hydrant
消火栓
shōka sen

der Friedhof
墓地
bochi

die Bushaltestelle
バス停
basutei

der Kiosk
キオスク
kiosuku

die Tiefgarage
地下駐車場
chika chūshajō

die Fußgängerzone
歩行者天国
hokōsha tengoku

Entschuldigen Sie bitte, wie komme ich nach ...?	すみません。。。へはどう行けばいいですか。 Sumimasen … ewa dōikeba ii desu ka.
Könnten Sie mir bitte sagen, wo ... ist?	。。。がどこにあるのか教えていただけますか。 … ga dokoni arunoka oshiete itadakemasu ka.
Könnten Sie mir das bitte auf der Karte zeigen?	それを地図で示して下さいませんか。 Sore o chizu de shimeshite kudasaimasen ka.
an der Ecke	角に kado ni
rechts/links abbiegen	右/左に曲がる migi/hidari ni magaru
auf der rechten/linken Seite	右/左側に migi/hidari gawa ni

DIE INNENSTADT – 都心 toshin

Das Hotel – ホテル hoteru

die Rezeption
レセプション
resepushon

die Empfangsdame
フロントの女性
furonto no josei

die Schlüsselkarte
カードキー
kādo kī

die Klingel
卓上ベル
takujō beru

die Lobby
ロビー
robī

die Bar
バー
bā

das Restaurant
レストラン
resutoran

die Hotelanlage
ホテルの設備
hoteru no setsubi

das Doppelzimmer
ダブルルーム
daburu rūmu

das Zweibettzimmer
ツインルーム
tsuin rūmu

das Einzelzimmer
シングルルーム
singuru rūmu

der Fitnessraum
ジム
jimu

der Pool
プール
pūru

Ich habe ein Zimmer unter dem Namen ... gebucht.	。。。の名前でシングルルームを予約しました。 ... no namae de singuru rūmu o yoyaku shimashita.
Was kostet das Zimmer, bitte?	その部屋はいくらですか。 Sono heya wa ikura desu ka.
Ich hätte gerne ein Doppelzimmer für eine Nacht.	ダブルルームを一泊お願いしたいんですが。 Daburu rūmu o ippaku onegai shitain desu ga.
Haben Sie ein Zimmer frei?	一部屋空いていますか。 Hitoheya aite imasu ka.

DIE INNENSTADT - 都心 toshin

Das Hotel - ホテル hoteru

der/die Concierge
コンシェルジュ
konsheruju

der Kofferwagen
カート
kāto

der Türanhänger „Bitte nicht stören“
ドア札「邪魔しないで下さい」
doa fuda „Jama shinai de kudasai“

die Gepäckablage
バゲージラック
bagēji rakku

der Zimmerservice
ルームサービス
rūmu sābisu

das Zimmermädchen
客室係
kyakushitsu gakari

die Suite
スイート
suīto

die Toilettenartikel
アメニティ用品
amenitī yōhin

die Minibar
ミニバー
minibā

die Zimmernummer
部屋番号
heya bangō

das Frühstücksbuffet
朝食ビュッフェ
chōshoku byuffe

das Drei-/Vier-Sterne-Hotel	三ツ/四ツ星ホテル mitsu/yotsu boshi hoteru
das Familienzimmer	ファミリールーム famirī rūmu
ein-/auschecken	チェックイン/アウト chekku in/auto
die Halbpension	2食付宿泊 ni-shoku tsuki shukuhaku
die Vollpension	3食付宿泊 san-shoku tsuki shukuhaku
das Zimmer mit Frühstück	朝食付きの部屋 chōshoku tsuki no heya
das Zustellbett	エキストラベッド ekisutora beddo
der Weckanruf	モーニングコール mōningu kōru

der Tresor
金庫
kinko

DIE INNENSTADT – 都心 toshin

Die Bank – 銀行 ginkō

das Chipkartenterminal
ICチップカード端末
IC chippu kādo tanmatsu

die EC-Karte
キャッシュカード
kyasshu kādo

das Tastenfeld
キーパッド
kī paddo

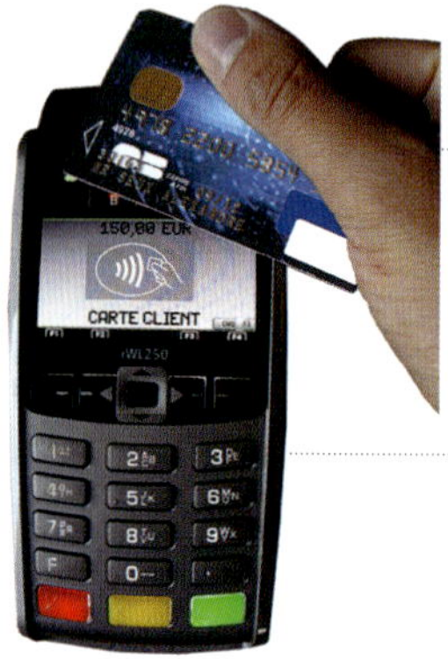

der Schalter
窓口
madoguchi

die Kassiererin
現金出納係
genkin suitō gakari

das Onlinebanking
オンラインバンキング
onrain bankingu

der Geldautomat
現金自動預け払い機
genkin jidō azuke baraiki

Geld abheben
引き出す
hikidasu

Geld einzahlen
払い込む
haraikomu

einen Scheck ausstellen
小切手を切る
kogitte o kiru

die Kontoüberziehung	超過引き出し chōka hikidashi
das Girokonto	振替口座 furikae kōza
das Sparkonto	貯蓄口座 chochiku kōza
die PIN-Nummer	暗証番号 anshō bangō
der Zinssatz	利率 riritsu
das Darlehen	ローン rōn
die Hypothek	抵当権 teitōken
die Kontonummer	口座番号 kōza bangō

DIE INNENSTADT - 都心 toshin

Die Bank - 銀行 ginkō

der Geldschein
紙幣
shihei

die Münze
硬貨
kōka

die Währung
通貨
tsūka

das Wertpapier
有価証券
yūka shōken

der Wechselkurs
外国為替相場
gaikoku kawase sōba

das Bankschließfach
銀行の貸金庫
ginkō no kashikinko

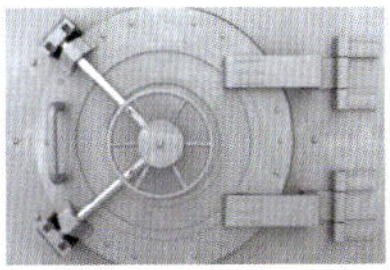

der Tresor
金庫
kinko

die Kreditkarte
クレジットカード
kurejitto kādo

die Börse
株式市場
kabushiki shijō

der Börsenkurs
株式相場
kabushiki sōba

der Finanzberater
ファイナンシャルアドバイザー
fainansharu adobaizā

die Rechnung
請求書
seikyūsho

Könnten Sie mir das bitte wechseln?	これを両替していただけますか。 Kore o ryōgae shite itadakemasu ka.
Wie ist der aktuelle Wechselkurs?	本日のレートはいくらですか。 Honjitsu no rēto wa ikuradesu ka.
Ich möchte gerne ein Konto eröffnen.	口座を開きたいのですが。 Kōza o hirakitai no desu ga.
der Betrag	金額 kingaku
der Reisescheck	トラベラーズチェック toraberāzu chekku
das Eigenkapital	自己資本 jikoshihon
die Provision	手数料 tesūryō
die Wechselstube	両替所 ryōgae sho

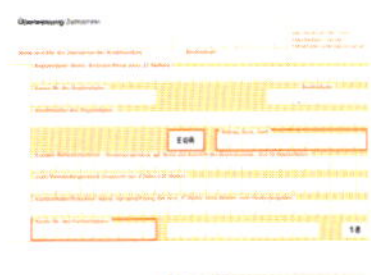

der Überweisungsschein
口座振込み用紙
kōza furikomi yōshi

EINKAUFEN – 買い物 kaimono

Läden und Geschäfte – 店と商店 mise to shōten

der Markt
市場
ichiba

der Marktstand
露店
roten

das Schaufenster
ショーウインドー
shō uindō

die Tierhandlung
ペットショップ
petto shoppu

der Gemüseladen
八百屋
yaoya

die Metzgerei
肉屋
nikuya

die Bäckerei
パン屋
panya

die Konditorei
ケーキ屋
kēkiya

der Supermarkt
スーパーマーケット
sūpā māketto

das Fischgeschäft
魚屋
sakanaya

die Weinhandlung
ワイン販売店
wain hanbaiten

der Blumenladen
花屋
hanaya

das Lebensmittel-geschäft
食料品店
shokuryōhin ten

der Bioladen
オーガニック食料品店
ōganikku shokuryōhin ten

das Schreibwaren-geschäft
文房具店
bunbōguya

der Tante-Emma-Laden
小さな個人商店
chiisana kojin shōten

EINKAUFEN – 買い物 kaimono

Läden und Geschäfte – 店と商店 mise to shōten

der Buchladen
本屋
honya

die Drogerie
ドラッグストア
doraggu stoa

die Boutique
ブティック
butikku

der Antiquitätenladen
骨董品店
kottōhin ten

der Spielzeugladen
玩具屋
omochaya

das Juweliergeschäft
宝石店
hōsekiten

das Möbelgeschäft
家具店
kaguten

der Elektrofachmarkt
電器店
denki ten

das Schuhgeschäft
靴屋
kutsuya

der Friseursalon
美容院
biyōin

die Schneiderei
洋裁店
yōsaiten

die Parfümerie
香水店
kōsuiten

der Baumarkt
ホームセンター
hōmu sentā

der Geschenkeladen
ギフトショップ
gifuto shoppu

die Apotheke
薬局
yakkyoku

der Optiker
眼鏡店
meganeten

EINKAUFEN - 買い物 kaimono

Der Supermarkt - スーパー sūpā

der Kassierer
レジ係
reji gakari

die Kundin
客
kyaku

die Ware
商品
shōhin

das Warentransportband
ベルトコンベア
beruto konbea

das Warenregal
陳列棚
chinretsu dana

der Einkaufswagen
カート
kāto

die Kasse
レジ
reji

der Scanner
スキャナー
sukyanā

die Käsetheke
チーズ売り場
chīzu uriba

die Fleischtheke
肉売り場
niku uriba

die Einkaufsliste
買い物リスト
kaimono risuto

der Gang
通路
tsūro

der Einkaufskorb
買い物籠
kaimono kago

der Strichcode
バーコード
bākōdo

das Sonderangebot
セール
sēru

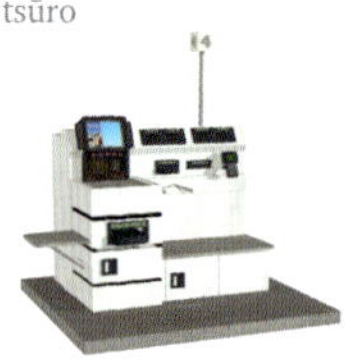

die Selbstbedienungskasse
セルフサービスのレジ
serufu sābisu no reji

EINKAUFEN - 買い物 kaimono

Der Supermarkt - スーパー sūpā

das Kühlregal
冷蔵ショーケース
reizō shōkēsu

die Milchprodukte
乳製品
nyūseihin

die Tiefkühlkost
冷凍食品
reitōshokuhin

das Obst und Gemüse
果物と野菜
kudamono to yasai

das Fleisch und Geflügel
肉類
nikurui

die Konserven
保存食品
hozonshokuhin

die Feinkost
惣菜
souzai

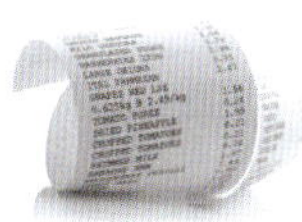

der Kassenzettel
レシート
reshīto

die Babyartikel
ベビー用品
bebī yōhin

die Frühstücksflocken
朝食用シリアル
chōshoku yō shiriaru

die Backwaren
ベーカリー製品
bēkarīseihin

die Fischtheke
鮮魚売り場
sengyo uriba

die Getränke	飲料品 inryōhin
die Süßigkeiten	菓子 kashi
das Tierfutter	ペットフード petto fūdo
die Bioprodukte	オーガニック製品 ōganikku seihin
bezahlen	支払う shiharau
das Kleingeld	小銭 kozeni
der Preis	値段 nedan
das Preisschild	値札 nefuda

die Reinigungsmittel
洗剤
senzai

EINKAUFEN – 買い物 kaimono

Der Kiosk – キオスク kiosuku

die Zeitung
新聞
shinbun

die Zeitschrift
雑誌
zasshi

das Notizbuch
メモ帳
memochō

der/das Comic
漫画
manga

das Zeitschriftenregal
雑誌の棚
zasshi no tana

die Grußkarte
グリーティングカード
gurītingu kādo

der Lottoschein
宝くじ
takarakuji

das Buch
本
hon

der/das Kaugummi
チューインガム
chūingamu

der/das Pfefferminz-bonbon
ハッカ飴
hakkaame

der Schokoriegel
チョコバー
choko bā

der Tabak
たばこ
tabako

die Zigarette
紙巻たばこ
kamimaki tabako

die Pfeife
パイプタバコ
paipu tabako

das Feuerzeug
ライター
raitā

die Zigarre
葉巻
hamaki

CAFÉS UND BARS - 喫茶店とバー kissaten to bā

das Straßencafé
オープンカフェ
ōpun kafe

die Sonnenterrasse
日光浴向きのテラス
nikkōyoku muki no terasu

die Theke
カウンター
kauntā

die Kaffeemaschine
コーヒーメーカー
kōhīmēkā

das Tablett
トレイ
torei

der Zapfhahn
タップ
tappu

der Barkeeper
バーテンダー
bātendā

der Barista
バリスタ
barisuta

der Barhocker
バーの高い腰掛
bā no takai koshikake

der Korkenzieher
コルク栓抜き
korukusen nuki

der Cocktailshaker
シェーカー
shēkā

der Weinkühler
ワインクーラー
wain kūrā

etwas auf Rechnung setzen	勘定につける kanjō ni tsukeru
die Rechnung übernehmen	勘定を持つ kanjō o motsu
sich auf einen Kaffee treffen	お茶する ochasuru
Wo sind bitte die Toiletten?	トイレはどこですか。Toire wa doko desu ka.
Ich hätte gern ...	…をお願いします。… o onegai shimasu.
Bitte ein Glas ...	…をグラス一杯お願いします。 … o gurasu ippai onegai shimasu.
Das Gleiche noch einmal.	同じ物をもう一度お願いします。 Onajimono o mōichido onegai shimasu.

der Aschenbecher
灰皿
haizara

SEHENSWÜRDIGKEITEN – 観光名所 kankōmeisho

der Stadtplan
地図
chizu

die Touristen-information
観光案内所
kankō annaijo

der Reiseführer
観光ガイドブック
kankō gaido bukku

das Souvenir
おみやげ
omiyage

die Stadtbesichtigung
市内見物
shinai kenbutsu

die Stadtrundfahrt
市内巡り
shinai meguri

die Flussfahrt
川のクルーズ
kawa no kurūzu

das Aquarium
水族館
suizokukan

die Aussichtsplattform
展望台
tenbōdai

die Ausstellung
展覧会
tenrankai

der Straßenmusiker
ストリートミュージシャン
sutorīto myūjishan

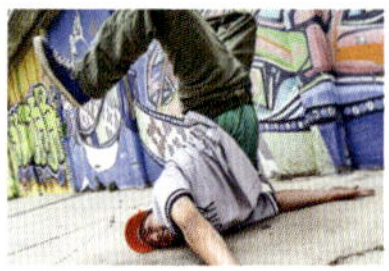

der Straßenkünstler
大道芸人
daidō geinin

die Warteschlange
順番待ちの列
junbanmachi no retsu

der Fremdenführer	観光ガイド kankō gaido
die Fremdenführerin	観光ガイド kankō gaido
der Ausflug	小旅行 shō ryokō
die Öffnungszeiten	開館時間 kaikan jikan
geöffnet	開館 kaikan
geschlossen	閉館 heikan
das Eintrittsgeld	入場料 nyūjōryō
die Ermäßigung	割引 waribiki

DIE ARCHITEKTUR – 建築 kenchiku

klassizistisch
擬古典主義の
gikotenshugi no

gotisch
ゴシック様式の
goshikku yōshiki no

barock
バロック様式の
barokku yōshiki no

romanisch
ロマネスク様式の
romanesuku yōshiki no

die Renaissance
ルネッサンス
runessansu

der/das Art déco
アールデコ
āru deko

der Jugendstil
ユーゲント様式
yūgento yōshiki

das Rokoko
ロココ様式
rokoko yōshiki

das Bauhaus
バウハウス
bauhausu

die Säule
円柱
enchū

der Bogen
アーチ形
āchigata

die Kuppel
ドーム
dōmu

die Fassade	ファサード fasādo
der Flügel	翼部 tsubasabu
das Gewölbe	丸天井 marutenjō
das Grabmal	墓標 bohyō
der Innenhof	中庭 nakaniwa
die Stadtmauer	市の外壁 shi no gaiheki
die Katakomben	地下墓地 chikabochi
die Gedenkstätte	記念の地 kinen no chi

das Wahrzeichen
シンボル
shinboru

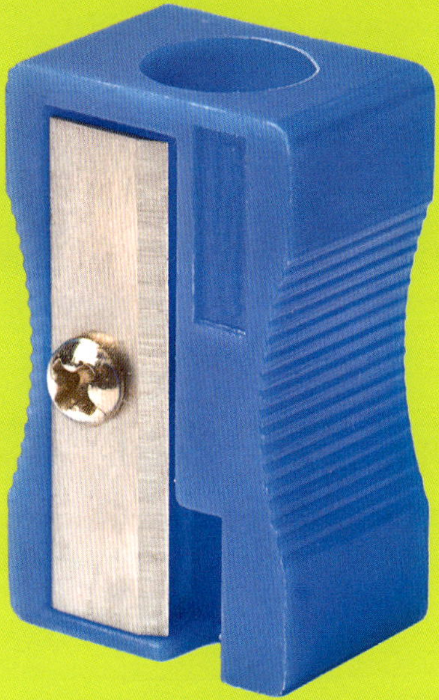

BILDUNG UND BERUF

教育と職業

kyōiku to shokugyō

DIE SCHULE – 学校 gakkō

der Kindergarten
幼稚園
yōchien

die Vorschule
就学前教育
shūgaku mae kyōiku

die Grundschule
小学校
shōgakkō

die weiterführende Schule
上級学校
jōkyūgakkō

das Gymnasium
ギムナジウム
gimunajiumu

die Klasse
学年
gakunen

die Prüfung
試験
shiken

die Aula
大講堂
daikōdō

der Computerraum
コンピューター室
konpyūtā shitsu

die Schulleiterin
校長
kōchō

die Lehrerin
先生
sensei

der Sportplatz
運動場
undō jō

die Schuluniform
学校の制服
gakkō no seifuku

der Aufsatz	作文 sakubun
die Klassenarbeit	筆記テスト hikki tesuto
die Note	成績 seiseki
seinen/ihren Abschluss machen	最終試験を受ける saishūshiken o ukeru
der mittlere Schulabschluss	上級学校卒業資格 jōkyu gakkō sotsugyō shikaku
die Privatschule	私立学校 shiritsugakkō
das Abitur	高校卒業資格試験 kōkō sotsugyō shikaku shiken
das Internat	学生寮 gakuseiryō

DIE SCHULE – 学校 gakkō

Das Klassenzimmer – 教室 kyōshitsu

das Lehrerpult
教卓
kyōtaku

die Tafel
黒板
kokuban

der Schüler
生徒
seito

die Schülerin
女子生徒
joshiseito

der Winkelmesser
分度器
bundoki

der Bleistift
鉛筆
enpitsu

das Schulheft
ノート
nōto

das Federmäppchen
筆箱
fudebako

das Zeichendreieck
三角定規
sankaku jōgi

das Lineal
定規
jōgi

die Schultasche	通学鞄 tsūgaku kaban
das Wörterbuch	辞書 jisho
die Nachhilfe	補習 hoshū
die Kreide	チョーク chōku
das Schulbuch	教科書 kyōkasho
der Füller	万年筆 mannenhitsu
die Tintenpatrone	インクカートリッジ inkukātorijji
der Marker	マーカー mākā

der Taschenrechner
計算器
keisanki

DIE SCHULE – 学校 gakkō

Die Schulfächer – 教科 kyōka

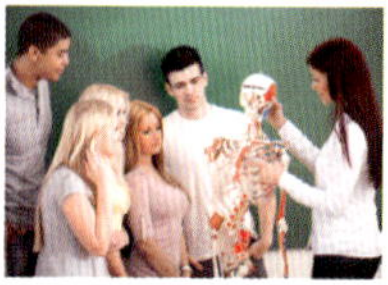

die Biologie
生物
seibutsu

die Mathematik
数学
sūgaku

die Physik
物理
butsuri

die Chemie
化学
kagaku

der Religionsunterricht
宗教の授業
shūkyō no jugyō

der Ethikunterricht
倫理の授業
rinri no jugyō

die Kunst
芸術
geijutsu

die Erdkunde
地理
chiri

die Fremdsprachen
外国語
gaikokugo

die Geschichte
歴史
rekishi

der Sport
体育
taiiku

die Musik
音楽
ongaku

das Drama
演劇
engeki

die Informatik
情報科学
jōhōkagaku

der Werkunterricht
工作の授業
kōsaku no jugyō

die Gemeinschaftskunde
社会科
shakaika

DIE SCHULE – 学校 gakkō

Die Schulfächer – 教科 kyōka

das Technische Zeichnen
図面
zumen

die Hauswirtschaft
家政
kasei

schreiben
書く
kaku

rechnen
計算する
keisan suru

buchstabieren
字をつづる
ji o tsuzuru

lesen
読む
yomu

sich melden
手をあげる
te o ageru

die Klassenfahrt
修学旅行
shūgaku ryokō

der Stundenplan
時間割
jikan wari

der Abschlussball
卒業ダンスパーティ
sotsugyō dansu pātī

die Hausaufgabe
宿題
shukudai

das Sportfest
運動会
undōkai

zeichnen	図面を書く zumen o kaku
zählen	数える kazoeru
die Übung	練習 renshū
der Elternabend	保護者会 hogosha kai
das Zeugnis	成績表 seisekihyō
der Schüleraustausch	生徒交換プログラム seito kōkan puroguramu
der Lehrplan	カリキュラム karikyuramu
das Schulfach	学科 gakka

die Ferien
休暇
kyūka

DIE SCHULE – 学校 gakkō

Im Labor – 実験室で jikkenshitsu de

der Versuch
実験
jikken

die Schutzbrille
保護めがね
hogo megane

der Kittel
白衣
hakui

das Reagenzglas
試験官
shikenkan

der Chemikalienhandschuh
ゴム手袋
gomu tebukuro

die Laborausrüstung
実験室設備
jikkenshitsu setsubi

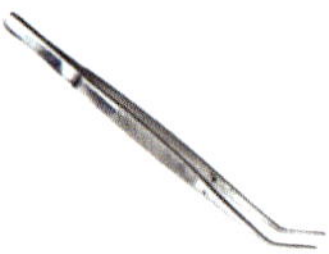

die Pinzette
ピンセット
pinsetto

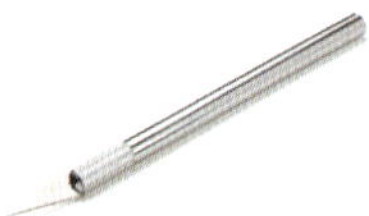

das Skalpell
メス
mesu

die Lupe
虫眼鏡
mushi megane

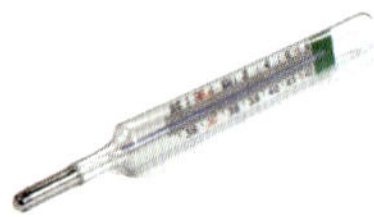

das Thermometer
温度計
ondokei

die Laborwaage
天秤
tenbin

die Stoppuhr
ストップウォッチ
sutoppu wocchi

der Magnet
磁石
jishaku

die Batterie
電池
denchi

DIE SCHULE – 学校 gakkō

Im Labor – 実験室で jikkenshitsu de

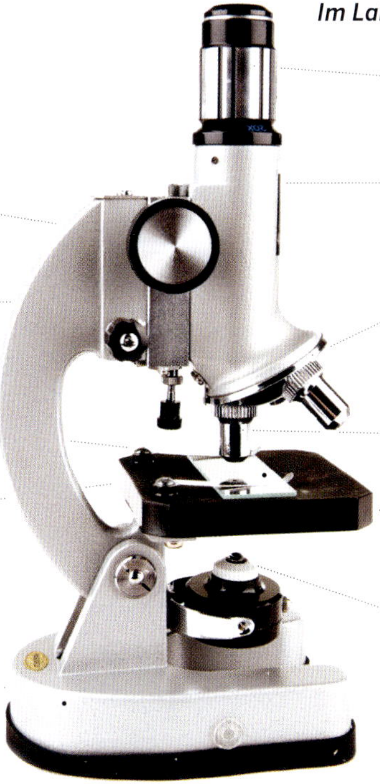

das Mikroskop
顕微鏡
kenbikyō

das Einstellrad
焦点調節ノブ
shōten chōsetsu nobu

das Stativ
アーム
āmu

die Objektklemme
クリップ
kurippu

der Objekttisch
ステージ
sutēji

der Fuß
台座
daiza

das Okular
接眼レンズ
setsugan renzu

der Tubus
鏡筒
kyōtō

der Objektivrevolver
レボルバー
reborubā

das Objektiv
対物レンズ
taibutsu renzu

der Objektträger
スライドガラス
suraido garasu

die Lampe
光源ランプ
kōgen ranpu

die Pipette
ピペット
pipetto

die Petrischale
シャーレー
shāre

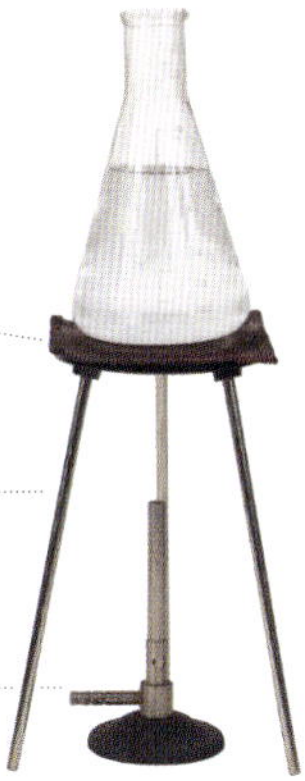

das Drahtnetz
ワイヤー金網
waiyā kanaami

der Dreifuß
三脚
sankyaku

der Bunsenbrenner
ブンゼンバーナー
bunzenbānā

DIE SCHULE – 学校 gakkō

In der Pause – 休憩時間に kyūkei jikan ni

die Mittagspause
昼休み
hiruyasumi

das Tablett
トレー
torē

die Butterbrotdose
弁当箱
bentō bako

das Pausenbrot
休憩の軽食
kyūkei no keishoku

die Schulglocke
始業ベル
shigyō beru

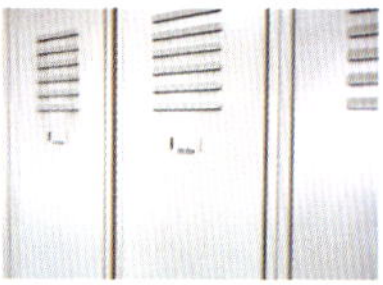

der Spind
ロッカー
rokkā

die Pause
休憩
kyūkei

der Schulhof
校庭
kōtei

Himmel und Hölle spielen
ケンケンパ遊びをする
kenkenpa asobi o suru

der Speisesaal
食堂
shokudō

das Lunchpaket
お弁当
obentō

die Essensausgabe
配食窓口
haishoku madoguchi

DIE SCHULE – 学校 gakkō

Die Sporthalle – 体育館 taiikukan

der Volleyball
バレーボール
barēbōru

der Basketball
バスケットボール
basukettobōru

der Handball
ハンドボール
handobōru

der Fußball
サッカーボール
sakkābōru

der Baseball
野球ボール
yakyūbōru

der Federball
シャトル
shatoru

der Tennisball
テニスボール
tenisubōru

der Football
アメリカンフットボール
amerikan futtobōru

der Puck
パック
pakku

der Basketballkorb
バスケット
basuketto

die Sprossenwand
ろくぼく
rokuboku

das Korbbrett
バックボード
bakkubōdo

die Strickleiter
縄ばしご
nawabashigo

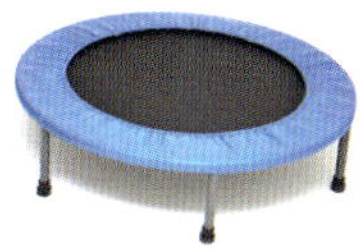

das Trampolin
トランポリン
toranborin

die Ringe
吊り輪
tsuriwa

das Springseil
縄跳びの縄
nawatobi no nawa

DIE UNIVERSITÄT – 大学 daigaku

der Campus
キャンパス
kyanpasu

der Hörsaal
講堂
kōdō

die Politikwissenschaft
政治学
seijigaku

die Kunstgeschichte
美術史
bijutsushi

die Rechtswissenschaft
法学
hōgaku

die Betriebswirtschaftslehre
経営学
keieigaku

die Geisteswissenschaften
人文科学
jinmonkagaku

die Naturwissenschaften
自然科学
shizenkagaku

das Ingenieurwesen
工学
kōgaku

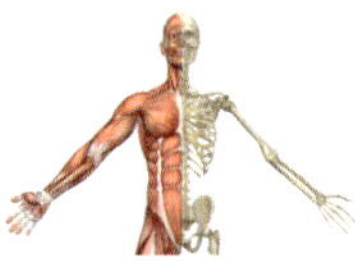

die Medizin
医学
igaku

die Pädagogik
教育学
kyōikugaku

der Professor
教授
kyōju

die Dozentin
大学講師
daigakukōshi

das Diplom	卒業証書 sotsugyō shōsho
der Bachelor	学士 gakushi
der Master	修士 shūshi
die Dissertation	学術論文 gakujutsu ronbun
die Promotion	博士号の取得 hakushigō no shutoku
die Habilitation	大学教授資格の取得 daigakukyōju shikaku no shutoku
die Forschung	研究 kenkyū
das Forschungsinstitut	研究機関 kenkyū kikan

DIE UNIVERSITÄT – 大学 daigaku

ein Referat halten
研究報告をする
kenkyūhōkoku o suru

das Seminar
セミナー
seminā

die Vorlesung
講義
kōgi

die Klausur
筆記試験
hikki shiken

der Lesesaal
閲覧室
etsuranshitsu

die Ausleihe
貸出窓口
kashidashi madoguchi

das Bücherregal
本棚
hondana

die mündliche Prüfung
口答試験
kōtō shiken

sein Studium abschließen
大学を卒業する
daigaku o sotsugyō suru

das Studentenwohnheim
学生寮
gakuseiryō

die Mensa
学生食堂
gakusei shokudō

die Bibliothek
図書館
toshokan

der Student
学生
gakusei

der Bibliothekar	司書 shisho
die Bibliothekarin	司書 shisho
der Bibliotheksausweis	図書館カード toshokan kādo
ausleihen	借りる kariru
verlängern	延長する enchō suru
vorbestellen	予約する yoyaku suru
das Rückgabedatum	返却日 henkyakubi
das Periodikum	定期刊行物 teiki kankōbutsu

DIE UNIVERSITÄT – 大学 daigaku

die Lerngruppe
研究グループ
kenkyū gurūpu

lernen
学ぶ
manabu

das Praxissemester
実習学期
jisshū gakki

das Praktikum
インターンシップ
intānshippu

das Volontariat
研修期間
kenshū kikan

das freie Jahr
ギャップイヤー
gyappu iyā

jobben
アルバイトする
arubaito suru

das schwarze Brett
掲示板
keijiban

die Ausbildung
職業訓練
shokugyō kunren

die Berufsfachschule
職業専門学校
shokugyō senmongakkō

die Kunsthochschule
美術大学
bijutsu daigaku

die Musikhochschule
音楽大学
ongaku daigaku

die Akademie für darstellende Künste
舞台芸術大学
butai geijutsu daigaku

der Studentenausweis	学生証 gakuseisho
der Kurs	コース kōsu
das Semester	学期 gakki
die Semesterferien	期末休暇 kimatsu kyūka
der Fachbereich	学部 gakubu
die Hausarbeit	課題 kadai
der Hochschulabschluss	大学の学位 daigaku no gakui
das Stipendium	奨学金 shōgakukin

DIE ARBEITSWELT – 仕事の世界 shigoto no sekai

Die Bewerbung – 応募 ōbo

das Bewerbungsgespräch
就職面接
shūshoku mensetsu

die Personalreferentin
人事担当者
jinjitantōsha

der Lebenslauf
履歴書
rirekisho

die Bewerbungsunterlagen
応募書類
ōbo shorui

die Bewerberin
応募者
ōbosha

die Stellenanzeige
求人広告
kyūjin kōkoku

die Zeitarbeit
派遣社員
hakenshain

die Festanstellung
正社員
seishain

die Karriere
キャリア
kyaria

sich um eine Stelle bewerben	**職に応募する** shoku ni ōbo suru
die Arbeitsbedingungen	**労働条件** rōdō jōken
die Schichtarbeit	**交代制労働** kōtaisei rōdō
die Teilzeit	**パートタイム** pātotaimu
die Vollzeit	**フルタイム** furutaimu
die Qualifikation	**資格** shikaku
die Berufserfahrung	**職歴** shokureki

jemanden einstellen
誰かを雇う
dareka o yatou

DIE ARBEITSWELT – 仕事の世界 shigoto no sekai

Berufe – 職業 shokugyō

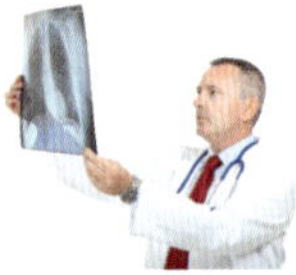

der Arzt
医師
ishi

der Chirurg
外科医
gekai

der Krankenpfleger
看護士
kangoshi

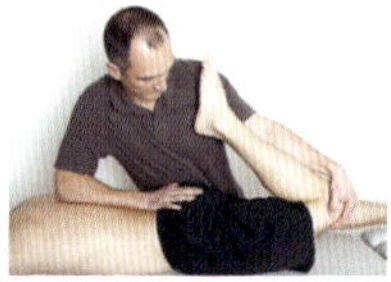

der Physiotherapeut
理学療法士
rigakuryōhōshi

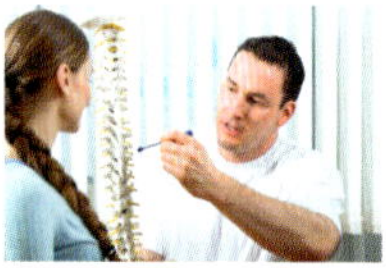

der Orthopäde
整形外科医
seikeigekai

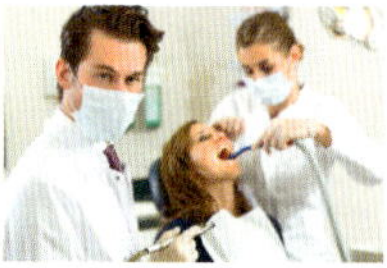

der Zahnarzt
歯科医
shikai

die Psychologin
心理学者
shinri gakusha

die Apothekerin
薬剤師
yakuzaishi

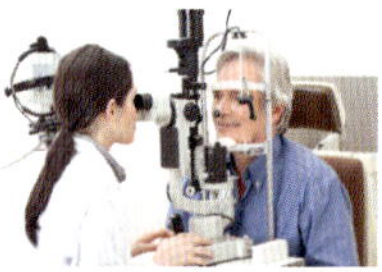

die Optikerin
眼鏡技師
gankyō gishi

der Tierarzt
獣医
jūi

die Empfangsdame
女性の受付係
josei no uketsukegakari

der Rechtsanwalt
弁護士
bengoshi

die Richterin
裁判官
saibankan

der Wirtschaftsprüfer
公認会計士
kōnin kaikeishi

die Unternehmens-beraterin
企業コンサルタント
kigyō konsarutanto

der Informatiker
情報科学者
jōhōkagakusha

DIE ARBEITSWELT – 仕事の世界 shigoto no sekai

Berufe – 職業 shokugyō

der Architekt
建築家
kenchikuka

die Ingenieurin
エンジニア
enjinia

der Schreiner
家具職人
kagushokunin

der Elektriker
電気技師
denkigishi

der Klempner
配管工
haikankō

der Dachdecker
瓦職人
kawara shokunin

der Maler
塗装工
tosōkō

der Müllmann
ごみ収集者
gomishūshūsha

die Kfz-Mechanikerin
自動車整備工
jidōsha seibikō

der Landwirt
農業経営者
nōgyō keieisha

die Soldatin
兵士
heishi

die Briefträgerin
郵便局員
yūbinkyokuin

der Bauarbeiter
土木作業員
dobokusagyōin

der Gebäudereiniger
建物清掃管理業
tatemonoseisō kanrigyō

der Landschafts-gärtner
造園家
zōenka

der Fischer
漁師
ryōshi

DIE ARBEITSWELT – 仕事の世界 shigoto no sekai

Berufe – 職業 shokugyō

der Pilot
パイロット
pairotto

die Flugbegleiterin
フライトアテンダント
furaito atendanto

der Koch
料理人
ryōrinin

der Kellner
ウェイター
weitā

der Bäcker
パン屋
panya

die Metzgerin
肉屋
nikuya

der Verkäufer
店員
tenin

die Friseurin
美容師
biyōshi

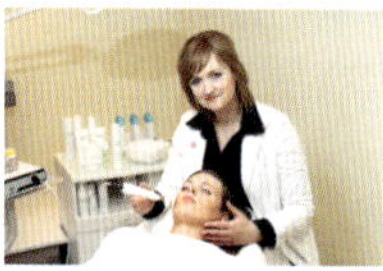

die Kosmetikerin
ビューティシャン
byūtishan

der Gärtner
庭師
niwashi

die Immobilien-maklerin
不動産業
fudōsangyō

die Bürokauffrau
事務員
jimuin

der Sanitäter
救急隊員
kyūkyūtaiin

der Busfahrer
バスの運転手
basu no untenshu

der Taxifahrer
タクシーの運転手
takushī no untenshu

der Paketzusteller
小包配達人
kozutsumi haitatsunin

DIE ARBEITSWELT – 仕事の世界 shigoto no sekai

Berufe – 職業 shokugyō

die Journalistin
ジャーナリスト
jānarisuto

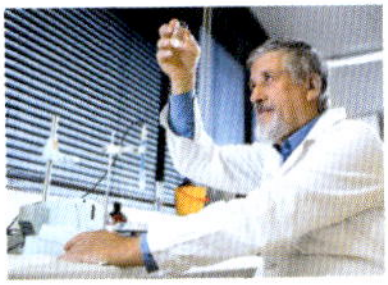

der Wissenschaftler
学者
gakusha

die Grafikerin
グラフィックデザイナー
gurafikku dezainā

der Profisportler
プロのスポーツ選手
puro no supōtsusenshu

die Moderatorin
司会者
shikaisha

die Schauspielerin
女優
joyū

die Sängerin
歌手
kashu

der Tänzer
ダンサー
dansā

die Kunstmalerin
画家
gaka

der Fotograf
写真家
shashinka

die Musikerin
音楽家
ongakuka

die Schneiderin
洋裁師
yōsaishi

der Bildhauer
彫刻家
chōkokuka

die Bankkauffrau
女性銀行員
josei ginkōin

der Bibliothekar
司書
shisho

der Lehrer
教師
kyōshi

DIE ARBEITSWELT – 仕事の世界 shigoto no sekai

Das Organigramm – 会社の組織 kaisha no soshiki

das Sekretariat
秘書課
hishoka

der kaufmännische Bereich
業務管理部門
gyōmukanri bumon

die kaufmännische Leitung
業務管理マネージメント
gyōmukanri manējimento

die IT-Leitung
ITマネージメント
IT manējimento

die Buchhaltung
経理部 keiribu

das Controlling
統括 tōkatsu

das sekundäre Geschäftsfeld
第二事業区分
daini jigyōkubun

die Geschäftsführung
本部長
honbuchō

das primäre Geschäftsfeld
第一事業区分
daiich jigyōkubun

die Geschäftsführung
本部長
honbuchō

das Team
チーム chīmu

die Teamleitung
チームリーダー
chīmu rīdā

der Angestellte
社員 shain

die Zweigstelle
支社
shisha

der Manager
マネージャー
manējā

die Aktiengesellschaft (AG)	株式会社 kabushiki gaisha
der Aktionär	株主 kabunushi
die Aktionärin	株主 kabunushi
die Gesellschaft mit beschränkter Haftung (GmbH)	有限会社 yūgen gaisha
die GmbH & Co. KG	有限合資会社 yūgen gōshi gaisha
die Kommanditgesellschaft (KG)	合資会社 gōshi gaisha
die offene Handelsgesellschaft (OHG)	合名会社 gōmei gaisha
der Konzern	コンツェルン kontsuerun

der Vorstand
取締役
torishimariyaku

der Gesellschafter
共同出資者
kyōdō shusshisha

die Geschäftsführung
社長
shachō

die stellvertretende Geschäftsführung
副社長
fukushachō

der Prokurist
署名権限者
shomei kengensha

die Personalabteilung
人事部
jinjibu

die Personalleitung
人事部マネージメント
jinjibu manējimento

die Rechtsabteilung
法務部
hōmubu

die Marketingabteilung
マーケティング部
māketingu

die Marketingleitung
マーケティングマネージメント
māketingu manējimento

die PR-Abteilung
広報部
kōhōbu

die Produktion
生産
seisan

die Produktionsleitung
生産マネージメント
seisan manējimento

der Betriebsrat
職場委員会
shokuba iinkai

der Vertrieb
営業部
eigyōbu

die Vertriebsleitung
営業マネージメント
eigyō manējimento

das Key-Account-Management
キーアカウントマネージメント
kīakaunto manējimento

der Außendienst
外勤
gaikin

der Innendienst
内勤
naikin

der Kundendienst
サービス部門
sābisu bumon

die Kundenakquise
顧客開拓
kokyaku kaitaku

DAS BÜRO – オフィス ofisu

Büromöbel – オフィス家具 ofisu kagu

der Arbeitsplatz 職場 shokuba

die Ablage 文書トレイ bunsho torei

die Schublade 引き出し hikidashi

die Büromöbel オフィス家具 ofisu kagu

der Schreibtisch 机 tsukue

die Schreibunterlage デスクマット desuku matto

der Bürostuhl 椅子 isu

der Safe 金庫 kinko

der Aktenschrank ファイルキャビネット fairu kyabinetto

der Wasserspender ウォーターサーバー wōtasābā

die Schreibtischlampe 卓上スタンド takujō sutando

die Pinnwand 掲示板 keijiban

der Papierkorb 紙くずかご kami kuzukago

der Terminkalender	システム手帳 shisutemu techō
die Akte	書類 shorui
der Aktenvernichter	シュレッダー shureddā
das Postfach	私書箱 shishobako
der Termin	約束 yakusoku
die Hauspost	社内郵便 shanai yūbin
die Ablage für Eingänge	未決箱 miketsubako
die Teeküche	給湯室 kyūtōshitsu

DAS BÜRO – オフィス ofisu

Der Bürobedarf – 事務用品 jimu yōhin

die Schere
はさみ
hasami

der Textmarker
蛍光マーカー
keikōmākā

der Stiftehalter
デスクオーガナイザー
desuku ōganaizā

das Notizbuch
ノート
nōto

die Haftnotiz
付箋メモ
fusenmemo

der Haftstreifen
付箋紙
fusenshi

der Bleistift
鉛筆
enpitsu

der Bleistiftspitzer
鉛筆削り
enpitsu kezuri

der Radiergummi
消しゴム
keshigomu

der Kugelschreiber
ボールペン
bōrupen

die Büroklammer
ゼムクリップ
zemukurippu

die Reißzwecke
画鋲
gabyō

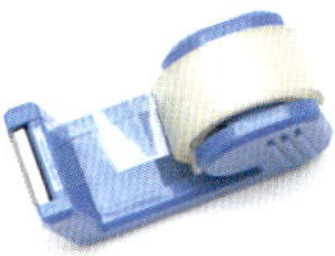

der Tesafilm®
セロテープ
serotēpu

der Tacker
ホッチキス
hocchikisu

der Locher
穴あけパンチ
anaake panchi

das Hängeregister
吊り下げ式フォルダー
tsurisageshiki forudā

der Briefumschlag
封筒
fūtō

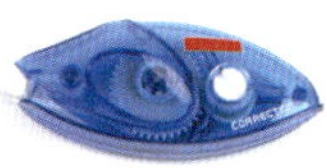

das Tipp-Ex®
修正テープ
shūsei tēpu

der Ordner
ファイル
fairu

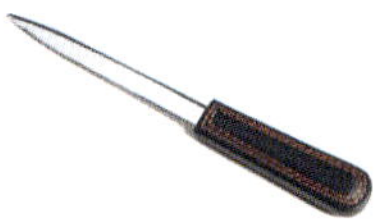

der Brieföffner
ペーパーナイフ
pēpā naifu

DAS BÜRO – オフィス ofisu

Der Besprechungsraum – 会議室 kaigi shitsu

die Sitzung
会議
kaigi

der Teamleiter
チームリーダー
chīmu rīdā

die Tagesordnung
議事日程
gijinittei

protokollieren
議事録を取る
gijiroku o toru

der Besprechungstisch
会議のテーブル
kaigi no tēburu

der Teilnehmer
出席者
shussekisha

die Präsentation
プレゼンテーション
purezentēshon

der Beamer
プロジェクター
purojekutā

das Balkendiagramm
棒グラフ
bō gurafu

das Tortendiagramm
円グラフ
engurafu

die Folie
スライド
suraido

organisieren	企画準備する kikakujunbi suru
die Besprechung	協議 kyōgi
der Bericht	報告 hōkoku
das Protokoll	議事録 gijiroku
der Vertrag	契約 keiyaku
der Geschäftsmann	実業家 jitsugyōka
die Geschäftsfrau	実業家 jitsugyōka
die Geschäftsreise	出張 shucchō

DAS BÜRO – オフィス ofisu

Der Büroalltag – オフィスの日常 ofisu no nichijō

der Arbeitgeber
雇い主
yatoinushi

① *die Assistentin*
アシスタント
ashisutanto

② *der Kollege*
同僚
dōryō

③ *der Arbeitnehmer*
従業員
jūgyōin

④ *die Kollegin*
同僚
dōryō

⑤ *die Managerin*
マネージャー
manējā

⑥ *der Chef*
上司
jōshi

die Visitenkarte
名刺
meishi

entlassen werden
解雇される
kaiko sareru

das Personal
スタッフ
sutaffu

die Elternzeit
育児休暇
ikuji kyūka

die Vertretung	代理 dairi
der Jahresurlaub	年次休暇 nenji kyūka
das Gehalt	給与 kyūyo
die Beförderung	昇級 shōkyū
jemandem kündigen	誰かを解雇する dareka o kaiko suru
seine Stelle kündigen	退職を申し出る taishoku o mōshideru
verdienen	稼ぐ kasegu
in Rente gehen	年金生活に入る nenkinseikatsu ni hairu

der Mutterschutz
出産休暇
shussan kyūka

KOMMUNI-KATION

コミュニケーション

komyunikēshon

DER COMPUTER - コンピューター konpyūtā

Der Desktop-Computer - デスクトップコンピューター desukutoppu konpyūtā

der Desktop-Computer
デスクトップコンピューター
desukutoppu konpyūtā

der Ein/Aus-Schalter
オン/オフスイッチ
on/ofu suicchi

die USB-Schnittstelle
USBインターフェース
USB intāfēsu

das CD/DVD-Laufwerk
CD/DVDディスクドライブ
CD/DVD disuku doraibu

das Computergehäuse
ケース
kēsu

die Tastatur
キーボード
kībōdo

der Bildschirm
画面
gamen

die Maus
マウス
mausu

das Scrollrad
スクロールホイール
sukurōruhoīru

die Tastatur
キーボード
kībōdo

die Escapetaste
エスケープキー
esukēpukī

die Tabulatortaste
タブキー
tabukī

die Feststelltaste
キャプスロックキー
kyapusu rokkukī

die Rücklöschtaste
バックスペースキー
bakkusupēsukī

die Eingabetaste
エンターキー
entākī

die Umschalttaste
シフトキー
sifutokī

die Steuerungstaste
コントロールキー
kontorōrukī

die Leertaste
スペースキー
supēsukī

DER COMPUTER - コンピューター konpyūtā

Hardware und Zubehör - ハードウエアと付属部品 hādouea to fuzokubuhin

der Lautsprecher
スピーカー
supīkā

der/das Laptop
ノートパソコン
nōto pasokon

das Stromkabel
電源ケーブル
dengen kēburu

die Laptoptasche
パソコンケース
pasokon kēsu

der Prozessor
プロセッサー
purosessā

die (externe) Festplatte
外付けハードディスク
sotozuke hādodisuku

der Arbeitsspeicher
メインメモリー
meinmemorī

die Webcam
ウェブカム
uebukamu

die CD-ROM
CDロム
CD romu

der USB-Stick
USBメモリー
USB memorī

der Scanner
スキャナー
sukyanā

der Tintenstrahldrucker
インクジェットプリンター
inkujetto purintā

der Laserdrucker
レーザープリンター
rēzā purintā

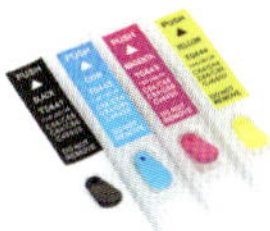

die Tintenpatrone
インクカートリッジ
inkukātorijji

die Tonerkartusche
トナーカートリッジ
tonākātorijji

das Mauspad
マウスパッド
mausupaddo

DER COMPUTER - コンピューター konpyūtā

Am Computer arbeiten - コンピューターで作業をする konpyūtā de sagyō o suru

tippen
タイプする
taipu suru

klicken
クリックする
kurikku suru

scrollen
スクロールする
sukurōru suru

ausschneiden
切り取り
kiritori

kopieren
コピーする
kopī suru

einfügen
貼り付ける
haritsukeru

eine Datei ausdrucken
ファイルを印刷する
fairu o insatsu suru

speichern
ファイルに保存する
fairu ni hozon suru

eine Datei öffnen
ファイルを開く
fairu o hiraku

löschen
削除する
sakujo suru

der Ordner
フォルダ
foruda

der Papierkorb
ゴミ箱
gomibako

suchen
検索する
kensaku suru

eingeben	入力する nyūryoku suru
eine Datei verschieben	ファイルを移動する fairu o idō suru
eine Sicherungskopie erstellen	バックアップコピーを作成する bakku appu kopī o sakusei suru
markieren	印をつける shirushi o tsukeru
sich einloggen	ログオンする roguon suru
sich ausloggen	ログオフする roguofu suru
der Neustart	再起動 saikidō
(die) Bytes	バイト baito

DER COMPUTER - コンピューター konpyūtā

Am Computer arbeiten - コンピューターで作業をする konpyūtā de sagyō o suru

rückgängig machen
元に戻す
motoni modosu

wiederherstellen
やり直し
yarinaoshi

die Einstellungen
設定
settei

die Schriftart
フォント
fonto

die Fehlermeldung
エラーメッセージ
erāmessēji

der Mauszeiger
カーソル
kāsoru

die Sanduhr
砂時計
sunadokei

der Lautstärkeregler
音量調節
onryō chōsetsu

ein Fenster minimieren
ウインドウを縮小する
uindō o shukushō suru

eine CD/DVD auswerfen
CD/DVDをイジェクトする
CD/DVD o ijekuto suru

den Rechner hochfahren
コンピューターを起動する
konpyūtā o kidō suru

den Rechner herunterfahren
コンピューターを シャットダウンする
konpyūtā o shattodaun suru

die Datei	ファイル fairu
das Programm	プログラム puroguramu
der Scrollbalken	スクロールバー sukurōrubā
ein Programm deinstallieren	プログラムをアンインストールする puroguramu o aninsutōru suru
das Betriebssystem	オペレーティングシステム operētingu sisutemu
die Taskleiste	タスクバー tasukubā
der Fortschrittsbalken	プログレスバー puroguresubā

das Fenster
ウインドー
uindō

DER COMPUTER - コンピューター konpyūtā

Das Internet - インターネット intānetto

das WLAN
無線LAN
musen LAN

der Router
ルーター
rūtā

das LAN-Kabel
LANケーブル
LAN kēburu

der Browser
ブラウザ
burauza

das Lesezeichen
ブックマーク
bukkumāku

der Download
ダウンロード
daunrōdo

die Nachricht
メッセージ
messēji

die Social Media
ソーシャルメディア
sōsharumedia

der Online-Einkauf
オンライン購入
onrain kōnyū

die Verschlüsselung
データーの暗号化
dētā no angōka

die E-Mail-Adresse
Eメールアドレス
E mēru adoresu

der Anhang
添付
tenpu

eine Mail weiterleiten
メールを転送する
mēru o tensō suru

senden	送信	sōshin
empfangen	受信	jushin
das Benutzerkonto	ユーザーアカウント	yūzā akaunto
der Posteingang	受信トレイ	jushin torei
der Postausgang	送信トレイ	sōshin torei
die Abwesenheitsnotiz	不在通知	fuzai tsūchi
die Spammail	スパム	supamu
im Internet surfen	ネット検索する	netto kensaku suru

DER COMPUTER - コンピューター konpyūtā

Mobile Endgeräte - モバイル装置 mobairu sōchi

der Tablet-Computer
タブレット
taburetto

der E-Book-Reader
電子書籍リーダー
denshishoseki rīdā

der MP3-Player
MP 3プレーヤー
MP surī purēyā

das Bluetooth®-Headset
Bluetooth® ヘッドセット
Bluetooth heddo setto

die App
アプリ
apuri

die SIM-Karte
SIMカード
SIM kādo

die Handytasche
携帯ケース
keitai kēsu

das Handy
携帯電話
keitai denwa

der Surfstick
ドングル
donguru

wischen
スワイプ
suwaipu

die SMS
ショートメッセージサービス
shōto messēji sābisu

das Smartphone
スマートフォン
smātofon

der Touchscreen
タッチスクリーン
tacchi sukurīn

der Datenspeicher	データ記憶装置 dēta kioku sōchi
die Software	ソフトウエア sofuto uea
das Funkloch	不感エリア fukan eria
die Flatrate	定額制料金 teigakusei ryōkin
die Prepaidkarte	プリペイドカード puripeido kādo
das Guthaben	残高 zandaka
der Klingelton	着信音 chakushinon
der Akku	バッテリー batterī

DAS TELEFON – 電話 denwa

das Display
ディスプレー
disupurē

das Telefonbuch
電話帳
denwachō

der Anrufbeantworter
留守番電話
rusuban denwa

das Tastenfeld
ダイヤルボタン
daiyaru botan

der Telefonhörer
受話器
juwaki

das Kabel
ケーブル
kēburu

das schnurlose Telefon
コードレス電話
kōdoresu denwa

der Hörer
受話器
juwaki

abheben
取る
toru

auflegen
置く
oku

die Basisstation
ベースステーション
bēsu sutēshon

der Kopfhörer
ヘッドフォン
heddofon

das Mikrofon
マイク
maiku

das Faxgerät
ファックス
fakkusu

jemanden anrufen	誰かに電話する dareka ni denwa suru
wählen	ダイヤルを回す daiyaru o mawasu
klingeln	ベルが鳴る beru ga naru
Ich möchte bitte ... sprechen.	。。。さんをお願いします。 … san o onegai shimasu.
Entschuldigung, ich habe mich verwählt.	すいません、ダイヤルを間違えました。 Suimasen, daiyaru o machigae mashita.
Ich stelle Sie durch.	おつなぎ致します。 Otsunagi itashimasu.
Bitte hinterlassen Sie eine Nachricht nach dem Signalton.	ピーと音が鳴ったらメッセージを残して下さい。 Pī to oto ga nattara messēji o nokoshite kudasai.
Können Sie mich bitte zurückrufen?	折り返しお電話いただけませんか。 Orikaeshi odenwa itadakemasen ka.

DIE MEDIEN - メディア media

Das Fernsehen - テレビ terebi

die Fernbedienung
リモートコントロール
rimōto kontorōru

die Lautstärke
音量
onryō

stumm schalten
消音モードにする
shōon mōdo ni suru

zurückspulen
巻き戻し
makimodoshi

abspielen
再生する
saisei suru

aufnehmen
録画
rokuga

die Stopptaste
停止ボタン
teishi botan

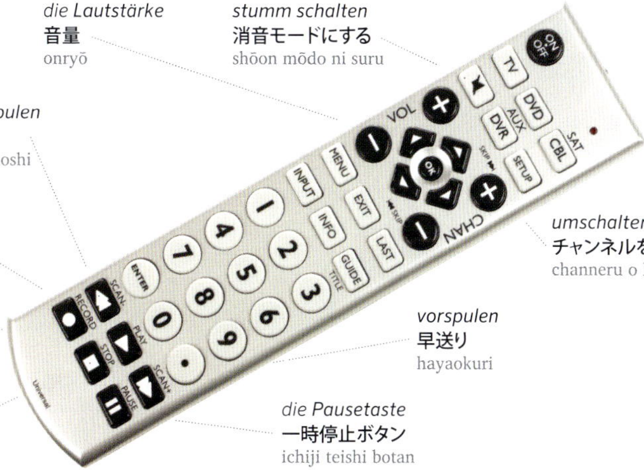

umschalten
チャンネルを替える
channeru o kaeru

vorspulen
早送り
hayaokuri

die Pausetaste
一時停止ボタン
ichiji teishi botan

der DVD-Player
DVDプレーヤー
DVD purēyā

das Videospiel
テレビゲーム
terebi gēmu

der Fernseher
テレビ
terebi

der Digitalempfänger
デジタルレシーバー
dejitaru reshībā

die DVD
DVD
DVD

das Kabelfernsehen	ケーブルテレビ kēburu terebi
das Free-TV	フリーテレビ furī terebi
das Bezahlfernsehen	有料テレビ yūryō terebi
fernsehen	テレビを見る terebi o miru
die Fernsehserie	テレビの連続番組 terebi no renzoku bangumi
zappen	チャンネルをコロコロ換える channeru o korokoro kaeru
die Folge	連続物の一話 renzokumono no ichiwa
der Raumklang	ステレオ音響 sutereo onkyō

die Satellitenschüssel
衛星アンテナ
eisei antena

DIE MEDIEN - メディア media

Das Fernsehen - テレビ terebi

das Set セット setto

der Teleprompter® テレプロンプター terepronputā

die Nachrichtensprecherin ニュースアナウンサー nyūsu anaunsā

die Nachrichten ニュース nyūsu

das Interview インタビュー intabyū

der Interviewpartner インタビューパートナー intabyū pātonā

die Reporterin 報道記者 hōdōkisha

das Mikrofon マイクロフォン maikurofon

die Szene シーン shīn

der Schauspieler 俳優 haiyū

die Klappe カチンコ kachinko

die Livesendung 生放送 namahōsō

das Publikum 観客 kankyaku

der Dokumentarfilm	ドキュメンタリー映画 dokyumentarī eiga
die Talkshow	トークショー tōkushō
die Reportage	ルポルタージュ ruporutāju
die Quizshow	クイズ番組 kuizu bangumi
der Moderator	司会者 shikaisha
die Moderatorin	司会者 shikaisha
der Teilnehmer	参加者 sankasha
die Teilnehmerin	参加者 sankasha

DIE MEDIEN - メディア media

Das Radio - ラジオ rajio

der DJ
ディスクジョッキー
disuku jokkī

die Tonaufnahme
録音
rokuon

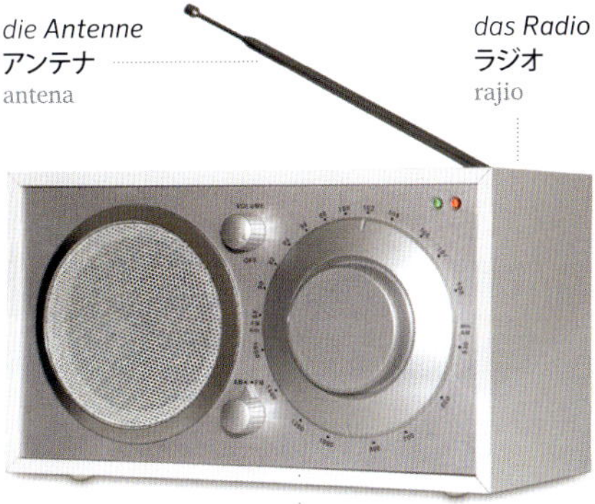

der Radiosender
ラジオ放送
rajio hōsō

der Wetterbericht
天気予報
tenki yohō

die Verkehrsnachrichten
交通情報
kōtsū jōhō

die Hitparade
ヒットパレード
hittoparēdo

das Hörspiel
放送劇
hōsōgeki

die Liveaufzeichnung
生レコーディング
nama rekōdingu

die Sendung	放送 hōsō
der Berichterstatter	レポーター repōtā
die Berichterstatterin	レポーター repōtā
die Erkennungsmelodie	コマーシャルソング komāsharu songu
der Werbespot	コマーシャルスポット komāsharu supotto
senden	放送する hōsō suru
die Langwelle	長波 chōha
die Kurzwelle	短波 tanpa

DIE MEDIEN - メディア media

Die Printmedien - プリントメディア purinto media

die Zeitung
新聞
shinbun

das Tabloidformat
タブロイド判
taburoido ban

das Bild
写真
shashin

der Artikel
記事
kiji

die Titelseite
1面
ichimen

die Schlagzeile
ヘッドライン
heddo rain

der Vorspann
リード
rīdo

die Zeitungsspalte
コラム
koramu

die großformatige Zeitung
大判の新聞
ōban no shinbun

der Stellenmarkt
求人求職広告
kyūjin kyūshoku kōkoku

der Werbeprospekt
折込チラシ
orikomi chirashi

die Anzeige
広告
kōkoku

das Abonnement
予約購読
yoyaku kōdoku

der Leitartikel	社説 shasetsu
die Todesanzeige	死亡広告 shibō kōkoku
die Qualitätszeitung	高級紙 kōkyūshi
die Boulevardzeitung	大衆紙 taishūshi
die Wochenzeitung	週刊紙 shūkanshi
die Tageszeitung	日刊紙 nikkanshi
die Kolumne	コラム koramu
die Beilage	付録 furoku

DIE MEDIEN - メディア media

Die Printmedien - プリントメディア purinto media

das gebundene Buch
製本
seihon

das Taschenbuch
ポケット版の本
poketto ban no hon

der Einband
装丁
sōtei

der Buchdeckel
表紙
hyōshi

der Buchrücken
本の背
hon no se

der Schutzumschlag
本のカバー
hon no kabā

die Seite
ページ
pēji

das Lesebändchen
しおりリボン
shiori ribon

in einem Buch blättern
本のページを捲る
hon no pēji o mekuru

das Sachbuch
実用書
jitsuyōsho

der Roman
小説
shōsetsu

die Seitenzahl	ページ数 pēji sū
der Index	索引 sakuin
eine Seite überfliegen	ざっと目を通す zatto me o tōsu
das Kinderbuch	児童図書 jidōtosho
die Erzählliteratur	フィクション fikushon
die Sachliteratur	ノンフィクション nonfikushon
das Inhaltsverzeichnis	目次 mokuji
das Kapitel	章 shō

der Bildband
写真が豊富に入った本
shashin ga hōfu ni haitta hon

DIE POST – 郵便 yūbin

der Briefumschlag
封筒
fūtō

die Briefmarke
切手
kitte

der Empfänger
受取人
uketori nin

die Adresse
住所
jūsho

der Absender
差出人
sashidashi nin

die Postleitzahl
郵便番号
yūbin bangō

der Poststempel
消印
keshiin

das Postfach
私書箱
shishobako

die Postkarte
はがき
hagaki

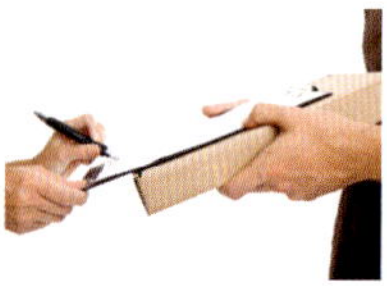

die Empfangsbestätigung unterschreiben
受領証に署名する
juryōsho ni shomei suru

der Briefkasten
郵便受け
yūbinuke

einen Brief einwerfen
手紙を出す
tegami o dasu

das Paket
荷物
nimotsu

der Brief	手紙 tegami
der Eilbrief	速達郵便 sokutatsu yūbin
portofrei	郵便料金別納 yūbin ryōkin betsunō
einen Brief erhalten	手紙を受け取る tegami o uketoru
einen Brief beantworten	返事を書く henji o kaku
jemandem einen Brief schicken	誰かに手紙を送る dareka ni tegami o okuru
das Einschreiben	書留郵便 kakitome yūbin
die Schneckenpost	従来の郵便 jūrai no yūbin

DIE POST – 郵便 yūbin

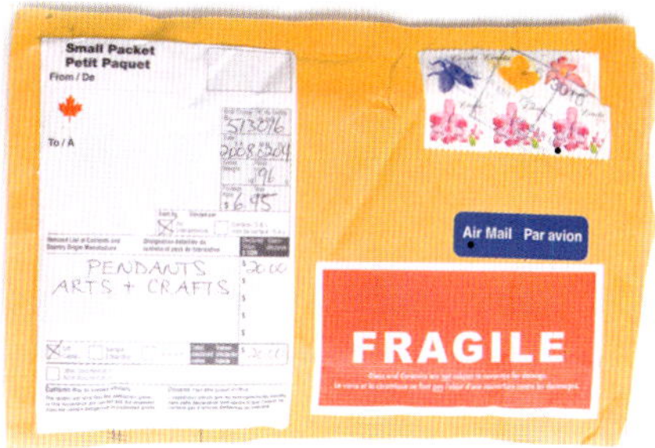

das Klebeband
接着テープ
secchaku tēpu

die Styroporflocken
発泡スチロール粒
happō suchirōru tsubu

das Päckchen
小包
kozutsumi

per Luftpost
航空便
kōkūbin

das Porto
郵便料金
yūbin ryōkin

zerbrechlich
ワレモノ注意
waremono chūi

vor Nässe schützen
水濡注意
mizunure chūi

oben
天地無用
tenchi muyō

die Zustellung
配達
haitatsu

liefern	配達する haitatsu suru
die Leerungszeiten	回収時間 kaishūjikan
versandkostenfrei	送料無料 sōryō muryō
das Gewicht	重量 jūryō
die Waage	はかり hakari
der Hausbriefkasten	郵便受け yūbinuke
die Postanweisung	郵便為替 yūbin kawase
Nicht knicken!	折り曲げ禁止 orimage kinshi

der Kurierdienst
宅配業者
takuhai gyōsha

SPORT UND FITNESS

スポーツとフィットネス

supōtsu to fittonesu

BALLSPORTARTEN – 球技種目 kyūgi shumoku

Der Fußball – サッカー sakkā

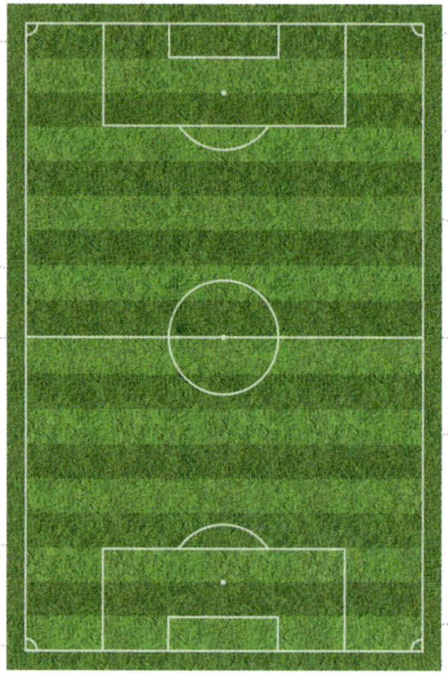

das Spielfeld
ピッチ
picchi

der Mittelkreis
センターサークル
sentā sākuru

der Anstoßpunkt
センターマーク
sentā māku

der Strafraum
ペナルティー エリア
penarutī eria

der Eckbogen
コーナーエリア
kōnā eria

die Torlinie
ゴールライン
gōru rain

der Elfmeterpunkt
ペナルティーマーク
penarutī māku

der Teilkreis am Strafraum
ペナルティー アーク
penarutī āku

die Mittellinie
センターライン
sentā rain

die Seitenlinie
タッチライン
tacchi rain

der Torraum
ゴールエリア
gōru eria

das Stadion
スタジアム
sutajiamu

die Zuschauertribüne
観覧席
kankyakuseki

die Zuschauer
観客
kankyaku

der Platzverweis
退場命令
taijōmeirei

die rote Karte
レッドカード
reddo kādo

der Schiedsrichter
審判
shinpan

BALLSPORTARTEN – 球技種目 kyūgi shumoku

Der Fußball – サッカー sakkā

die Mannschaftsaufstellung
チーム編成
chīmu hensei

der Außenstürmer
ウィング
wingu

der Mittelstürmer
センターフォワード
sentā fowādo

der Libero
リベロ
ribero

der Mittelfeldspieler
ミッドフィールダー
middofīrudā

der Innenverteidiger
センターバック
sentābakku

der Außenverteidiger
サイドバック
saidobakku

der Torwart
ゴールキーパー
gōru kīpā

angreifen
タックルする
takkuru suru

der Eckstoß
コーナーキック
kōnā kikku

der Freistoß
フリーキック
furī kikku

der Einwurf
スローイン
surō in

die Liga	リーグ rīgu
die erste Liga	一部リーグ ichibu rīgu
die Meisterschaft	チャンピオンシップ chanpionshippu
der Pokal	優勝カップ yūshō kappu
die gelbe Karte	イエローカード ierō kādo
einen Spieler sperren	出場停止にする shutsujō teishi ni suru
das Foul	反則 hansoku
die Verteidigung	ディフェンス difensu

das Tor
ゴール
gōru

BALLSPORTARTEN - 球技種目 kyūgi shumoku

Der Fußball - サッカー sakkā

der Fußball
サッカーボール
sakkābōru

der Fußballschuh
サッカースパイク
sakkāsupaiku

der Stollen
スタッド
sutaddo

das Trikot
ユニフォーム
yunifōmu

die Hose
ハーフパンツ
hāfupantsu

der Schienbeinschoner
すね当て
suneate

der Stutzen
サッカーソックス
sakkāsokkusu

den Ball halten
セーブする
sēbu suru

das Tornetz
ネット
netto

der Torpfosten
ゴールポスト
gōru posuto

der Torwarthandschuh
キーパーグローブ
kīpā gurōbu

schießen
シュートする
shūto suru

die Querlatte	クロスバー kurosubā
die Halbzeit	ハーフタイム hāfutaimu
das Unentschieden	引き分け hikiwake
die Verlängerung	延長戦 enchō sen
der Elfmeter	ペナルティーキック penarutī kikku
das Abseits	オフサイド ofu saido
köpfen	ヘディングする hedingu suru
kicken	蹴る keru

BALLSPORTARTEN – 球技種目 kyūgi shumoku

Der Handball – ハンドボール handobōru

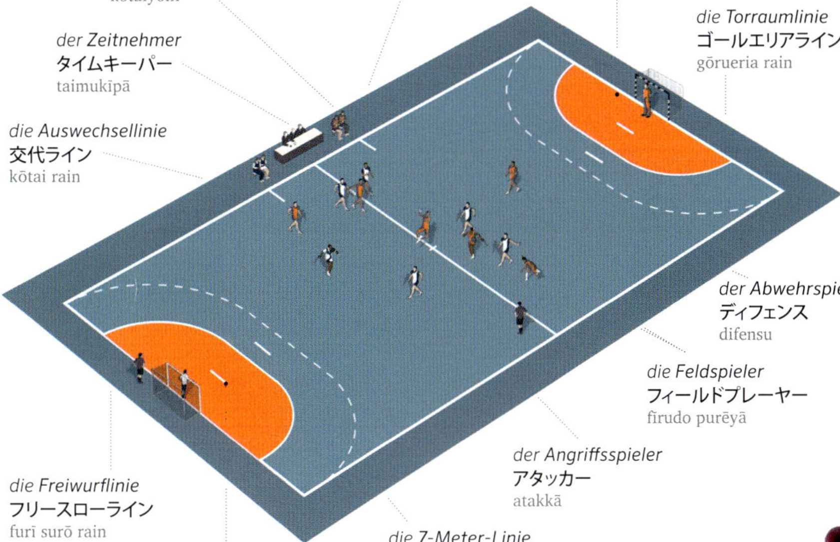

der linke Flügel	左サイド hidari saido
der rechte Flügel	右サイド migi saido
der Schlagwurf	ステップシュート suteppu shūto
die Zeitstrafe	タイムペナルティー taimu penarutī
die Disqualifikation	資格剥奪 shikaku hakudatsu
die Auszeit	タイムアウト taimu auto
die Verwarnung	警告 keikoku
der Siebenmeter	7メートルスロー nana mētoru surō

der Sprungwurf
ジャンプシュート
janpu shūto

BALLSPORTARTEN – 球技種目 kyūgi shumoku

Der Volleyball – バレーボール barēbōru

die Angriffszone
フロントゾーン
furontozōn

der Außenangreifer
フロントレフト
furontorefuto

der Mittelangreifer
フロントセンター
furontosentā

die Verteidigungszone
バックゾーン
bakkuzōn

die Netzkante
水平帯
suiheiobi

das Netz
ネット
netto

die Angriffslinie
アタックライン
attakkurain

der Freiraum
フリーゾーン
furīzōn

der Libero
リベロ
ribero

die Grundlinie
エンドライン
endorain

der Abwehrspieler
バック
bakku

die Seitenlinie
サイドライン
saido rain

der Linienrichter
ラインジャッジ
rain jajji

die Reservebank
補欠者用ベンチ
hoketsusha yō benchi

der Beachvolleyball
ビーチバレーボール
bīchi barēbōru

schmettern
スパイクする
supaiku suru

blocken
ブロックする
burokku suru

der Aufschlag
サーブ
sābu

baggern
レシーブする
reshību suru

pritschen
トス
tosu

die Hechtabwehr
フライングレシーブ
furaingu reshību

BALLSPORTARTEN - 球技種目 kyūgi shumoku

Der Basketball - バスケットボール basuketto bōru

die Seitenlinie
サイドライン
saido rain

die Drei-Punkte-Linie
スリーポイントライン
surī pointo rain

die begrenzte Zone
制限区域
seigen kuiki

die Grundlinie
エンドライン
endorain

im Aus sein
アウトオブバウンズである
auto obu baunzu de aru

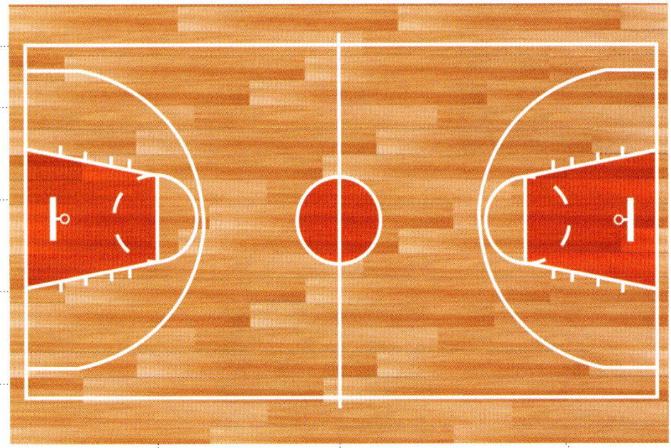

die Freiwurflinie
フリースローライン
furī surō rain

die Mittellinie
センターライン
sentā rain

der Mittelkreis
センターサークル
sentā sākuru

der Dunk
ダンクシュート
danku shūto

das Korbbrett
バックボード
bakkubōdo

der Korbring
ゴールリング
gōru ringu

das Netz
ネット
netto

der Korb
バスケット
basuketto

der Korbleger	レイアップシュート reiappu shūto
das Doppeldribbling	ダブルドリブル daburu doriburu
der Rebound	リバウンド ribaundo
der Sprungball	ジャンプボール janpu bōru
fangen	受ける ukeru
werfen	投げる nageru
zielen	狙う nerau
decken	マークする māku suru

WEITERE BALLSPORTARTEN – その他の球技 sonota no kyūgi

das Hockey
ホッケー
hokkē

das Eishockey
アイスホッケー
aisu hokkē

der Hockeyschläger
ホッケースティック
hokkē sutikku

der Puck
パック
pakku

der Softball
ソフトボール
sofuto bōru

der Baseball
野球
yakyū

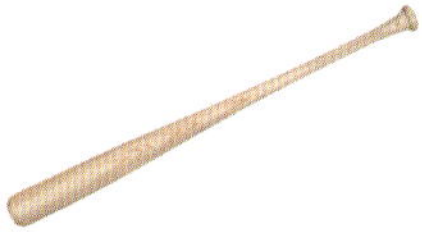

der Baseballschläger
バット
batto

der Baseballhandschuh
ミット
mitto

der American Football
アメリカンフットボール
amerikan futtobōru

das Rugby
ラグビー
ragubī

das Kricket
クリケット
kuriketto

das Schlagholz
バット
batto

die Trillerpfeife
ホイッスル
hoissuru

die Mannschaft	チーム chīmu
der Sieger	勝者 shōsha
der Verlierer	敗者 haisha
der Weltmeister	ワールドチャンピオン wārudo chanpion
das Turnier	トーナメント tōnamento
der Spielstand	得点 tokuten
der Trainer	トレーナー torēnā
die Trainerin	トレーナー torēnā
die Anzeigetafel	スコアボード sukoa bōdo

BALLSPORTARTEN MIT SCHLÄGERN - ラケットを用いた球技 raketto o mochiita kyūgi

Das Badminton - バドミントン badominton

der Badmintonplatz
バドミントンコート
badominton kōto

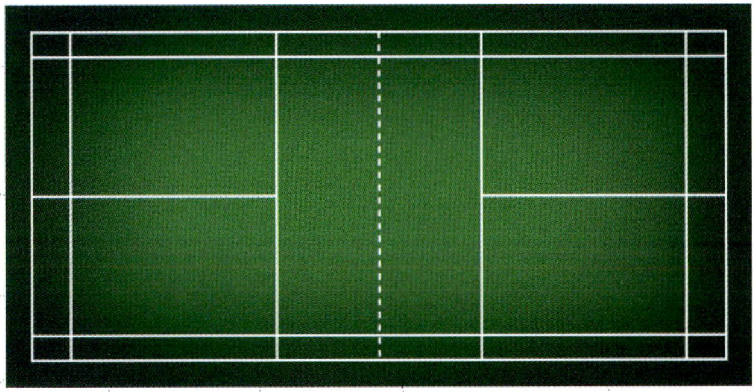

das linke Aufschlagfeld
左サービスコート
hidari sābisu kōto

das rechte Aufschlagfeld
右サービスコート
migi sābisu kōto

die hintere Aufschlaglinie Einzel
シングルスロングサービスライン
singurusu rongu sābisu rain

die hintere Aufschlaglinie Doppel
ダブルスロングサービスライン
daburusu rongu sābisu rain

die vordere Aufschlaglinie
ショートサービスライン
shōto sābisu rain

die Seitenlinie Doppel
ダブルスサイドライン
daburusu saido rain

die Seitenlinie Einzel
シングルスサイドライン
singurusu saido rain

die Mittellinie
ネット
netto

das Squash
スカッシュ
sukasshu

der Racquetball
ラケットボール
raketto bōru

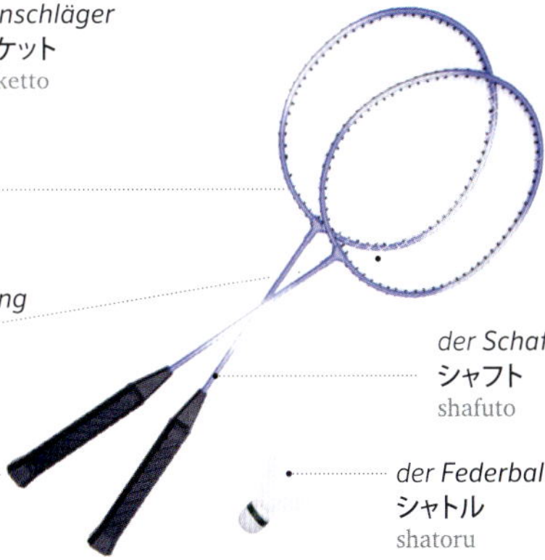

der Badmintonschläger
バドミントンラケット
badominton raketto

der Rahmen
フレーム
furēmu

die Bespannung
ストリング
sutoringu

der Schaft
シャフト
shafuto

der Griff
グリップ
gurippu

der Federball
シャトル
shatoru

BALLSPORTARTEN MIT SCHLÄGERN – ラケットを用いた球技 raketto o mochiita kyūgi

Das Tennis – テニス tenisu

der Balljunge ボールボーイ bōru bōi

die Grundlinie ベースライン bēsu rain

die Aufschlaglinie サービスライン sābisu rain

das Halbfeld フォアコート foa kōto

die Seitenlinie für das Einzelspiel シングルスサイドライン singurusu saido rain

die Seitenlinie für das Doppelspiel ダブルスサイドライン daburusu saido rain

die Aufschlagmittellinie センターサービスライン sentā sābisu rain

das Netz ネット netto

der Tennisball テニスボール tenisu bōru

der Tennisschläger ラケット raketto

die Vorhand フォアハンド foa hando

die Rückhand	バックハンド bakku hando
das Einzel	シングルス singurusu
das Doppel	ダブルス daburusu
der/das Tiebreak	タイブレーク tai brēku
der Einstand	デュース deyūsu
der Fehler	フォールト fōruto
das Ass	サービスエース sābisu ēsu
der Satz	セット setto
der Schiedsrichter	審判員 shinpanin
die Schiedsrichterin	審判員 shinpanin
der Linienrichter	ラインズマン rainzu man
die Linienrichterin	ラインズマン rainzu man

BALLSPORTARTEN MIT SCHLÄGERN – ラケットを用いた球技 raketto o mochiita kyūgi

Das Tischtennis – 卓球 takkyū

der Tischtennistisch
卓球台
takkyūdai

die Netzoberkante
ネット上縁
netto jōen

der Netzhalter
ネット支柱
netto shichū

die Seitenlinie
サイドライン
saido rain

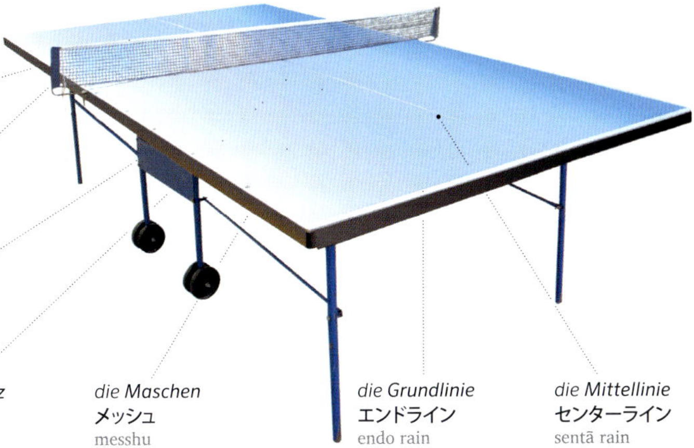

das Netz
ネット
netto

die Maschen
メッシュ
messhu

die Grundlinie
エンドライン
endo rain

die Mittellinie
センターライン
sentā rain

der Tischtennisschläger
卓球ラケット
takkyū raketto

die Schlagfläche
ブレード
burēdo

der Belag
ラバー
rabā

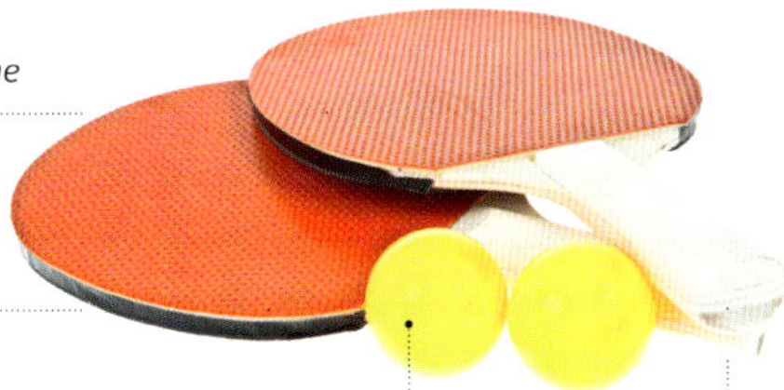

der Tischtennisball
卓球ボール
takkyū bōru

der Griff
グリップ
gurippu

der Penholdergriff
ペンホルダーグリップ
penhorudā gurippu

der Shakehandgriff
シェークハンドグリップ
shēku hando gurippu

DAS GOLF –
ゴルフ gorufu

der Golfplatz
ゴルフコース
gorufu kōsu

das Wasserhindernis
ウォーターハザード
wōtā hazādo

der Bunker
バンカー
bankā

das Fairway
フェアウエイ
feauei

das Rough
ラフ
rafu

der Abschlag
ティーショット
tī shotto

die Haltung
アドレス
adoresu

das Tee
ティー
tī

der Golfball
ゴルフボール
gorufu bōru

einlochen
パッティングする
patthingu suru

die Fahne
ピンフラッグ
pin furaggu

das Loch
ホール
hōru

das Grün
グリーン
gurīn

DAS GOLF – ゴルフ gorufu

die Golfschläger
ゴルフクラブ
gorufu kurabu

das Holz
ウッド
uddo

das Eisen
アイアン
aian

der Wedge
ウェッジ
uejji

der Putter
パター
patā

die Golftasche
ゴルフバッグ
gorufu baggu

driven
ドライバーショットを打つ
doraibā shotto o utsu

der Golfspieler
ゴルファー
gorufā

der Caddie
キャディ
kyadī

der Golftrolley
手引きカート
tebiki kāto

der Durchschwung
フォロースルー
forō surū

schwingen	スイングする suingu suru
chippen	チップショットを打つ chippu shotto o utsu
den Ball vom Abschlag spielen	ティーオフする tī ofu suru
das Par	パー pā
das Birdie	バーディー bā dī
das Bogey	ボギー bogi
das Handicap	ハンディキャップ handī kyappu
das Hole-in-one	ホールインワン hōru in wan

das Golfcart
ゴルフカート
gorufu kāto

DER WASSERSPORT – 水上競技 suijōkyōgi

Das Segeln – セーリング sēringu

der Mast
マスト
masuto

die Takelage
索具
sakugu

das Großsegel
メインスル
meinsuru

die Fock
フォアスル
foasuru

der Bug
船首
senshu

der Rumpf
艇体
teitai

das Heck
船尾
senbi

der Rettungsring
救命浮き輪
kyūmei ukiwa

die Leuchtrakete
救難火口品
kyūnan kakōhin

der Segler
ヨット操縦者
yotto sōjūsha

der Baum
ブーム
būmu

das Cockpit
コックピット
kokku pitto

die Pinne
蛇柄
dahei

der Seegang	海面状態 kaimen jōtai
der Wind	風 kaze
die Meeresströmung	海流 kairyū
der Anker	錨 ikari
die Crew	クルー kurū
das Ruder	舵 kaji
kentern	転覆する tenpuku suru
kreuzen	巡航する junkō suru
der Jachthafen	マリーナ marīna
das Rettungsboot	救命ボート kyūmei bōto
der Katamaran	カタマラン katamaran

DER WASSERSPORT - 水上競技 suijōkyōgi

Das Tauchen - ダイビング daibingu

der Tauchanzug
ウエットスーツ
uetto sūtsu

die Druckluftflasche
タンク
tanku

der Lungenautomat
レギュレーター
regyurētā

die Taschenlampe
懐中電灯
kaichūdentō

der Tiefenmesser
水深計
suishin kei

die Schwimmflosse
フィン
fin

der Tauchstiefel
ダイビングブーツ
daibingu būtsu

der Schnorchel
スノーケル
sunōkeru

die Tauchmaske
マスク
masuku

das Finimeter
残圧計
zanatsu kei

der/das Kajak
カヤック
kayakku

das Doppelpaddel
ダブルブレードパドル
daburu burēdo padoru

der Kanadier
カナディアンカヌー
kanadian kanū

das Stechpaddel
シングルブレードパドル
shinguru burēdo padoru

der Sitz
シート
sīto

der Vordersteven
船首材
senshuzai

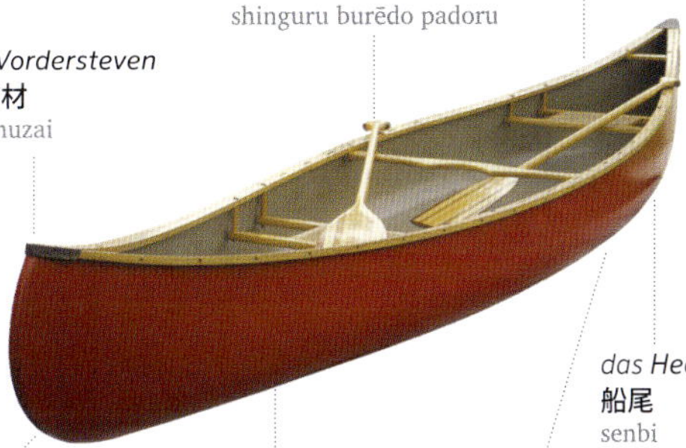

das Heck
船尾
senbi

der Bug
船首
senshu

der Bootsrumpf
船体
sentai

der Achtersteven
船尾材
senbizai

DER REITSPORT – 乗馬 jōba

der Reithelm
ヘルメット
herumetto

die Reiterin
騎手
kishu

der Sattel
鞍
kura

die Reithose
乗馬ズボン
jōba zubon

die Mähne
鬣
tategami

das Pferd
馬
uma

der Stirnriemen
額革
hitaigawa

das Zaumzeug
馬ろく
baroku

der Nasenriemen
鼻革
hanagawa

die Kandare
はみ
hami

der Zügel
手綱
tazuna

der Steigbügel
鐙
abumi

der Sattelgurt
腹帯託革
haraobi takkaku

der Huf
ひずめ
hizume

der Sprung
ジャンプ
janpu

der Hinterzwiesel
鞍尾
anbi

der Reitstiefel
ブーツ
būtsu

der Vorderzwiesel
前橋
zenkyō

DER REITSPORT – 乗馬 jōba

das Pferderennen
競馬
keiba

das Rennpferd
競走馬
kyōsōba

der Jockey
騎手
kishu

das Dressurreiten
ドレサージュ
doresāju

der Ausritt
遠乗り
tōnori

der Trabrennsport
繋駕速歩競争
keiga sokuho kyōsō

das Jagdrennen
障害競走
shōgai kyōsō

ohne Sattel reiten
鞍なしでの乗馬
kuranashi deno jōba

der Stall
馬小屋
umagoya

der/das Rodeo
ロデオ
rodeo

das Polo
ポロ
poro

das Springreiten
障害飛越
shōgai tobikoe

das Hufeisen	蹄鉄 teitetsu
die Reitgerte	乗馬用むち jōbayō muchi
die Koppel	パドック padokku
der Kanter	駈歩 kakeashi
der Galopp	襲歩 shūho
der Schritt	常歩 namiashi
das Trabrennen	繋駕速歩競争 keiga sokuho kyōsō
das Flachrennen	平地競走 heichi kyōsō

der Pferdepfleger
馬丁
batei

DAS ANGELN –
釣り tsuri

der Angler
釣り人
tsuribito

die Angel
釣り
tsuri

die Angelrute
釣竿
tsurizao

die Anglerweste
フィッシングベスト
fisshingu besuto

einen Fisch fangen
魚を釣る
sakana o tsuru

der Unterfangkescher
たも
tamo

der Watstiefel
磯ブーツ
isobūtsu

die Spule
スプール
supūru

die Angelrolle
リール
rīru

die Kurbel
ハンドル
handoru

die Angelausrüstung
釣り道具
tsuri dōgu

die Angelschnur
釣り糸
tsuri ito

die Kunstfliege
フライ
furai

die Pose
浮き
uki

der Angelhaken
釣り針
tsuribari

die Öse
アイ
ai

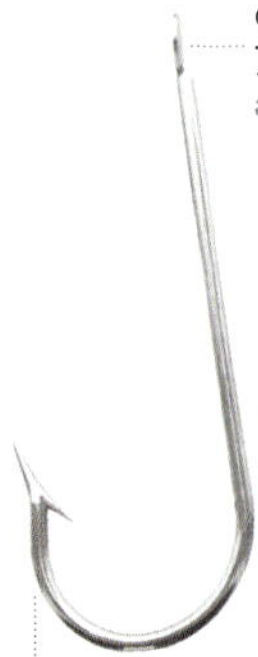

der Widerhaken
逆鉤
sakasakagi

DAS ANGELN – 釣り tsuri

das Brandungsangeln
磯釣り
iso zuri

mit dem Netz fangen
網でとる
ami de toru

das Hochseeangeln
深海釣り
shinkai tsuri

das Süßwasserangeln
淡水釣り
tansui tsuri

das Speerfischen
スピアフィッシング
supia fisshingu

einholen
引き寄せる
hikiyoseru

das Fliegenfischen
フライフィッシング
furai fisshingu

fangen
釣る
tsuru

freilassen
リリースする
rirīsu suru

der Köder
餌
esa

der Fang
漁
ryō

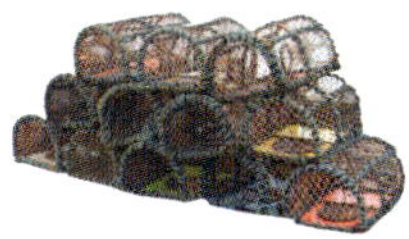

die Hummerfalle
ロブスターの罠かご
robusutā no wanakago

der Angelschein	入漁許可証 nyūryō kyokashō
anbeißen	餌に食いつく esa ni kuitsuku
der Fischkorb	魚籠 biku
der Erdspeer	バンクスティック banku sutikku
der Wobbler	ルアー ruā
die Harpune	もり mori
die Angel auswerfen	キャスト kyasuto
einen Fisch einholen	魚を引き寄せる sakana o hikiyoseru

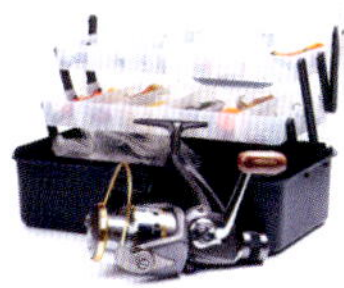

der Spinnerkasten
タックルボックス
takkuru bokkusu

DER WINTERSPORT – ウインタースポーツ uintā supōtsu

der Slalom
回転
kaiten

der Abfahrtslauf
滑降
kakkō

das Skispringen
ジャンプ
janpu

abseits der Piste
山スキー
yama sukī

der Skihang
スキー場
sukī jō

das Biathlon
バイアスロン
baiasuron

der Langlauf
クロスカントリー
kurosukantorī

die Langlaufloipe
クロスカントリースキーコース
kurosukantorī sukīkōsu

DER WINTERSPORT - ウインタースポーツ uintā supōtsu

die Skibrille
ゴーグル
gōguru

der Snowboardfahrer
スノーボーダー
sunōbōdā

das Snowboard
スノーボード
sunōbōdo

die Bindung
バインディング
baindingu

die Halfpipe
ハーフパイプ
hāfu paipu

das Rail
レール
rēru

Schlitten fahren
そり滑り
sori suberi

das Rennrodeln
リュージュ
ryūju

der Bobsport
ボブスレー
pobusurē

das Curling
カーリング
kāringu

Schlittschuh laufen
スケートで滑る
sukēto de suberu

der Eisschnelllauf
スピードスケート
supīdo sukēto

das Skifahren	スキー sukī
das Snowboarding	スノーボード sunō bōdo
der Winter-Fünfkampf	冬季５種競技 tōki go-shu kyōgi
der Freistil	フリースタイル furī sutairu
das Schneeschuhwandern	スノーシューハイキング sunōshū haikingu
das Hundeschlittenfahren	犬ぞり滑り inuzori suberi
das Après-Ski	アフタースキー afutā sukī
die Skihütte	ヒュッテ hyutte

der Eiskunstlauf
フィギュアスケート
figyua sukēto

SONSTIGE SPORTARTEN - その他のスポーツ sonota no supōtsu

das Klettern
ロッククライミング
rokku kuraimingu

das Wandern
ハイキング
haikingu

der Radsport
サイクリング
saikuringu

das Mountainbiken
マウンテンバイク
maunten baiku

das Abseilen
懸垂下降
kensui kakō

das Bungeespringen
バンジージャンプ
banjī janpu

das Drachenfliegen
ハンググライダー
hangu guraidā

das Fallschirmspringen
スカイダイビング
sukai daibingu

das Rallyefahren
ラリー
rarī

die Formel 1®
フォーミュラワン
fōmyura wan

das Motocross
モトクロス
motokurosu

das Motorradrennen
オートバイレース
ōtobai rēsu

das Skateboardfahren
スケートボード
skēto bōdo

das Longboardfahren
ロングスケートボード
rongu skēto bōdo

das Inlineskaten
ローラーブレード
rōrāburēdo

das Offroadfahren
オフロード
ofu rōdo

SONSTIGE SPORTARTEN - その他のスポーツ sonota no supōtsu

das Fechten
フェンシング
fenshingu

das Bowling
ボーリング
bōringu

das Bogenschießen
アーチェリー
ācherī

die Jagd
狩猟
shuryō

das Darts
ダーツ
dātsu

das Poolbillard
ビリヤード
biriyādo

das Snooker
スヌーカー
sunūkā

das Lacrosse
ラクロス
rakurosu

die rhythmische Sportgymnastik
新体操
shintaisō

das Frisbee®
フリスビー
furisubī

das Triathlon
トライアスロン
toraiasuron

der Australian Football
オーストラリアンフットボール
ōsutorarian futto bōru

die/das Boule
ペタンク
petanku

das Ballett
バレー
barē

das Krocket
クロケット
kuroketto

der/das Parkour
パルクール
parukūru

DIE FITNESS - フィットネス fittonesu

das Fitnessstudio
トレーニングジム
torēningu jimu

die Langhantel
バーベル
bāberu

die Gewichtsscheibe
ウエイトディスク
ueito disuku

die Bank
トレーニングベンチ
torēningu benchi

das Krafttraining
ウエイトトレーニング
ueito torēningu

die Bizepsübung
二頭筋カール
nitōkin kāru

die Kurzhantel
ダンベル
danberu

das Bankdrücken
ベンチプレス
benchi puresu

trainieren
トレーニングする
torēningu suru

das Ergometer
エルゴメーター
erugo mētā

der Crosstrainer
クロストレーナー
kurosu torēnā

der Fitnessball
バランスボール
baransu bōru

die Matte
マット
matto

das Laufband
トレッドミル
toreddo miru

das Rudergerät
ローイングマシーン
rōingu mashīn

DIE FITNESS - フィットネス fittonesu

der Ausfallschritt
ランジ
ranji

die Rumpfbeuge
前屈運動
zenkutsu undō

der Liegestütz
腕立て伏せ
udetatefuse

der Sit-up
腹筋運動
fukkin undō

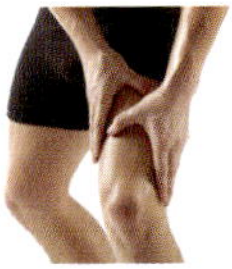

der Muskelkater
筋肉痛
kinniku tsū

der Klimmzug
懸垂運動
kensui undō

die Kniebeuge
屈伸運動
kusshin undō

das Pilates
ピラティス
piratisu

das Spinning®
スピニング
supiningu

die Pulsuhr
心拍計
shinpaku kei

das Aerobic
エアロビクス
earobikusu

das Steppbrett
ステップ台
suteppudai

der Turnschuh
運動靴
undōgutsu

sich aufwärmen	ウオーミングアップ uōmingu appu
sich abkühlen	クールダウン kūru daun
das Zirkeltraining	サーキットトレーニング sākitto torēningu
die Sauna	サウナ sauna
die Umkleidekabine	更衣室 kōi shitsu
die Dehnung	ストレッチ sutorecchi
Kalorien verbrennen	カロリーを燃焼する karorī o nenshō suru

FREIZEIT

余暇

yoka

DAS THEATER - 劇場 gekijō

① *der Balkon* バルコニー席 barukonī seki

② *der zweite Rang* 3階席 san-gai seki

③ *die Loge* ボックス席 bokkusu seki

④ *der erste Rang* 2階席 nikai seki

⑤ *die Sitzreihe* 階段座席 kaidan zaseki

⑥ *die Kulisse* 書き割り kakiwari

⑦ *die Bühne* 舞台 butai

⑧ *das Foyer* ロビー robī

⑨ *das Parkett* 1階席 ikkai seki

⑩ *der Sitzplatz* 座席 zaseki

⑪ *der Vorhang* 幕 maku

das Varieté バラエティーショー baraetīi shō

das Freilufttheater 野外劇場 yagai gekijō

das Ballett バレー barē

die Aufführung 上演 jōen

der Zauberkünstler 手品師 tejinashi

der Komiker コメディアン komedian

die Tragödie 悲劇 higeki

die Komödie コメディ komedi

DAS THEATER - 劇場 gekijō

das Theaterstück
劇
geki

① *das Bühnenbild*
舞台セット
butai setto

② *die Besetzung*
配役
haiyaku

③ *das Theaterkostüm*
舞台衣装
butai ishō

④ *der Applaus*
拍手喝采 hakushu kassai

⑤ *das Publikum*
観客 kankyaku

die Probe
リハーサル
rihāsaru

⑥ *der Schauspieler*
俳優
haiyū

⑦ *die Schauspielerin*
女優
joyū

⑧ *der Regisseur*
監督
kantoku

die Premiere	初演 shoen
die Pause	休憩時間 kyūkei jikan
das Programm	プログラム puroguramu
die Generalprobe	通し稽古 tōshi geiko
der Platzanweiser	座席案内係 zaseki annai gakari
die Platzanweiserin	座席案内係 zaseki annai gakari
die Theaterkasse	チケット売り場 chiketto uriba
die Eintrittskarte	入場券 nyūjōken

die Künstlergarderobe
楽屋
gakuya

DIE MUSIK – 音楽 ongaku

Das Orchester – オーケストラ ōkesutora

das Sinfonieorchester
交響楽団
kōkyō gakudan

der Gong
ゴング
gongu

die kleine Trommel
スネアドラム
sunea doramu

die große Trommel
バスドラム
basudoramu

die Pauke
ティンパニ
tinpani

das Xylophon
シロフォン
shirofon

die Röhrenglocken
チューブラーベル
chūbu rāberu

das Dirigentenpult
指揮台
shikidai

der Notenständer
譜面台
fumendai

der Dirigent
指揮者
shikisha

der Taktstock
指揮棒
shikibō

die Solistin
ソリスト
sorisuto

die Opernsängerin
オペラ歌手
opera kashu

die Noten
楽譜
gakufu

die Ouvertüre	序曲 jokyoku
das Quartett	四重奏曲 shijūsō kyoku
die Sonate	ソナタ sonata
die Tonhöhe	ピッチ picchi
ein Instrument stimmen	調律する chōritsu suru
der Orchestergraben	オーケストラ席 ōkesutora seki
der Chor	コーラス kōrasu
die Oper	オペラ opera

DIE MUSIK - 音楽 ongaku

Die Musikinstrumente - 楽器 gakki

das Cello
チェロ
chero

der Bogen
弓
yumi

die Geige
バイオリン
baiorin

die akustische Gitarre
アコースティックギター
akōsutikku gitā

die Harfe
ハープ
hāpu

die elektrische Gitarre
エレクトリックギター
erekutorikku gitā

die Bassgitarre
ベースギター
bēsu gitā

die Tuba
チューバ
chūba

die Posaune
トロンボーン
toronbōn

das Fagott
ファゴット
fagotto

die Oboe
オーボエ
ōboe

das Horn
フレンチホルン
furenchi horun

die Trompete
トランペット
toranpetto

die Pikkoloflöte
ピッコロ
pikkoro

das Saxofon
サクソフォン
sakusofon

die Klarinette
クラリネット
kurarinetto

die Querflöte
フルート
furūto

DIE MUSIK – 音楽 ongaku

Die Musikinstrumente – 楽器 gakki

das Tamburin
タンブリン
tanburin

das Becken
シンバル
shinbaru

die/das Hi-Hat
ハイハット
haihatto

das Schlagzeug
ドラムセット
doramu setto

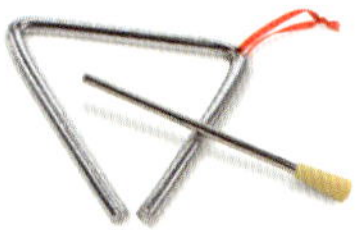

die/der/das Triangel
トライアングル
toraianguru

die Rassel
ラトル
ratoru

die Bongos
ボンゴ
bongo

die Kesselpauke
ケトルドラム
ketorudoramu

die Kastagnetten
カスタネット
kasutanetto

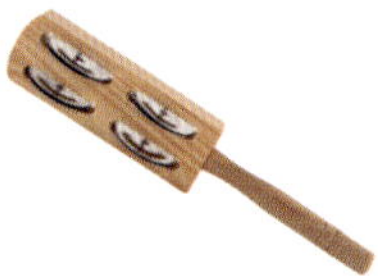

die Schellenrassel
スレイベル
sureiberu

die Panflöte
パンフルート
panfurūto

der Schlagzeugstock
スティック
sutikku

die Mundharmonika
ハーモニカ
hāmonika

der Dudelsack
バグパイプ
bagu paipu

das Akkordeon
アコーディオン
akōdion

der Flügel
グランドピアノ
gurando piano

DIE MUSIK – 音楽 ongaku

die Notation
記譜法
kifuhō

der Violinschlüssel
ト音記号
to on kigō

die Notenlinie
五線譜
gosenfu

der Bassschlüssel
ヘ音記号
he on kigō

das Vorzeichen
調号
chōgō

die Taktangabe
拍子記号
hyōshi kigō

die Note
音符
onpu

das Kreuz
シャープ
shāpu

der Taktstrich
縦線
tatesen

die klassische Musik
クラシック
kurashikku

das Heavy Metal
ヘビメタ
hebi meta

der Rap
ラップ
rappu

der Hip-Hop
ヒップホップ
hippu hoppu

der Reggae	レゲエ regee
die Popmusik	ポップ poppu
die Countrymusik	カントリー kantorī
die Indie-Musik	インディーズ indīzu
der Blues	ブルース burūsu
der/das Techno	テクノ tekuno
der Soul	ソウル souru
die Disko	ディスコ disuko

der Jazz
ジャズ
jazu

der Rock
ロック
rokku

HOBBYS – 趣味 shumi

gravieren
彫る
horu

schnitzen
彫刻する
chōkoku suru

Briefmarken sammeln
切手収集
kitte shūshū

die Modelleisenbahn
模型鉄道
mokei tetsudō

modellieren
彫刻像を作る
chōkokuzō o tsukuru

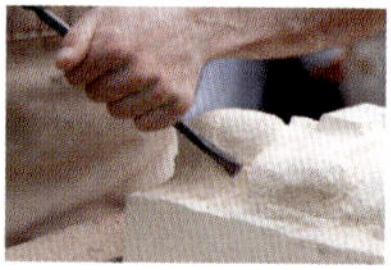

die Bildhauerei
彫刻作品
chōkoku sakuhin

töpfern
陶磁器を作る
tōjiki o tsukuru

Mosaik legen
モザイクで装飾する
mozaiku de sōshoku suru

der Modellbau
模型製作
mokei seisaku

Schmuck herstellen
装身具を作る
sōshingu o tsukuru

lesen
読む
yomu

kochen
料理する
ryōri suru

gärtnern
園芸をする
engei o suru

das Origami	おりがみ origami
das Pappmaschee	パピエマシェ papiemashe
das Scrapbooking	スクラップブック sukurappu bukku
Möbel restaurieren	家具を補修する kagu o hoshū suru
im Chor singen	コーラスで歌う kōrasu de utau
Filme drehen	映画を撮影する eiga o satsuei suru
Vögel beobachten	鳥を観察する tori o kansatsu suru
das kreative Schreiben	小説を書く shōsetsu o kaku

HOBBYS - 趣味 shumi

Kunst und Basteln - 美術と工作 bijutsu to kōsaku

der Buntstift
色鉛筆
iroenpitsu

die Wasserfarbe
水彩絵の具
suisai enogu

der Wachsmalstift
クレヨン
kureyon

die Lackfarbe
エナメル塗料
enameru toryō

die Ölkreide
オイルパステル
oiru pasuteru

die Kreide
チョーク
chōku

die Ölfarbe
油絵の具
abura enogu

die Acrylfarbe
アクリル塗料
akuriru toryō

die Pastellkreide
パステル
pasuteru

der Filzstift
サインペン
sain pen

die Tusche
墨汁
bokujū

die Zeichenkohle
デッサン用木炭
dessanyō mokutan

die Gouache
ガッシュ
gasshu

der Klebstoff
接着剤
secchakuzai

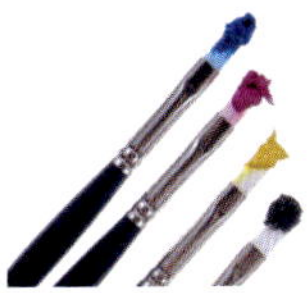

der Pinsel
絵筆
efude

die Palette
パレット
paretto

HOBBYS – 趣味 shumi

Kunst und Basteln – 美術と工作 bijutsu to kōsaku

die Aquarellmalerei
水彩画
suisaiga

die Ölmalerei
油絵
aburae

die Collage
コラージュ
korāju

die Wandmalerei
壁画
hekiga

die Tuschezeichnung
水墨画
suibokuga

die abstrakte Malerei
抽象画
chūshōga

die Landschaftsmalerei
風景画
fūkeiga

die Porträtmalerei
肖像画
shōzōga

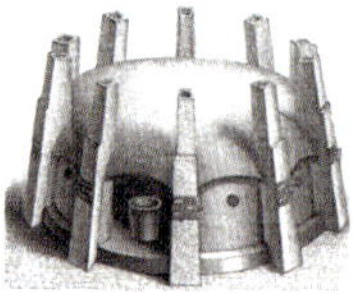

die Bleistiftzeichnung
鉛筆画
enpitsuga

das Stillleben
静物画
seibutsuga

das Graffiti
グラフィティーアート
gurafitī āto

der Siebdruck
版画
hanga

die Skizze
スケッチ
sukecchi

die Aktmalerei
裸体画
rataiga

die Leinwand
カンバス
kanpasu

der Karton
ボール紙
bōru gami

HOBBYS – 趣味 shumi

Kunst und Basteln – 美術と工作 bijutsu to kōsaku

die Farbe
色彩
shikisai

das Schwarz
黒 kuro

das Schwarzbraun
焦げ茶色 kogecha iro

das Hellbraun
薄茶色 usucha iro

das Smaragdgrün
エメラルドグリーン emerarudo gurīn

das Gelbgrün
黄緑色 kimidori iro

das Blau
青色 ao iro

das Violett
紫色 murasaki iro

das Blutrot
深紅色 shinku iro

das Rosa
淡いピンク awai pink

das Gelborange
黄橙色 kidaidai iro

das Orange
オレンジ色 orenji iro

das Hellgelb
レモン色 remon iro

das Grau
灰色 hai iro

das Braun
茶色 cha iro

das Olivgrün
オリーブ色 orību iro

das Grün
緑色 midori iro

das Cyan
水色 mizuiro

das Dunkelblau
紺青色 konjyō iro

das Lila
ふじ色 fuji iro

das Pink
ピンク pink

das Rot
赤色 aka iro

das Ocker
黄土色 ōdo iro

das Gelb
黄色 ki iro

das Weiß
白 shiro

HOBBYS - 趣味 shumi

Nähen und Stricken - 縫い物と編み物 nuimono to amimono

der Kopf
ヘッド
heddo

der Fadenhebel
天秤
tenbin

die Fadenführung
糸案内
ito annai

der Garnrollenstift
糸たて棒
itotate bō

die Nähmaschine
ミシン
mishin

der Spuler
下糸巻き
shitaito maki

der Stichbreitenwähler
縫い目長さ選択
nuime nagasa chōsetsu

das Handrad
はずみ車
hazumi guruma

der Stichwähler
模様選択
moyō sentaku

die Rückwärtsnähtaste
返し縫いボタン
kaeshi nui botan

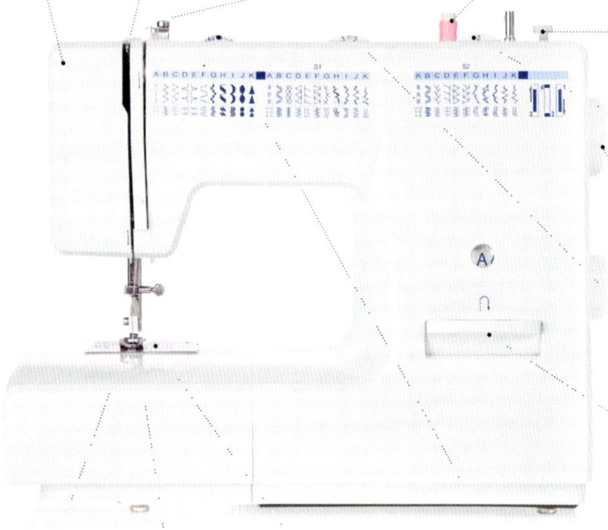

die Nadel
針
hari

der Nähfuß
押さえ
osae

die Stichplatte
針板
hariita

der Nähfußdruckregler
押さえ調節
osae chōsetsu

die Overlock
オーバーロックミシン
ōbārokku mishin

das Maßband
巻尺
makijaku

die Spule
ボビン
bobin

das Nähgarn
縫い糸
nui ito

HOBBYS - 趣味 shumi

Nähen und Stricken - 縫い物と編み物 nuimono to amimono

die Schneiderpuppe
洋裁用トルソー
yōsaiyō torusō

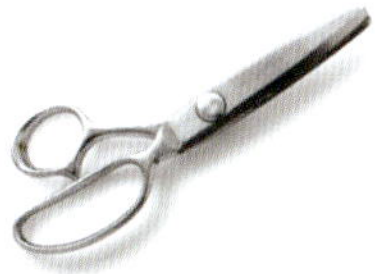

die Schere
はさみ
hasami

das Nähkästchen
裁縫箱
saihōbako

das Nadelkissen
針刺し
harisashi

das Schnittmuster
型紙
katagami

die Nähnadel
縫い針
nuibari

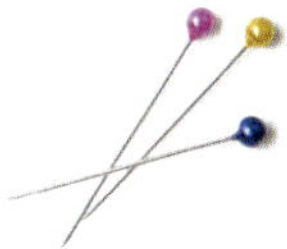

die Stecknadel
待ち針
machibari

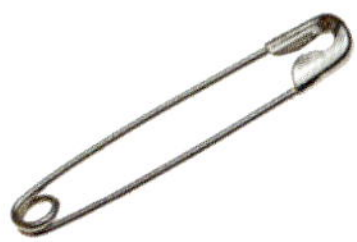

die Sicherheitsnadel
安全ピン
anzen pin

der Stoff
布地
nunoji

der Knopf
ボタン
botan

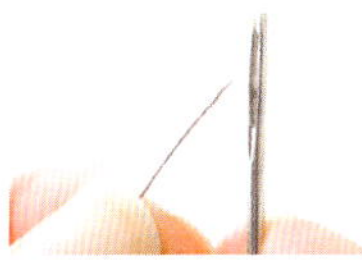

einen Faden einfädeln
糸を通す
ito o tōsu

der Einfädler
糸通し
ito tōshi

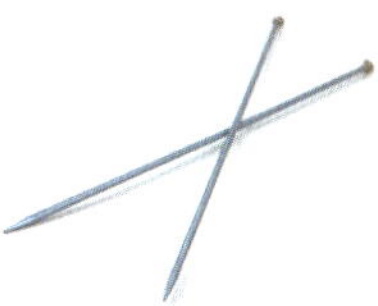

die Stricknadel
編み針
amibari

die Wolle
毛糸
keito

der Fingerhut
指貫
yubinuki

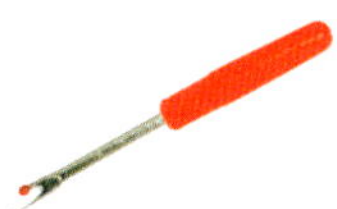

der Nahtauftrenner
リッパー
rippā

HOBBYS – 趣味 shumi

Nähen und Stricken – 縫い物と編み物 nuimono to amimono

nähen
縫う
nuu

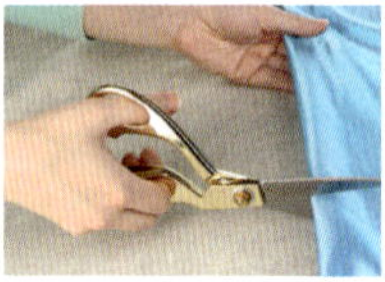

schneiden
切る
kiru

das Patchwork
パッチワーク
pacchi wāku

häkeln
かぎ針で編む
kagibari de amu

der Kreuzstich
クロスステッチ
kurosu sutecchi

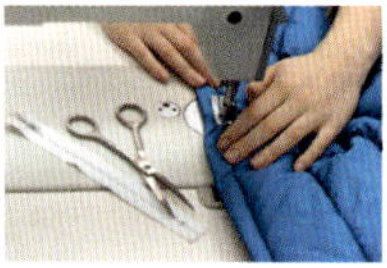

wattieren
綿を詰める
wata o tsumeru

stricken
編む
amu

stopfen
繕う
tsukurou

weben
機を織る
hata o oru

Spitze klöppeln
レースを編む
rēsu o amu

einen Teppich knüpfen
絨毯を織る
jūtan o oru

der Reißverschluss
ファスナー
fasunā

auftrennen
ほどく
hodoku

sticken — 刺繍する shishū suru
das Leinen — リンネル rinneru
die Seide — 絹 kinu
das Nylon® — ナイロン nairon
die Baumwolle — 綿 men
der Polyester — ポリエステル poriesuteru
der Stich — 縫い目 nuime
heften — 仮縫いする karinui suru

HOBBYS - 趣味 shumi

Das Kino - 映画館 eigakan

der Kinosaal
映画館
eigakan

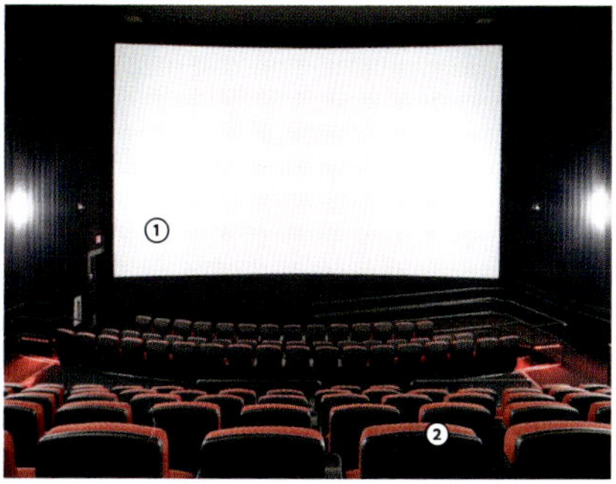

① *die Kinoleinwand*
大型スクリーン
ōgata sukurīn

② *die Sitzreihe*
雛壇座席
hinadan zaseki

die Snackbar
売店
baiten

das Getränk
飲み物
nomimono

das Popcorn
ポップコーン
poppu kōn

die Kinokasse
チケット売り場
chiketto uriba

die Komödie
コメディ
komedi

der Horrorfilm
ホラー映画
horā eiga

der Liebesfilm
恋愛映画
renai eiga

der Zeichentrickfilm	アニメ映画 anime eiga
der Western	西部劇 seibu geki
die Voraufführung	試写会 shisha kai
das Filmplakat	ポスター posutā
die Premiere	封切り fūkiri
der Thriller	スリラー surirā
der Sciencefictionfilm	SF映画 SF eiga
jugendfrei	鑑賞年齢制限なし kanshō nenrei seigen nashi

der 3D-Film
3D映画
3D eiga

HOBBYS - 趣味 shumi

Fotografieren - 写真を撮る shashin o toru

die Programmwählscheibe
モードダイヤル
mōdo daiyaru

die Spiegelreflexkamera
一眼レフカメラ
ichigan refu kamera

der Blitzschuh
ホットシュー
hotto shū

der (ausklappbare) Blitz
内蔵フラッシュ
naizō furasshu

der/das Zoom
ズーム
zūmu

das Objektiv
レンズ
renzu

der Auslöser
シャッターボタン
shattā botan

das Kameragehäuse
カメラ本体
kamera hontai

der Blendenregler
絞り値調節ダイヤル
shiborichi chōsetsu daiyaru

das Selbstauslöser-Lichtsignal
セルフタイマーランプ
serufutaimā ranpu

die Einwegkamera
使い捨てカメラ
tsukaisute kamera

die Sofortbildkamera
インスタントカメラ
insutanto kamera

die Analogkamera
アナログカメラ
anarogu kamera

die Digitalkamera
デジタルカメラ
dejitaru kamera

das Stativ
三脚
sankyaku

der Aufsteckblitz
外付けフラッシュ
sotozuke furasshu

der Filter
フィルター
firutā

der Objektivdeckel
レンズキャップ
renzu kyappu

HOBBYS - 趣味 shumi

Fotografieren - 写真を撮る shashin o toru

der Film
フイルム
fuirumu

das Fotostudio
写真スタジオ
shashin sutajio

ein Foto machen
写真を撮る
shashin o toru

die Bildbearbeitung
画像編集
gazō henshū

die Compact-Flash-Karte
コンパクトフラッシュカード
konpakuto furasshu kādo

sich fotografieren lassen
写真を撮ってもらう
shashin o totte morau

die Kameratasche
カメラケース
kamera kēsu

die Dunkelkammer
暗室
anshitsu

die Speicherkarte
メモリーカード
memorī kādo

unscharf
ピントのぼけた
pinto no boketa

überbelichtet
露出オーバー
roshutsu ōbā

unterbelichtet
露出アンダー
roshutsu andā

das Hochformat	縦長フォーマット tatenaga fōmatto
das Querformat	横長フォーマット yokonaga fōmatto
die Vergrößerung	引き伸ばし hikinobashi
der Rote-Augen-Effekt	赤目現象 akame genshō
matt	マットの matto no
glänzend	光沢のある kōtaku no aru
das Fotoalbum	写真アルバム shashin arubamu
das Negativ	ネガ nega

der digitale Bilderrahmen
デジタルフォトフレーム
dejitaru foto furēmu

HOBBYS – 趣味 shumi

Spiele – ゲーム gēmu

die Spielkarte
トランプのカード
toranpu no kādo

das Karo
ダイヤ
daiya

das Pik
スペード
supēdo

das Herz
ハート
hāto

das Kreuz
クラブ
kurabu

das Ass
エース
ēsu

der Joker
ジョーカー
jōkā

der König
キング
kingu

die Dame
クイーン
kuīn

der Bube
ジャック
jakku

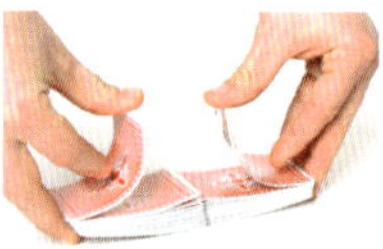

die Karten mischen
カードを切る
kādo o kiru

geben
配る
kubaru

das Blatt
持ち札
mochifuda

Poker spielen
ポーカーをする
pōkā o suru

der Dominostein
ドミノ
domino

das Backgammon
バックギャモン
bakku gyamon

das Damespiel
チェッカー
chekkā

das Puzzle
ジグソーパズル
jigusō pazuru

HOBBYS - 趣味 shumi

Spiele - ゲーム gēmu

das Schach
チェス
chesu

der König
キング
kingu

die Dame
クイーン
kuīn

der Läufer
ビショップ
bishoppu

der Springer
ナイト
naito

der Turm
ルーク
rūku

der Bauer
ポーン
pōn

das weiße Feld
白マス
shiro masu

das Schachbrett
チェスボード
chesu bōdo

das schwarze Feld
黒マス
kuro masu

der Zug
指し手
sashite

das Brettspiel
盤上ゲーム
takujō gēmu

das Monopoly®
モノポリー
monoporī

das Mensch ärgere dich nicht®
ドイツ伝統すごろく
doitsu dentō sugoroku

würfeln	さいころを振る saikoro o furu
mogeln	いかさまをやる ikasama o yaru
das Glück	運がいい un ga ii
das Pech	運が悪い un ga warui
Wer ist dran?	次は誰の番ですか。 tsugi wa dare no ban desu ka
Du bist dran.	あなたの番です。 anata no ban desu
gewinnen	勝つ katsu
verlieren	負ける makeru

das Jenga®
ジェンガ
jenga

der Würfel
さいころ
saikoro

FERIEN – 休暇 kyūka

Am Strand – 浜辺で hamabe de

der Strand
海辺
umibe

die Stranddüne
海辺の砂丘
umibe no sakyū

der Sonnenuntergang
日没
nichibotsu

das Meer
海
umi

der Strandkorb
屋根付きビーチチェア
yanetsuki bīchi cheā

der Sand
砂
suna

die Küste
海岸
kaigan

die Strandpromenade
海辺の遊歩道
umibe no yūhodō

der Liegestuhl
デッキチェア
dekki cheā

der Wasserball
ビーチボール
bīchi bōru

das Strandtuch
ビーチタオル
bīchi taoru

die Kinderschaufel
シャベル
shaberu

der Flip-Flop®
ビーチサンダル
bīchi sandaru

der Eimer
バケツ
baketsu

FERIEN – 休暇 kyūka

Am Strand – 浜辺で hamabe de

der Sonnenschirm
ビーチパラソル
bīchi parasoru

der Steinstrand
磯浜
iso hama

die Strandmuschel
ビーチシェルター
bīchi sherutā

die Sandburg
砂の城
suna no shiro

der Seetang
海藻
kaisō

die Sonnencreme
日焼け止めクリーム
hiyakedome kurīmu

das Strandresort
ビーチリゾート
bīchi rizōto

der Steg
桟橋
sanbashi

das Kreuzworträtsel
クロスワードパズル
kurosuwādo pazuru

das Sudoku
数独
sudoku

das Strandhäuschen
海の家
umi no ie

die Strandbar
ビーチバー
bīchi bā

die Ebbe	引き潮 hiki shio
die Flut	満ち潮 michi shio
die Strömung	流れ nagare
der FKK-Strand	ヌーディストビーチ nūdisuto bīchi
das Strandgut	漂流物 hyōryū butsu
schnorcheln	シュノーケル shunōkeru
der Sonnenbrand	日焼け hiyake
die Brandung	寄せ波 yosenami

sich sonnen
日光浴する
nikkōyoku suru

FERIEN - 休暇 kyūka

Das Zelten - キャンプ kyanpu

das Wohnmobil
キャンピングカー
kyanpingu kā

der Wohnwagen
キャンピングトレーラー
kyanpingu torērā

der Campingbus
キャンピングバン
kyanpingu ban

das Indianerzelt
ティピーテント
tipī tento

der Campingstuhl
アウトドアチェア
autodoa chea

der Gasbrenner
ガスバーナー
gasu bānā

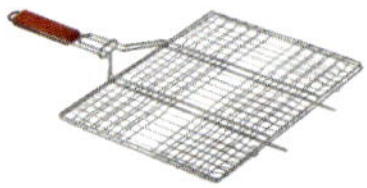

der Grillrost
バーベキューグリル
bābekyū guriru

die Lagerfeuerstelle
キャンプファイヤー
kyanpufaiyā

der Campingplatz
キャンプ場
kyanpu jō

das Zelt
テント
tento

der Zeltplatz
テントサイト
tento saito

das Taschenmesser
ポケットナイフ
poketto naifu

die Hängematte
ハンモック
hanmokku

die Gasflasche	ガスボンベ gasu bonbe
das Propangas	プロパンガス puropan gasu
die Stirnlampe	ヘッドライト heddo raito
der Stromanschluss	電気接続 denki setsuzoku
die Duschen und Toiletten	シャワーとトイレ shawā to toire
der Feueranzünder	着火剤 chakka zai
die Holzkohle	木炭 mokutan
der/das Insektenspray	虫除けスプレー mushiyoke supurē

FERIEN - 休暇 kyūka

Das Zelten - キャンプ kyanpu

der Schlafsack
寝袋
nebukuro

das Außenzelt
フライシート
furai shīto

das Innenzelt
インナーテント
innā tento

der Zelteingang
テントフラップ
tento furappu

die Zeltstange
ポール
pōru

der Zeltboden
グラウンドシート
guraundo shīto

der Reißverschluss
ファスナー
fasunā

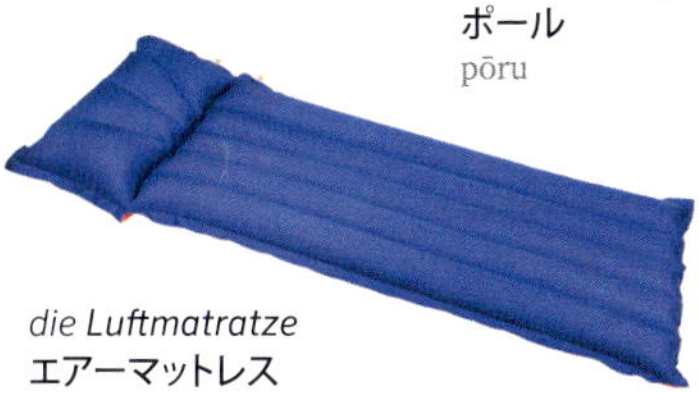

die Luftmatratze
エアーマットレス
eā mattoresu

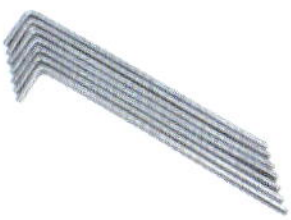

der Hering
ペグ
pegu

die Taschenlampe
懐中電灯
kaichūdentō

der Rucksack
リュックサック
ryukkusakku

die Isomatte
ロールマット
rōru matto

der Trekkingstock
ハイキングポール
haikingu pōru

der Wanderschuh
ハイキングブーツ
haikingu būtsu

die Petroleumlampe	石油ランプ sekiyu ranpu
die Luftpumpe	エアポンプ ea ponpu
die Campingtoilette	ケミカルトイレ kemikaru toire
die Entsorgungsstation	ごみ処理ステーション gomishori sutēshon
die Regenhaut®	ビニールレインコート binīru rein kōto
die Thermowäsche	サーモ下着 sāmo shitagi
das Moskitonetz	蚊帳 kaya
ein Zelt aufschlagen	テントを張る tento o haru
Kann ich hier mein Zelt aufschlagen?	ここにテントを張っていいですか。 koko ni tento o hatte iidesu ka

der Wasserkanister
ウォータータンク
wōtā tanku

KÖRPER UND GESUNDHEIT

身体と健康

shintai to kenkō

DER KÖRPER – 身体 shintai

der Mann
男性
dansei

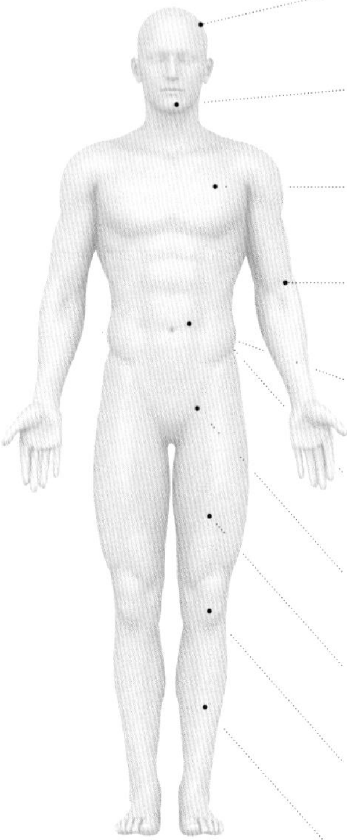

die Frau
女性
josei

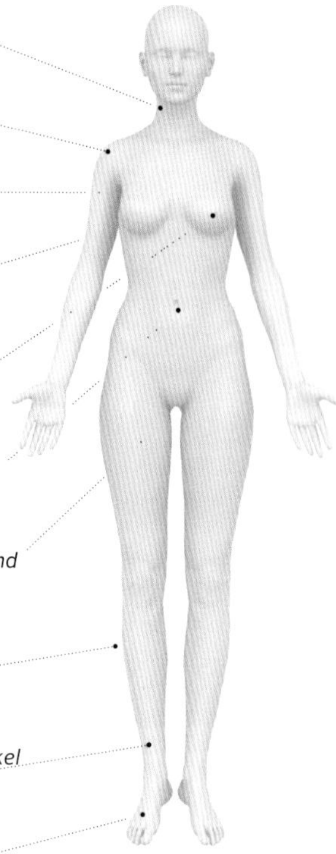

der Kopf
頭
atama

das Kinn
顎
ago

der Brustkorb
胸
mune

der Arm
腕
ude

der Bauch
腹
hara

die Hüfte
腰
koshi

die Leiste
脚の付け根
ashi no tsukene

der Oberschenkel
太腿
daitai

das Knie
膝
hiza

das Schienbein
脛
sune

der Hals
首
kubi

die Schulter
肩
kata

die Achselhöhle
わきの下
waki no shita

die Brust
乳房
chibusa

die Brustwarze
乳首
chikubi

der Bauchnabel
臍
heso

die Schamgegend
陰部
inbu

das Bein
脚
ashi

der Unterschenkel
下腿
katai

der Fuß
足
ashi

DER KÖRPER – 身体 shintai

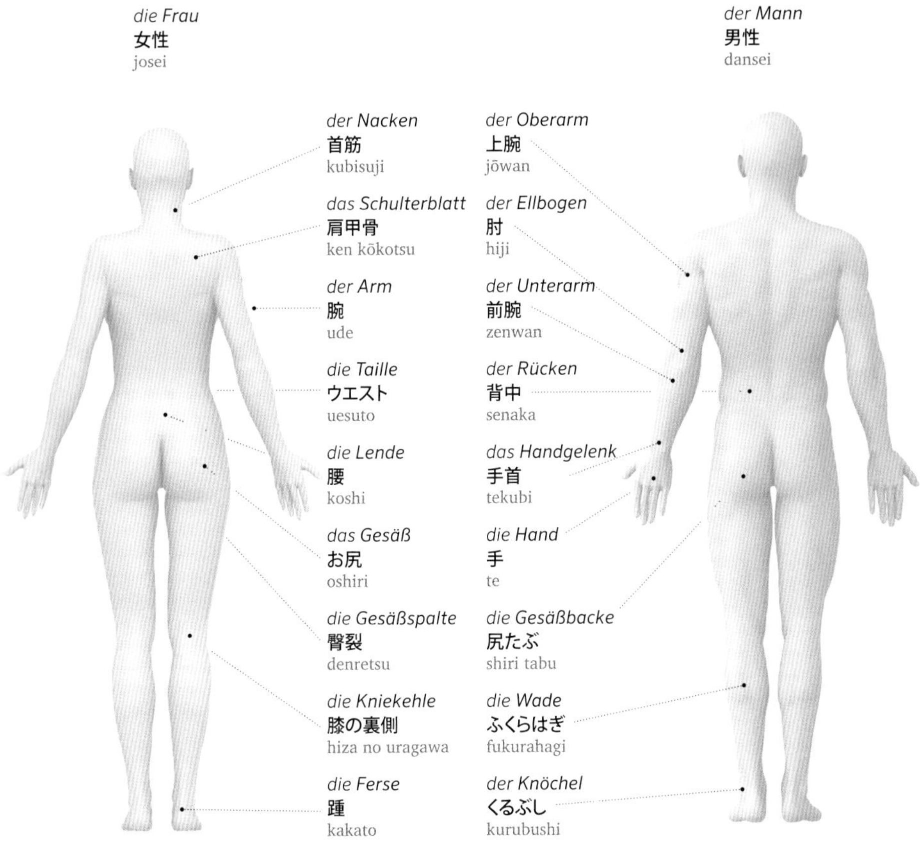

DER KÖRPER – 身体 shintai

Die Hand und der Fuß – 手と足 te to ashi

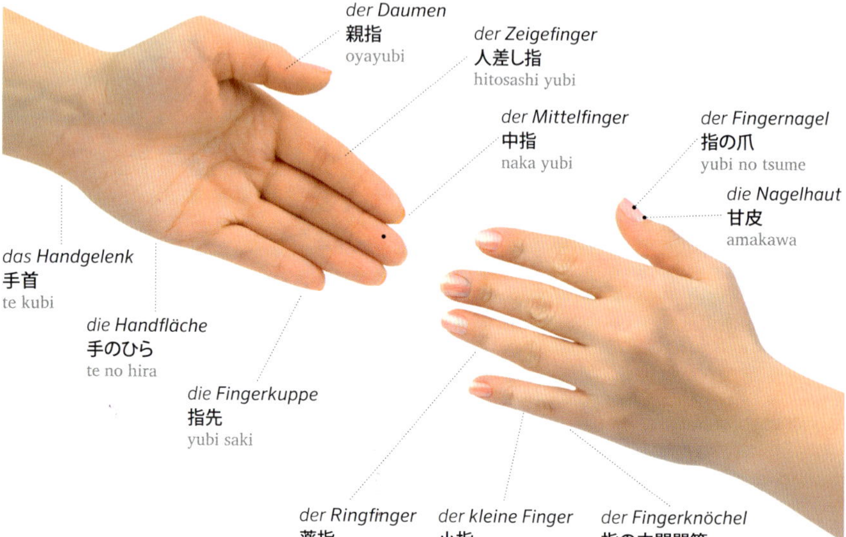

der Daumen
親指
oyayubi

der Zeigefinger
人差し指
hitosashi yubi

der Mittelfinger
中指
naka yubi

der Fingernagel
指の爪
yubi no tsume

die Nagelhaut
甘皮
amakawa

das Handgelenk
手首
te kubi

die Handfläche
手のひら
te no hira

die Fingerkuppe
指先
yubi saki

der Ringfinger
薬指
kusuri yubi

der kleine Finger
小指
ko yubi

der Fingerknöchel
指の中間関節
yubi no chūkan kansetsu

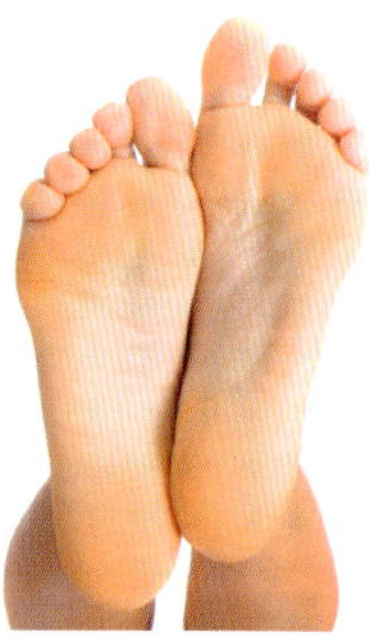

die Fußsohle
足裏
ashiura

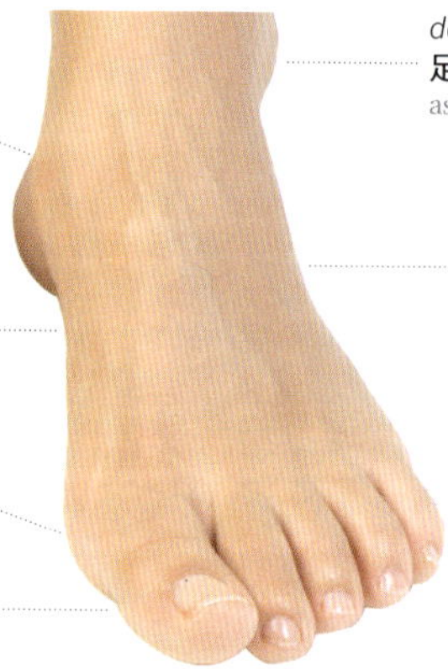

die Ferse
踵
kakato

das Fußgelenk
足首
ashikubi

der Fußrücken
足の甲
ashi no kō

das Fußgewölbe
土踏まず
tsuchi fumazu

der Zehennagel
足指の爪
ashiyubi no tsume

der kleine Zeh
足の小指
ashi no koyubi

der große Zeh
足の親指
ashi no oyayubi

DER KÖRPER – 身体 shintai

Der Kopf – 頭 atama

das Gehirn
脳
nō

das Großhirn
大脳
dainō

das Kleinhirn
小脳
shōnō

der Hirnstamm
脳幹
nōkan

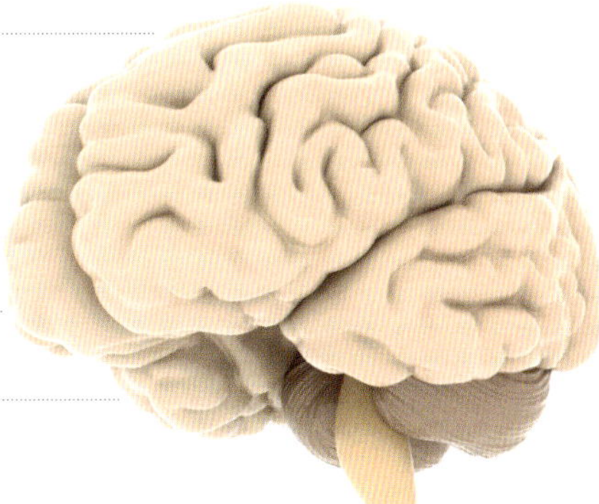

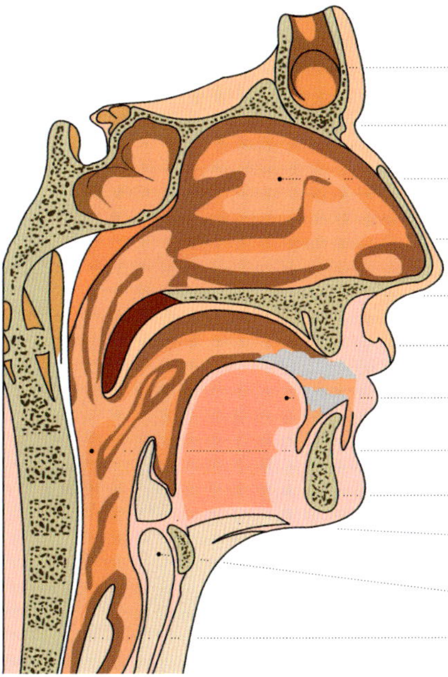

die Stirnhöhle
前頭洞
zentōdō

die Nasenhöhle
鼻腔
bikū

der Oberkiefer
上顎
jōgaku

die Zunge
舌
shita

der Unterkiefer
下顎
kagaku

der Kehlkopf
喉頭
kōtō

die Keilbeinhöhle
蝶形骨洞
chōkeikotsudō

das Nasenbein
鼻骨
bikotsu

der Gaumen
口蓋
kōgai

der Rachen
咽頭
intō

die Kehle
咽喉
inkō

die Speiseröhre
食道
shokudō

DER KÖRPER – 身体 shintai

Die Muskeln – 筋肉 kinniku

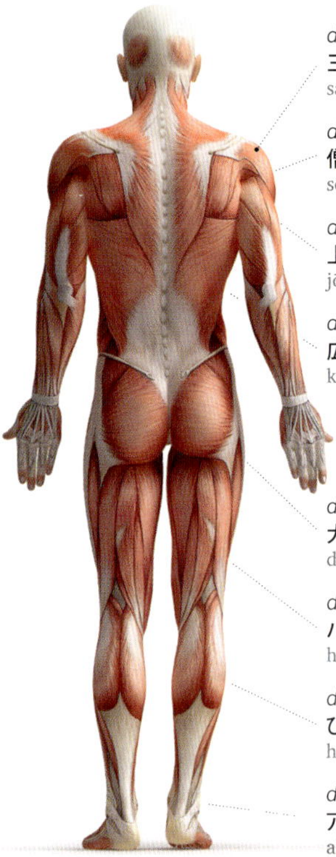

der Deltamuskel
三角筋
sankakukin

der Kapuzenmuskel
僧帽筋
sōbōkin

der Trizeps
上腕三頭筋
jōwan santōkin

der Rückenmuskel
広背筋
kōhaikin

der Gesäßmuskel
大殿筋
daidenkin

die ischiocruralen Muskeln
ハムストリング
hamusutoringu

der Wadenmuskel
ひふく筋
hifukukin

die Achillessehne
アキレス腱
akiresuken

der Stirnmuskel
前頭筋
zentōkin

der Brustmuskel
大胸筋
daikyōkin

der Bizeps
上腕二頭筋
jōwan nitōkin

der Bauchmuskel
腹筋
fukkin

der Oberschenkelmuskel
大腿四頭筋
daitaishitōkin

der vordere Schienbeinmuskel
前頚骨筋
zenkeikotsukin

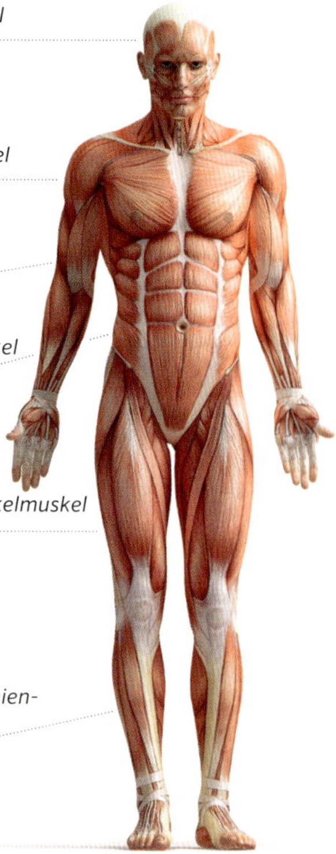

DER KÖRPER – 身体 shintai

Das Skelett – 骨格 kokkaku

das Jochbein
頬骨
kyōkotsu

das Schlüsselbein
鎖骨
sakotsu

der Brustkorb
胸郭
kyōkaku

die freie Rippe
浮遊肋
fuyūroku

die Wirbelsäule
背骨
sebone

die Elle
尺骨
shakukotsu

das Becken
骨盤
kotsuban

das Sitzbein
坐骨
zakotsu

die Kniescheibe
膝蓋骨
shitsugaikotsu

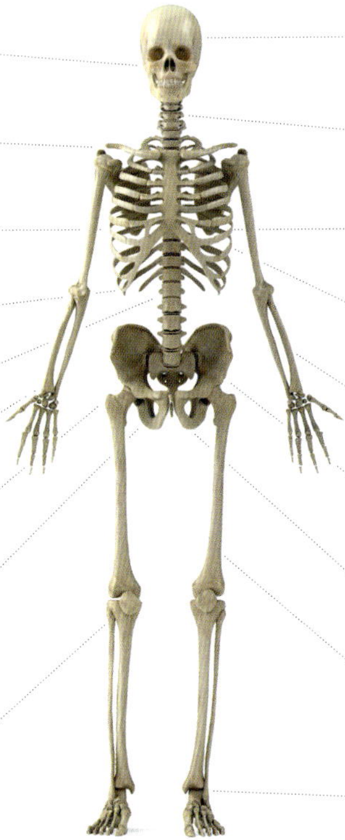

der Schädel
頭がい骨
tōgaikotsu

der Halswirbel
頚椎
keitsui

die Rippe
肋骨
rokkotsu

das Brustbein
胸骨
kyōkotsu

die Speiche
とう骨
tōkotsu

der Lendenwirbel
腰椎
yōtsui

das Steißbein
尾骨
bikotsu

der Oberschenkelknochen
大腿骨
daitaikotsu

das Fersenbein
しょう骨
shōkotsu

DER KÖRPER – 身体 shintai

Die inneren Organe – 内臓 naizō

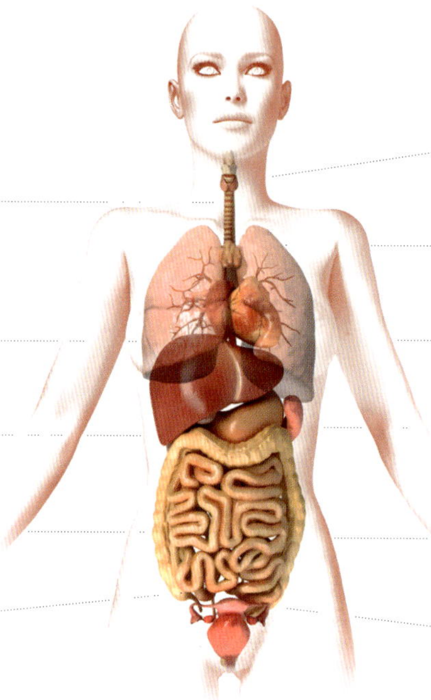

die Niere	腎臓 jinzō
die Bauchspeicheldrüse	膵臓 suizō
der Zwölffingerdarm	十二指腸 jūnishichō
die Gallenblase	胆嚢 tannō
das Zwerchfell	横隔膜 ōkakumaku
das Gewebe	組織 soshiki
die Sehne	腱 ken
die Drüse	腺 sen
der Knorpel	軟骨 nankotsu

DER KÖRPER – 身体 shintai

Die Körpersysteme – 身体のシステム shintai no sisutemu

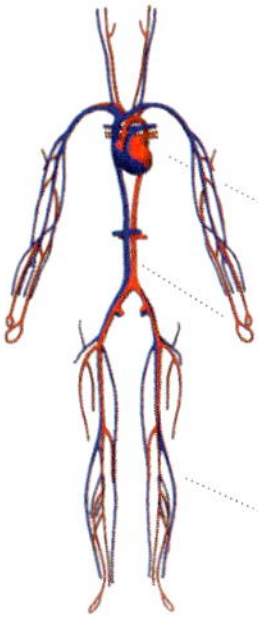

das Herz-Kreislauf-System
心臓血管系
shinzō kekkan kei

das Herz
心臓
shinzō

die Arterie
動脈
dōmyaku

die Vene
静脈
jōmyaku

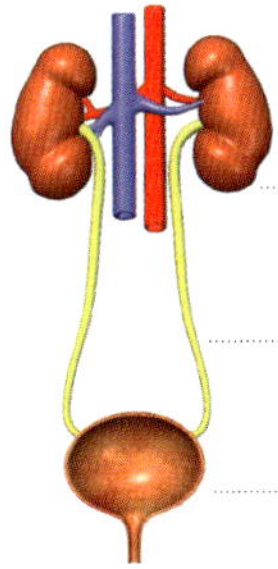

das Harnsystem
泌尿器系
hinyōki kei

die Niere
腎臓
jinzō

der Harnleiter
尿管
nyōkan

die Harnblase
膀胱
bōkō

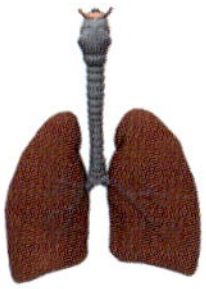

das Atmungssystem
呼吸器系
kokyūki kei

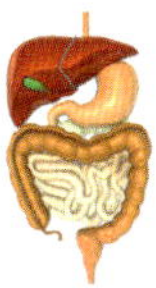

das Verdauungssystem
消化器系
shōkaki kei

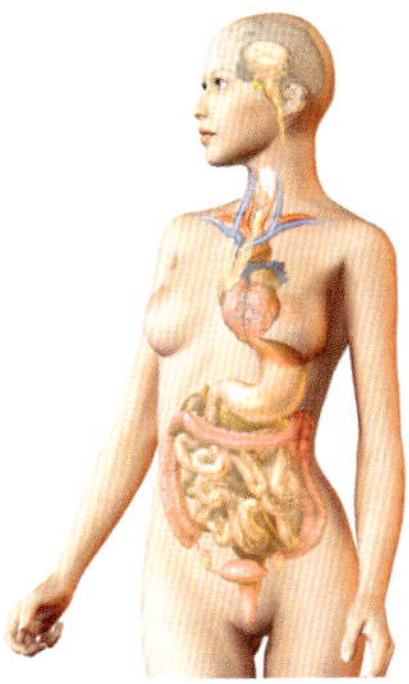

das endokrine System
内分泌系
naibunpi kei

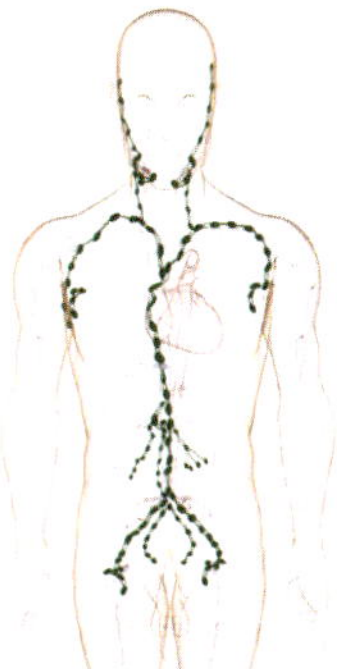

das lymphatische System
リンパ系
rinpa kei

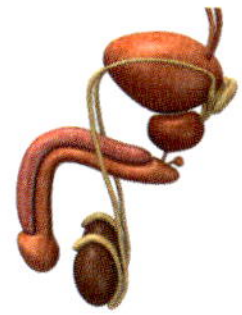

das männliche Fortpflanzungssystem
男性の生殖システム
dansei no seishoku sisutemu

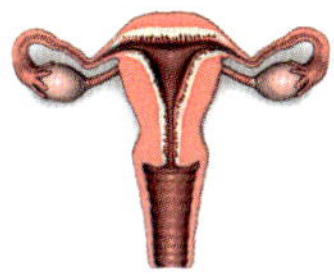

das weibliche Fortpflanzungssystem
女性の生殖システム
josei no seishoku sisutemu

das Nervensystem	神経系 shinkei kei
der Blutkreislauf	循環器系 junkanki kei
der Tastsinn	触覚 shokkaku
der Sehsinn	視覚 shikaku
der Hörsinn	聴覚 chōkaku
der Geruchssinn	臭覚 shūkaku
der Geschmackssinn	味覚 mikaku
der Gleichgewichtssinn	平衡感覚 heikō kankaku

DER KÖRPER – 身体 shintai

Die Geschlechtsorgane – 性器 seiki

die männlichen Geschlechtsorgane
男性器
danseiki

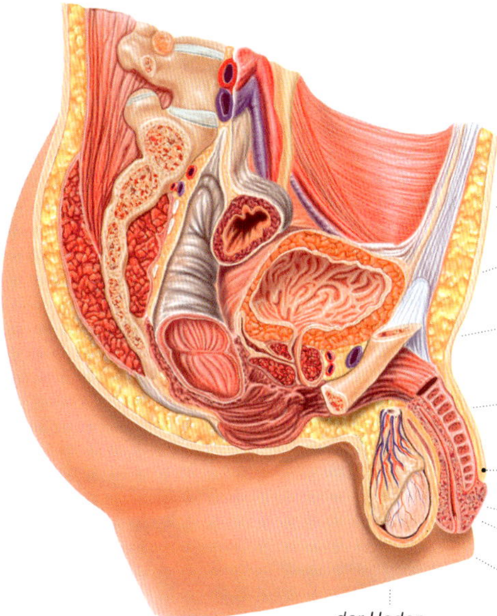

die Erektion	勃起 bokki
die Vorhaut	包皮 hōhi
die Beschneidung	割礼 katsurei
der Samenerguss	射精 shasei
potent/impotent	性交可能な/性交不能な seikō kanō na /seikō funō na
das Hormon	ホルモン horumon
der Geschlechtsverkehr	性交 seikō
die Geschlechtskrankheit	性病 seibyō

DER KÖRPER – 身体 shintai

Die Geschlechtsorgane – 性器 seiki

die weiblichen Geschlechtsorgane
女性器
joseiki

der Eierstock
卵巣
ransō

der Eileiter
卵管
rankan

die Gebärmutter
子宮
shikyū

die Harnblase
膀胱
bōkō

der Gebärmutterhals
子宮頸部
shikyū keibu

die Harnröhre
尿道
nyōdō

die Schamlippe
陰唇
inshin

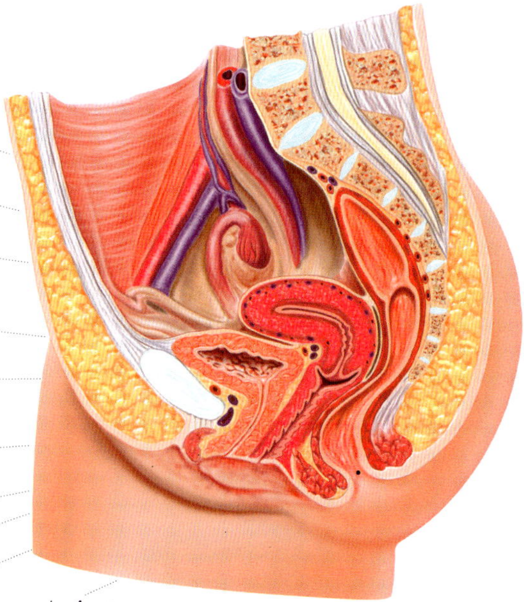

die Klitoris
陰核
inkaku

die Scheide
膣
chitsu

der Anus
肛門
kōmon

das Kondom
コンドーム
kondōmu

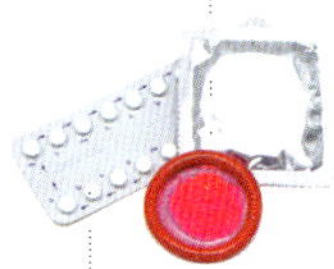

die Pille
ピル
piru

die Spirale	IUD IUD
das Pessar	ペッサリー pessarī
das Diaphragma	ダイアフラム daiafuramu
die Empfängnisverhütung	避妊 hinin
der Eisprung	排卵 hairan
die Menstruation	月経 gekkei
unfruchtbar/fruchtbar	不妊の/妊娠可能な funi no/ninshin kanōna
der Schwangerschaftsabbruch	妊娠中絶 ninshin chūzetsu

SCHWANGERSCHAFT UND GEBURT – 妊娠と出産 ninshin to shussan

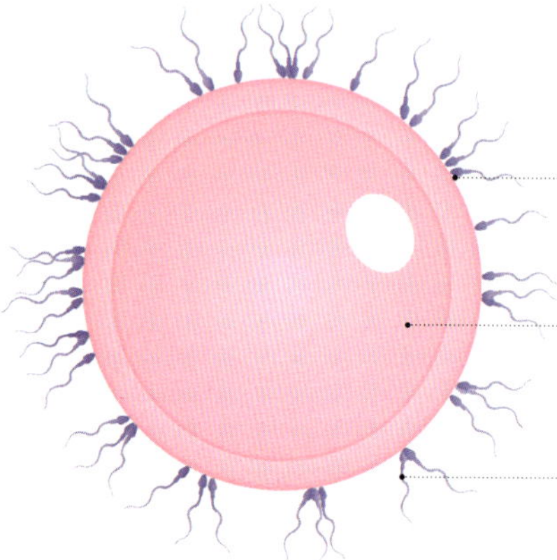

die Empfängnis
受胎
jutai

die Befruchtung
受精
jusei

die Eizelle
卵細胞
ransaibō

das Spermium
精子
seishi

die Ultraschall-aufnahme
超音波撮影
chō onpa satsuei

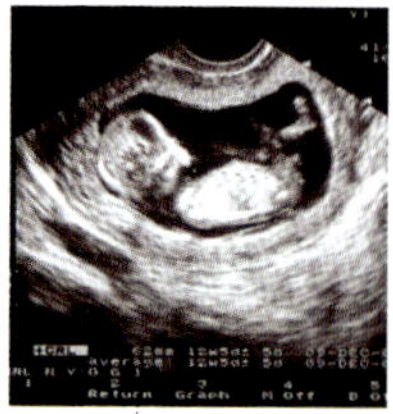

der/das Embryo
胎児
taiji

der Schwangerschafts-test
妊娠検査薬
ninshin kensa yaku

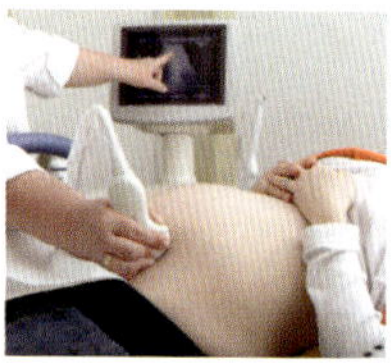

die Ultraschall-untersuchung
超音波検査
chō onpa kensa

die Hebamme
助産婦
josanpu

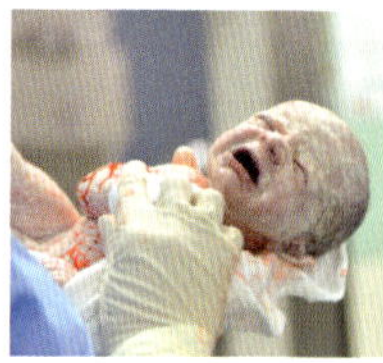

die Geburt
出産
shussan

schwanger	妊娠している ninshin shite iru
die Wehen	陣痛 jintsū
die Geburt einleiten	出産が始まる shussan ga hajimaru
pressen	いきむ ikimu
die Nabelschnur	へその緒 heso no o
die Plazenta	胎盤 taiban
das Fruchtwasser	羊水 yōsui
die Fruchtblase	羊膜嚢 yōmakunō

SCHWANGERSCHAFT UND GEBURT – 妊娠と出産 ninshin to shussan

das Fläschchen
哺乳瓶
honyūbin

der Messlöffel
計量スプーン
keiryō supūn

das Milchpulver
粉ミルク
kona miruku

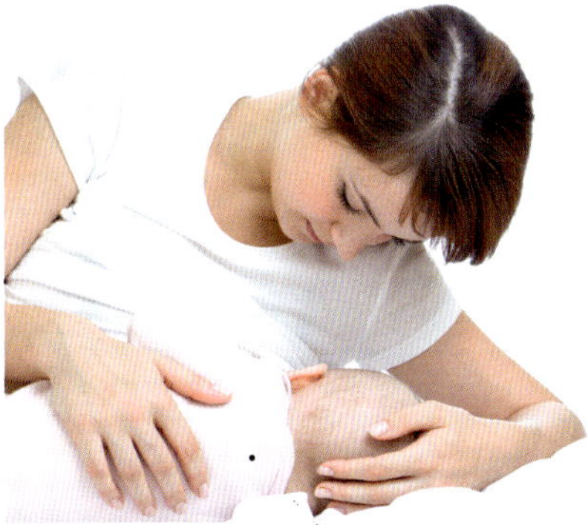

stillen
授乳する
junyū suru

der Säugling
乳児
nyūji

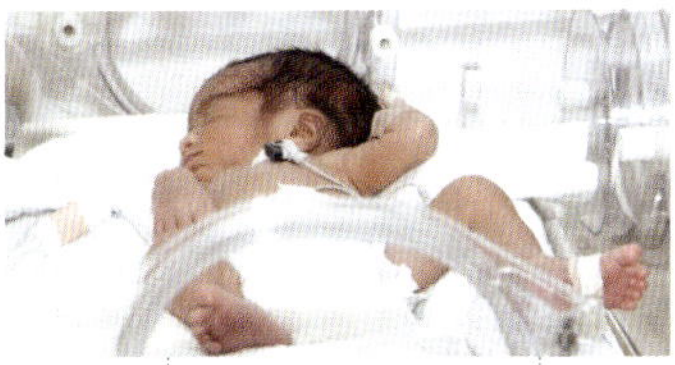

das Frühchen
早産児
sōsanji

der Brutkasten
早産児保育器
sōsanji hoikuki

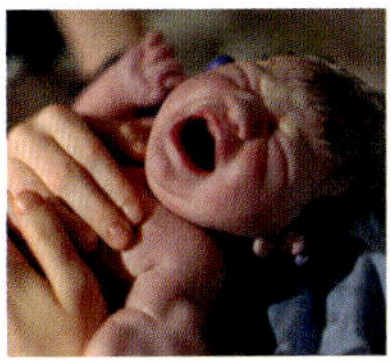

das Neugeborene
新生児
shinseiji

die Milchpumpe
搾乳機
sakunyūki

der Kreißsaal	分娩室 bunben shitsu
der Kaiserschnitt	帝王切開 teiō sekkai
die Frühgeburt	早産 sōzan
die Fehlgeburt	流産 ryūsan
die eineiigen Zwillinge	一卵性双生児 ichiransei sōsēji
die zweieiigen Zwillinge	二卵生双生児 niransei sōsēji
das Geburtsgewicht	出生体重 shussei taijū
die Impfung	予防接種 yobōsesshu

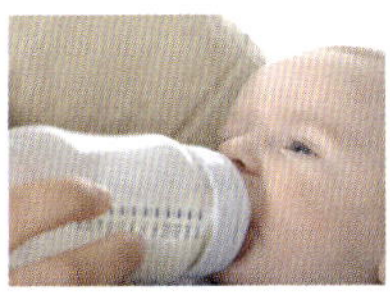

mit der Flasche füttern
哺乳瓶でミルクを与える
honyūbin de miruku o ataeru

DER ARZTBESUCH – 診察 shinsatsu

den Blutdruck messen
血圧を測る
ketsuatsu o hakaru

das Wartezimmer
待合室
machiai shitsu

das Rezept
処方箋
shohōsen

die Ärztin
女医
joi

die Patientin
患者
kanja

die Manschette
圧迫帯
appaku obi

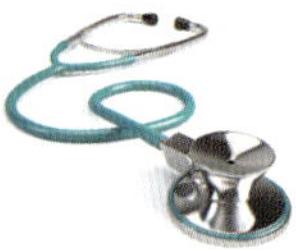

das Stethoskop
聴診器
chōshin ki

das Sprechzimmer
診察室
shinsatsu shitsu

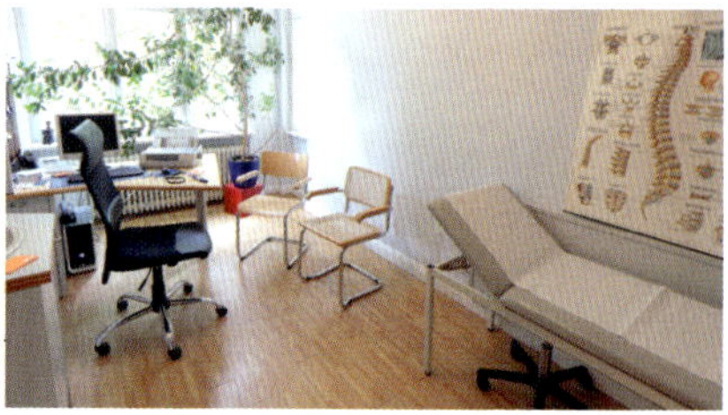

die Untersuchungsliege
診察台
shinsatsu dai

das Blutdruckmessgerät
血圧計
ketsuatsu kei

die Sprechstunde	診療時間 shinryō jikan
jemandem Blut abnehmen	誰かに採血する dareka ni saiketsu suru
der Termin	予約 yoyaku
die Behandlung	治療 chiryō
die Diagnose	診断 shindan
die Überweisung	紹介状 shōkaijō
die Ergebnisse	結果 kekka
die Krankenkasse	健康保険 kenkō hoken

SYMPTOME UND KRANKHEITEN - 症状と病気 shōjō to byōki

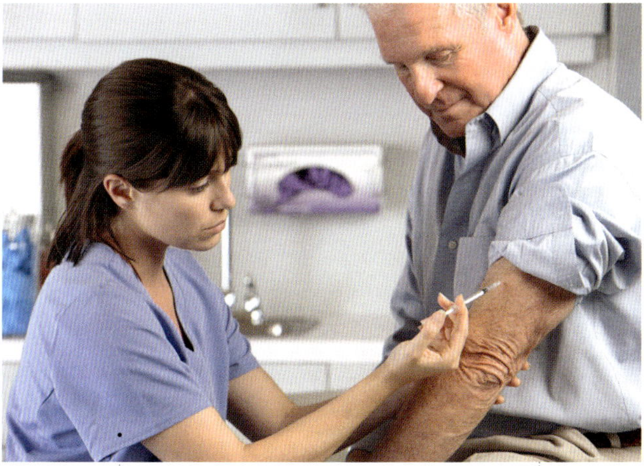

jemandem eine Spritze geben
誰かに注射をする
dareka ni chūsha o suru

eine Spritze bekommen
注射してもらう
chūsha shite morau

das Virus	ウイルス uirusu
der Infekt	感染 kansen
die Allergie	アレルギー arerugī
der Hautausschlag	発疹 hasshin
das Ekzem	湿疹 shisshin
die Migräne	偏頭痛 hentōtsū
das Nasenbluten	鼻血 hanaji
die Bindehautentzündung	結膜炎 ketsumaku en
die Mittelohrentzündung	中耳炎 chūji en
der Durchfall	下痢 geri
die Darmgrippe	腸炎 chō en
der Schwindel	めまい memai
die Übelkeit	吐き気 hakike
der Krampf	痙攣 keiren
die Bronchitis	気管支炎 kikanshi en
die Blasenentzündung	膀胱炎 bōkō en

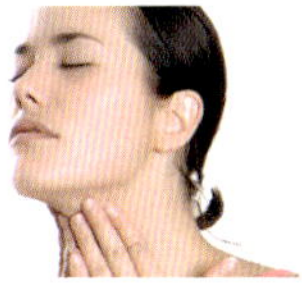

die Halsschmerzen
喉の痛み
nodo no itami

die Kopfschmerzen
頭痛
zutsū

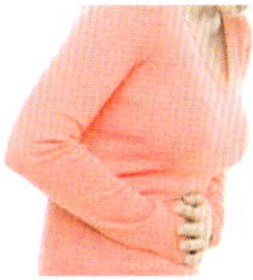

die Magenschmerzen
胃痛
itsū

die Zahnschmerzen
歯痛
haita

SYMPTOME UND KRANKHEITEN – 症状と病気 shōjō to byōki

krank
病気
byōki

der Schnupfen
鼻風邪
hanakaze

der Husten
咳
seki

gesund
健康
kenkō

die Erkältung
風邪
kaze

die Grippe
インフルエンザ
infuruenza

das Niesen
くしゃみ
kushami

das Fieber
熱
netsu

der Heuschnupfen
花粉症
kafunshō

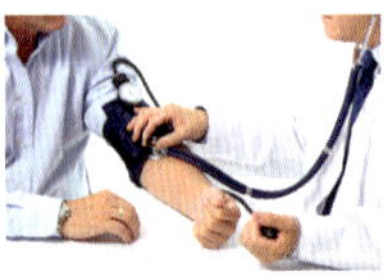

der hohe/niedrige Blutdruck
高/低血圧
kō/tei ketsuatsu

die Entzündung	炎症 enshō
die Gürtelrose	帯状疱疹 obijōhōshin
die Mangelerscheinung	欠乏症状 ketsubō shōjō
die Blutvergiftung	敗血症 haiketsushō
die Schuppenflechte	乾癬 kansen
die Kinderkrankheit	小児病 shōni byō
die Röteln	風疹 fūshin
der/das Scharlach	猩紅熱 shōkōnetsu
die Windpocken	水疱瘡 mizubōsō
der Mumps	おたふくかぜ otafukukaze
der Keuchhusten	百日咳 hyakunichi zeki
die Masern	はしか hashika
die Kinderlähmung	小児麻痺 shōni mahi
der Wundstarrkrampf	創傷性破傷風 sōshōsei hashōfū
die Tuberkulose	結核 kekkaku
die Rachitis	くる病 kurubyō
die Hirnhautentzündung	脳膜炎 nōmaku en
die Diphtherie	ジフテリア jifuteria
die Tollwut	狂犬病 kyōken byō

SYMPTOME UND KRANKHEITEN – 症状と病気 shōjō to byōki

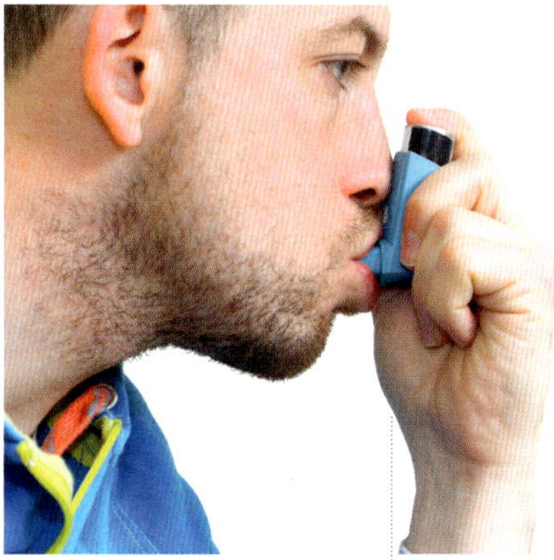

das Asthma
喘息
zensoku

der Inhalator
吸入器
kyūnyūki

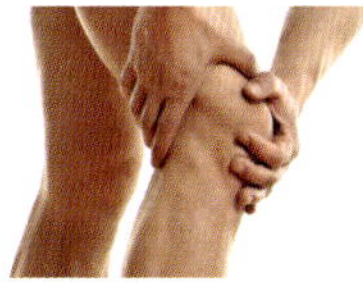

das Rheuma
リューマチ
ryūmachi

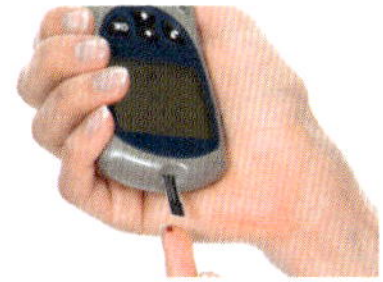

der Diabetes
糖尿病
tōnyōbyō

die Schlafstörung
不眠症
fuminshō

das Aids
エイズ
eizu

die Atemnot	呼吸困難 kokyū konnan
der Alzheimer	アルツハイマー病 arutsuhaimā byō
die Demenz	認知症 ninchi shō
die Parkinsonkrankheit	パーキンソン病 pākinson byō
der Krebs	癌 gan
das Geschwür	潰瘍 kaiyō
die Schilddrüsenkrankheit	甲状腺疾患 kōjōsen shikkan
der Herzinfarkt	心筋梗塞 shinkin kōsoku
der Schlaganfall	脳梗塞 nōkōsoku
HIV-positiv/negativ	HIV陽性/陰性 HIV yōsei/insei
die multiple Sklerose	多発性硬化症 tahatsusei kōkashō
die Epilepsie	てんかん tenkan
die Depression	うつ病 utsubyō
die Essstörung	摂食障害 sesshoku shōgai
die Sucht	依存症 izonshō

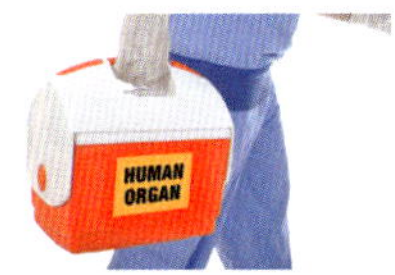

die Transplantation
移植
ishoku

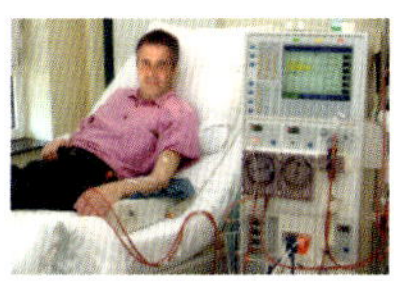

die Dialyse
人工透析
jinkō tōseki

BEHINDERUNGEN – 障害 shōgai

der Blindenhund
盲導犬
mōdōken

der Rollstuhl
車椅子
kuruma isu

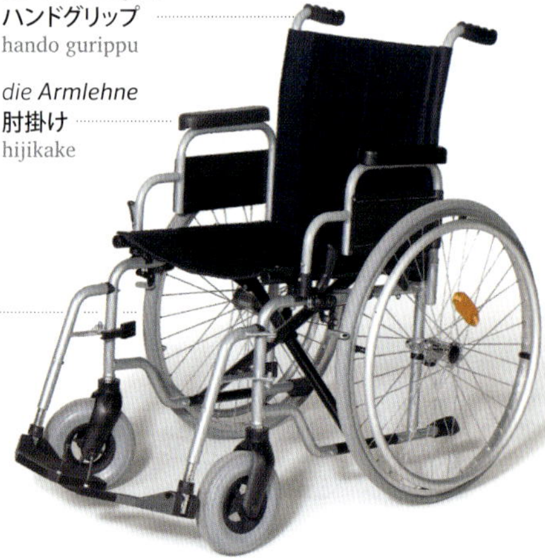

der Schiebegriff
ハンドグリップ
hando gurippu

die Armlehne
肘掛け
hijikake

der Greifreifen
ハンドリム
hando rimu

die Fußstütze
フットレスト
futto resuto

der Blindenstock
白杖
hakujō

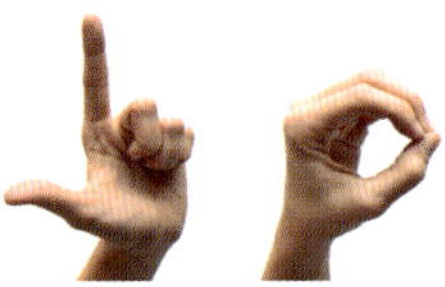

die Gebärdensprache
手話
shuwa

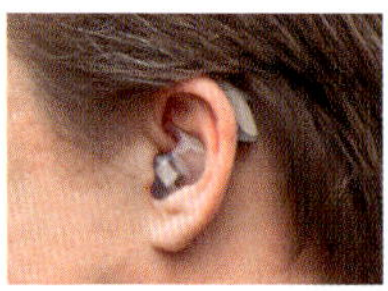

das Hörgerät
補聴器
hochōki

der Rollator
歩行器
hokōki

die Krücke
松葉杖
matsubazue

die Prothese
プロテーゼ
purotēze

gelähmt	麻痺している mahi shiteiru
die spastische Lähmung	痙性麻痺 keiseimahi
hinken	片足を引きずって歩く kataashi o hikizutte aruku
blind	盲目 mōmoku
schwerhörig	難聴 nanchō
gehörlos	耳の聞こえない mimino kikoenai
behindert	障害がある shōgai ga aru
schwerbehindert	重度の障害がある jūdo no shōgai ga aru

VERLETZUNGEN – けが kega

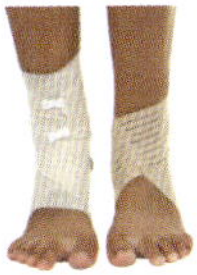

die Verstauchung
捻挫
nenza

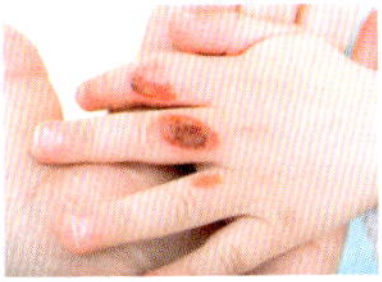

die Verbrennung
やけど
yakedo

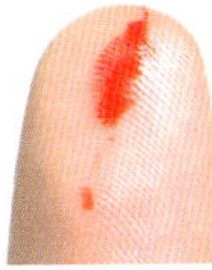

die Schnittwunde
切り傷
kirikizu

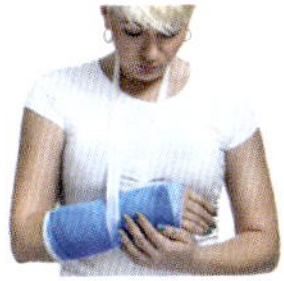

der Knochenbruch
骨折
kossetsu

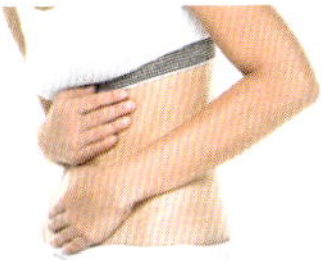

die Vergiftung
中毒
chūdoku

der Insektenstich
虫刺され
mushisasare

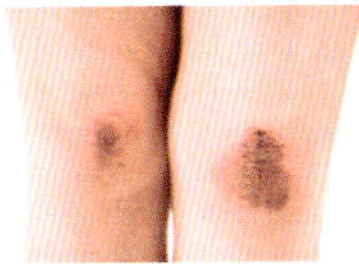

die Schürfwunde
擦り傷
surikizu

in Ohnmacht fallen
気絶する
kizetsu suru

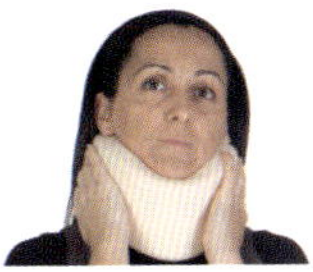

das Schleudertrauma
鞭打ち症
muchiuchishō

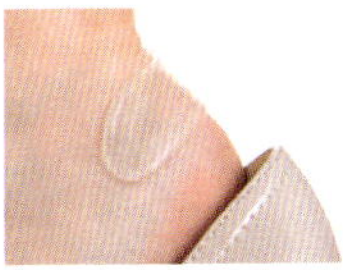

die Blase
水ぶくれ
mizubukure

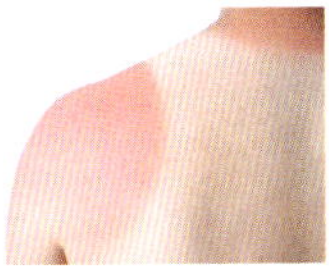

der Sonnenbrand
日焼け
hiyake

der Bandscheibenvorfall
椎間板ヘルニア
tsuikanban herunia

die Wunde	傷口 kizuguchi
die Brandwunde	やけど yakedo
das Blut	血 chi
bluten	出血する shukketsu suru
die Blutung	出血 shukketsu
die Gehirnerschütterung	脳震盪 nōshintō
sich den Arm/einen Wirbel ausrenken	腕/椎骨を脱臼する ude/tsuikotsu o dakkyū suru
sich den Fuß verstauchen/brechen	足を捻挫する/折る ashi o nenza suru/oru

der elektrische Schlag
感電
kanden

BEIM ZAHNARZT – 歯医者で haisha de

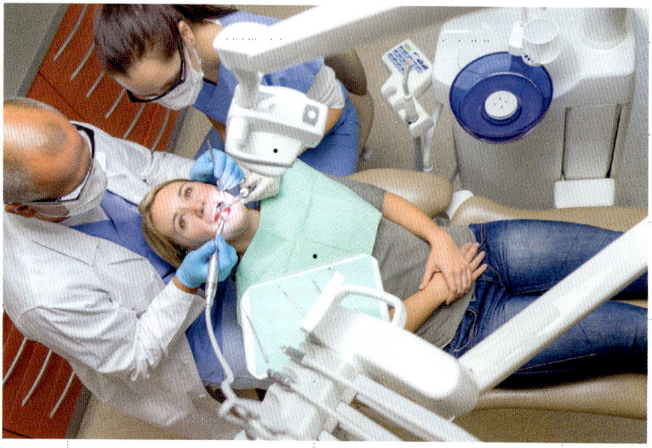

die Zahnarzthelferin
歯科助手
shikajoshu

das Mundspülbecken
うがい鉢
ugai hachi

die Behandlungslampe
オペレーティングライト
operētingu raito

die Patientin
患者
kanja

der Zahnarzt
歯科医
shikai

der Patientenumhang
エプロン
epuron

der Zahnarztstuhl
歯科治療用ユニット
shika chiryōyō yunitto

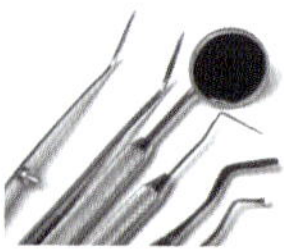

das Zahnarztbesteck
歯科用医療器具
shikayō iryōkigu

der Mundschutz
マスク
masuku

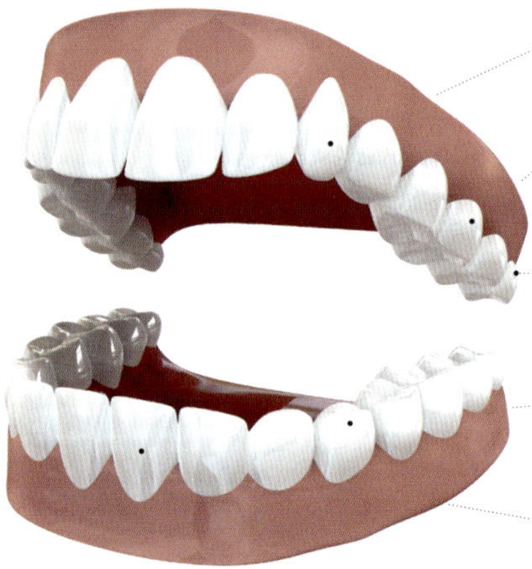

der Eckzahn
犬歯
kenshi

der hintere Backenzahn
大臼歯
daikyūshi

der Weisheitszahn
親知らず
oyashirazu

der vordere Backenzahn
小臼歯
shōkyūshi

der Schneidezahn
切歯
sesshi

BEIM ZAHNARZT – 歯医者で haisha de

der Zahn
歯
ha

der Zahnschmelz
エナメル質
enameru shitsu

das Zahnfleisch
歯肉
shiniku

die Zahnwurzel
歯根
shikon

der Nerv
神経
shinkei

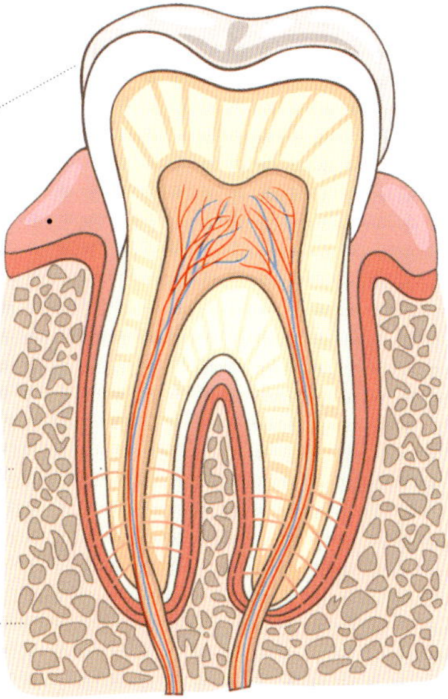

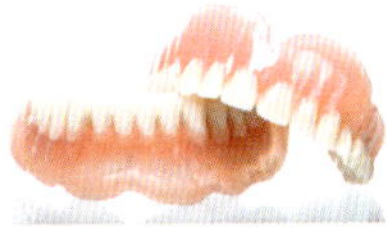

die Zahnprothese
入れ歯
ireba

die Knirscherschiene
マウスピース
mausu pīsu

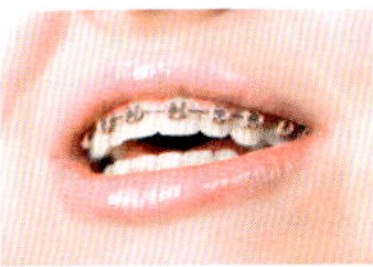

die Zahnspange
歯列矯正装置
shiretsu kyōsei sōchi

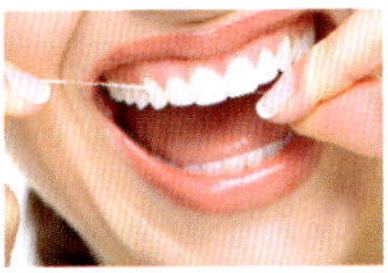

mit Zahnseide reinigen
デンタルフロスで歯をきれいにする
dentarufurosu de ha o kireini suru

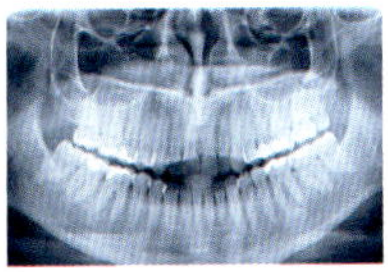

die Röntgenaufnahme
レントゲン撮影
rentogen satsuei

die Krone
クラウン
kuraun

das Implantat	インプラント inpuranto
einen Zahn ziehen	抜歯する basshi suru
die örtliche Betäubung	局所麻酔 kyokusho masui
die Mundhygiene	口腔衛生 kōkū eisei
der Zahnbelag	歯垢 shikō
die Karies	虫歯 mushiba
die Zahnfüllung	詰め物 tsumemono
die Wurzelbehandlung	歯根治療 shikon chiryō

das Mundwasser
口内洗浄液
kōnai senjōeki

BEIM AUGENOPTIKER – 眼鏡屋で meganeya de

das Auge
眼球
gank ū

die Pupille
瞳孔
dōkō

der Sehnerv
視神経
shishinkei

die Linse
水晶体
suishōtai

die Hornhaut
角膜
kakumaku

die Netzhaut
網膜
mōmaku

die Iris
虹彩
kōsai

die Brille
眼鏡
megane

das Brillengestell
フレーム
furēmu

das Brillenglas
レンズ
renzu

der Kontaktlinsenbehälter
レンズケース
renzu kēsu

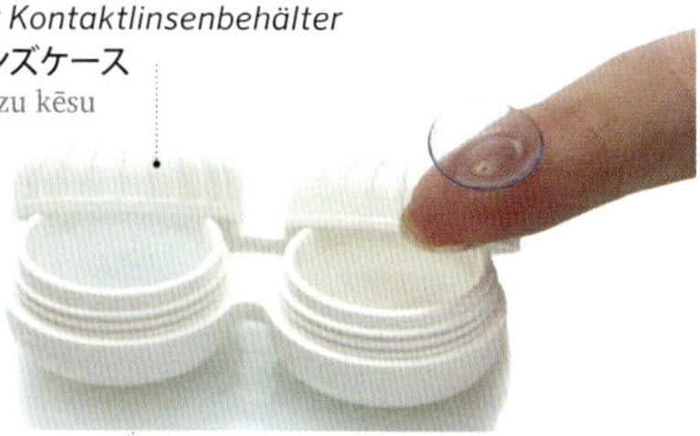

die Kontaktlinse
コンタクトレンズ
kontakuto renzu

die Optikerin
眼鏡技師
gankyō gishi

der Sehtest
視力検査
shiryoku kensa

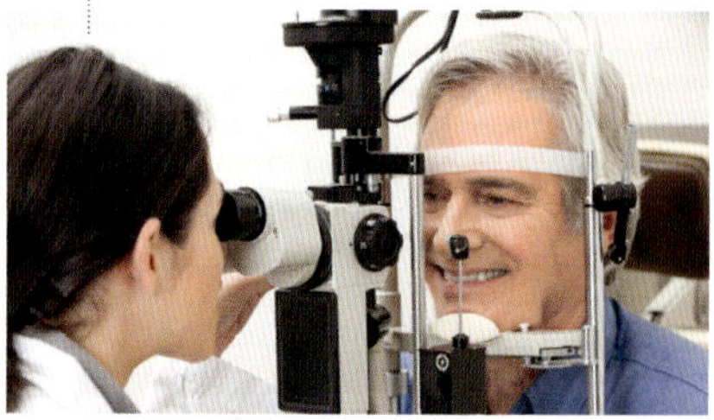

das Brillenputztuch	眼鏡拭き megane fuki
die Augentropfen	目薬 megusuri
die Lesebrille	老眼鏡 rōgankyō
weitsichtig	遠視 enshi
kurzsichtig	近視 kinshi
die Gleitsichtbrille	遠近両用眼鏡 enkinryōyō megane
der graue Star	白内障 hakunaishō
der grüne Star	緑内障 ryokunaishō

IM KRANKENHAUS – 病院で byōin de

das Krankenzimmer
病室
byōshitsu

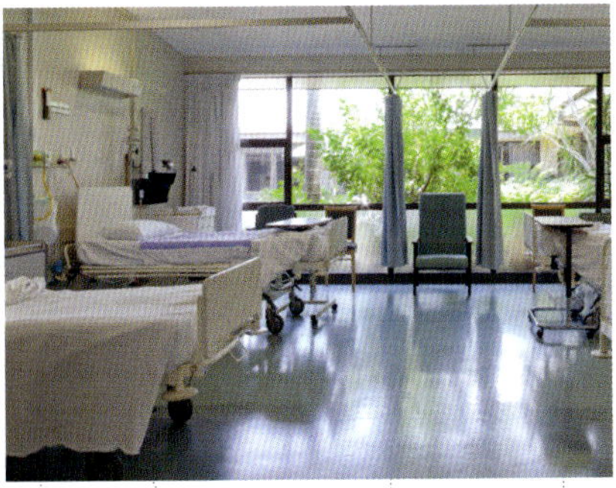

der Nachttisch
ナイトテーブル
naito tēburu

der Krankentisch
サイドテーブル
saido tēburu

das Krankenhausbett
病床
byōshō

der Trennvorhang
間仕切りカーテン
mashikiri kāten

das Einzelzimmer
個室
koshitsu

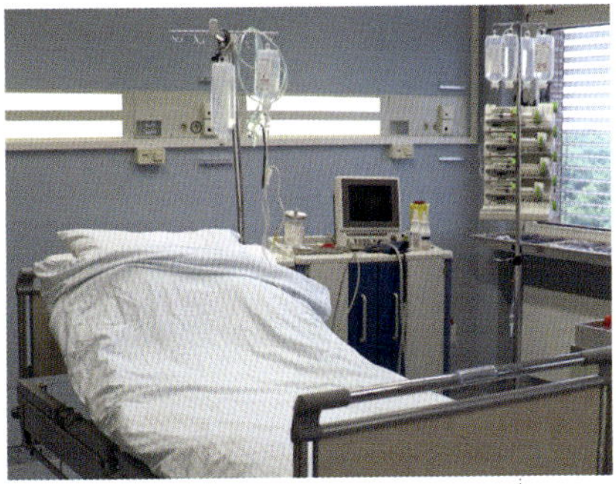

der Infusionsständer
点滴スタンド
tenteki sutando

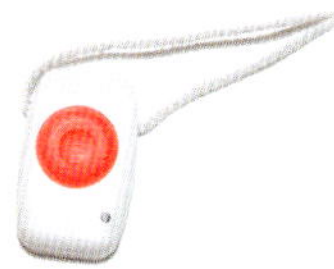

der Notrufknopf
非常呼び出しボタン
hijō yobidashi botan

aufgenommen werden	入院する nyūin suru
entlassen werden	退院する taiin suru
der ambulante Patient	外来患者 gairai kanja
der stationäre Patient	入院患者 nyūin kanja
die Besuchszeiten	面会時間 menkai jikan
die Kinderstation	小児病棟 shōni byōtō
die Neurologie	神経科 shinkeika
die Onkologie	腫瘍科 shuyōka
die Orthopädie	整形外科 seikeigeka
die Kardiologie	循環器科 junkankika
die Gastroenterologie	消化器科 shōkakika
die Gynäkologie	産婦人科 sanfujinka
die Abteilung für Hals-Nasen-Ohrenheilkunde	耳鼻咽喉科 jibiinkōka
die Quarantäne	隔離 kakuri

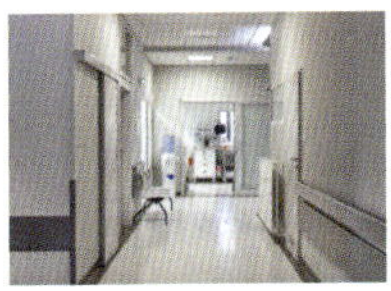

die Station
病棟
byōtō

IM KRANKENHAUS – 病院で byōin de

Die Chirurgie – 外科 geka

die Operation
手術
shujutsu

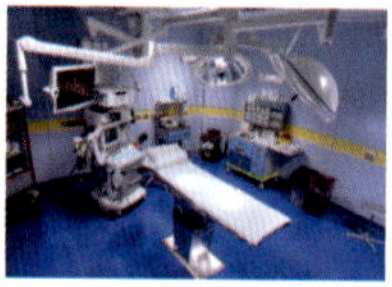

der Operationssaal
手術室
shujutsushitsu

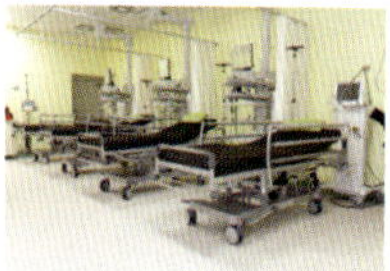

der Aufwachraum
回復室
kaifukushitsu

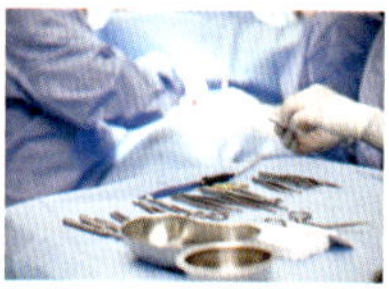

das Operationsbesteck
手術用器具
shujutsuyō kigu

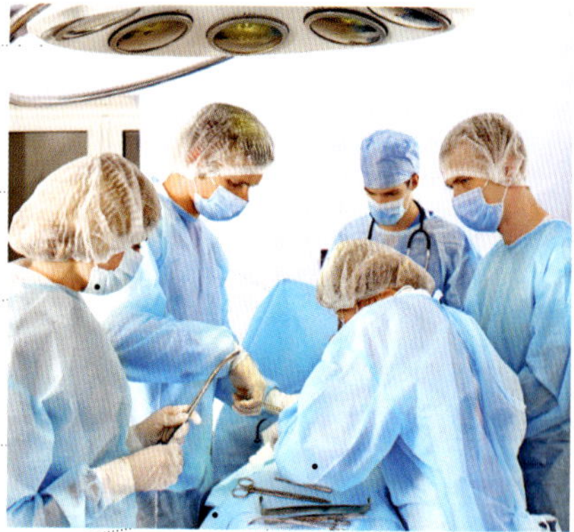

die Operationsleuchte
無影灯
mueitō

der Chirurg
外科医
gekai

der Mundschutz
手術用マスク
shujutsuyō masuku

die OP-Schwester
手術室看護師
shujutsushitsu kangoshi

der Operationstisch
手術台
shujutsudai

der OP-Mantel
手術着
shujutsugi

der Anästhesist
麻酔科医
masuikai

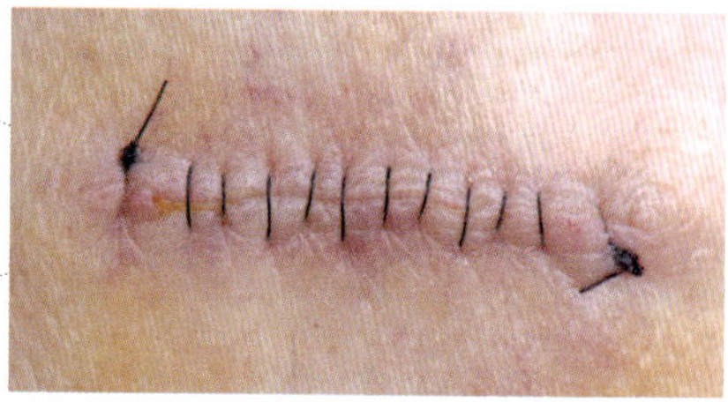

die Narbe
傷跡
kizuato

die Fäden
糸
ito

die Lokalanästhesie	局所麻酔 kyokusho masui
die Vollnarkose	全身麻酔 zenshin masui
die Rehabilitation	リハビリテーション rihabiritēshon
die medizinische Nachversorgung	術後ケア jutsugo kea
die Bettruhe	ベッドでの安静 beddo deno ansei
die Genesung	回復期 kaifukuki
tot	死んだ shinda
der Tod	死 shi

IM KRANKENHAUS – 病院で byōin de

Die Unfallstation – 救急病棟 kyūkyūbyōtō

die Intensivstation
集中治療室
shūchū chiryōshitsu

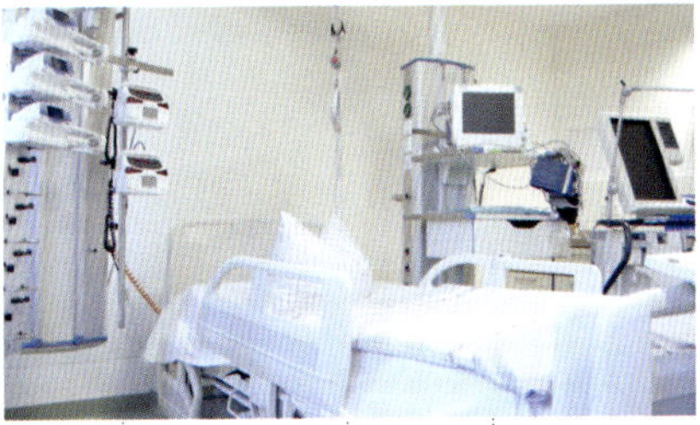

der Rufknopf
呼び出しボタン
yobidashi botan

der Herzmonitor
心臓モニター
shinzō monitā

das Krankenhausbett
病床
byōshō

die Notaufnahme
急患受け入れ
kyūkan ukeire

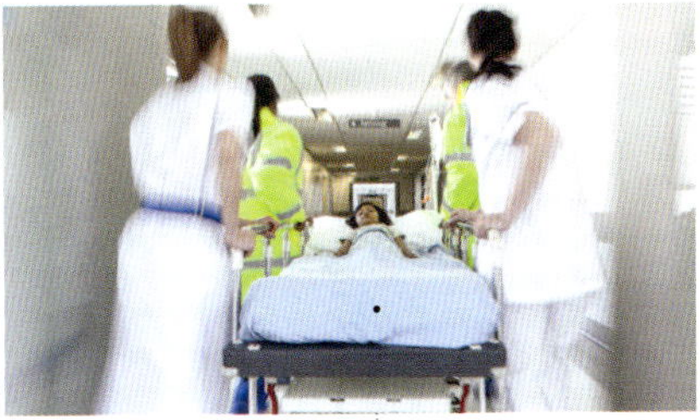

die Fahrtrage
ストレッチャー
sutorecchā

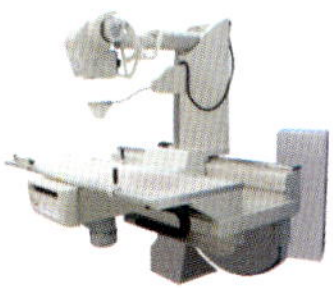

das Röntgengerät
レントゲン装置
rentogen sōchi

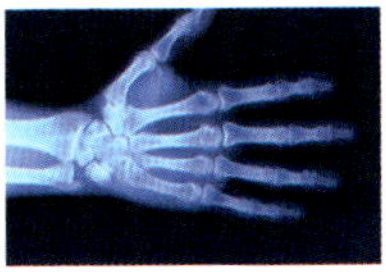

das Röntgenbild
レントゲン写真
rentogen shashin

der Warteraum
待合室
machiai shitsu

die Oberärztin
医長
ichō

die Computertomografie	CTスキャン CT sukyan
die Strahlung	放射線 hōshasen
eine Diagnose stellen	診断する shindan suru
das Koma	昏睡 konsui
bewusstlos	意識不明の ishikifumei no
die Beatmung	人工呼吸 jinkō kokyū
wieder zu Bewusstsein kommen	意識を取り戻す ishiki o torimodosu
wieder gesund werden	健康になる kenkō ni naru

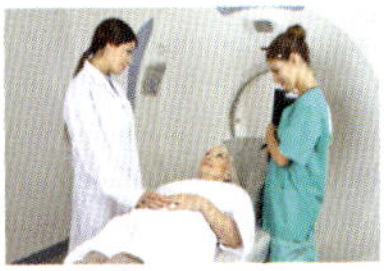

die Kernspintomografie
MRI
MRI

DIE APOTHEKE – 薬局 yakkyoku

das Medikament
医薬品
iyakuhin

die Kapsel
カプセル
kapuseru

der Hustensaft
咳止めシロップ
sekidome shiroppu

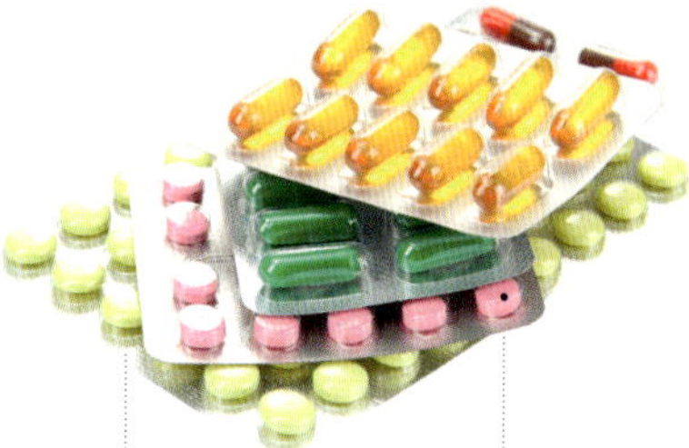

die Sichtverpackung
透明な包装
tōmei na hōsō

die Tablette
錠剤
jōzai

die Dosierung
用量
yōryō

der Messbecher
計量カップ
keiryō kappu

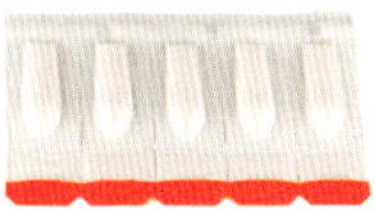

das Zäpfchen
坐薬
zayaku

die Salbe
軟膏
nankō

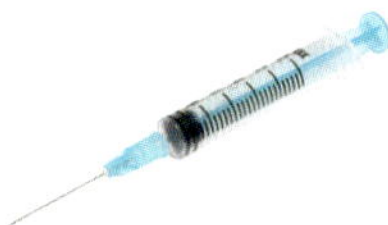

die Spritze
注射
chūsha

die Apothekerin
薬剤師
yakuzaishi

die Tropfen
滴剤
tekizai

der/das Spray
スプレー
supurē

die Vitamintablette
ビタミン剤
bitamin zai

die Brausetablette
発泡錠
happōjō

DIE APOTHEKE – 薬局 yakkyoku

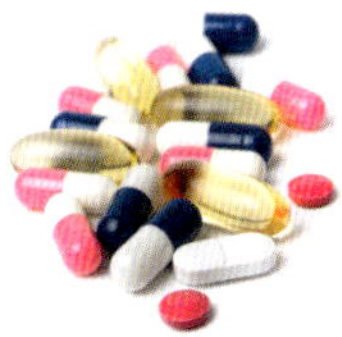

das Nahrungsergänzungsmittel
サプリメント
sapurimento

das Sonnenschutzmittel
日焼け止め
hiyake dome

der/das Mückenspray
虫除けスプレー
mushiyoke supurē

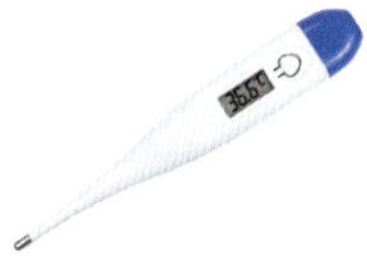

das/der Fieberthermometer
体温計
taionkei

die Nagelfeile
爪やすり
tsumeyasuri

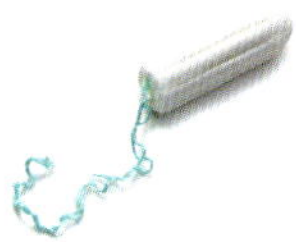

der Tampon
タンポン
tanpon

die Slipeinlage
パンティーライナー
pantī rainā

das Feuchttuch
ウエットティッシュ
uetto tisshu

der Lippenpflegestift
リップケア
rippu kea

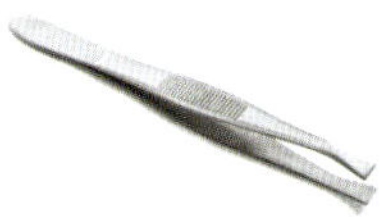

die Pinzette
ピンセット
pinsetto

das Deodorant
デオドラント
deodoranto

das/der Hustenbonbon
咳止めドロップ
sekidome doroppu

das Symptom	症状 shōjō
die Nebenwirkung	副作用 fukusayō
der Beipackzettel	使用説明書 shiyō setsumeisho
die Hautpflege	肌の手入れ hada no teire
das Schmerzmittel	鎮痛剤 chintsūzai
das Beruhigungsmittel	精神安定剤 seishinanteizai
die Schlaftablette	睡眠薬 suiminyaku
das Verfallsdatum	使用期限 shiyō kigen

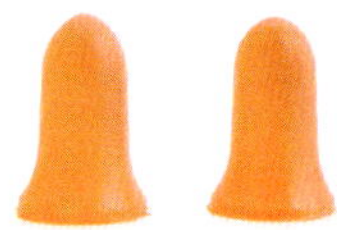

der Ohrstöpsel
耳栓
mimisen

DIE ALTERNATIVMEDIZIN – 代替医療 daigae iryō

die Meditation
瞑想
meisō

das Yoga
ヨガ
yoga

das Tai-Chi
太極拳
taikyokuken

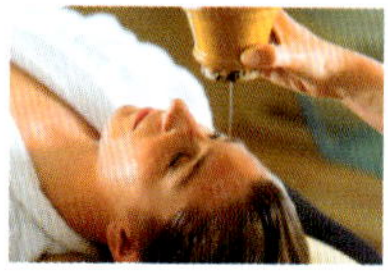

das Ayurveda
アーユルヴェーダ
āyuruvēda

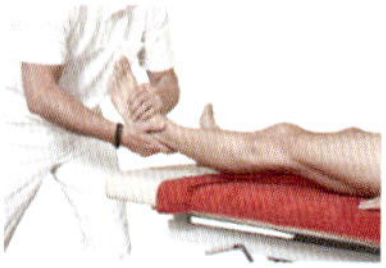

die Osteopathie
オステオパシー
osuteopashī

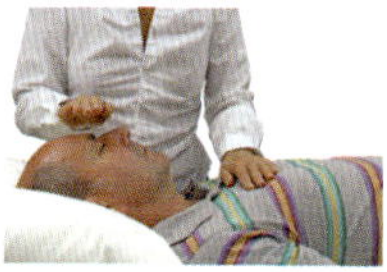

das Reiki
レイキセラピー
reikiserapī

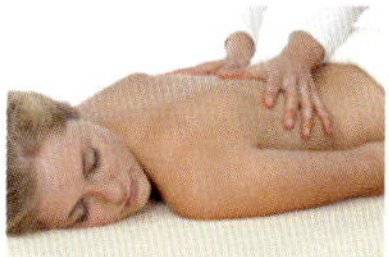

die Massage
マッサージ
massāji

die Hypnose
催眠
saimin

die traditionelle chinesische Medizin
漢方
kanpō

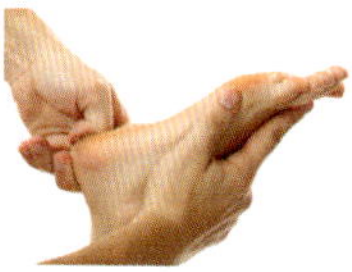

die Fußreflexzonenmassage
反射療法マッサージ
hansharyōhō massāji

das homöopathische Heilmittel
ホメオパシーのレメディー
homeopashī no remedī

die Kräuterheilkunde
本草学
honzōgaku

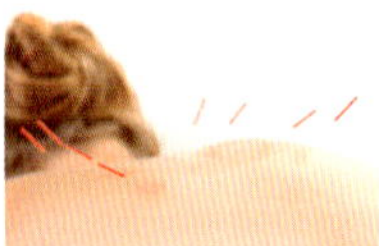

die Akupunktur
鍼療法
hariryōhō

die Kur	療養 ryōyō
die Palliativmedizin	緩和ケア kanwa kea
die Entspannung	休養 kyūyō
die Entgiftung	解毒 gedoku
die Entziehungskur	禁断療法 kindanryōhō
einen Entzug machen	禁断療法を受ける kindanryōhō o ukeru
die Therapie	療法 ryōhō
die Lichttherapie	光線療法 kōsen ryōhō

WELLNESS – ウェルネス uerunesu

die Gesichtsbehandlung
顔のケア
kao no kea

die Kosmetikerin
エステティシャン
esutetishan

die Gesichtsmaske
美顔パック
bigan pakku

die Sauna
サウナ
sauna

der Ofen
加熱炉
kanetsuro

die Bank
ベンチ
benchi

der Kopfkeil
ヘッドレスト
heddo resuto

der Aufgusskübel
サウナ桶
sauna oke

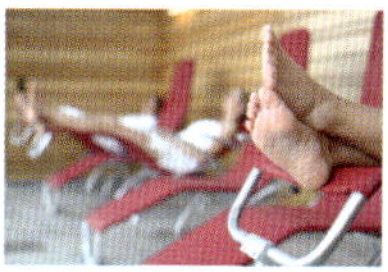

der Ruheraum
休憩室
kyūkeishitsu

das Mineralbad
スパ
supa

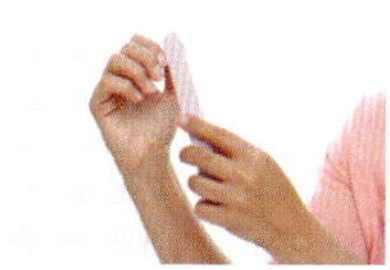

die Maniküre
マニキュア
manikyua

die Pediküre
ペディキュア
pedikyua

das Dampfbad	蒸し風呂 mushiburo
der Aufguss	煎じ出し senji dashi
das Peeling	ピーリング pīringu
der Teint	顔色 kaoiro
reinigen	洗浄する senjō suru
Ich habe empfindliche/ trockene Haut.	私は敏感肌/乾燥肌です。 watashi wa binkan hada/kansō hada desu.
Ich habe fettige/normale Haut.	私は脂性肌/普通肌です。 watashi wa shisē hada/futsū hada desu.

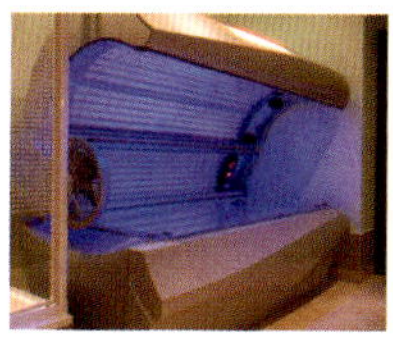

das Solarium
紫外線放射ベッド
shigaisen hōsha beddo

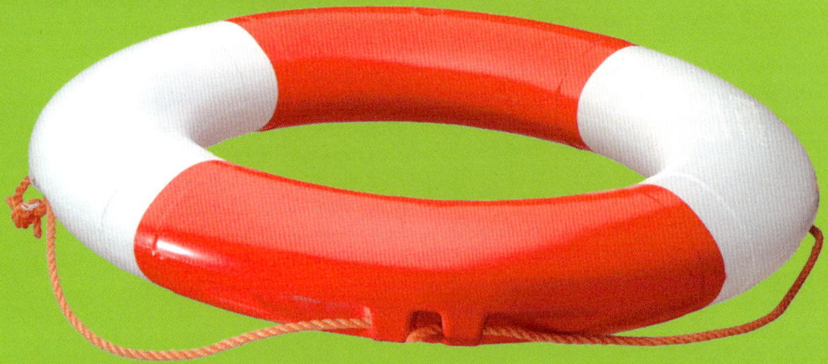

NOTFÄLLE

緊急の場合

kinkyū no baai

ERSTE HILFE - 応急処置 ōkyūshochi

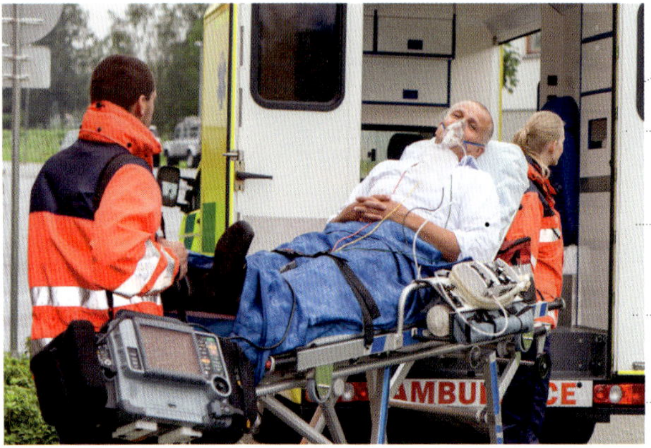

der Rettungswagen
救急車
kyūkyū sha

die Sanitäterin
救急隊員
kyūkyūtaiin

die Sauerstoffmaske
酸素マスク
sanso masuku

das Unfallopfer
事故の犠牲者
jiko no giseisha

der Sanitäter
救急隊員
kyūkyūtaiin

die Trage
担架
tanka

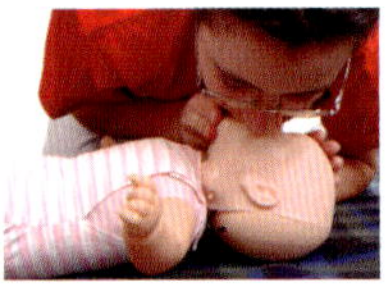

die Mund-zu-Mund-Beatmung
口対口人工呼吸
kuchi tai kuchi jinkō kokyū

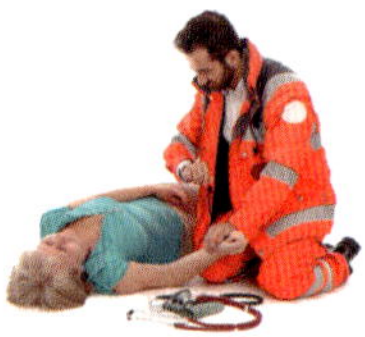

die Pulsmessung
脈拍測定
myakuhaku sokutei

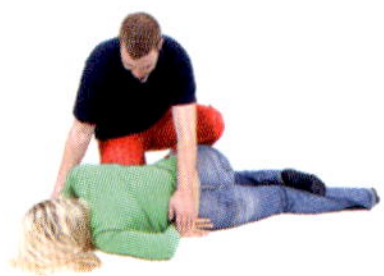

die stabile Seitenlage
回復体位
kaifuku taii

der Unfallort
事故現場
jiko genba

der Rettungsdienst
救助隊
kyūjotai

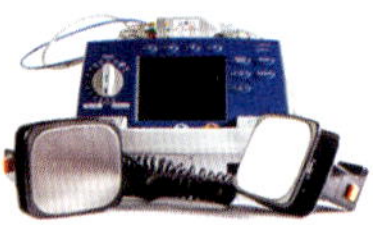

der Defibrillator
除細動器
josaidōki

der Unfall	事故 jiko
die Wiederbelebung	蘇生 sosei
die Herzdruckmassage	心臓マッサージ shinzō massāji
der Puls	脈 myaku
bewusstlos	意識不明 ishiki fumei
erste Hilfe leisten	応急手当をする ōkyūteate o suru
der Notarzt	救急医 kyūkyūi
die Notärztin	救急医 kyūkyūi

ERSTE HILFE - 応急処置 ōkyūshochi

das Verbandszeug
応急手当用品
ōkyūteate yōhin

der Verband
包帯
hōtai

das Leukoplast®
絆創膏
bansōkō

das Pflaster
バンドエード
bandoēdo

die Verbandschere
はさみ
hasami

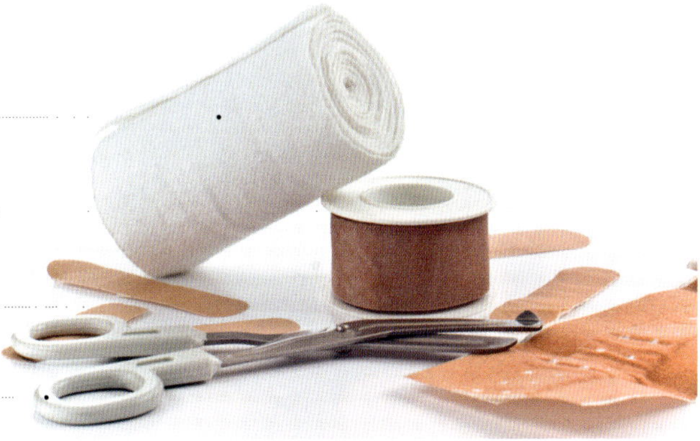

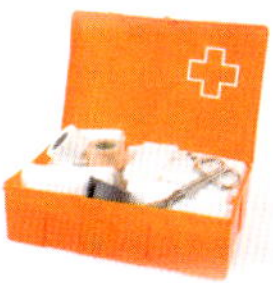

der Erste-Hilfe-Kasten
救急箱
kyūkyūbako

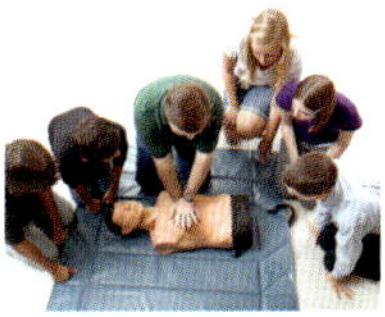

der Erste-Hilfe-Kurs
救命講習
kyūmei kōshū

das Desinfektions-mittel
消毒剤
shōdokuzai

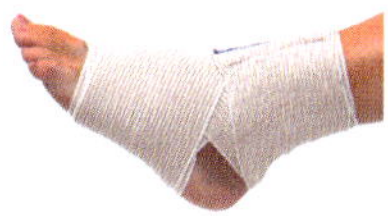

die Bandage
弾性包帯
dansei hōtai

steril	殺菌 sakkin
überleben	生き残る iki nokoru
traumatisiert	トラウマを抱えた torauma o kakaeta
unter Schock stehen	ショック状態にある shokku jōtai ni aru
der Schock	ショック状態 shokku jōtai
die Blutspende	献血 kenketsu
die Organspende	臓器提供 zōki teikyō
das Adrenalin	アドレナリン adorenarin

die Mullbinde
ガーゼの包帯
gāze no hōtai

DIE POLIZEI –
警察 keisatsu

der Dienstgürtel
警察任務ベルト
keisatsu ninmu beruto

das Handfunkgerät
トランシーバー
toransībā

die Pistole
拳銃
kyojū

der Schlagstock
警棒
keibō

die Handschellen
手錠
tejō

die Uniform
制服
seifuku

der Fingerabdruck
指紋
shimon

der Tatort
犯行現場
hankō genba

die Polizistin
警察官
keisatsukan

der Polizist
警察官
keisatsukan

das Polizeiabzeichen
警察バッジ
keisatsu bajji

der Zeuge	証人 shōnin
die Zeugin	証人 shōnin
der Verbrecher	犯罪者 hanzaisha
die Verbrecherin	犯罪者 hanzaisha
der Kriminalbeamte	刑事 keiji
die Kriminalbeamtin	刑事 keiji
der/die Verdächtige	容疑者 yōgisha
die Ermittlung	捜査 sōsa

DIE POLIZEI – 警察 keisatsu

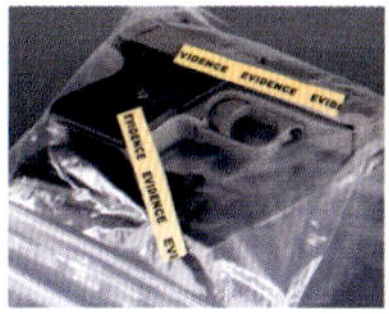

das Polizeiauto
パトカー
patokā

die Lichtleiste
警光灯
keikōtō

das Martinshorn
サイレン
sairen

das Beweisstück
証拠品
shōko hin

das Gefängnis
刑務所
keimusho

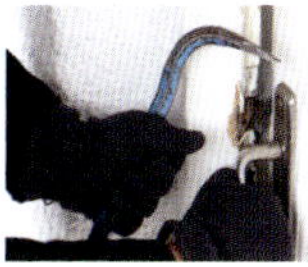

der Einbruch
不法侵入
fuhō shinnyū

der Diebstahl
盗み
nusumi

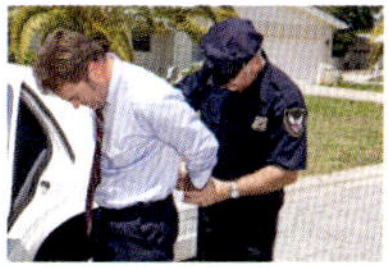

die Festnahme
逮捕
taiho

die Gewalt
暴力
bōryoku

der Raubüberfall
強盗の暴行
gōtō no bōkō

der Taschendiebstahl
すり
suri

die Entführung
誘拐
yūkai

die Straftat	犯罪行為 hanzai kōi
die Körperverletzung	傷害 shōgai
die Vergewaltigung	強姦 gōkan
der Mord	殺人 satsujin
der Überfall	襲撃 shūgeki
fliehen	逃亡 tōbō
belästigen	しつこくつきまとう shitsukoku tsukimatou
die Schuld	罪 tsumi

die Polizeiabsperrung
警戒線
keikai sen

DIE FEUERWEHR – 消防署 shōbōsho

der Feuerlöscher
消火器
shōkaki

der Hydrant
消火栓
shōkasen

der Feuerwehrmann
消防士
shōbōshi

das Visier
バイザー
baizā

der Feuerwehrhelm
ヘルメット
herumetto

die Feuerwehrschutzjacke
防火コート
bōka kōto

der Reflexstreifen
反射ストライプ
hansha sutoraipu

der Feuerwehrschlauch
消防ホース
shōbō hōsu

die Brandbekämpfung
消火活動
shōka katsudō

der Notausgang
非常口
hijōguchi

die Axt
斧
ono

der Rauchmelder
煙報知器
kemuri hōchiki

die Feuerwache
消防署
shōbōsho

das Löschfahrzeug
消防車
shōbōsha

IN DEN BERGEN – 山で yama de

die Bergwacht
山岳救助隊
sangaku kyūjotai

der Helm
ヘルメット
herumetto

der Karabiner
カラビナ
karabina

das Seil
ロープ
rōpu

der Rettungseinsatz
救助活動
kyūjo katsudō

die Einsatzkraft
救助隊員
kyūjotaiin

der Rettungsschlitten
救助そり
kyūjo sori

das Schneemobil
雪上車
setsujōsha

das Fangnetz
ネットフェンス
netto fensu

die Lawine
雪崩
nadare

das LVS-Gerät
雪崩ビーコン
nadare bīkon

der Rettungshund
救助犬
kyūjo ken

der Rettungshub-schrauber
救助ヘリコプター
kyūjo herikoputā

der Lawinenschutz
雪崩対策
nadare taisaku

das Lawinenwarn-schild
雪崩警告板
nadare keikokuban

DAS MEER – 海 umi

die Schwimmweste
救命胴衣
kyūmei dōi

der Rettungsring
救命浮き輪
kyūmei ukiwa

der Sammelpunkt
集合場所
shūgō basho

der Sturm
暴風
bōfū

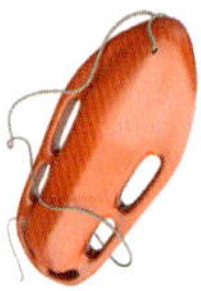

die Rettungsboje
救命ブイ
kyūmei bui

der Rettungsschwimmer
水難救助員
suinan kyūjoin

der Wachturm
監視塔
kanshitō

der Tsunami
つなみ
tsunami

das Küstenwachboot
沿岸警備艇
kaigan keibitei

das Rettungsboot
救命ボート
kyūmei bōto

kentern
転覆する
tenpuku suru

der Schiffbruch
難破
nanpa

der/die Vermisste	行方不明者 yukuefumeisha
das Rettungstau	救出ロープ kyūshutsu rōpu
die Wetterbedingungen	天候状況 tenkō jōkyō
der Seewetterbericht	海上予報 kaijō yohō
die Suche	捜索 sōsaku
ertrinken	溺れる oboreru
die Havarie	海難事故 kainan jiko
in Seenot geraten	海で遭難する umi de sōnan suru

WEITERE NOTSITUATIONEN – その他の緊急事態 sono ta no kinkyūjitai

die Explosion
爆発
bakuhatsu

die Epidemie
疫病
ekibyō

die Evakuierung
避難
hinan

der Bombenalarm
爆弾警報
bakudan keihō

die nukleare Katastrophe
原子力災害
genshiryoku saigai

die Notlandung
緊急着陸
kinkyū chakuriku

der Terrorangriff
テロ攻撃
tero kōgeki

retten
救助する
kyūjo suru

die Notrufnummer
緊急電話番号
kinkyū denwa bangō

die Überwachungskamera
監視カメラ
kanshi kamera

der Verletzte
負傷者
fushōsha

die Verletzung
負傷
fushō

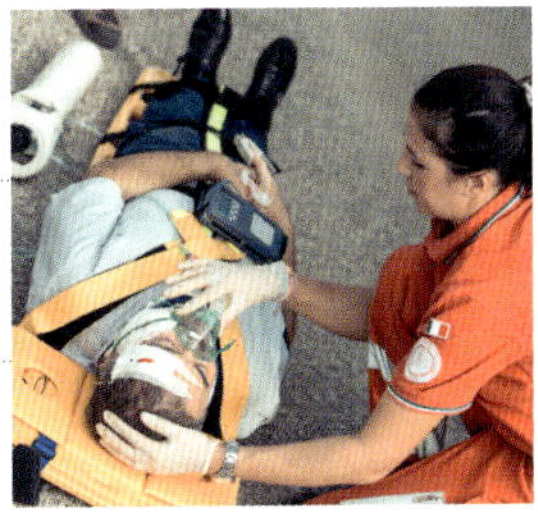

der/die Vermisste	行方不明者 yukuefumeisha
die Suchmannschaft	捜索隊 sōsakutai
die Gefahr	危険 kiken
Hilfe!	助けて tasukete
Es ist ein Unfall passiert!	事故が起こりました。Jiko ga okorimashita.
Rufen Sie einen Rettungswagen!	救急車を呼んで下さい。Kyūkyūsha o yonde kudasai.
Rufen Sie die Polizei!	警察を呼んで下さい。Keisatsu o yonde kudasai.
Rufen Sie die Feuerwehr!	消防車を呼んでください。Shōbōsha o yonde kudasai.

Achtung, Gefahr!
危険。注意せよ。
Kiken. Chūi seyo.

ERDE UND NATUR

地球と自然

chikyū to shizen

DER WELTRAUM – 宇宙 uchū

das Sonnensystem
太陽系
taiyō kei

① *die Sonne*
太陽
taiyō

② *der Merkur*
水星
suisei

③ *die Venus*
金星
kinsei

④ *die Erde*
地球
chikyū

⑤ *der Mars*
火星
kasei

die Mondphasen
月の位相
tsuki no isō

⑤ *die Mondsichel*
弓張り月
yumibari zuki

① *der zunehmende Mond*
上弦の月
jōgen no tsuki

② *der Halbmond*
半月
hangetsu

③ *der Vollmond*
満月
mangetsu

④ *der abnehmende Mond*
下弦の月
kagen no tsuki

DER WELTRAUM – 宇宙 uchū

⑥ der Jupiter
木星
mokusei

⑦ der Saturn
土星
dosei

⑧ der Uranus
天王星
tennōsei

⑨ der Neptun
海王星
kaiōsei

das Raumschiff
宇宙船
uchūsen

① der Außentank
外部燃料タンク
gaibu nenryōtanku

② der Booster
ブースター
būsutā

③ der Orbiter
オービター
ōbitā

DER WELTRAUM – 宇宙 uchū

die Sonnenfinsternis
日食
nisshoku

die Galaxie
銀河
ginga

die Milchstraße
天の川
ama no gawa

der Komet
彗星
suisei

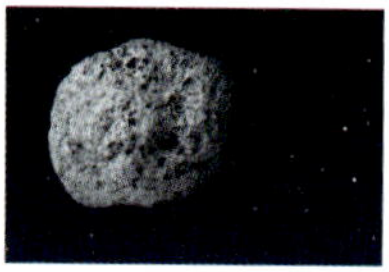

der Asteroid
小惑星
shōwakusei

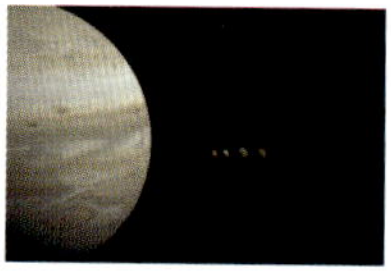

der Planet
惑星
wakusei

der Meteor
流星
ryūsei

das Universum
宇宙
uchū

der Astronaut
宇宙飛行士
uchū hikōshi

der Satellit
衛星
eisei

die Sternwarte
天文台
tenmondai

das Radioteleskop
電波望遠鏡
denpa bōenkyō

der Nebel
星雲
seiun

das schwarze Loch	ブラックホール burakkuhōru
die Schwerkraft	重力 jūryoku
die Umlaufbahn	軌道 kidō
das Lichtjahr	光年 kōnen
der Urknall	ビッグバン bigguban
der Stern	星 hoshi
die Raumstation	宇宙ステーション uchū sutēshon
die Astronomie	天文学 tenmongaku

DIE ERDE – 地球 chikyū

① *der Nordpol*
北極
hokkyoku

② *das Binnenmeer*
内海
naikai

③ *die Halbinsel*
半島
hantō

④ *die Meerenge*
海峡
kaikyō

⑤ *der Golf*
湾
wan

⑥ *der Kontinent*
大陸
tairiku

⑦ *das Meer*
海
umi

⑧ *das Land*
陸
riku

⑨ *die Gebirgskette*
山脈
sanmyaku

⑩ *der*
南極
nankyoku

湖
mizuumi

島
shima

⑬ *die Bucht*
入り江
irie

die Atmosphäre	大気圏 taikiken
der Erdmantel	マントル mantoru
die Erdkruste	地殻 chikaku
der innere Erdkern	内核 naikaku
der äußere Erdkern	外核 gaikaku
die Platte	プレート purēto
das Grundgestein	基盤岩 kibangan
die Erde	大地 daichi

DIE WELTKARTE – 世界地図 sekai chizu

① *das Nordpolarmeer*
北極海
hokkyokukai

⑥ *der Pazifische Ozean*
太平洋
taiheiyō

⑦ *der Atlantische Ozean*
大西洋
taiseiyō

⑧ *der Indische Ozean*
インド洋
indoyō

⑨ *das Arabische Meer*
アラビア海
arabiakai

⑩ *das Karibische Meer*
カリブ海
karibukai

⑪ *das Mittelmeer*
地中海
chichūkai

⑫ *die Nordsee*
北海
hokkai

⑬ *die Ostsee*
バルト海
barutokai

⑭ *das Kaspische Meer*
カスピ海
kasupikai

⑮ *das Schwarze Meer*
黒海
kokkai

⑯ *der Ärmelkanal*
イギリス海峡
igirisu kaikyō

⑰ *das Rote Meer*
紅海
kōkai

⑱ *das Südpolarmeer*
南極海
nankyokukai

② *der Himalaja*
ヒマラヤ山脈
himaraya sanmyaku

③ *die Alpen*
アルプス山脈
arupusu sanmyaku

④ *die Anden*
アンデス山脈
andesu sanmyaku

⑤ *die Rocky Mountains*
ロッキー山脈
rokkī sanmyaku

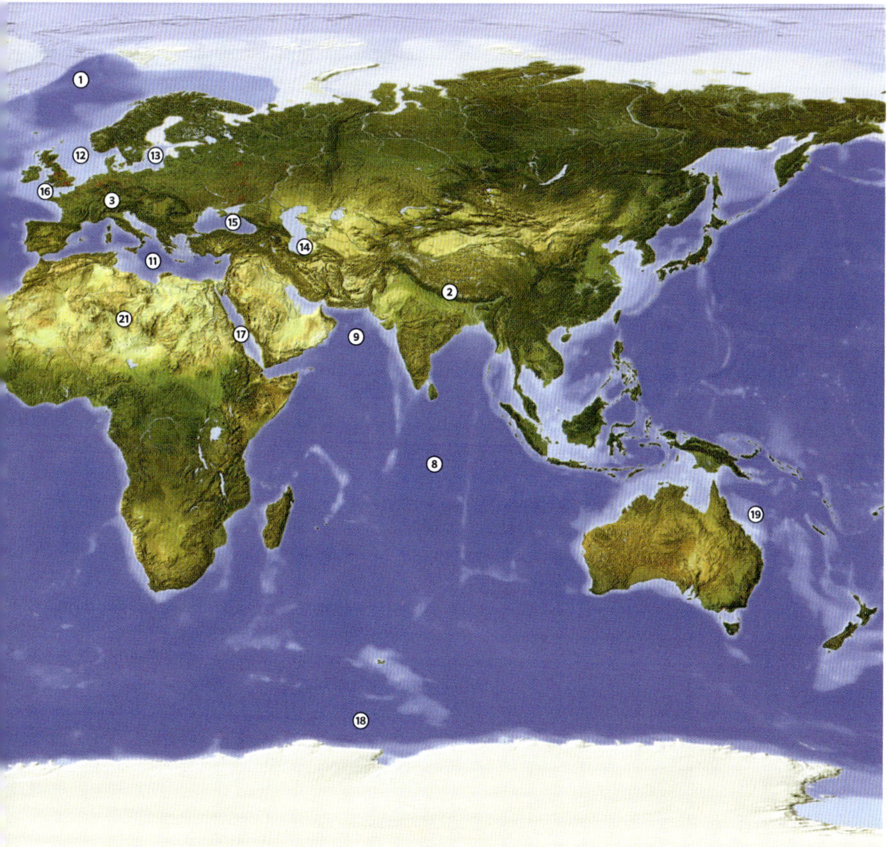

⑲ *das Great Barrier Reef*
グレートバリアリーフ
gurēto baria rīfu

⑳ *Amazonien*
アマゾン盆地
amazon bonchi

㉑ *die Sahara*
サハラ砂漠
sahara sabaku

DIE WELTKARTE – 世界地図 sekai chizu

die Nordhalbkugel
北半球
kita hankyū

die Arktis
北極
hokkyoku

der nördliche Wendekreis
北回帰線
kita kaikisen

die westliche Hemisphäre
西半球
nishi hankyū

die östliche Hemisphäre
東半球
higashi hankyū

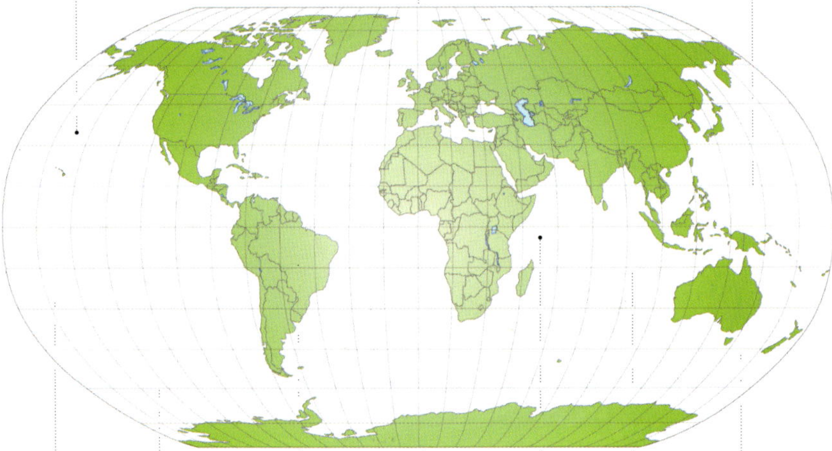

die geografische Länge
経度
keido

die Antarktis
南極
nankyoku

die geografische Breite
緯度
ido

die Südhalbkugel
南半球
minami hankyū

der Äquator
赤道
sekidō

die Tropen
熱帯
nettai

der südliche Wendekreis
南回帰線
minami kaikisen

der nördliche Polarkreis	北極圏	hokkyoku ken
der südliche Polarkreis	南極圏	nankyoku ken
das Land	国	kuni
der Staat	州	shū
die Nation	国民	kokumin
das Territorium	領地	ryōchi
das Fürstentum	公国	kōkoku

das Königreich	王国	ōkoku
die Republik	共和国	kyōwa koku
die Kolonie	植民地	shokuminchi
die Provinz	行政区画	gyōsē kukaku
die Zone	地帯	chitai
die Region	地域	chiiki
die Hauptstadt	首都	shuto

UN-MITGLIEDSSTAATEN – 国際連合加盟国 kokusai rengō kameikoku

Europa – ヨーロッパ yōroppa

Albanien
アルバニア
arubania

Andorra
アンドラ
andora

Belgien
ベルギー
berugī

Bosnien und Herzegowina
ボスニアヘルツェゴビナ
bosunia herutsegobina

Bulgarien
ブルガリア
burugaria

Dänemark
デンマーク
denmāku

Deutschland
ドイツ
doitsu

Estland
エストニア
esutonia

Finnland
フィンランド
finrando

Frankreich
フランス
furansu

Griechenland
ギリシャ
girisha

Irland
アイルランド
airurando

Island
アイスランド
aisurando

Italien
イタリア
itaria

Kroatien
クロアチア
kuroachia

Lettland
ラトビア
ratobia

UN-MITGLIEDSSTAATEN – 国際連合加盟国 kokusai rengō kameikoku

Europa – ヨーロッパ yōroppa

Liechtenstein
リヒテンシュタイン
rihitenshutain

Litauen
リトアニア
ritoania

Luxemburg
ルクセンブルク
rukusenburuku

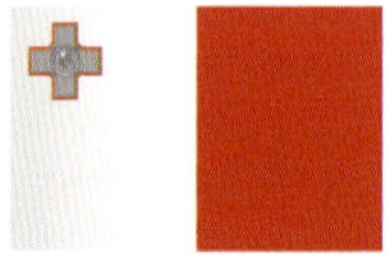

Malta
マルタ
maruta

Moldawien
モルドバ
morudoba

Monaco
モナコ
monako

Montenegro
モンテネグロ
monteneguro

die Niederlande
オランダ
oranda

Nordmazedonien
北マケドニア
kita makedonia

Norwegen
ノルウェー
noruuē

Österreich
オーストリア
ōsutoria

Polen
ポーランド
pōrando

Portugal
ポルトガル
porutogaru

Rumänien
ルーマニア
rūmania

Russland
ロシア
roshia

San Marino
サンマリノ
sanmarino

UN-MITGLIEDSSTAATEN – 国際連合加盟国 kokusai rengō kameikoku

Europa – ヨーロッパ yōroppa

Schweden
スウェーデン
suēden

die Schweiz
スイス
suisu

Serbien
セルビア
serubia

die Slowakei
スロバキア
surobakia

Slowenien
スロベニア
surobenia

Spanien
スペイン
supein

Tschechien
チェコ
cheko

die Ukraine
ウクライナ
ukuraina

Ungarn
ハンガリー
hangarī

das Vereinigte Königreich
イギリス
igirisu

Weißrussland
ベラルーシ
berarūshi

Zypern
キプロス
kipurosu

Nord- und Mittelamerika – 北アメリカと中米 kita amerika to chūbei

Antigua und Barbuda
アンティグア·バーブーダ
antigua bābūda

die Bahamas
バハマ
bahama

Barbados
バルバドス
barubadosu

Belize
ベリーズ
berīzu

UN-MITGLIEDSSTAATEN – 国際連合加盟国 kokusai rengō kameikoku

Nord- und Mittelamerika – 北アメリカと中米 kita amerika to chūbei

Costa Rica
コスタリカ
kosutarika

Dominica
ドミニカ連邦
dominika renpō

die Dominikanische Republik
ドミニカ共和国
dominika kyōwakoku

El Salvador
エルサルバドル
erusarubadoru

Grenada
グレナダ
gurenada

Guatemala
グアテマラ
guatemara

Haiti
ハイチ
haichi

Honduras
ホンジュラス
honjurasu

Jamaika
ジャマイカ
jamaika

Kanada
カナダ
kanada

Kuba
キューバ
kyūba

Mexiko
メキシコ
mekishiko

Nicaragua
ニカラグア
nikaragua

Panama
パナマ
panama

St. Kitts und Nevis
セントクリストファー·ネイビス
sentokurisutofā neibisu

St. Lucia
セントルシア
sentorushia

UN-MITGLIEDSSTAATEN – 国際連合加盟国 kokusai rengō kameikoku

Nord- und Mittelamerika – 北アメリカと中米 kita amerika to chūbei

St. Vincent und die Grenadinen
セントヴィンセント·グレナディーン
sentovinsento·gurenadīn

Trinidad und Tobago
トリニダード·トバゴ
torinidādo tobago

die Vereinigten Staaten
アメリカ合衆国
amerika gasshūkoku

Südamerika – 南アメリカ minami amerika

Argentinien
アルゼンチン
aruzenchin

Bolivien
ボリビア
boribia

Brasilien
ブラジル
burajiru

Chile
チリ
chiri

Ecuador
エクアドル
ekuadoru

Guyana
ガイアナ
gaiana

Kolumbien
コロンビア
koronbia

Paraguay
パラグアイ
paraguai

Peru
ペルー
perū

Suriname
スリナム
surinamu

Uruguay
ウルグアイ
uruguai

Venezuela
ベネズエラ
benezuera

UN-MITGLIEDSSTAATEN – 国際連合加盟国 kokusai rengō kameikoku

Afrika – アフリカ afurika

Ägypten
エジプト
ejiputo

Algerien
アルジェリア
arujeria

Angola
アンゴラ
angora

Äquatorialguinea
赤道ギニア
sekidō ginia

Äthiopien
エチオピア
echiopia

Benin
ベナン
benan

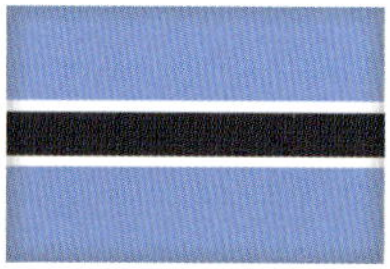

Botswana
ボツワナ
botsuwana

Burkina Faso
ブルキナファソ
burukina faso

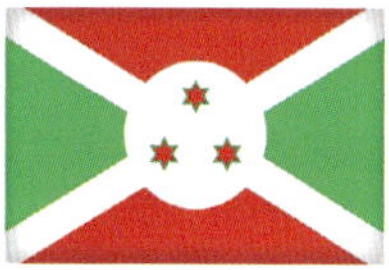

Burundi
ブルンジ
burunji

die Demokratische Republik Kongo
コンゴ民主共和国
kongo minshukyōwakoku

Dschibuti
ジブチ
jibuchi

die Elfenbeinküste
コートジボワール
kōtojibowāru

Eritrea
エリトリア
eritoria

Gabun
ガボン
gabon

Gambia
ガンビア
ganbia

Ghana
ガーナ
gāna

UN-MITGLIEDSSTAATEN - 国際連合加盟国 kokusai rengō kameikoku

Afrika - アフリカ afurika

Guinea
ギニア
ginia

Guinea-Bissau
ギニアビサウ
giniabisau

Kamerun
カメルーン
kamerūn

Kap Verde
カーボベルデ
kāboberude

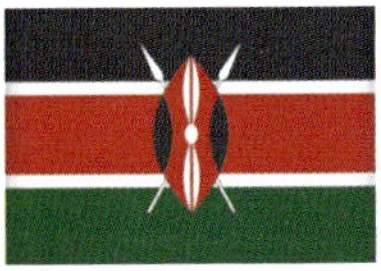

Kenia
ケニヤ
kenia

die Komoren
コモロ
komoro

Lesotho
レソト
resoto

Liberia
リベリア
riberia

Libyen
リビア
ribia

Madagaskar
マダガスカル
madagasukaru

Malawi
マラウイ
maraui

Mali
マリ
mari

Mauretanien
モーリタニア
mōritania

Mauritius
モーリシャス
mōrishasu

Marokko
モロッコ
morokko

Mosambik
モザンビーク
mozanbīku

UN-MITGLIEDSSTAATEN – 国際連合加盟国 kokusai rengō kameikoku

Afrika – アフリカ afurika

Namibia
ナミビア
namibia

(der) Niger
ニジェール
nijēru

Nigeria
ナイジェリア
naijeria

die Republik Kongo
コンゴ共和国
kongo kyōwakoku

Ruanda
ルワンダ
ruwanda

Sambia
ザンビア
zanbia

São Tomé und Príncipe
サントメプリンシペ
santome purinshipe

(der) Senegal
セネガル
senegaru

die Seychellen
セーシェル
sēsheru

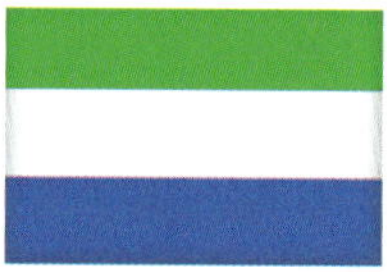

Sierra Leone
シエラレオネ
sierareone

Simbabwe
ジンバブエ
jinbabue

Somalia
ソマリア
somaria

Südafrika
南アフリカ
minami afurika

der Sudan
スーダン
sūdan

der Südsudan
南スーダン
minami sūdan

Swasiland
スワジランド
suwajirando

UN-MITGLIEDSSTAATEN – 国際連合加盟国 kokusai rengō kameikoku

Afrika – アフリカ afurika

Tansania
タンザニア
tanzania

Togo
トーゴ
tōgo

der Tschad
チャド
chado

Tunesien
チュニジア
chunijia

Uganda
ウガンダ
uganda

die Zentralafrikanische Republik
中央アフリカ共和国
chūō afurika kyōwakoku

Asien – アジア ajia

Afghanistan
アフガニスタン
afuganisutan

Armenien
アルメニア
arumenia

Aserbaidschan
アゼルバイジャン
azerubaijan

Bahrain
バーレーン
bārēn

Bangladesch
バングラデシュ
banguradeshu

Bhutan
ブータン
būtan

Brunei
ブルネイ
burunei

China
中国
chūgoku

UN-MITGLIEDSSTAATEN – 国際連合加盟国 kokusai rengō kameikoku

Asien – アジア ajia

Georgien
ジョージア
jōjia

Indien
インド
indo

Indonesien
インドネシア
indoneshia

(der) Irak
イラク
iraku

(der) Iran
イラン
iran

Israel
イスラエル
isuraeru

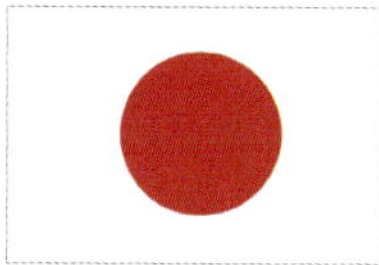

Japan
日本
nihon

(der) Jemen
イエメン
iemen

Jordanien
ヨルダン
yorudan

Kambodscha
カンボジア
kanbojia

Kasachstan
カザフスタン
kazafusutan

Kirgisistan
キルギス
kirugisu

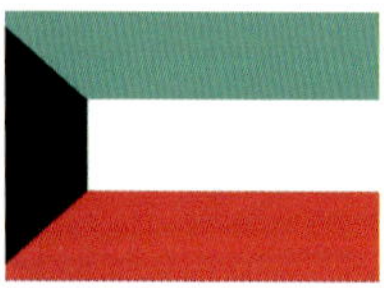

Kuwait
クウェート
kuēto

Laos
ラオス
raosu

(der) Libanon
レバノン
rebanon

Katar
カタール
katāru

UN-MITGLIEDSSTAATEN – 国際連合加盟国 kokusai rengō kameikoku

Asien – アジア ajia

Malaysia
マレーシア
marēshia

die Malediven
モルディブ
morudibu

die Mongolei
モンゴル
mongoru

Myanmar
ミャンマー
myanmā

Nepal
ネパール
nepāru

Nordkorea
北朝鮮
kita chōsen

Oman
オマーン
omān

Osttimor
東ティモール
higashi timōru

Pakistan
パキスタン
pakisutan

die Philippinen
フィリピン
firipin

Saudi-Arabien
サウジアラビア
saujiarabia

Singapur
シンガポール
shingapōru

Sri Lanka
スリランカ
suriranka

Südkorea
韓国
kankoku

Syrien
シリア
shiria

Tadschikistan
タジキスタン
tajikisutan

UN-MITGLIEDSSTAATEN - 国際連合加盟国 kokusai rengō kameikoku

Asien - アジア ajia

Thailand
タイ
tai

die Türkei
トルコ
toruko

Turkmenistan
トルクメニスタン
torukumenisutan

Usbekistan
ウズベキスタン
uzubekisutan

die Vereinigten Arabischen Emirate
アラブ首長国連邦
arabu shuchōkoku renpō

Vietnam
ベトナム
betonamu

Ozeanien - オセアニア oseania

Australien
オーストラリア
ōsutoraria

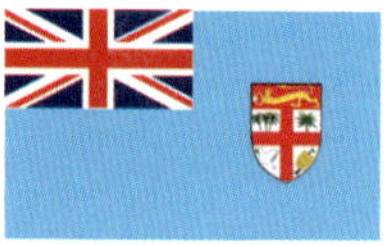

Fidschi
フィジー
fijī

Kiribati
キリバス
kiribasu

die Marshallinseln
マーシャル諸島
māsharu shotō

Mikronesien
ミクロネシア連邦
mikuroneshia renpō

Nauru
ナウル
nauru

Neuseeland
ニュージーランド
nyūjīrando

Palau
パラオ
parao

UN-MITGLIEDSSTAATEN – 国際連合加盟国 kokusai rengō kameikoku

Ozeanien – オセアニア oseania

Papua-Neuguinea
パプアニューギニア
papua nyūginia

die Salomonen
ソロモン諸島
soromon shotō

Samoa
サモア
samoa

Tonga
トンガ
tonga

Tuvalu
ツバル
tsubaru

Vanuatu
バヌアツ
banuatsu

Internationale Organisationen – 国際組織 kokusai soshiki

die Europäische Union (EU)
欧州連合 (EU)
ōshūrengō (EU)

die Vereinten Nationen (UN)
国際連合 (国連)
kokusai rengō (kokuren)

die Organisation des Nordatlantikvertrags (NATO)
北大西洋条約機構
kitataiseiyō jōyakukikō

die Afrikanische Union
アフリカ連合
afurika rengō

die Arabische Liga
アラブ連盟
arabu renmei

die UNESCO
ユネスコ
yunesuko

das Commonwealth
イギリス連邦
igirisu renpō

DAS WETTER – 天気 tenki

sonnig
晴れた
hareta

wolkig
曇った
kumotta

neblig
霧がかかった
kiri ga kakatta

windig
風のある
kaze no aru

heiß
暑い
atsui

warm
暖かい
atatakai

kalt
寒い
samui

bedeckt
雲で覆われた
kumo de ōwareta

vereist
凍結した
tōketsu shita

verschneit
雪に埋もれた
yuki ni umoreta

regnerisch
雨模様の
amemoyō no

stürmisch
荒れ模様の
aremoyō no

feucht
じめじめした
jimejime shita

die Temperatur	温度 ondo
der Grad	度 do
Celsius	摂氏 sesshi
Fahrenheit	華氏 kashi
die Wettervorhersage	天気予報 tenki yohō
Wie ist das Wetter?	天気はどうですか。Tenki wa dō desu ka.
Es ist schön/trüb/ nasskalt.	良い/どんよりしている/湿っぽくて寒い。 Yoi/Donyori shiteiru/Shimeppokute samui.
Es regnet/schneit.	雨が降っている/雪が降っている。Ame ga futte iru./Yuki ga futte iru.

DAS WETTER – 天気 tenki

der Regen
雨
ame

der Regenbogen
虹
niji

der Sonnenschein
太陽の光
taiyō no hikari

der Wind
風
kaze

das Gewitter
雷雨
raiu

der Donner
雷
kaminari

der Blitz
稲光
inabikari

der Hagel
雹
hyō

der Raureif
霜
shimo

der Schnee
雪
yuki

der Frost
寒気
kanki

das Eis
氷
koori

die Brise	そよ風 soyokaze
die Windgeschwindigkeit	風速 fūsoku
der Pollenflug	花粉飛散数 kafun hisansū
die UV-Strahlen	紫外線 shigaisen
der Ozon	オゾン ozon
die Ozonschicht	オゾン層 ozon sō
die Stratosphäre	成層圏 seisōken
die Troposphäre	対流圏 tairyūken

der Smog
スモッグ
sumoggu

DAS WETTER – 天気 tenki

Naturkatastrophen – 自然災害 shizen saigai

die Dürre
干ばつ
kanbatsu

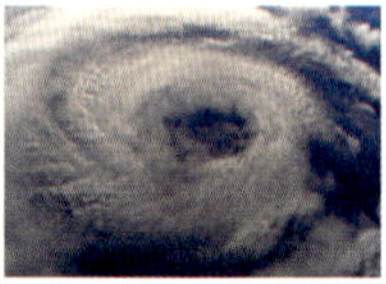
der Hurrikan
ハリケーン
harikēn

der Tornado
竜巻
tatsumaki

der Monsun
モンスーン
monsūn

die Überschwemmung
洪水
kōzui

das Erdbeben
地震
jishin

der Vulkanausbruch
火山噴火
kazan funka

der Tsunami
つなみ
tsunami

der Erdrutsch
地すべり
jisuberi

der Waldbrand
山火事
yama kaji

die Hitzewelle
熱波
neppa

der Sturm
暴風
bōfū

die Lawine
雪崩
nadare

der Schneesturm
吹雪
fubuki

der (tropische) Wirbelsturm
熱帯暴風雨
nettai bōfūu

die Pandemie
パンデミック
pandemikku

DIE LANDSCHAFT – 景観 keikan

der Berg 山 yama

der Gipfel 山頂 sanchō

das Gebirge 山脈 sanmyaku

der Wald 森 mori

der Berghang 山腹 sanpuku

der See 湖 mizuumi

der Felsen 岩壁 ganpeki

das Tal 谷 tani

der Fluss 川 kawa

die Flussmündung 河口 kakō

die Höhle 洞窟 dōkutsu

die Klippe 岩礁 ganshō

die Küste 海岸 kaigan

der Gletscher 氷河 hyōga

der Wasserfall 滝 taki

DIE LANDSCHAFT – 地勢 keikan

das Plateau
高原
kōgen

der Hügel
丘
oka

die Ebene
平野
heiya

die Schlucht
峡谷
keikoku

die Wüste
砂漠
sabaku

die Wiese
牧草地
bokusōchi

das Feuchtgebiet
湿地
shicchi

die Heide
荒野
kōya

das Grasland
草地
kusachi

der Geysir
間欠泉
kanketsusen

die Thermalquelle
温泉
onsen

der Vulkan
火山
kazan

die Bucht
入り江
irie

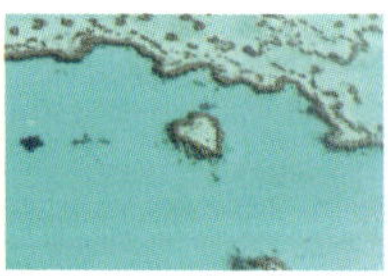

das Korallenriff
珊瑚礁
sangoshō

die Insel
島
shima

der Gebirgsbach
渓流
keiryū

STEINE UND MINERALIEN – 石と鉱物 ishi to kōbutsu

das Eisenerz
鉄鉱石
tekkōseki

der Sandstein
砂岩
sagan

der Asphalt
アスファルト
asufaruto

der Granit
御影石
mikageishi

der Kalkstein
石灰石
sekkaiseki

die Kreide
白墨
hakuboku

die Kohle
石炭
sekitan

der Schiefer
粘板岩
nenbangan

der Marmor
大理石
dairiseki

der Schwefel
硫黄
iō

der Grafit
グラファイト
gurafaito

das Gold
金
kin

das Silber
銀
gin

das Kupfer
銅
dō

das Quecksilber
水銀
suigin

der Bauxit
ボーキサイト
bōkisaito

STEINE UND MINERALIEN – 石と鉱物 ishi to kōbutsu

Edel- und Halbedelsteine – 宝石と準宝石 hōseki to junhōseki

der Rubin
ルビー
rubī

der Aquamarin
アクアマリン
akuamarin

der Jade
ヒスイ
hisui

der Smaragd
エメラルド
emerarudo

der Saphir
サファイア
safaia

der Amethyst
アメジスト
amejisuto

der Quarz
石英
sekiei

der Diamant
ダイヤモンド
daiyamondo

der Turmalin
トルマリン
torumarin

der Topas
トパーズ
topāzu

der Granat
ガーネット
gānetto

das/der Tigerauge
タイガーズアイ
taigāzu ai

der Opal
オパール
opāru

der Bernstein
琥珀
kohaku

der Türkis
トルコ石
toruko ishi

der Rosenquarz
ローズクォーツ
rōzu kwōtsu

der Onyx
オニキス
onikisu

die Perle
真珠
shinju

der Lapislazuli
瑠璃
ruri

der Citrin
黄水晶
kisuishō

PFLANZEN – 植物 shokubutsu

Bäume – 樹木 jumoku

die Weide
柳
yanagi

die Esche
トネリコ
toneriko

die Buche
ブナ
buna

die Ulme
ニレ
nire

die Birke	白樺 shirakaba
der Ahorn	カエデ kaede
die Linde	シナノキ shinanoki
die Tanne	樅の木 momi no ki
die Fichte	トウヒ tōhi
der Nadelbaum	針葉樹 shinyōju
der Laubbaum	広葉樹 kōyōju
der immergrüne Baum	常緑樹 jōryokuju

der Eukalyptus
ユーカリ
yūkari

PFLANZEN – 植物 shokubutsu

Wildpflanzen – 野生植物 yasei shokubutsu

die Flechte
地衣類
chiirui

das Moos
苔
koke

die Distel
アザミ
azami

der Pilz
キノコ
kinoko

die Brennnessel
イラクサ
irakusa

der Fingerhut
ジギタリス
jigitarisu

der Bärenklau
ハナウド
hanaudo

der Löwenzahn
タンポポ
tanpopo

das Gänseblümchen
雛菊
hinagiku

das Heidekraut
ヒース
hīsu

das Hasenglöckchen
イングリッシュブルーベル
ingurisshu burūberu

der Klee
クローバー
kurōbā

die Kamille
カモミール
kamomīru

das Maiglöckchen
スズラン
suzuran

die Pusteblume
綿毛になったタンポポ
watage ni natta tanpopo

die Butterblume
キンポウゲ
kinpōge

PFLANZEN – 植物 shokubutsu

Zierblumen – 観賞用草花 kanshōyō kusabana

das Schneeglöckchen
ユキノハナ
yuki no hana

der Krokus
クロッカス
kurokkasu

die Seerose
スイレン
suiren

der Lavendel
ラベンダー
rabendā

der Flieder	ライラック rairakku
der/das Rhododendron	シャクナゲ shakunage
blühen	花が咲く hana ga saku
duften	香りがする kaori ga suru
verwelken	しぼむ shibomu
keimen	芽が出る me ga deru
die Frühlingsblume	春の花 haru no hana
der Nachtblüher	夜行性の植物 yakōsei no shokubutsu

die Petunie
ペチュニア
pechunia

PFLANZEN – 植物 shokubutsu

Zierblumen – 観賞用草花 kanshōyō kusabana

die Nelke
カーネーション
kānēshon

die Primel
サクラソウ
sakurasō

die Gerbera
ガーベラ
gābera

die Tulpe
チューリップ
chūrippu

die Narzisse
スイセン
suisen

die Iris
アヤメ
ayame

die Chrysantheme
キク
kiku

die Hyazinthe
ヒヤシンス
hiyashinsu

die Ringelblume
キンセンカ
kinsenka

das Stiefmütterchen
サンシキスミレ
sanshiki sumire

die Orchidee
ラン
ran

der Rosenstrauch
バラの茂み
bara no shigemi

die Lilie
ユリ
yuri

die Sonnenblume
ヒマワリ
himawari

die Geranie
ゼラニウム
zeraniumu

die Hortensie
アジサイ
ajisai

PFLANZEN – 植物 shokubutsu

Gartenpflanzen – 園芸植物 engei shokubutsu

der/das Efeu
西洋キズタ
seiyō kizuta

der Obstbaum
果樹
kaju

die Baumblüte
樹木の花
jumoku no hana

der Trieb
新芽
shinme

der Formschnitt
トピアリー
topiarī

das Unkraut
雑草
zassō

blühen
花が咲く
hana ga saku

verwelken
しぼむ
shibomu

die Palme
ヤシ
yashi

der Rasen
芝
shiba

die Blumenwiese
花の草原
hana no sōgen

die Mohnblume
ケシ
keshi

die Kletterpflanze
つる植物
tsuru shokubutsu

einjährig
一年生の
ichinensei no

zweijährig
二年生の
ninensei no

mehrjährig
多年生の
tanensei no

TIERE – 動物 dōbutsu

Säugetiere – 哺乳類 honyūrui

die Ratte
鼠
nezumi

der Maulwurf
モグラ
mogura

die Katze
猫
neko

der Hund
犬
inu

das Kaninchen
カイウサギ
kaiusagi

das Meerschweinchen
モルモット
morumotto

die Maus
二十日鼠
hatsuka nezumi

der Hamster
ハムスター
hamusutā

die Fledermaus
コウモリ
kōmori

das Eichhörnchen
リス
risu

der Igel
ハリネズミ
harinezumi

das Frettchen
フェレット
feretto

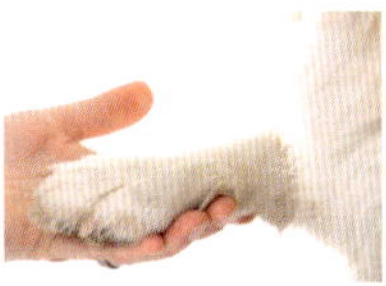

die Pfote
前足
maeashi

das Schnurrhaar	ひげ hige
das Fell	毛皮 mōhi
das Maul	口 kuchi
der Schwanz	しっぽ shippo
das Horn	角 tsuno
die Kralle	爪 tsume
die Tatze	前足 maeashi
der Huf	ひずめ hizume

TIERE – 動物 dōbutsu

Säugetiere – 哺乳類 honyūrui

der Gepard
チータ
chīta

der Puma
ピューマ
pyūma

der Wolf
狼
ookami

der Waschbär
アライグマ
araiguma

das Stinktier
スカンク
sukanku

das Erdmännchen
ミーアキャット
mīakyatto

der Leopard
ヒョウ
hyō

der Dachs
アナグマ
anaguma

der Fuchs
狐
kitsune

der Jaguar
ジャガー
jagā

der Löwe
ライオン
raion

der Tiger
虎
tora

der Bär
熊
kuma

der Eisbär
北極熊
hokkyoku guma

der Koala
コアラ
koara

der Pandabär
パンダ
panda

TIERE – 動物 dōbutsu

Säugetiere – 哺乳類 honyūrui

das Schwein
豚
buta

die Ziege
ヤギ
yagi

das Pferd
馬
uma

die Giraffe
麒麟
kirin

das Schaf
羊
hitsuji

das Lama
ラマ
rama

der Esel
ロバ
roba

das Reh
ノロジカ
norojika

das Rentier
トナカイ
tonakai

das Kamel
駱駝
rakuda

die Kuh
雌牛
meushi

der Stier
雄牛
oushi

das Nilpferd
河馬
kaba

das Nashorn
犀
sai

der Elefant
象
zō

das Zebra
縞馬
shimauma

TIERE – 動物 dōbutsu

Säugetiere – 哺乳類 honyūrui

das Walross
セイウチ
seiuchi

der Seelöwe
海驢
ashika

der Seehund
海豹
azarashi

der Delfin
海豚
iruka

der Schwertwal
鯱
shachi

der Otter
獺
kawauso

die Biberratte
ヌートリア
nūtoria

der Gorilla
ゴリラ
gorira

der Orang-Utan
オラウータン
oraūtan

der Gibbon
テナガザル
tenagazaru

der Pavian
ヒヒ
hihi

der Schimpanse
チンパンジー
chinpanjī

das Faultier
ナマケモノ
namakemono

der Ameisenbär
アリクイ
arikui

das Känguru
カンガルー
kangarū

das Jungtier
動物の子
dōbutsu no ko

TIERE – 動物 dōbutsu

Vögel – 鳥類 chōrui

der Specht
啄木鳥
kitsutsuki

der Spatz
雀
suzume

der Kolibri
蜂鳥
hachidori

der Tukan
オオハシ
ōhashi

das Rotkehlchen
コマドリ
komadori

die Schwalbe
燕
tsubame

der Habicht
オオタカ
ōtaka

die Taube
鳩
hato

der Rabe
大型カラス
ōgata karasu

die Krähe
中型カラス
chūgata karasu

der Fink
アトリ
atori

die Möwe
カモメ
kamome

der Kanarienvogel
カナリヤ
kanariya

der Schnabel	くちばし kuchibashi
das Küken	ひな hina
der Flügel	翼 tsubasa
die Kralle	爪 tsume
die Feder	羽 hane
das Federkleid	羽毛 umō
zwitschern	さえずる saezuru
flattern	羽ばたきする habataki suru

TIERE – 動物 dōbutsu

Vögel – 鳥類 chōrui

der Storch
コウノトリ
kōnotori

der Flamingo
フラミンゴ
furamingo

der Strauß
駝鳥
dachō

der Adler
鷲
washi

der Pinguin
ペンギン
pengin

der Kakadu
キバタン
kibatan

der Papagei
オウム
ōmu

die Eule
フクロウ
fukurō

der Truthahn
七面鳥
shichimenchō

der Schwan
白鳥
hakuchō

die Gans
鵞鳥
gachō

die Ente
鴨
kamo

der Hahn
雄鶏
ondori

das Huhn
鶏
niwatori

die Wachtel
鶉
uzura

der Pfau
孔雀
kujaku

TIERE – 動物 dōbutsu

Reptilien und Amphibien – 爬虫類と両生類 hachūrui to ryōseirui

die Schlange
蛇
hebi

das Krokodil
クロコダイル
kurokodairu

der Alligator
アリゲータ
arigētā

die Eidechse
蜥蜴
tokage

das Chamäleon
カメレオン
kamereon

der Leguan
イグアナ
iguana

die Schildkröte
陸亀
rikugame

die Meeresschildkröte
海亀
umikame

der Frosch
蛙
kaeru

die Kröte
蟇蛙
hikigaeru

die Kaulquappe
オタマジャクシ
otamajakushi

der Salamander
サンショウウオ
sanshōuo

der Gecko
ヤモリ
yamori

der Panzer	甲羅 kōra
die Schuppen	鱗 uroko
das Gift	毒 doku
der Giftzahn	毒牙 dokuga
das wechselwarme Tier	変温動物 henon dōbutsu
kriechen	這う hau
zischen	シューと音を立てる "shū" to oto o tateru
quaken	ケロケロ鳴く kerokero naku

TIERE – 動物 dōbutsu

Fische – 魚類 gyorui

der Kugelfisch
フグ
fugu

der Hornhecht
ダツ
datsu

der Piranha
ピラニア
pirania

der Fliegende Fisch
飛び魚
tobiuo

der Fächerfisch
バショウカジキ
bashōkajiki

der Rochen
エイ
ei

der Weiße Hai
ホオジロザメ
hōjirozame

der Tigerhai
イタチザメ
itachizame

der Goldfisch
金魚
kingyo

der Koi
鯉
koi

der Aal
鰻
unagi

der Wels
ナマズ
namazu

der Fischschwarm	魚の群れ sakana no mure
die Flosse	ひれ hire
die Kiemen	鰓 era
das Tiefseetier	深海動物 shinkaidōbutsu
der Rogen	魚の卵 sakana no tamago
der Süßwasserfisch	淡水魚 tansuigyo
der Seefisch	海水魚 kaisuigyo
das Aquarium	水族館 suizokukan

das Seepferdchen
竜の落とし子
tatsu no otoshigo

TIERE – 動物 dōbutsu

Insekten und Spinnen – 昆虫と蜘蛛 konchū to kumo

der Schmetterling
蝶
chō

die Raupe
幼虫
yōchū

die Puppe
さなぎ
sanagi

der Nachtfalter
蛾
ga

die Biene
蜜蜂
mitsubachi

die Hummel
丸花蜂
maruhana bachi

die Wespe
蜂
hachi

die Hornisse
雀蜂
suzumebachi

die Fliege
蠅
hae

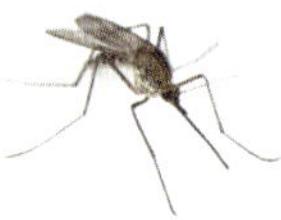

die Stechmücke
蚊
ka

die Zikade
蝉
semi

der Maikäfer
コフキコガネ
kofukikogane

die Libelle
蜻蛉
tonbo

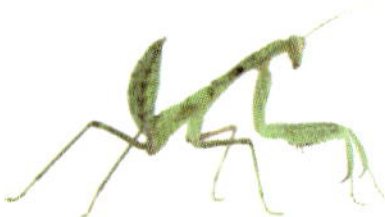

die Gottesanbeterin
蟷螂
kamakiri

die Heuschrecke
バッタ
batta

die Grille
コオロギ
kōrogi

TIERE – 動物 dōbutsu

Insekten und Spinnen – 昆虫と蜘蛛 konchū to kumo

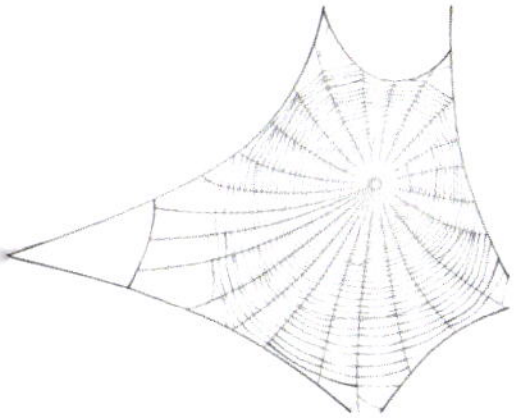

das Spinnennetz
くもの巣
kumo no su

die Spinne
蜘蛛
kumo

der Floh
蚤
nomi

die Assel
ワラジムシ
warajimushi

die Stinkwanze
カメムシ
kamemushi

der Marienkäfer
天道虫
tentōmushi

die Schabe
ゴキブリ
gokiburi

der Wasserläufer
アメンボ
amenbo

der Hundertfüßer
百足
mukade

die Nacktschnecke
蛞蝓
namekuji

die Schnecke
蝸牛
katatsumuri

der Wurm
蚯蚓
mimizu

die Termite
シロアリ
shiroari

die Ameise
蟻
ari

die Zecke
マダニ
madani

der Skorpion
蠍
sasori

ZAHLEN UND MAßE

数と計測単位

kazu to keisokutani

DIE ZAHLEN – 数 kazu

Die Kardinalzahlen – 基数 kisū

null
零/ゼロ
rei/zero

eins
一
ichi

zwei
二
ni

drei
三
san

vier
四
shi/yon

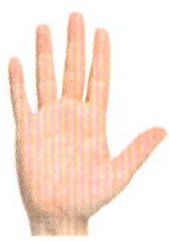

fünf
五
go

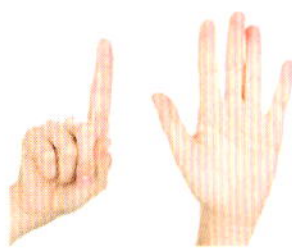

sechs
六
roku

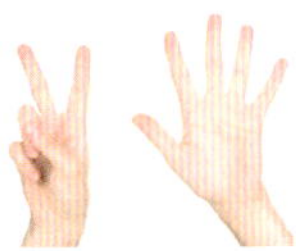

sieben
七
nana/shichi

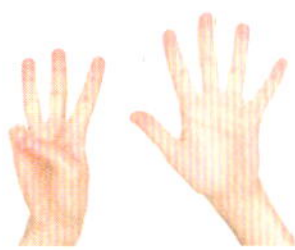

acht
八
hachi

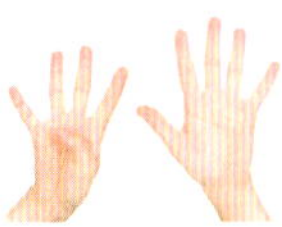

neun
九
ku/kyū

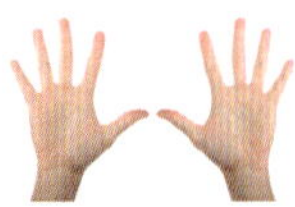

zehn
十
jū

elf	十一	jū ichi
zwölf	十二	jū ni
dreizehn	十三	jū san
vierzehn	十四	jū shi
fünfzehn	十五	jū go
sechzehn	十六	jū roku
siebzehn	十七	jū shichi
achtzehn	十八	jū hachi
neunzehn	十九	jū ku
zwanzig	二十	ni jū
einundzwanzig	二十一	ni jū ichi
zweiundzwanzig	二十二	ni jū ni
dreiundzwanzig	二十三	ni jū san
dreißig	三十	san jū
vierzig	四十	yon jū
fünfzig	五十	go jū
sechzig	六十	roku jū
siebzig	七十	nana jū
achtzig	八十	hachi jū
neunzig	九十	kyū jū
hundert	百	hyaku

DIE ZAHLEN – 数 kazu

Die Kardinalzahlen – 基数 kisū

zweihundertzweiundzwanzig	二百二十二 ni hyaku ni jū ni
tausend	千 sen
zehntausend	一万 ichi man
zwanzigtausend	二万 ni man
fünfzigtausend	五万 go man
fünfundfünfzigtausend	五万五千 go man go sen
hunderttausend	十万 jū man
eine Million	百万 hyaku man
eine Milliarde	十億 jū oku
eine Billion	一兆 icchō

Die Ordinalzahlen – 序数 josū

erste(r, s)	第一/一番目 dai ichi/ichiban me
zweite(r, s)	第二/二番目 dai ni/niban me
dritte(r, s)	第三/三番目 dai san/sanban me
vierte(r, s)	第四/四番目 dai yon/yonban me
fünfte(r, s)	第五/五番目 dai go/goban me
sechste(r, s)	第六/六番目 dai roku/rokuban me
siebte(r, s)	第七/七番目 dai nana/nanaban me
achte(r, s)	第八/八番目 dai hachi/hachiban me
neunte(r, s)	第九/九番目 dai kyū/kyūban me
zehnte(r, s)	第十/十番目 dai jū/jūban me
elfte(r, s)	十一番目 jūichi ban me
zwölfte(r, s)	十二番目 jūni ban me
dreizehnte(r, s)	十三番目 jūsan ban me
vierzehnte(r, s)	十四番目 jūyon ban me
fünfzehnte(r, s)	十五番目 jūgo ban me
sechzehnte(r, s)	十六番目 jūroku ban me
siebzehnte(r, s)	十七番目 jūshichi ban me
achtzehnte(r, s)	十八番目 jūhachi ban me
neunzehnte(r, s)	十九番目 jūkyū ban me
zwanzigste(r, s)	二十番目 nijū ban me
einundzwanzigste(r, s)	二十一番目 nijū ichi ban me
zweiundzwanzigste(r, s)	二十二番目 nijū ni banme

DIE ZAHLEN – 数 kazu

Die Ordinalzahlen – 序数 josū

dreißigste(r, s)	三十番目 sanjū ban me
vierzigste(r, s)	四十番目 yonjū ban me
fünfzigste(r, s)	五十番目 gojū ban me
sechzigste(r, s)	六十番目 rokujū ban me
siebzigste(r, s)	七十番目 nanajū ban me
achtzigste(r, s)	八十番目 hachijū ban me
neunzigste(r, s)	九十番目 kyūjū ban me
hundertste(r, s)	百番目/百。。。目 hyaku ban me/hyaku … me
zweihunderterste(r, s)	二百番目/二百。。。目 nihyaku ban me/nihyaku … me
zweihundertfünfundzwanzigste(r, s)	二百二十五番目/二百二十五。。。目 nihyaku nijūgo ban me/nihyaku nijūgo … me
dreihundertste(r, s)	三百番目/三百。。。目 sanbyaku ban me/sanbyaku … me
tausendste(r, s)	千番目/千。。。目 sen ban me/sen … me
zehntausendste(r, s)	一万。。。目 ichiman … me
millionste(r, s)	百万。。。目 hyakuman … me
zehnmillionste(r, s)	一億。。。目 ichioku … me
vorletzte(r, s)	最後から二番目 saigo kara niban me
letzte(r, s)	最後の saigo no

Die Bruchzahlen – 分数 bunsū

ein halber/ein halbes/eine halbe	半分 hanbun
ein Drittel	三分の一 san bun no ichi
ein Viertel	四分の一 yon bun no ichi
ein Fünftel	五分の一 go bun no ichi
ein Achtel	八分の一 hachi bun no ichi
drei Viertel	四分の三 zon bun no san
zwei Fünftel	五分の二 go bun no ni
siebeneinhalb	七と二分の一 nana to ni bun no ichi
zwei Siebzehntel	十七分の二 jūnanabun no ni
fünf und drei Achtel	五と八分の三 go to hachi bun no san

DIE ZAHLEN – 数 kazu

Weitere Zahlwörter – その他の数詞 sonota no sūshi

einmal	一回	ikkai
zweimal	二回	nikai
dreimal	三回	sankai
viermal	四回	yonkai
mehrmals	何度も	nando mo
manchmal	時々	tokidoki
niemals	決して。。。ない	kesshite … nai
einfach	単一の	tanitsu no
doppelt/zweifach	二重の/二倍の	nijū no/nibai no
dreifach	三倍の	sanbai no
vierfach	四倍の	yonbai no
fünffach	五倍の	gobai no
sechsfach	六倍の	rokubai no
mehrfach/vielfach	何倍かの/何倍もの	nanbai kano/nanbai mono

ein Paar	一組の	hitokumi no
ein halbes Dutzend	半ダース	han dāsu
ein Dutzend	1ダース	ichi dāsu
ein Gros	一グロス	ichi gurosu
ein paar	二、三の	ni san no
wenige	僅かな	wazuka na
einige	若干の	jakkan no
etliche	かなり多くの	kanari ōku no
manche	かなりの	kanarino
viele	多くの	ōku no
beide	双方の	sōhō no
sämtliche	全ての	subete no
alle	全部の	zenbu no
jeder/jede/jedes	どの。。。も	dono … mo

der Taschenrechner
ポケット電卓
poketto dentaku

die Quadratwurzel
平方根
heihōkon

das Prozent
パーセント
pāsento

die Ziffer
数字
sūji

der Dezimalpunkt
小数点
shōsū ten

dividieren
割る
waru

multiplizieren
掛ける
kakeru

subtrahieren
引く
hiku

addieren
足す
tasu

ist gleich
イコール
ikōru

DIE ZEIT – 時間 jikan

Die Uhrzeit – 時刻 jikoku

ein Uhr
一時
ichi ji

zwei Uhr
二時
ni ji

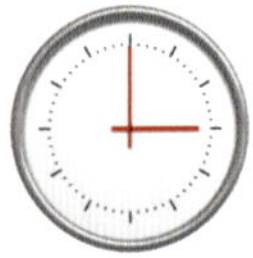

drei Uhr
三時
san ji

vier Uhr
四時
yo ji

fünf Uhr
五時
go ji

sechs Uhr
六時
roku ji

sieben Uhr
七時
shichi ji

acht Uhr
八時
hachi ji

neun Uhr
九時
ku ji

zehn Uhr
十時
jū ji

elf Uhr
十一時
jūichi ji

zwölf Uhr mittags
昼の12時
hiru no jūni ji

dreizehn Uhr
午後一時
gogo ichi ji

die Stunde	時間 jikan
die Minute	分 fun/pun
eine halbe Stunde	三十分 sanjuppun
die Sekunde	秒 byō
Wie viel Uhr ist es?	何時ですか。Nan ji desu ka.
Es ist zwei Uhr.	2時です。Ni ji desu.
Um wie viel Uhr?	何時に。Nan ji ni?
Um sieben Uhr.	7時に。Shichi ji ni.

DIE ZEIT – 時間 jikan

Die Uhrzeit – 時刻 jikoku

vierzehn Uhr
午後二時
gogo ni ji

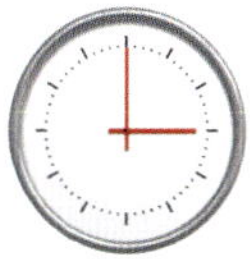

fünfzehn Uhr
午後三時
gogo san ji

sechzehn Uhr
午後四時
gogo yo ji

siebzehn Uhr
午後五時
gogo go ji

achtzehn Uhr
午後六時
gogo roku ji

neunzehn Uhr
午後七時
gogo shichi ji

zwanzig Uhr
午後八時
gogo hachi ji

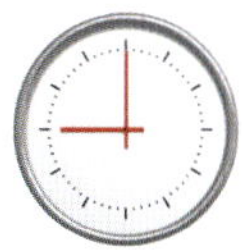

einundzwanzig Uhr
午後九時
gogo ku ji

zweiundzwanzig Uhr
午後十時
gogo jūji

dreiundzwanzig Uhr
午後十一時
gogo jūichi ji

Mitternacht
夜中の１２時
yonaka no jūni ji

fünf nach zwölf
零時5分過ぎ
rei ji gofun sugi

halb elf	十時半/三十分 jūji han/sanjuppun
zwanzig vor sieben	七時二十分前/六時四十分 shichi ji ni juppun mae/roku ji yon juppun
Viertel vor zwölf	十二時十五分前/十一時四十五分 jūni ji jūgo fun mae/jūichi ji yon jūgo fun
Wann?	いつ。Itsu.
Seit wann?	いつから。Itsu kara.
Seit gestern.	昨日から。Kinō kara.

Viertel nach neun
九時十五分過ぎ
kuji jugōfun sugi

DIE ZEIT – 時間 jikan

Tag und Nacht – 日中と夜 nicchū to yoru

die Mitternacht
真夜中に
mayonaka ni

die Morgendämmerung
夜明け
yoake

der Sonnenaufgang
日の出
hi no de

der Morgen
朝
asa

der Mittag
正午
shōgo

der Nachmittag
午後
gogo

der Sonnenuntergang
日没
nichibotsu

die Abenddämmerung
夕暮れ
yūgure

der Abend
晩
ban

der Frühling
春
haru

der Sommer
夏
natsu

der Herbst
秋
aki

der Winter
冬
fuyu

heute	今日 kyō
morgen	明日 ashita
übermorgen	明後日 asatte
gestern	昨日 kinō
vorgestern	一昨日 ototoi
Welches Datum haben wir heute?	今日は何日ですか。 Kyō wa nan nichi desu ka.
der 9. September 2021	2021年9月9日です nisennijūichi-nen ku-gatsu kokonoka desu
der Feiertag	祝祭日 shukusai jitsu

DIE ZEIT – 時間 jikan

Der Kalender – カレンダー karendā

das Jahr
年
nen

der Monat
月
gatsu

der Januar	一月 ichi gatsu	der Juli	七月 shichi gatsu
der Februar	二月 ni gatsu	der August	八月 hachi gatsu
der März	三月 san gatsu	der September	九月 ku gatsu
der April	四月 shi gatsu	der Oktober	十月 jū gatsu
der Mai	五月 go gatsu	der November	十一月 jūichi gatsu
der Juni	六月 roku gatsu	der Dezember	十二月 jūni gatsu

MAßE – 計測単位 keisokutani

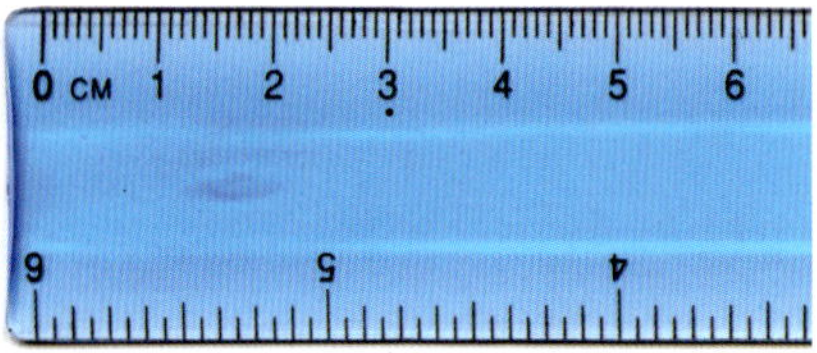

der/das Millimeter
ミリメーター
miri mētā

der Zoll
インチ
inchi

der/das Zentimeter
センチメーター
senchi mētā

der/das Liter
リットル
rittoru

der/das Milliliter
ミリリットル
miri rittoru

die Unze
オンス
onsu

das Pint
パイント
painto

der Kilometer
キロメーター
kiro mētā

die Meile
マイル
mairu

das Yard
ヤード
yādo

der Acre/Morgen
エーカー
ēkā

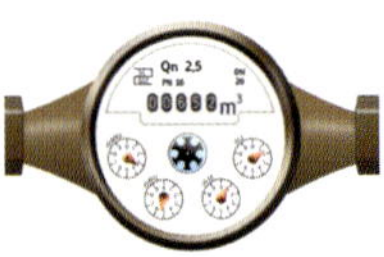

der/das Kubikmeter
立法メートル
rippōmētoru

der Fuß	フィート fīto
der/das Meter	メーター mētā
der/das Quadratmeter	平方メートル heihō mētoru
der Quadratfuß	平方フィート heihō fīto
der/das Hektar	ヘクタール hekutāru
die Tasse	カップ kappu
der Esslöffel	大匙 ōsaji
der Teelöffel	小匙 kosaji

DAS GEWICHT – 重量 jūryō

die Tonne
トン
ton

das Kilogramm
キログラム
kiro guramu

das Gramm
グラム
guramu

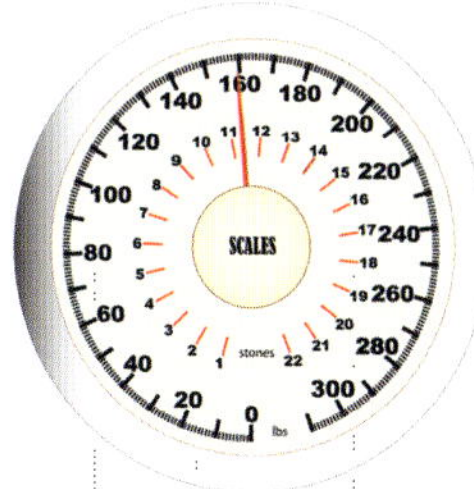

das Pfund
ポンド
pondo

die Unze
オンス
onsu

das Stone
(= 6,35 kg)
ストーン
sutōn

DIE WÄHRUNG – 通貨 tsūka

$

der Dollar
ドル
doru

£

das Pfund
ポンド
pondo

€

der Euro
ユーロ
yūro

¥

der Yen
円
en

der Baht	バーツ bātsu
die Rupie	ルピー rupī
der Dinar	ディナール dināru
der Franc	フラン furan
der Schweizer Franken	スイスフラン suisu furan
die Krone	クローネ kurōne

der Rand	ラント ranto
der Peso	ペソ peso
der Real	レアール reāru
der Yuan	元 gen
die Lira	リラ rira
der Rubel	ルーブル rūburu

IN JAPAN

日本で nihon de

TRADITIONELLE KULTUR – 伝統文化 dentō bunka

歌舞伎
kabuki
das Kabuki (traditionelles japanisches Theater, bestehend aus Gesang, Pantomime und Tanz)

日本舞踊
nihon buyō
klassischer japanischer Tanz

着物
kimono
der Kimono

茶道
sadō
die Teezeremonie

書道
shodō
die Kalligrafie

生け花
ikebana
die Blumensteckkunst

盆栽
bonsai
das Bonsai (japanische Ziergartenkunst)

和紙
washi
das japanische Papier

折り紙
origami
die Papierfaltkunst

鳥居
torii
das Eingangstor (symbolisches Eingangstor eines Schreins)

神社
jinja
der Schrein

寺
tera
der Tempel

温泉
onsen
die heiße Quelle

城
shiro
die Burg

VIER JAHRESZEITEN UND FESTE – 季節と行事 kisetsu to gyō ji

Der Frühling – 春 haru

福豆 fukumame
geröstete Sojabohnen für まき mamemaki*, dem traditionellen Sojabohnen-Streuen an Setsubun*

節分 setsubun
Feier zum Frühlingsbeginn; es werden geröstete Sojabohnen gestreut

花見
hanami
die Kirschblütenschau

ひな祭り
hina matsuri
*das Mädchenfest (am 3. März) In der Zeit vor diesem Tag stellt man auf mit rotem Tuch überzogene Plattformen (*緋毛氈 hi-mōsen*) einen Satz Puppen (*雛人形 hinaningyō*), die Kaiser, Kaiserin, Dienerinnen und Musiker in offizieller Hofkleidung darstellen.*

端午の節句
tango no sekku
*das Jungenfest (am 5. Mai) An diesem Tag werden in Japan die neu geborenen Söhne einer Familie geehrt. Es werden Samurai-Puppen (*五月人形 Gogatsu Ningyo*; wörtlich: Mai-Puppen) aufgestellt.*

こいのぼり
koi nobori
karpfenförmige Windsäcke für das Jungenfest

Der Sommer – 夏 natsu

夏祭り
natsu matsuri
das Volkssommerfest

神輿
mikoshi
tragbarer Schrein

盆踊り
bon odori
traditioneller Tanz zum Obonfest

お盆
obon
traditionelles buddhistisches Fest im August

七夕
tanabata
das Sternfest (am 7. Juli)

花火大会
hanabi taikai
die Feuerwerksvorführung

ゆかた
yukata
der Baumwollkimono

うちわ
uchiwa
der Blattfächer

Der Herbst – 秋 aki

七五三
shichigosan
Fest für 3, 5 und 7 jährige Kinder im November (3 und 5 J. für Jungen, 3 und 7 J. für Mädchen)

月見
tsukimi
Fest zur Ehre des Herbstmondes

Der Winter – 冬 fuyu

大晦日
ōmisoka
der Silvester (es werden traditionell Sobanudeln gegessen)

正月
shōgatsu
das Neujahr (typische Dekoration für das Neujahr)

おせち(料理)
osechi (ryōri)
traditionelle Neujahrsgerichte

雑煮
zōni
die Reiskuchensuppe

餅
mochi
der Reiskuchen

お年玉
otoshidama
das Neujahr-Taschengeld (Brauch, den Kindern ein Taschengeld zu geben)

初詣
hatsumōde
Brauch, am ersten Tag des neuen Jahres einen Tempel oder Schrein zu besuchen

年賀状
nengajō
die Neujahrskarte (Brauch, am Neujahrstag Postkarten an Freunde und Verwandte zu schicken)

成人式
seijin shiki
Zeremonie für die neuen Volljährigen am zweiten Montag im Januar

WAHRZEICHEN UND TOURISTISCHE ATTRAKTIONEN – ランドマークと観光名所 randomāku to kankōmeisho

東京
tōkyō
Tokio
(Hauptstadt von Japan)

歌舞伎座
kabukiza
das Kabuki Theater
(größtes Kabuki-Theater in Japan)

東京スカイツリー
tōkyō sukaitsurī
der Tokyo Skytree
(höchster freistehender Fernsehturm der Welt)

皇居
kōkyo
der Kaiserpalast
(Residenz des Tennō, dem japanischen Kaiser)

雷門
kaminarimon
Eingangstor zum Sensō-Tempel in Tokio

日光東照宮
nikkō tōshōgū
Shinto Schrein in Nikko, Tochigi Prefektur

富士山
fujisan
der Fuji
(Vulkan und höchster Berg Japans)

京都
kyōto
Kyoto
(geschichtlich und kulturell eine der bedeutendsten Städte Japans)

舞妓
maiko
traditionelle Lern- und Unterhaltungskünstlerin

金閣寺
kinkakuji
der Kinkakuji Tempel (goldener buddhistischer Tempel in Kyoto)

東大寺
tōdaiji
der Todaiji Tempel (buddhistischer Tempel in Nara)

原爆ドーム
genbaku dōmu
die Atombombenkuppel (Friedensdenkmal in Hiroshima)

沖縄
okinawa
Okinawa (Japans südlichste Präfektur)

ESSEN UND TRINKEN – 食べ物と飲み物 tabemono to nomimono

朝食
chōshoku
das Frühstück

納豆
nattō
die vergorene Sojabohnen

海苔
nori
der Meerlattich

漬物
tsukemono
das eingelegte Gemüse

梅干し
umeboshi
die Dörrpflaume

味噌汁
misoshiru
die Miso Suppe

焼き魚
yakizakana
gegrillter Fisch

豆腐
tōfu
der Tofu (quarkähnliche Speise aus Sojabohnen)

お好み焼き
okonomiyaki
Pfannkuchen mit Gemüse, Ei, Speck und evtl. weiteren Zutaten

焼きそば
yakisoba
gebratene Nudeln mit Gemüse und Fleisch

ラーメン
rāmen
chinesische Nudelsuppe

ESSEN UND TRINKEN – 食べ物と飲み物 tabemono to nomimono

餃子
gyōza
chinesische Maultaschen

そば
soba
Buchweizennudeln

うどん
udon
Weizennudeln

天ぷら
tempura
frittiertes Gemüse oder Fisch

寿司
sushi
das Sushi

刺身
sashimi
rohes Fischfilet oder Meeresfrüchte in Scheiben

おにぎり
onigiri
Reisbällchen

とんかつ
tonkatsu
das Schweineschnitzel

焼き鳥
yakitori
gegrillte Fisch-, Fleisch- und Gemüse-Spießchen

うな重
unajū
gebratener Aal auf Reis in einer Lackdose serviert

かつ丼
katsudon
Schweineschnitzel und halbgares Ei auf einer Schale Reis

おでん
oden
Brühe mit gekochtem Ei, Rettich, Fischklößchen

しゃぶしゃぶ
shabu shabu
Fonduetopf mit Fleisch und Gemüse, mit Dip-Saucen serviert

水炊き
mizutaki
Eintopf mit Fleisch oder Fisch und Gemüse, in Brühe gekocht und mit Dip-Sauce serviert

すき焼き
sukiyaki
Eintopf mit hauchdünn geschnittenem Rindfleisch und Gemüse

牛丼
gyūdon
gekochtes Rindfleisch und Zwiebeln auf einer Schale Reis

ESSEN UND TRINKEN – 食べ物と飲み物 tabemono to nomimono

醤油
shōyu
die Sojasoße

味噌
miso
die Sojabohnen Paste

天丼
tendon
Tempura auf einer Schale Reis

出汁
dashi
die Fischbrühe

ワサビ
wasabi
der Meerrettich

緑茶
ryokucha
der grüne Tee

日本酒
nihonshu
der Sake
japanischer Reiswein

焼酎
shōchū
japanischer Schnaps aus Reis, Gerste, Süßkartoffel oder Zuckerrohr

Süßwaren – 和菓子 wagashi

饅頭
manjū
japanischer Kuchen mit Füllung aus Bohnenmus

あんぱん
anpan
japanisches Weißbrot mit Füllung aus Adzukibohnenpaste

羊羹
yōkan
kandierter Bohnenkuchen

せんべい
senbei
das Reisgebäck

団子
dango
der Kloß

カステラ
kasutera
eine Art Napfkuchen

MUSIKINSTRUMENTE – 和楽器 wagakki

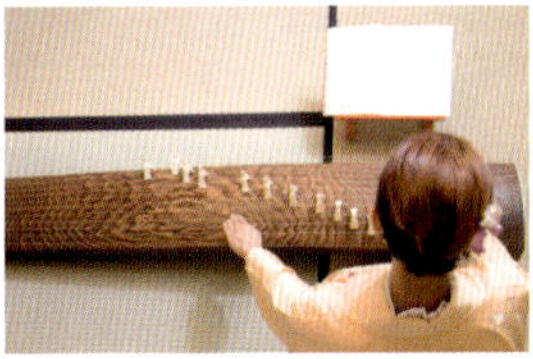

琴
koto
die Koto
japanische Zither

篠笛
shinobue
die Shinobue Flöte

和太鼓
wadaiko
die japanische Trommel

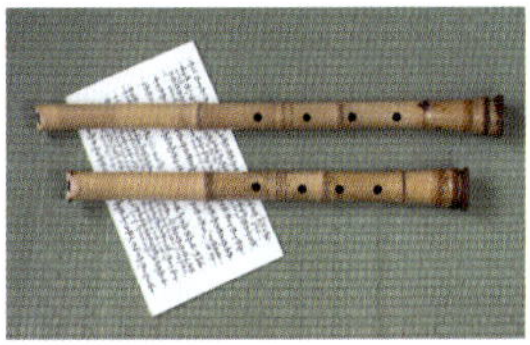

尺八
shakuhachi
die Bambusflöte

三味線
shamisen
japanische dreisaitige
Lauteninstrumente

SPORT – スポーツ supōtsu

合気道
aikidō
betont defensive moderne
japanische Kampfkunst

剣道
kendō
das Stockfechten

柔道
jūdō
das Judo

相撲
sumō
der Sumo Ringkampf

FREIZEIT – 余暇 yoka

買い物
kaimono
das Shopping

ゲームセンター
gēmusentā
die Spielhalle

パチンコ
pachinko
japanischer Geldspielautomat

カラオケ
karaoke
das Karaoke
(in Japan sehr beliebt)

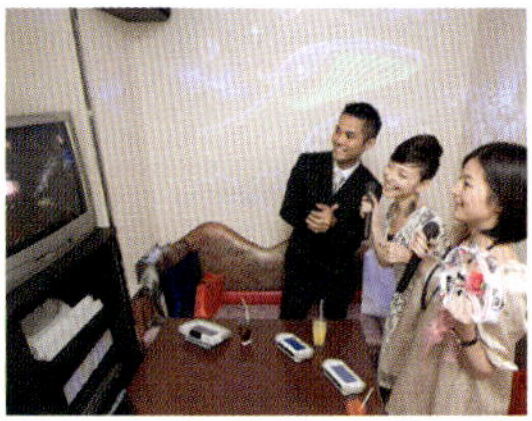

カラオケボックス
karaoke bokkusu
spezielle Karaokekabinen zum Karaoke-Singen

居酒屋
izakaya
die Kneipe

飲み会
nomikai
Trinkparty; japanische Sozialkultur mit Kollegen nach der Arbeit oder Freunden

コンビニエンスストア（コンビニ）
konbiniensu sutoa (konbini)
24-Stunden-Laden

自動販売機
jidō hanbaiki
der Verkaufsautomat

FREIZEIT – 余暇 yoka

旅館
ryokan
traditionell eingerichtetes japanisches Gasthaus

カプセルホテル
kapuseru hoteru
das Kapselhotel (Form der Übernachtungsmöglichkeit)

漫画
manga
der Manga (japanischer Comic)

UNTERWEGS – 外出 gaishutsu

スクランブル交差点
sukuranburu kōsaten
die Shibuya Scramble Crossing (eine diagonal verlaufende Fußgängerkreuzung in Tokio)

整列乗車
seiretsu jōsha
das Anstehen (man beachte das besondere Anstehen beim Zugeinstieg)

路線図
rosenzu
der Netzplan

女性専用車両
joseisenyō sharyō
der Frauenwaggon

新幹線
shinkansen
der Shinkansen (japanischer Schnellzug)

モノレール
monorēru
die Einschienenbahn

BRAUCHTUM – 慣習 kanshū

お辞儀
ojigi
die Verbeugung

正座
seiza
der Fersensitz (traditionelle japanische Sitzhaltung)

玄関
genkan
Eingangsbereich in japanischen Wohnungen und Häusern; hier werden die Schuhe ausgezogen

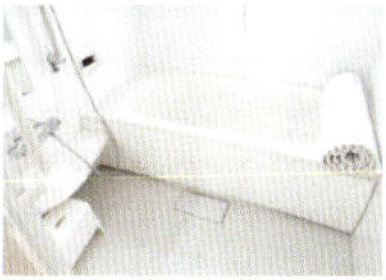

風呂
furo
das Bad

洋式トイレ
yōshiki toire
die westliche Sitztoilette

和式トイレ
washiki toire
die Hocktoilette

畳
tatami
die Tatami (traditionelle Matte aus Stroh und Flatter-Binse)

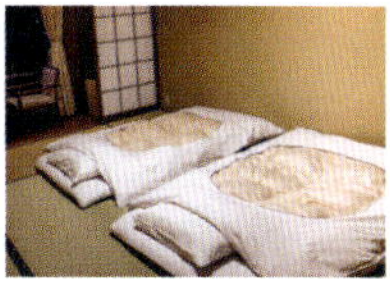

布団
futon
der Futon (japanische Bettzeug)

おわん
o-wan
die Misosuppen-Schüssel

箸置き
hashioki
die Stäbchen-Ablage

箸
hashi
die Stäbchen

茶筅
chasen
der Teebesen

抹茶
matcha
der Matchatee

急須
kyūsu
die japanische Teekanne

茶碗
chawan
die Teeschale

靴を脱ぐ kutsu o nugu	*Schuhe ausziehen; beim Betreten privater Wohnräume und erhöhten Sitzbereichen eines Restaurants.*
いただきます itadakimasu	*Höflichkeit: Vor dem Essen bedankt man sich für das kommende Essen.*
ご馳走様でした gochisōsama deshita	*Nach dem Essen bedankt man sich, wörtlich übersetzt: Es war wie ein Festessen.*

DIE WICHTIGSTEN SÄTZE –
最も重要な文章

DIE VERBEN –
動詞

INDEX –
索引

DIE WICHTIGSTEN SÄTZE – 最も重要な文章

Mit diesen nützlichen Wörtern und Sätzen drücken Sie sich in den wichtigsten und häufigsten Situationen mit Sicherheit aus.

IM GESPRÄCH – 会話で

BEGRÜSSEN UND VERABSCHIEDEN – 挨拶と別れを告げる

Guten Tag!	こんにちは konnichi wa
Guten Abend!	こんばんは konban wa
Hallo!	やあ yaa
Auf Wiedersehen!	さようなら sayōnara
Tschüss!	またね mata ne

HÖFLICHKEIT – 丁寧

bitte	お願いします onegai shimasu
danke	ありがとう arigatō
bitte schön	どういたしまして dōitashimashite
Ja, bitte.	はい、お願いします。 hai, onegai shimasu.
Nein, danke.	いいえ、結構です。 īe, kekkō desu.
Keine Ursache!	お気になさらずに。 okininasarazuni.
Entschuldigung!	ごめんなさい / すみません gomen nasai / sumimasen
Entschuldigen Sie, …	すみません。。。 Sumimasen …
Das tut mir leid.	それは残念ですね。 Sore wa zannen desu ne.
Wie geht's?	お元気ですか。 Ogenki desuka.
Danke, gut. Und Ihnen/dir?	おかげさまで元気です。あなたはどうですか。 Okagesama de genki desu. Anatawa dō desu ka.

KOMMUNIKATION – コミュニケーション

Wie bitte?	なんと言いましたか。 Nanto iimashita ka.
Ich verstehe.	わかりました。 Wakari mashita.
Ich verstehe nicht.	わかりません。 Wakari masen.
Könnten Sie das bitte wiederholen?	もう一度言っていただけますか。 Mōichido itte itadake masu ka.
Könnten Sie bitte langsamer sprechen?	もう少しゆっくり話していただけますか。 Mōsukoshi yukkuri hanashite itadake masu ka.
Könnten Sie das bitte aufschreiben?	書いていただけますか。 Kaite itadake masu ka.
Was bedeutet …?	。。。はどういう意味ですか。 … wa dōyū imi desu ka.

SICH VORSTELLEN – 紹介する

Wie heißt du?	あなたの名前は。 Anatano namae wa.
Wie heißen Sie?	何というお名前ですか。 Nan to yū onamae desu ka.
Ich heiße …	私は。。。と申します。 Watashi wa … to mōshimasu.
Woher kommen Sie?	ご出身はどちらですか。 goshusshin wa dochira desu ka.
Woher kommst du?	どこから来ましたか。 dokokara kimashita ka.
Ich komme aus …	。。。から来ました。 … kara kimashita.
Das ist mein Mann.	こちらは私の夫です。 kochira wa watashi no otto desu.

Das ist meine Frau.	こちらは私の妻です。 kochira wa watashi no tsuma desu.
Das ist mein Partner.	こちらは私のパートナーです。 kochira wa watashi no pātonā desu.
Das ist meine Partnerin.	こちらは私のパートナーです。 kochira wa watashi no pātonā desu.
Das ist mein Sohn.	こちらは私の息子です。 kochira wa watashi no musuko desu.
Das ist meine Tochter.	こちらは私の娘です。 kochira wa watashi no musume desu.
Hier ist meine E-Mail-Adresse.	これが私のメールアドレスです。 kore ga watashi no mēruadoresu desu.
Hier ist meine Telefonnummer.	これが私の電話番号です。 kore ga watashi no denwabangō desu.

BEIM TELEFONIEREN – 電話で

Ich hätte gern eine SIM-Karte, bitte.	SIMカードをいただきたいのですが。 Shimukādo o itadakitai no desu ga.
Mein Akku ist leer.	電池が切れました。 denchi ga kiremashita.
Hier spricht …	。。。です。 … desu.
Mit wem spreche ich bitte?	どちら様ですか。 dochira sama desuka.
Kann ich bitte Herrn/Frau … sprechen?	。。。さん、いらっしゃいますでしょうか。 …san, irasshaimasu deshō ka.
Tut mir leid, er/sie ist nicht da.	申し訳ありません、。。。はおりません。 mōshiwake arimasen, … wa orimasen.
Kann er/sie Sie zurückrufen?	折り返しご連絡させましょうか。 orikaeshi gorenraku sasemashō ka.

UNTERWEGS – 外出中

TOILETTE UND BAD – トイレとバスルーム

Wo ist bitte die Toilette?	トイレはどちらですか。 toire wa dochira desuka.
Damen	女性 josei
Herren	男性 dansei
die Damentoilette	女子トイレ joshi toire
die Herrentoilette	男子トイレ danshi toire

BAHN – 鉄道

Wann fährt der nächste Zug ab?	次の列車は何時に発車しますか。 tsugi no ressha wa nanji ni hassha shimasu ka.
Wo muss ich umsteigen?	どこで乗り換えたらよいでしょうか。 doko de norikaetara yoideshō ka.
Von welchem Gleis fährt der Zug nach …?	。。。行きの列車は何番線ですか。 … iki no ressha wa nanbansen desu ka.
Ist dieser Platz noch frei?	この席は空いていますか。 kono seki wa aite imasu ka.
Hält dieser Zug in …?	この列車は。。。に停車しますか。 kono ressha wa … ni teisha shimasu ka.

BUS – バス

Welche Linie fährt nach …?	。。。行きのバスは何番ですか。 … iki no basu wa nanban desu ka.
Welche Linie fährt zum Bahnhof?	駅に行くバスは何番ですか。 eki ni iku basu wa nanban desu ka.

Wann fährt der nächste Bus nach …?	。。。行きのバスは何時に発車しますか。 … iki no basu wa nanji ni hassha shimasu ka.
Wo muss ich aussteigen?	どこで降りたらよいでしょうか。 doko de oritara yoideshō ka.
Wie viele Haltestellen sind es?	何箇所止まりますか。 nankasho tomari masu ka.
Fährt dieser Bus nach …?	このバスは。。。に行きますか。 kono basu wa … ni ikimasu ka.

AUTO – 自動車

der Führerschein	運転免許証 unten menkyoshō
Entschuldigen Sie bitte, wie komme ich nach …?	すみません、。。。へはどう行けばいいですか。 Sumimasen … e wa dō ikeba iidesu ka.
Entschuldigen Sie bitte, wo ist …?	すみません、。。。はどこですか。 Sumimasen … wa doko desu ka.
Wie weit ist es?	どのくらいの距離ですか。 donokurai no kyori desu ka.

BEIM ARZT – 医者で

Ich bin krankenversichert.	健康保険証を持っています。 kenkōhokenshō o motte imasu.
Ich möchte von einer Ärztin behandelt werden, bitte.	女医に見ていただきたいのですが。 joi ni mite itadakitai no desu ga.
Es tut hier weh.	ここが痛いです。 koko ga itai desu.
Ich bin ohnmächtig geworden.	気絶しました。 kizetsu shimashita.
Ich habe mich erbrochen.	吐きました。 haki mashita.
Ich habe Herzbeschwerden.	心臓が苦しいです。 shinzō ga kurushii desu.
Ich habe Atembeschwerden.	呼吸が苦しいです。 kokyū ga kurushii desu.
Ich habe Zahnschmerzen.	歯が痛いです。 ha ga itai desu.
Ich habe eine Füllung verloren.	詰め物が取れました。 tsumemono ga toremashita.
Ich bin allergisch gegen Antibiotika.	抗生物質アレルギーです。 kōsēbusshitsu arerugī desu.
Ich bin allergisch gegen Bienen.	蜂アレルギーです。 hachi arerugī desu.
Ich bin allergisch gegen Pollen.	花粉症です。 kafunshō desu.
Ich bin Diabetiker/Diabetikerin.	糖尿病です。 tōnyōbyō desu.
Ist es ansteckend?	これはうつりますか。 kore wa utsuri masu ka.
Ich brauche ein Rezept für …	。。。の処方箋が必要なのですが。 … no shohōsen ga hitsuyō nano desu ga.
Ich nehme Medikamente gegen …	。。。の薬を飲んでいます。 … no kusuri o nonde imasu.

DIE VERBEN – 動詞

Wenn es darum geht, eigene Sätze zu bilden, hilft Ihnen unsere ausführliche Verbliste, wo Sie auch abstrakte Verben, die sich nicht abbilden lassen, nachschlagen und übersetzen können.

A

abbeißen	かみ切る kami kiru
abbiegen	曲がる magaru
abbringen	説得してやめさせる settoku shite yamesaseru
abfahren	出発する shuppatsu suru
abfärben	色が落ちる iro ga ochiru
abfinden	うまく片をつける umaku kata o tsukeru
abfragen	試験する shiken suru
abführen	連れ去る tsuresaru
abfüllen	詰める tsumeru
abgeben	手渡す tewatasu
abgewöhnen	やめさせる yamesaseru
abgrenzen	別な立場を取る betsuna tachiba o toru
abhaken	チェックマークをつける chekku māku o tsukeru
abhalten	妨げる samatageru
abhärten	鍛える kitaeru
abhauen	逃げ出す nigedasu
abheben	取る toru
abholen	迎えに行く mukae ni iku
abklären	明らかにする akiraka ni suru
abklingen	しだいに弱まる shidai ni yowamaru
abkochen	ゆでる yuderu
abkühlen	冷やす hiyasu
abkürzen	短縮する tanshuku suru
abladen	下ろす orosu
ablaufen	期限が切れる kigen ga kireru
ablecken	なめて取る namete toru
ablegen	取り去る torisaru
ablehnen	拒否する kyohi suru
ablenken	そらす sorasu
abmagern	やせる yaseru
abmalen	模写する mosha suru
abmelden	去ることを届け出る sarukoto o todokederu
abmessen	測定する sokutei suru
abnehmen	減量する genryō suru
abnutzen	消耗する shōmō suru
abonnieren	購読する kōdoku suru
abprallen	はね返る hanekaeru
abputzen	拭いてきれいにする fuite kirei ni suru
abraten	思いとどまらせる omoi todomaraseru
abräumen	片付ける katazukeru
abreagieren	発散させる hassan saseru
abrechnen	最終計算をする saishū keisan o suru
abregen	落ち着く ochitsuku
abreisen	旅に出る tabini deru
abreißen	ひきはがす hikihagasu
abrunden	端数を丸める hasū o marumeru
abrutschen	滑る suberu

absagen	取りやめにする toriyame ni suru
abschaffen	廃止する haishi suru
abschalten	電源を切る dengen o kiru
abschätzen	査定する satei suru
abschauen	学び取る manabitoru
abschicken	発送する hassō suru
abschleppen	けん引する kenin suru
abschließen	閉める shimeru
abschminken	化粧を落とす keshō o otosu
abschneiden	切り取る kiritoru
abschreiben	書き写す kakiutsusu
abschwächen	和らげる yawarageru
abschweifen	わきへそれる waki e soreru
abschwellen	弱まる yowamaru
absehen	見合わせる miawaseru
absenden	発送する hassō suru
absetzen	取り外す torihazusu
absichern	守る mamoru
absinken	沈む shizumu
abspeichern	保存する hozon suru
abspielen	行われる okonawareru
abspringen	飛び降りる tobioriru
abspülen	食器洗いをする shokki arai o suru
abstammen	系統を引く keitō o hiku
abstehen	突き出ている tsukidete iru
abstellen	下に置く shita ni oku
absterben	死ぬ shinu
abstimmen	投票する tōhyō suru
abstoßen	不快感を起こさせる fukaikan o okosaseru
abstreiten	否認する hinin suru
abstumpfen	鈍くなる nibuku naru
abstürzen	墜落する tsuiraku suru
abstützen	支える sasaeru
absuchen	捜索する sōsaku suru
abtreiben	堕胎する tadai suru
abtrocknen	ふく fuku
abtropfen	水切りをする mizukiri o suru
abverlangen	要求する yōkyū suru
abwägen	慎重に比較する shinchō ni hikaku suru
abwarten	到着を待つ tōchaku o matsu
abwaschen	きれいに洗う kirei ni arau
abwechseln	交代する kōtai suru
abwehren	跳ね返す hane kaesu
abweichen	外れる hazureru
abweisen	退ける shirizokeru
abwerten	引き下げる hikisageru
abwischen	ふき取る fukitoru
abzahlen	返済する hensai suru
abziehen	引き抜く hiki nuku
achten	尊重する sonchō suru
ächzen	うめく umeku
addieren	足す tasu
adoptieren	養子にする yōshi ni suru
adressieren	宛て名を書く atena o kaku
agieren	行動する kōdō suru
ähneln	似ている niteiru
ahnen	予感する yokan suru

aktivieren	活発にする kappatsu ni suru
aktualisieren	最新のものにする saishin no mono ni suru
akzeptieren	受け入れる ukeireru
alarmieren	急を知らせる kyū o shiraseru
amputieren	切断する setsudan suru
amüsieren	楽しませる tanoshimaseru
analysieren	分析する bunseki suru
anbauen	栽培する saibai suru
anbeten	崇拝する sūhai suru
anbiedern	なれなれしく近づく narenareshiku chikazuku
anbieten	提供する teikyō suru
anblicken	見つめる mitsumeru
anbrüllen	大声でどなる ōgoe de donaru
andauern	持続する jizoku suru
ändern	変える kaeru
andeuten	暗示する anji suru
androhen	脅迫する kyōhaku suru
aneignen	習得する shūtoku suru
anekeln	吐き気を催させる hakike o moyōsaseru
anerkennen	高く評価する takaku hyōka suru
anfangen	始める hajimeru
anfassen	触る sawaru
anfertigen	作り上げる tsukuriageru
anfeuern	励ます hagemasu
anflehen	懇願する kongan suru
anfordern	要求する yōkyū suru
anfreunden	親しくなる shitashiku naru
anfühlen	触ってみる sawatte miru
anführen	先頭に立つ sentō ni tatsu
angeben	自慢する jiman suru
angehören	所属する shozoku suru
angeln	釣る tsuru
angewöhnen	習慣づける shūkan zukeru
angleichen	適応させる tekiō saseru
angreifen	攻撃する kōgeki suru
ängstigen	怖がらせる kowagaraseru
angucken	見る miru
anhaben	身に着けている mi ni tsukete iru
anhalten	止める tomeru
anhängen	結び付いている musubitsuite iru
anhimmeln	夢中になる muchū ni naru
anhören	耳を傾ける mimi o katamukeru
anklagen	非難する hinan suru
ankleben	貼り付ける haritsukeru
anklicken	クリックする kurikku suru
anklopfen	ノックする nokku suru
anknüpfen	関係を結ぶ kankei o musubu
ankommen	到着する tōchaku suru
ankreuzen	×印をつける batsujirushi o tsukeru
ankündigen	予告する yokoku suru
anlächeln	ほほえみかける hohoemi kakeru
anlachen	笑いかける warai kakeru
anlehnen	もたせかける motase kakeru
anleiten	指導する shidō suru

anlocken	ひきつける hikitsukeru
anlügen	嘘をつく uso o tsuku
anmachen	つける tsukeru
anmaßen	不当に行使する futō ni kōshi suru
anmelden	告げる tsugeru
anmerken	コメントを述べる komento o noberu
annähern	近づく chikazuku
annehmen	仮定する katei suru
annullieren	無効にする mukō ni suru
anordnen	配置する haichi suru
anpacken	飛びかかる tobikakaru
anpassen	適合させる tekigō saseru
anpflanzen	植える ueru
anprobieren	試着する shichaku suru
anreden	話しかける hanashi kakeru
anrufen	電話をかける denwa o kakeru
ansagen	告げる tsugeru
ansammeln	集める atsumeru
anschalten	スイッチを入れる suicchi o ireru
anschauen	じっくり見る jikkuri miru
anschieben	押して動かす oshite ugokasu
anschleichen	忍び寄る shinobi yoru
anschließen	つなぐ tsunagu
anschmiegen	密着させる micchaku saseru
anschnallen	固定する kotei suru
anschnauzen	どなりつける donari tsukeru
anschreien	大声で呼びかける ōgoe de yobikakeru
anschuldigen	告発する kokuhatsu suru
anschweigen	黙って見つめる damatte mitsumeru
anschwellen	膨れる fukureru
anschwindeln	欺く azamuku
ansehen	見つめる mitsumeru
anspannen	ぴんと張る pin to haru
anspielen	ほのめかす honomekasu
anspitzen	とがらせる togaraseru
anspornen	激励する gekirei suru
ansprechen	話しかける hanashi kakeru
anspringen	始動する shidō suru
anspucken	つばを吐きかける tsuba o hakikakeru
anstarren	じっと見つめる jitto mitsumeru
anstecken	うつす utsusu
anstehen	並ぶ narabu
ansteigen	上がる agaru
anstellen	列に並ぶ retsu ni narabu
anstimmen	歌い始める utai hajimeru
anstoßen	ぶつかる butsukaru
anstrahlen	照らす terasu
anstreben	得ようと努力する eyō to doryoku suru
anstreichen	塗る nuru
anstrengen	頑張る ganbaru
antreffen	ばったり会う battari au
antreiben	駆りたてる karitateru
antreten	始める hajimeru
antun	危害を加える kigai o kuwaeru
antworten	答える kotaeru

anvertrauen	打ち明ける uchiakeru
anweisen	指導する shidō suru
anwenden	使用する shiyō suru
anwidern	吐き気を催させる hakike o moyōsaseru
anzeigen	示す shimesu
anziehen	身につける mi ni tsukeru
anzünden	火をつける hi o tsukeru
anzweifeln	疑う utagau
applaudieren	拍手する hakushu suru
arbeiten	働く hataraku
ärgern	怒らせる okoraseru
atmen	呼吸する kokyū suru
aufarbeiten	見直す minaosu
aufatmen	ほっとする hotto suru
aufbauen	組み立てる kumitateru
aufbewahren	保存する hozon suru
aufblasen	膨らます fukuramasu
aufbleiben	起きている okite iru
aufbrauchen	使い果たす tsukai hatasu
aufbrausen	かっとなる kattonaru
aufbrechen	出発する shuppatsu suru
aufbringen	奮い起こす furuiokosu
aufdecken	明らかにする akiraka ni suru
aufdrängen	押し付ける oshitsukeru
aufdrehen	ひねって開ける hinette akeru
aufeinander-folgen	連続する renzoku suru
aufessen	残さず食べる nokosazu taberu
auffallen	目立つ medatsu
auffangen	受け止める uketomeru
auffassen	解釈する kaishaku suru
auffordern	要求する yōkyū suru
aufführen	演奏する ensō suru
aufgeben	あきらめる akirameru
aufgreifen	取り上げる toriageru
aufhaben	開いている aite iru
aufhalten	引き止める hikitomeru
aufhängen	掛ける kakeru
aufheben	拾い上げる hiroi ageru
aufhetzen	駆り立てる karitateru
aufholen	遅れを取り戻す okure o torimodosu
aufhören	やめる yameru
aufkleben	貼り付ける haritsukeru
aufladen	充電する jūden suru
auflassen	開けたままにしておく aketa mama ni shiteoku
auflauern	待ち伏せする machibuse suru
aufleben	復活する fukkatsu suru
auflehnen	反抗する hankō suru
auflockern	ほぐす hogusu
auflösen	解散する kaisan suru
aufmachen	開ける akeru
aufmuntern	元気づける genki zukeru
aufnehmen	録画する rokuga suru
aufpassen	注意を払う chūi o harau
aufplatzen	裂ける sakeru
aufpumpen	ポンプで空気を入れる ponpu de kūki o ireru
aufraffen	立ち上がる tachiagaru
aufräumen	片付ける katazukeru

aufrechterhalten	維持する iji suru
aufregen	かき乱す kakimidasu
aufrunden	切り上げる kiriageru
aufsammeln	拾い集める hiroiatsumeru
aufschieben	延期する enki suru
aufschließen	鍵を開ける kagi o akeru
aufschreiben	書き留める kakitomeru
aufspringen	ぱっと開く patto hiraku
aufstacheln	駆り立てる karitateru
aufstehen	起きる okiru
aufstellen	立てる tateru
aufstützen	もたせかける motasekakeru
aufsuchen	行く iku
auftauchen	浮上する fujō suru
aufteilen	分ける wakeru
auftragen	塗る nuru
auftreiben	見つけ出す mitsukedasu
auftreten	現れる arawareru
aufwachen	覚める sameru
aufwachsen	成長する seichō suru
aufwärmen	温め直す atatamenaosu
aufwecken	目を覚まさせる me o samasaseru
aufweichen	柔らかくする yawarakaku suru
aufweisen	見せる miseru
aufwischen	拭き取る fukitoru
aufwühlen	かき立てる kakitateru
aufzählen	数え上げる kazoeageru
aufzeichnen	記録する kiroku suru
aufzeigen	示す shimesu
aufzwingen	押し付ける oshitsukeru
ausarbeiten	仕上げる shiageru
ausatmen	吐き出す hakidasu
ausbessern	修理する shūri suru
ausbleiben	来ない konai
ausbrechen	脱出する dasshutsu suru
ausbreiten	広げる hirogeru
ausdehnen	拡大する kakudai suru
ausdenken	考え出す kangaedasu
auseinanderbrechen	割る waru
ausfallen	取りやめになる toriyame ni naru
ausfragen	質問する shitsumon suru
ausfüllen	埋める umeru
ausgeben	使う tsukau
ausgehen	外出する gaishutsu suru
ausgleichen	埋める umeru
aushaben	終えている oeteiru
aushalten	耐える taeru
aushelfen	助ける tasukeru
auskennen	勝手が分かっている katte ga wakatteiru
auskommen	うまくやっていく umaku yatte iku
auslachen	笑いとばす waraitobasu
auslaufen	漏れる moreru
ausleeren	空にする kara ni suru
ausleihen *von jemandem*	借りる kariru
ausloggen	ログオフする loguofu suru

auslösen	作動させる sadō saseru
ausmachen	消す kesu
ausmalen	想像する sōzō suru
ausmessen	測る hakaru
ausnutzen	利用する riyō suru
auspacken	取り出す toridasu
ausplaudern	漏らす morasu
auspressen	搾り出す shiboridasu
ausprobieren	試す tamesu
ausrasten	頭がおかしくなる atama ga okashiku naru
ausrauben	ぜんぶ奪い取る zenbu ubaitoru
ausrechnen	算出する sanshutsu suru
ausreden	あきらめさせる akirame saseru
ausreichen	足りる tariru
ausreisen	出国する shukkoku suru
ausrichten	伝える tsutaeru
ausruhen	休む yasumu
ausrutschen	滑って転ぶ subette korobu
ausschalten	スイッチを消す suicchi o kesu
ausscheiden	敗退する haitai suru
ausschimpfen	叱りつける shikaritsukeru
ausschlafen	十分に眠る jūbun ni nemuru
ausschließen	除外する jogai suru
ausschneiden	切り取る kiritoru
aussehen	見える mieru
äußern	述べる noberu
aussetzen	止まる tomaru
aussprechen	発音する hatsuon suru
ausstehen	耐える taeru
aussteigen	降りる oriru
aussterben	絶滅する zetsumetsu suru
ausstrecken	伸ばす nobasu
aussuchen	選び出す erabidasu
austauschen	交換する kōkan suru
austeilen	分け与える wakeataeru
austoben	暴れ回る abaremawaru
austreten	離れる hanareru
austricksen	だます damasu
austrinken	飲み干す nomihosu
ausüben	実施する jisshi suru
auswählen	選択する sentaku suru
auswandern	移住する ijū suru
auswaschen	洗い落とす araiotosu
auswechseln	取り替える torikaeru
ausweichen	よける yokeru
auswerten	分析する bunseki suru
auswirken	効果を現す kōka o arawasu
auszählen	集計する shūkei suru
auszeichnen	表彰する hyōshō suru
ausziehen	脱ぐ nugu

B

babysitten	子守りをする komori o suru
backen	焼く yaku
baden	水浴びする mizuabi suru
baggern	レシーブする reshību suru
basteln	工作をする kōsaku o suru
bauen	建設する kensetsu suru
beabsichtigen	意図する ito suru
beachten	注意を払う chūi o harau
beängstigen	心配させる shinpai saseru
beanspruchen	。。。をとる … o toru
beantragen	申請する shinsei suru
beantworten	答える kotaeru
bearbeiten	取り扱う toriatsukau
beatmen	人工呼吸を施す jinkō kokyū o hodokosu
beaufsichtigen	監督する kantoku suru
beauftragen	委託する itaku suru
bedanken	感謝する kansha suru
bedauern	後悔する koukai suru
bedecken	覆う ōu
bedenken	考慮する kōryo suru
bedeuten	意味する imi suru
bedienen	奉仕する hōshi suru
bedrängen	攻め立てる semetateru
bedrohen	脅かす obiyakasu
bedrücken	憂鬱にさせる yūutsu ni saseru
beeilen	急がせる isogaseru
beeindrucken	感動させる kandō saseru
beeinflussen	影響を与える eikyō o ataeru
beeinträchtigen	侵害する shingai suru
beenden	終える oeru
beerdigen	埋葬する maisō suru
befassen	携わる tazusawaru
befehlen	命令する meirei suru
befestigen	固定する kotei suru
befeuchten	湿らせる shimeraseru
befinden	ある aru
befolgen	従う shitagau
befragen	尋ねる tazuneru
befreien	解放する kaihō suru
befriedigen	満足させる manzoku saseru
befruchten	受精させる jusei saseru
befürchten	恐れる osoreru
befürworten	支持する shiji suru
begegnen	出会う deau
begehen	犯す okasu
begehren	要求する yōkyū suru
begeistern	感激させる kangeki saseru
beginnen	始める hajimeru
begleiten	同行する dōkō suru
beglückwünschen	祝辞を述べる shukuji o noberu
begraben	葬る hōmuru
begreifen	理解する rikai suru
begrenzen	制限する seigen suru
begründen	弁明する benmei suru
begrüßen	歓迎する kangei suru
begünstigen	優遇する yūgū suru
begutachten	評価する hyōka suru

behalten	保つ tamotsu
behandeln	扱う atsukau
beharren	言い張る iiharu
behaupten	主張する shuchō suru
beheben	取り除く torinozoku
behelfen	何とかやっていく nantoka yatte iku
beherrschen	抑制する yokusei suru
beherzigen	心に留める kokoro ni tomeru
behindern	妨害する bōgai suru
behüten	保護する hogo suru
beibehalten	保持する hoji suru
beibringen	教える oshieru
beichten	懺悔する zange suru
beifügen	同封する dōfū suru
beinhalten	含む fukumu
beipflichten	賛成する sansei suru
beirren	動揺させる dōyō saseru
beißen	噛む kamu
beistehen	援助する enjo suru
beitragen	貢献する kōken suru
beitreten	加入する kanyū suru
bejahen	肯定する kōtei suru
bejubeln	熱狂して迎える nekkyō shite mukaeru
bekämpfen	戦う tatakau
bekehren	転向させる tenkō saseru
bekennen	告白する kokuhaku suru
beklagen	愚痴をこぼす guchi o kobosu
bekleckern	染みを付ける shimi o tsukeru
bekommen	受け取る uketoru

bekräftigen	確証する kakushō suru
beladen	積み込む tsumikomu
belasten	責任を負わせる sekinin o owaseru
belästigen	しつこく付きまとう shitsukoku tsukimatou
belauschen	盗み聞きをする nusumigiki o suru
beleidigen	侮辱する bujoku suru
bellen	ほえる hoeru
belohnen	報酬を与える hōshū o ataeru
belügen	嘘をつく uso o tsuku
bemerken	気付く kizuku
bemitleiden	同情する dōjō suru
bemühen	努力する doryoku suru
benachrich-tigen	知らせる shiraseru
benehmen	振る舞う furumau
beneiden	うらやむ urayamu
benennen	名前をつける namae o tsukeru
benoten	成績を付ける seiseki o tsukeru
benötigen	必要とする hitsuyō to suru
beobachten	観察する kansatsu suru
beraten	助言する jogen suru
berechnen	計算する keisan suru
bereden	協議する kyōgi suru
bereiten	引き起こす hikiokosu
bereithalten	準備できている junbi dekiteiru
bereitmachen	用意をする yōi o suru
bereuen	後悔する kōkai suru
berichten	報告する hōkoku suru

berichtigen	訂正する teisei suru
berücksichtigen	考慮 に入れる kōryo ni ireru
beruhigen	落ち着かせる ochitsukaseru
berühren	触れる fureru
beschädigen	損傷する sonshō suru
beschaffen	手に入れる te ni ireru
beschäftigen	｡｡｡で忙しくする … de isogashiku suru
bescheinigen	証明する shōmei suru
beschenken	贈り物をする okurimono o suru
beschimpfen	罵倒する batō suru
beschleunigen	加速する kasoku suru
beschließen	決定する kettei suru
beschmutzen	汚す yogosu
beschränken	制限する seigen suru
beschreiben	説明する setsumei suru
beschuldigen	責める semeru
beschützen	守る mamoru
beschweren	苦情を言う kujō o yū
beseitigen	排除する haijo suru
besetzen	占有する senyū suru
besichtigen	見物する kenbutsu suru
besiegen	負かす makasu
besitzen	所有する shoyū suru
besorgen	入手する nyūshu suru
besprechen	話し合う hanashiau
bestätigen	確認する kakunin suru
bestatten	葬る hōmuru
bestaunen	感服する kanpuku suru
bestehen	合格する gōkaku suru

bestellen	注文する chūmon suru
bestimmen	決める kimeru
bestrafen	罰する bassuru
bestreiten	否定する hitei suru
besuchen	訪問する hōmon suru
betätigen	操作する sōsa suru
betäuben	感覚を麻痺させる kankaku o mahisaseru
beteiligen	参加する sanka suru
beten	祈る inoru
beteuern	誓う chikau
betonen	強調する kyōchō suru
betören	魅了する miryō suru
betrachten	じっと眺める jitto nagameru
betreuen	世話をする sewa o suru
betrügen	裏切る uragiru
betteln	物乞いする monogoi suru
beugen	曲げる mageru
beunruhigen	不安にする fuan ni suru
beurteilen	判断する handan suru
bevorzugen	優遇する yūgū suru
bewachen	監視する kanshi suru
bewaffnen	武装する busō suru
bewältigen	克服する kokufuku suru
bewegen	動かす ugokasu
beweisen	証拠を示す shōko o shimesu
bewerben	応募する ōbo suru
bewerten	評価する hyōka suru
bewirken	生じさせる shōji saseru
bewohnen	住む sumu

bewundern	称賛する shōsan suru
bezahlen	支払う shiharau
bezeichnen	呼ぶ yobu
bezweifeln	疑う utagau
biegen	曲げる mageru
bieten	提供する teikyō suru
bilden	形成する keisei suru
bitten	頼む tanomu
blamieren	恥をかかせる haji o kakaseru
blasen	吹く fuku
bleiben	とどまる todomaru
blenden	目をくらませる me o kuramaseru
blinken	またたく matataku
blinzeln	まばたきする mabataki suru
blitzen	輝く kagayaku
blockieren	遮断する shadan suru
blühen	花が咲く hana ga saku
bluten	出血する shukketsu suru
bohren	穴を開ける ana o akeru
boxen	殴る naguru
boykottieren	ボイコットする boikotto suru
braten	炒める itameru
brauchen	必要とする hitsuyō to suru
brechen	折る oru
bremsen	ブレーキをかける burēki o kakeru
brennen	燃焼する nenshō suru
bringen	持って来る mottekuru
bröckeln	粉々に砕ける konagona ni kudakeru
brüllen	叫ぶ sakebu
brummen	ブンブンうなる bunbun unaru
brüten	卵を抱く tamago o daku
buchen	予約する yoyaku suru
buchstabieren	字をつづる ji o tsuzuru
bücken	身をかがめる mi o kagameru
bügeln	アイロンをかける airon o kakeru
bummeln	ぶらぶら歩く burabura aruku
bürsten	ブラシをかける burashi o kakeru

C

campen	キャンプをする kyanpu o suru
charakterisieren	特徴づける tokuchō zukeru
chatten	チャットする chatto suru

D

dableiben	立ち去らずにいる tachisarazu ni iru
danebenbenehmen	無作法に振る舞う busahō ni furumau
danken	礼を言う rei o yū
darstellen	表す arawasu
dastehen	立っている tatteiru
dauern	長持ちする nagamochi suru
decken	覆う ōu
dehnen	引き伸ばす hikinobasu
dementieren	否認する hinin suru
demonstrieren	デモをする demo o suru
demütigen	屈辱を与える kutsujoku o ataeru
denken	考える kangaeru
deprimieren	気分をめいらせる kibun o meiraseru
desinfizieren	消毒する shōdoku suru
deuten	解釈する kaishaku suru
dienen	仕える tsukaeru
diskriminieren	差別する sabetsu suru
diskutieren	議論する giron suru
disqualifizieren	資格を剥脱する shikaku o hakudatsu suru
distanzieren	距離を置く kyori o oku
dividieren	割る waru
donnern	雷が鳴る kaminari ga naru
dosieren	量り分ける hakariwakeru
downloaden	ダウンロードする daunrōdo suru
dramatisieren	劇化する gekika suru

dranbleiben	その場にとどまる sonobani todomaru
drängeln	押し分けて進む oshiwakete susumu
drängen	押しのける oshinokeru
drankommen	順番になる junban ni naru
drehen	回す mawasu
drohen	脅す odosu
drucken	印刷する insatsu suru
drücken	押す osu
ducken	かがみ込む kagami komu
duften	におう niou
dulden	許容する kyoyō suru
durchdenken	じっくりと考える jikkuri to kangaeru
durcheinander-bringen	めちゃくちゃにする mechakucha ni suru
durchführen	実行する jikkō suru
durchsagen	アナウンスする anaunsu suru
durchschauen	見抜く minuku
durchsetzen	押し通す oshitōsu
durchsickern	しみ出る shimi deru
durchstöbern	くまなく捜す kumanaku sagasu
durchstreichen	線を引いて消す sen o hiitekesu
durchwühlen	苦労して切り抜ける kurō shite kirinukeru
durchziehen	実現させる jitsugen saseru
dürfen	。。。していい …shiteii
duschen	シャワーを浴びる shawā o abiru
duzen	「du」で話しかける „du“ de hanashi kakeru

E

ebnen	平らにする taira ni suru
ehren	敬意を表する keii o hyō suru
eignen	適している tekishite iru
eilen	急いで行く isoide iku
einatmen	吸い込む suikomu
einbilden	思い込む omoi komu
einbrechen	押し入る oshiiru
einchecken	チェックインする chekkuin suru
eincremen	クリームを塗る kurīmu o nuru
eindringen	入り込む hairikomu
eindrücken	押し込む oshikomu
einengen	制限する seigen suru
einfädeln	糸を通す ito o tōsu
einfahren	入る hairu
einfallen	思いつく omoitsuku
einfangen	捕まえる tsukamaeru
einfügen	挿入する sōnyū suru
einfühlen	気持ちを理解する kimochi o rikai suru
einführen	紹介する shōkai suru
eingeben	入力する nyūryoku suru
eingestehen	認める mitomeru
eingreifen	介入する kainyū suru
eingrenzen	限定する gentei suru
einholen	取り戻す torimodosu
einigen	合意する gōi suru
einkaufen	買い物をする kaimono o suru
einkleben	貼り付ける haritsukeru
einklemmen	挟む hasamu

einladen	招待する shōtai suru
einleben	住み慣れる suminareru
einlenken	折れる oreru
einleuchten	理解できる rikai dekiru
einliefern	収容する shūyō suru
einloggen	ログインする roguin suru
einlösen	換金する kankin suru
einmischen	口を出す kuchi o dasu
einordnen	分類する bunrui suru
einpacken	包む tsutsumu
einparken	駐車する chūsha suru
einpflanzen	植える ueru
einplanen	計画に入れる keikaku ni ireru
einprägen	教え込む oshie komu
einräumen	譲る yuzuru
einreden	説得する settoku suru
einreiben	擦り込む surikomu
einreisen	入国する nyūkoku suru
einrosten	錆びつく sabitsuku
einschalten	。。。をつける … o tsukeru
einschätzen	査定する satei suru
einschenken	注ぐ sosogu
einschlafen	寝入る neiru
einschließen	閉じ込める tojikomeru
einschränken	節減する setsugen suru
einschreiten	口を挟む kuchi o hasamu
einschüchtern	おびえさせる obie saseru
einschulen	学校に入れる gakkō ni ireru
einsehen	のぞくことができる nozokukoto ga dekiru

einsetzen	。。。のために尽くす …no tameni tsukusu
einsperren	閉じ込める tojikomeru
einspringen	代理を務める dairi o tsutomeru
einstecken	差し込む sashikomu
einsteigen	乗る noru
einstellen	採用する saiyō suru
einstürzen	崩壊する hōkai suru
eintauchen	浸す hitasu
einteilen	配分する haibun suru
eintragen	記入する kinyū suru
eintreffen	着く tsuku
eintreten	入る hairu
einwandern	移住する ijū suru
einwechseln	替える kaeru
einweichen	柔らかくする yawarakaku suru
einweihen	落成式を行う rakuseishiki o okonau
einweisen	入れるよう指示する ireruyō shiji suru
einwenden	異議を唱える igi o tonaeru
einwilligen	承諾する shōdaku suru
einzahlen	払い込む haraikomu
eitern	化膿する kanō suru
ekeln	嫌でたまらない iyade tamaranai
empfangen	受け取る uketoru
empfehlen	紹介する shōkai suru
empfinden	感じる kanjiru
enden	終わる owaru
entdecken	発見する hakken suru

entfachen	あおる aoru
entfallen	記憶から抜け落ちる kiokukara nukeochiru
entfernen	除去する jokyo suru
entführen	誘拐する yūkai suru
entgegenbrin-gen	示す shimesu
entgegnen	返答する hentō suru
entgleisen	脱線する dassen suru
enthalten	含んでいる fukundeiru
entkommen	脱する dassuru
entlanggehen	沿って行く sotte iku
entlassen	解雇する kaiko suru
entlasten	緩和する kanwa suru
entlaufen	逃げ去る nigesaru
entscheiden	決定する kettei suru
entschließen	決心する kesshin suru
entschuldigen	謝る ayamaru
entsetzen	ぞっとさせる zotto saseru
entsorgen	ごみを処理する gomi o shorisuru
entspannen	リラックスする rirakkusu suru
entsprechen	適合する tekigō suru
entstehen	生まれる umareru
entstellen	形をくずす katachi o kuzusu
enttäuschen	失望させる shitsubō saseru
entwaffnen	武装解除する busōkaijo suru
entweichen	逃れる nogareru
entwerfen	デザインする dezain suru
entwickeln	発展させる hatten saseru
erben	相続する sōzoku suru
erbrechen	吐く haku
ereignen	発生する hassei suru
erfahren	知る shiru
erfinden	発明する hatsumei suru
erforschen	調査する chōsa suru
erfrieren	凍死する tōshi suru
erfrischen	爽やかな気分になる sawayakana kibun ni naru
erfüllen	実現する jitsugen suru
ergänzen	補足する hosoku suru
ergeben	ゆだねる yudaneru
erhalten	受け取る uketoru
erhoffen	期待する kitai suru
erhöhen	上げる ageru
erholen	立ち直る tachinaoru
erinnern	覚えている oboeteiru
erkälten	風邪をひく kaze o hiku
erkennen	認識する ninshiki suru
erklären	説明する setsumei suru
erkundigen	問い合わせる toiawaseru
erlauben	許可する kyoka suru
erläutern	解説する kaisetsu suru
erleben	経験する keiken suru
erledigen	片付ける katazukeru
erleichtern	やりやすくする yariyasuku suru
erlösen	解放する kaihō suru
ermahnen	勧告する kankoku suru
ermitteln	突きとめる tsukitomeru
ermöglichen	可能にする kanō ni suru
ermorden	殺害する satsugai suru

ermuntern	促す unagasu
ermutigen	励ます hagemasu
ernähren	食べ物を与える tabemono o ataeru
ernennen	任命する ninmei suru
erneuern	新しくする atarashiku suru
ernten	収穫する shūkaku suru
eröffnen	開く hiraku
erpressen	恐喝する kyōkatsu suru
erregen	興奮する kōfun suru
erreichen	届く todoku
erscheinen	登場する tōjō suru
erschrecken	驚愕する kyōgaku suru
erschüttern	揺さぶる yusaburu
erschweren	困難にする konnan ni suru
ersetzen	交換する kōkan suru
erstaunen	驚かす odorokasu
ersticken	窒息する chissoku suru
ertappen	取り押させる toriosaeru
ertragen	耐える taeru
ertrinken	溺れる oboreru
erwähnen	言及する genkyū suru
erwarten	待ち受ける machiukeru
erwidern	答える kotaeru
erwürgen	絞め殺す shimekorosu
erzählen	話して聞かせる hanashite kikaseru
erzeugen	製造する seizō suru
erziehen	教育する kyōiku suru
erzwingen	強要する kyōyō suru
essen	食べる taberu
existieren	存在する sonzai suru
explodieren	爆発する bakuhatsu suru

F	
fahren	運転する unten suru
fallen	落ちる ochiru
fälschen	偽造する gizō suru
falten	折る oru
fangen	捕らえる toraeru
färben	染める someru
fassen	つかむ tsukamu
fasten	絶食する zesshoku suru
faszinieren	魅了する miryō suru
faulen	腐る kusaru
faulenzen	怠ける namakeru
fechten	争う arasou
fegen	箒で掃く hōki de haku
fehlen	欠けている kakete iru
feiern	祝う iwau
feilen	やすりをかける yasuri o kakeru
fernsehen	テレビを見る terebi o miru
fernsteuern	遠隔操作する enkakusōsa suru
fertigmachen	消耗させる shōmō saseru
fesseln	縛る shibaru
festhalten	しっかりつかまる shikkari tsukamaru
festnehmen	逮捕する taiho suru
feststehen	確実である kakujitsu de aru
feststellen	確定する kakutei suru
filmen	撮影する satsuei suru
filtern	ろ過する roka suru
finanzieren	資金を出す shikin o dasu
finden	見つける mitsukeru
flehen	嘆願する tangan suru
flicken	修繕する shūzen suru
fliegen	飛ぶ tobu
fliehen	逃亡する tōbō suru
fließen	流れる nagareru
flimmern	ちらちら光る chirachira hikaru
flirten	いちゃつく ichatsuku
fluchen	悪態をつく akutai o tsuku
flüchten	大急ぎで逃げる ōisogi de nigeru
flüstern	ささやく sasayaku
föhnen	ヘアドライヤーで乾かす headoraiyā de kawakasu
folgen	ついて行く tsuiteiku
folgern	結論する ketsuron suru
foltern	拷問する gōmon suru
fordern	要求する yōkyū suru
fördern	奨励する shōrei suru
formulieren	的確に述べる tekikaku ni noberu
forschen	研究する kenkyū suru
fortbilden	さらに勉強を続ける sarani benkyō o tsuzukeru
fortfahren	続ける tsuzukeru
fortsetzen	継続する keizoku suru
fotografieren	写真を撮る shashin o toru
fragen	質問する shitsumon suru
frankieren	切手を貼る kitte o haru
freigeben	釈放する shakuhō suru
freihaben	休みである yasumi de aru
freilassen	自由にする jiyū ni suru

freisprechen	無罪を言い渡す muzai o iiwatasu
fremdgehen	浮気をする uwaki o suru
fressen	食べる taberu
freuen	嬉しく思う ureshiku omou
frieren	凍える kogoeru
frühstücken	朝食を食べる chōshoku o taberu
frustrieren	幻滅させる genmetsu saseru
fühlen	感じる kanjiru
führen	案内する annai suru
füllen	満たす mitasu
funktionieren	機能する kinō suru
fürchten	恐れる osoreru

G

gähnen	あくびをする akubi o suru
garantieren	保証する hoshō suru
geben	与える ataeru
gefährden	危険にさらす kiken ni sarasu
gefallen	気に入る kiniiru
gehen	行く iku
gehorchen	従う shitagau
gehören	。。。のものである …no mono de aru
gelangen	到達する tōtatsu suru
gelingen	成功する seikō suru
gelten	適用される tekiyō sareru
genehmigen	認可する ninka suru
genesen	回復する kaifuku suru
genieren	恥ずかしがる hazukashigaru
genießen	楽しむ tanoshimu
genügen	十分である jūbun de aru
geschehen	起こる okoru
gestatten	許す yurusu
gestehen	告白する kokuhaku suru
gestikulieren	ジェスチャーで話す jesuchā de hanasu
gewinnen	勝つ katsu
gewittern	雷雨になる raiu ni naru
gewöhnen	慣れさせる naresaseru
gießen	水をやる mizu o yaru
glänzen	輝く kagayaku
glätten	なめらかにする nameraka ni suru
glauben	。。。と思う … to omou

gleichen	似ている niteiru
gleiten	滑る suberu
gliedern	構成する kōsei suru
glitzern	きらめく kirameku
glühen	白熱する hakunetsu suru
gönnen	喜んで認める yorokonde mitomeru
graben	掘る horu
gratulieren	お祝いを言う oiwai o yū
greifen	つかむ tsukamu
grenzen	隣接している rinsetsu shiteiru
grillen	グリルする guriru suru
grinsen	ニヤニヤ笑う niyaniya warau
grübeln	くよくよ考える kuyokuyo kangaeru
gründen	設立する setsuritsu suru
grunzen	ぶつぶつ不平を言う butsubutsu fuhei o yū
gruseln	ぞっとする zotto suru
grüßen	よろしくと伝える yoroshiku to tsutaeru
gucken	見る miru
gurgeln	うがいをする ugai o suru
gutmachen	償う tsugunau

H

haaren	毛が抜ける ke ga nukeru
haben	持っている motteiru
hacken	たたき割る tataki waru
hadern	不満を抱く fuman o idaku
hageln	あられが降る arare ga furu
häkeln	かぎ針で編む kagibari de amu
halbieren	半分にする hanbun ni suru
halten	つかんでいる tsukande iru
hämmern	ハンマーで打つ hanmā de utsu
handeln	行動をする kōdō o suru
handhaben	取り扱う toriatsukau
hängen	掛かっている kakatte iru
harmonieren	調和する chōwa suru
hassen	嫌う kirau
hauen	打つ utsu
heben	持ち上げる mochiageru
hecheln	荒い息をする arai iki o suru
heften	留める tomeru
hegen	大事にする daiji ni suru
heilen	治る naoru
heimfahren	家へ帰る ie e kaeru
heimzahlen	仕返をする shikaeshi o suru
heiraten	結婚する kekkon suru
heißen	。。。と呼ばれている …to yobarete iru
heizen	暖房する danbō suru
helfen	助ける tasukeru
herausfordern	挑む idomu
herrschen	支配する shihai suru

hervorrufen	引き起こす hikiokosu
hetzen	急ぐ isogu
heucheln	ふりをする furi o suru
heulen	泣きわめく nakiwameku
hinken	片足を引きずって歩く kataashi o hikizutte aruku
hinrichten	死刑にする shikei ni suru
hinterfragen	裏を探る ura o saguru
hinweisen	指摘する shiteki suru
hinzufügen	付け加える tsuke kuwaeru
hobeln	薄切りにする usugiri ni suru
hocken	しゃがむ shagamu
hoffen	望む nozomu
holen	取ってくる tottekuru
hören	聞く kiku
humpeln	片足を引きずって歩く kataashi o hikizutte aruku
hungern	空腹である kūfuku de aru
hupen	警笛を鳴らす keiteki o narasu
hüpfen	ぴょんぴょん跳ぶ pyonpyon tobu
husten	咳をする seki o suru
hüten	番をする ban o suru
hypnotisieren	催眠術にかける saiminjutsu ni kakeru

I

identifizieren	身元を確かめる mimoto o tashikameru
ignorieren	無視する mushi suru
impfen	予防接種する yobōsesshu suru
infizieren	感染する kansen suru
informieren	知らせる shiraseru
innehaben	占める shimeru
inspirieren	刺激を与える shigeki o ataeru
installieren	設置する secchi suru
integrieren	統合する tōgō suru
interessieren	興味を持つ kyōmi o motsu
interpretieren	解釈する kaishaku suru
interviewen	インタビューする intabyū suru
investieren	投資する tōshi suru
irreführen	迷わせる mayowaseru
irren	間違える machigaeru
irritieren	困惑させる konwaku saseru
isolieren	隔離する kakuri suru

J	
jagen	狩猟する shuryō suru
jammern	嘆く nageku
joggen	ジョギングする jogingu suru
jubeln	歓声をあげる kansei o ageru
jucken	かゆい kayui

K	
kämmen	とかす tokasu
kämpfen	戦う tatakau
kapitulieren	降伏する kōfuku suru
kaputtgehen	壊れる kowareru
kassieren	集金する shūkin suru
kauen	かむ kamu
kauern	しゃがんでいる shagande iru
kaufen	買う kau
kehren	掃く haku
kehrtmachen	方向転換する hōkōtenkan suru
kennen	知っている shitteiru
kennzeichnen	印をつける shirushi o tsukeru
keuchen	息を切らす iki o kirasu
kichern	くすくす笑う kusukusu warau
kidnappen	誘拐する yūkai suru
kitzeln	くすぐる kusuguru
klaffen	ぽっかりと口を開ける pokkari to kuchi o akeru
klagen	訴える uttaeru
klammern	クリップで留める kurippu de tomeru
klappen	うまくいく umaku iku
klappern	ガタガタと鳴る gatagata to naru
klären	明らかにする akiraka ni suru
klargehen	順調に行く junchō ni iku
klarkommen	うまくやっていく umaku yatteiku
klatschen	拍手する hakushu suru
kleben	貼る haru

kleckern	こぼして汚す koboshite yogosu
klettern	よじ登る yojinoboru
klicken	クリックする kurikku suru
klingeln	ベルを鳴らす beru o narasu
klingen	聞こえる kikoeru
klopfen	ノックする nokku suru
knabbern	かじって食べる kajitte taberu
knacken	ポキッと折る pokitto oru
knallen	バタンと閉める batan to shimeru
kneifen	つねる tsuneru
kneten	こねる koneru
knicken	折り曲げる orimageru
knien	ひざをつく hiza o tsuku
knirschen	ぎしぎし音を立てる gishigishi oto o tateru
knistern	パチパチ音を立てる pachipachi oto o tateru
knittern	しわになる shiwa ni naru
knöpfen	ボタンを掛ける botan o kakeru
knurren	うなる unaru
kochen	料理する ryōri suru
kombinieren	組み合わせる kumiawaseru
kommen	来る kuru
kommentieren	コメントする komento suru
können	。。。することができる …surukotoga dekiru
konstruieren	組み立てる kumitateru
konsumieren	消費する shōhi suru
kontrollieren	検査する kensa suru
konzentrieren	集中する shūchū suru
kooperieren	協力する kyōryoku suru
koordinieren	調整する chōsei suru
kopieren	コピーする copī suru
korrigieren	訂正する teisei suru
kosten	かかる kakaru
krabbeln	はいはいする haihai suru
krankmelden	病欠を届け出る byōketsu o todokederu
kratzen	引っかく hikkaku
kraulen	そっとなでる sotto naderu
kräuseln	カールする kāru suru
kreisen	旋回する senkai suru
kreuzen	交差させる kōsa saseru
kribbeln	むずむずする muzumuzu suru
kriechen	はって進む hatte susumu
kriegen	もらう morau
kritisieren	批判する hihansuru
krümeln	粉々になる konagona ni naru
krümmen	曲げる mageru
kühlen	冷やす hiyasu
kümmern	面倒をみる mendō o miru
kündigen	辞表を提出する jihyō o teishutsu suru
kürzen	短くする mijikaku suru
kuscheln	体を寄せる karada o yoseru
küssen	キスする kisu suru

L

lächeln	微笑む hohoemu
lachen	笑う warau
laden	積む tsumu
lagern	貯蔵する chozō suru
lähmen	まひしている mahi shiteiru
lahmlegen	まひさせる mahi saseru
landen	着く tsuku
langweilen	退屈させる taikutsu saseru
lassen	。。。させる ...saseru
lästern	悪口を言う waruguchi o yū
lauern	待ち伏せする machibuse suru
laufen	走る hashiru
läuten	鳴る naru
leben	生きている ikiteiru
lecken	なめる nameru
leeren	からにする kara ni suru
legen	寝かす nekasu
lehnen	寄りかかる yorikakaru
lehren	教える oshieru
leiden	苦しむ kurushimu
leihen *an jemanden*	貸す kasu
leisten	成し遂げる nashitogeru
leiten	先導する sendō suru
lenken	運転する unten suru
lernen	学ぶ manabu
lesen	読む yomu
leugnen	否定する hitei suru
lieben	愛する aisuru
liebkosen	愛撫する aibu suru
liefern	配達する haitatsu suru
liegen	横たわる yokotawaru
lispeln	舌足らずに話す shitatarazu ni hanasu
loben	ほめる homeru
locken	おびき寄せる obiki yoseru
lockern	ゆるめる yurumeru
löffeln	スプーンですくう supūn de sukuu
lohnen	価値がある kachiga aru
löschen	消す kesu
lösen	解決する kaiketsu suru
losfahren	出発する shuppatsu suru
loswerden	振り払う furiharau
lüften	換気する kanki suru
lügen	うそをつく uso o tsuku
lutschen	しゃぶる shaburu

M

machen	する suru
mahnen	警告する keikoku suru
mailen	メールで送る mēru de okuru
malen	描く egaku
manipulieren	操る ayatsuru
markieren	印をつける shirushi o tsukeru
massieren	マッサージする massāji suru
meditieren	瞑想する meisō suru
meiden	避ける sakeru
meinen	思う omou
meistern	マスターする masutā suru
melden	報告する hōkoku suru
merken	気付く kizuku
messen	測定する sokutē suru
miauen	ニャオと鳴く nyao to naku
mieten	借りる kariru
mindern	減らす herasu
mischen	混ぜる mazeru
missachten	無視する mushi suru
missbilligen	非難する hinan suru
missbrauchen	乱用する ranyō suru
missen	...なしで済ます ...nashi de sumasu
missfallen	気に入らない kiniiranai
missglücken	失敗に終わる shippai ni owaru
misshandeln	虐待する gyakutai suru
misslingen	失敗する shippai suru
misstrauen	不信を抱く fushin o idaku
missverstehen	誤解する gokai suru
mitbekommen	知ってしまう shitte shimau
mitfahren	一緒に乗って行く issho ni notteiku
mitfühlen	共感する kyōkan suru
mitmachen	参加する sanka suru
mitteilen	伝える tsutaeru
mixen	混ぜ合わせる maze awaseru
mögen	好きである suki de aru
morden	人を殺す hito o korosu
motivieren	やる気にさせる yaruki ni saseru
multiplizieren	掛ける kakeru
murmeln	つぶやく tsubuyaku
müssen	...しなければならない ...shinakereba naranai
mutmaßen	憶測する okusoku suru

N

nachahmen	まねる maneru
nachdenken	よく考えてみる yoku kangaetemiru
nachgeben	負ける makeru
nachholen	埋め合わせる umeawaseru
nachkommen	あとから来る/行く atokara kuru/iku
nachtragen	恨みに思う urami ni omou
nagen	かじる kajiru
nahekommen	親しくなる shitashiku naru
nahen	近づく chikazuku
nähen	縫う nuu
nähern	近づく chikazuku
nahestehen	親密な間柄である shinmitsuna aidagara de aru
naschen	甘いものを食べる amaimono o taberu
necken	からかう karakau
nehmen	取る toru
neiden	うらやむ urayamu
neigen	傾ける katamukeru
nennen	呼ぶ yobu
nerven	いらいらさせる iraira saseru
nicken	うなずく unazuku
niederknien	ひざまずく hizamazuku
niederlassen	定住する teijū suru
nieseln	霧雨が降る kirisame ga furu
niesen	くしゃみをする kushami o suru
nörgeln	けちばかりつける kechi bakari tsukeru
nummerieren	番号をつける bangō o tsukeru
nuscheln	もごもごと話す mogomogo to hanasu

O

öffnen	開ける akeru
ölen	油を塗る abura o nuru
operieren	手術する shujutsu suru
opfern	犠牲にする gisei ni suru
ordnen	整理する seiri suru
organisieren	企画準備する kikakujunbi suru
orientieren	方向を正す hōkō o tadasu

P

packen	詰める tsumeru
paddeln	こぐ kogu
parken	駐車する chūsha suru
passen	ぴったり合う pittari au
passieren	起こる okoru
petzen	告げ口する tsugeguchi suru
pfeffern	コショウをふる koshō o furu
pfeifen	口笛を吹く kuchibue o fuku
pflanzen	植える ueru
pflegen	手入れをする teire o suru
pflücken	摘む tsumu
picknicken	ピクニックをする pikunikku o suru
piepen	ピーピー鳴る pīpī naru
piepsen	ピヨピヨ鳴く piyopiyo naku
plagen	苦しめる kurushimeru
planen	計画する keikaku suru
planschen	水をばしゃばしゃさせる mizu o bashabasha saseru
plappern	ぺちゃくちゃしゃべる pechakucha shaberu
platzen	破裂する haretsu suru
platzieren	配置する haichi suru
plaudern	おしゃべりする oshaberi suru
pleitegehen	破産する hasan suru
pokern	ポーカーをする pōkā o suru
posieren	ポーズをとる pōzu o toru
prägen	鋳造する chūzō suru
prahlen	自慢する jiman suru
prallen	衝突する shōtotsu suru

präsentieren	提示する teiji suru
pressen	加圧する kaatsu suru
probieren	試す tamesu
protestieren	抗議する kōgi suru
provozieren	引き起こす hikiokosu
prüfen	調べる shiraberu
prügeln	殴る naguru
pupsen	おならをする onara o suru
pusten	吹く fuku
putzen	きれいにする kirei ni suru

Q

quaken	ケロケロ鳴く kerokero naku
quälen	拷問する gōmon
qualmen	煙を出す kemuri o dasu
quengeln	だだをこねる dada o koneru
quieken	キーキー鳴く kīkī naku
quietschen	キーキーきしむ kīkī kishimu

R

rächen	かたきを討つ kataki o utsu
radeln	自転車で走る jitensha de hashiru
rascheln	カサカサ音を立てる kasakasa oto o tateru
rasen	疾走する shissō suru
rasieren	ひげを剃る hige o soru
rasseln	ガチャガチャと音を立てる gachagacha to oto o tateru
raten	推測する suisoku suru
rätseln	あれこれ考える arekore kangaeru
rattern	ガタガタと音を立てる gatagata to oto o tateru
rauben	奪う ubau
rauchen	タバコを吸う tabako o sū
rauschen	さらさらと音を立てる sarasara to oto o tateru
räuspern	咳払いをする sekibarai o suru
rausschmeißen	追い出す oidasu
reagieren	反応する hannō suru
realisieren	実現する jitsugen suru
rebellieren	反抗する hankō suru
rechnen	計算する keisan suru
rechtfertigen	弁明する benmei suru
recyceln	リサイクルする risaikuru suru
reden	話す hanasu
regeln	規制する kisei suru
regen	動かす ugokasu
regieren	統治する tōji suru
registrieren	登録する tōroku suru
regnen	雨が降る ame ga furu
reiben	こする kosuru
reichen	十分である jūbun de aru
reimen	韻をを踏む in o fumu
reinigen	きれいにする kirei ni suru
reinlegen	ひっかける hikkakeru
reisen	旅行する ryokō suru
reißen	破る yaburu
reiten	乗る noru
reizen	そそる sosoru
rekeln	手足を伸ばす teashi o nobasu
rennen	駆ける kakeru
renovieren	改装する kaisō suru
reparieren	修理する shūri suru
reservieren	予約する yoyaku suru
respektieren	尊重する sonchō suru
retten	救助する kyūjo suru
revanchieren	復讐する fukushū suru
richtigstellen	正す tadasu
riechen	匂いがする nioi ga suru
riskieren	危険を冒す kiken o okasu
rollen	転がる korogaru
röntgen	レントゲン写真を撮る rentogen shashin o toru
rosten	錆びる sabiru
rubbeln	ごしごしこする goshigoshi kosuru
rückerstatten	払い戻す harai modosu
rudern	ボートをこぐ bōto o kogu
rufen	呼ぶ yobu
ruhen	休む yasumu

rühren	かき混ぜる kakimazeru
ruinieren	破滅する hametsu suru
rutschen	滑る suberu
rütteln	揺する yusuru

S

sagen	言う yū
sägen	鋸で切る nokogiri de kiru
salzen	塩を加える shio o kuwaeru
sammeln	集める atsumeru
säubern	汚れを取る yogore o toru
saugen	吸う suu
schaden	だめにする dameni suru
schaffen	成しとげる nashi togeru
schälen	むく muku
schalten	切り替える kirikaeru
schämen	恥じる hajiru
schätzen	。。。と思う ...to omō
schauen	見る miru
schaufeln	シャベルですくう shaberu de sukū
schaukeln	ブランコに乗る buranko ni noru
schäumen	泡立つ awadatsu
scheinen	。。。のように見える ...no yōni mieru
scheitern	挫折する zasetsu suru
schenken	プレゼントする purezento suru
scherzen	冗談を言う jōdan o yū
scheuchen	追い払う oiharau
scheuen	しりごみする shirigomi suru
schicken	送る okuru
schieben	押しやる oshiyaru
schiefgehen	うまくいかない umaku ikanai
schielen	斜視である shashi de aru
schießen	撃つ utsu

schildern	描写する	byōsha suru
schimmeln	かびが生える	kabi ga haeru
schimpfen	叱る	shikaru
schlafen	寝る	neru
schlagen	たたく	tataku
schlecken	なめる	nameru
schleichen	こっそり歩く	kossori aruku
schleppen	ひっぱっていく	hippatte iku
schließen	閉じる	tojiru
schluchzen	むせび泣く	musebi naku
schlucken	飲み込む	nomikomu
schlüpfen	素早く着る	subayaku kiru
schmarotzen	居候する	isōrō suru
schmatzen	ピチャピチャ音をたてる	pichapicha oto o tateru
schmecken	味がする	ajiga suru
schmeißen	投げる	nageru
schmelzen	溶ける	tokeru
schmerzen	痛む	itamu
schminken	化粧をする	keshō o suru
schmollen	すねる	suneru
schmücken	飾る	kazaru
schmunzeln	ニヤッと笑う	niyatto warau
schnarchen	いびきをかく	ibiki o kaku
schnauben	荒い鼻息を立てる	arai hanaiki o tateru
schnaufen	荒い息遣いをする	arai ikizukai o suru
schneiden	切る	kiru
schneien	雪が降る	yuki ga furu
schnurren	喉をゴロゴロいわせる	nodo o gorogoro iwaseru
schocken	ショックを与える	shokku o ataeru
schockieren	びっくりさせる	bikkuri saseru
schonen	いたわる	itawaru
schrauben	ねじる	nejiru
schreiben	書く	kaku
schreien	叫ぶ	sakebu
schubsen	押す	osu
schummeln	ごまかす	gomakasu
schütteln	揺さぶる	yusaburu
schütten	注ぐ	sosogu
schützen	守る	mamoru
schwächen	弱める	yowameru
schwanken	ぐらつく	guratsuku
schwänzen	さぼる	saboru
schwärmen	熱を上げる	netsu o ageru
schwarzfahren	無賃乗車する	muchinjōsha suru
schweben	漂う	tadayou
schweigen	黙っている	damatteiru
schwerfallen	困難である	konnan de aru
schwimmen	泳ぐ	oyogu
schwindeln	うそをつく	uso o tsuku
schwingen	揺れる	yureru
schwirren	ブンブンと音を出す	bunbun to oto o dasu
schwitzen	汗をかく	ase o kaku
schwören	誓う	chikau
segeln	帆走する	hansō suru

sehen	見える mieru
sehnen	切望する setsubō suru
sein	。。。である …de aru
senden	送る okuru
senken	下げる sageru
servieren	食事を出す shokuji o dasu
setzen	座る suwaru
seufzen	ため息をつく tameiki o tsuku
sichergehen	確実な方法をとる kakujitsuna hōhō o toru
sichern	守る mamoru
sicherstellen	保障する hoshō suru
siegen	勝つ katsu
siezen	「Sie」で話しかける “Sie“ de hanashi kakeru
simsen	ショートメールを送る shōtomēru o okuru
singen	歌う utau
sinken	沈む shizumu
sitzen	座っている suwatte iru
skaten	スケートをする sukēto o suru
sollen	。。。しなくてはいけない …shinakutewa ikenai
sonnen	日に当たる hi ni ataru
sorgen	心配する shinpai suru
sortieren	分類する bunrui suru
sparen	節約する setsuyaku suru
spaßen	冗談を言う jōdan o yū
spazieren	歩き回る aruki mawaru
speichern	保存する hozon suru
speisen	食事をする shokuji o suru
spekulieren	投機をする tōki o suru
spenden	寄付する kifu suru
sperren	閉鎖する heisa suru
spiegeln	反映する hanei suru
spielen	遊ぶ asobu
spinnen	気がふれている ki ga fureteiru
spitzen	とがらす togarasu
spotten	あざ笑う azawarau
sprechen	話す hanasu
spreizen	広げる hirogeru
sprengen	爆破する bakuha suru
sprießen	発芽する hatsuga suru
springen	跳ぶ tobu
spritzen	散布する sanpu suru
sprudeln	泡立つ awadatsu
sprühen	吹き付ける fukitsukeru
spucken	つばを吐く tsuba o haku
spuken	幽霊がでる yūrei ga deru
spülen	洗い流す arai nagasu
spüren	感じる kanjiru
stammen	。。。の出身である …no shusshin de aru
stapeln	積み重ねる tsumikasaneru
stärken	強くする tsuyoku suru
starren	じっと見つめる jitto mitsumeru
starten	始める hajimeru
stattfinden	開催させる kaisai sareru
staunen	驚く odoroku
stechen	突き刺す tsukisasu
stecken *Schlüssel*	差し込んである sashikonde aru

stehen	立っている tatteiru
stehlen	盗む nusumu
steigen	のぼる noboru
steigern	高める takameru
stellen	置く oku
sterben	死ぬ shinu
steuern	操縦する sōjū suru
stieren	見つめる mitsumeru
stillen	授乳する junyū suru
stillhalten	じっとしている jitto shiteiru
stillliegen	操業を停止している sōgyō o teishi shiteiru
stimmen	合っている atteiru
stinken	悪臭を放つ akushū o hanatsu
stöbern	かき回して探す kakimawashite sagasu
stocken	言葉に詰まる kotoba ni tsumaru
stöhnen	うめく umeku
stolpern	つまずく tsumazuku
stoppen	止める tomeru
stören	邪魔をする jama o suru
stoßen	突く tsuku
stottern	つかえながら言う tsukaenagara yū
strafen	罰する bassuru
straffen	ぴんと張る pin to haru
strahlen	光り輝く hikari kagayaku
strampeln	手足をバタバタさせる teashi o batabata saseru
strapazieren	神経を疲れさせる shinkei o tsukaresaseru
sträuben	抵抗する teikō suru
streben	努力する doryoku suru
strecken	伸ばす nobasu
streicheln	なでる naderu
streichen	塗る nuru
streifen	軽く触れる karuku fureru
streiken	ストライキする sutoraiki suru
streiten	言い争う iiarasou
streuen	振りかける furikakeru
stricken	編む amu
studieren	大学で勉強する daigaku de benkyō suru
stürmen	吹き荒れる fukiareru
stürzen	転ぶ korobu
stutzen	立ちすくむ tachisukumu
stützen	支える sasaeru
subtrahieren	引く hiku
suchen	探し求める sagashimotomeru
summen	ブンブンと鳴る bunbun to naru
sündigen	罪を犯す tsumi o okasu
surfen	サーフィンする sāfin suru
süßen	甘くする amaku suru

T

tadeln	非難する hinan suru
tanken	給油する kyūyu suru
tanzen	踊る odoru
tapezieren	壁紙を貼る kabegami o haru
tappen	よたよた歩く yotayota aruku
tarnen	偽装する gisō suru
tasten	手探りする tesaguri suru
tauchen	もぐる moguru
tauen	溶ける tokeru
taufen	洗礼を施す senrei o hodokosu
taugen	適している tekishite iru
taumeln	よろめく yoromeku
tauschen	交換する kōkan suru
täuschen	裏切る uragiru
teilen	分け合う wakeau
teilnehmen	参加する sanka suru
telefonieren	電話する denwa suru
testen	テストする tesuto suru
ticken	カチカチ音をたてる kachikachi oto o tateru
tippen	タイプする taipu suru
toben	暴れる abareru
tolerieren	許容する kyoyō suru
töten	死なせる shinaseru
totfahren	ひき殺す hikikorosu
totschießen	射殺する shasatsu suru
totschlagen	殴り殺す naguri korosu
tragen	持ち運ぶ mochihakobu
trainieren	トレーニングする torēningu suru
trampeln	足を踏み鳴らす ashi o fuminarasu
tränen	涙を流す namida o nagasu
transportieren	輸送する yusō suru
trauen	信用する shinyō suru
trauern	嘆き悲しむ nageki kanashimu
träumen	夢を見る yume o miru
treffen	会う au
trennen	切り離す kirihanasu
treten	蹴る keru
trinken	飲む nomu
trocknen	乾く kawaku
trödeln	ぐずぐずする guzuguzu suru
trommeln	ドラムをたたく doramu o tataku
tröpfeln	滴り落ちる shitatari ochiru
tropfen	滴下する tekika suru
trösten	慰める nagusameru
trotzen	強情である gōjō dearu
trügen	惑わす madowasu
tun	する suru
turnen	体操をする taisō o suru
tyrannisieren	暴虐を加える bōgyaku o kuwaeru

U

üben	練習する renshū suru
überanstrengen	酷使する kokushi suru
überarbeiten	手を加える te o kuwaeru
überblicken	概観する gaikan suru
überbringen	届ける todokeru
überbrücken	橋をかける hashi o kakeru
überdenken	じっくり考える jikkuri kangaeru
übereinstimmen	同意見である dōiken dearu
überfahren	ひく hiku
überfallen	襲う osou
überfordern	過大な要求をする kadaina yōkyū o suru
übergeben	吐く haku
überholen	追い越す oikosu
überhören	気かぬふりをする kikanufuri o suru
überlappen	部分的に重なる bubunteki ni kasanaru
überlassen	引き渡す hikiwatasu
überleben	生き残る ikinokoru
überlegen	よく考える yoku kangaeru
überlisten	策略でだます sakuryaku de damasu
übernachten	泊まる tomaru
übernehmen	引き取る hikitoru
überprüfen	再検査する saikensa suru
überqueren	横切る yokogiru
überraschen	驚かせる odorokaseru
überreden	説得する settoku suru
überreichen	手渡す tewatasu
überschatten	影でおおう kagede ōu
überschätzen	過大評価する kadaihyōka suru
überschlagen	宙返りする chūgaeri suru
überschnappen	かちっと外れる kachitto hazureru
überschneiden	交差する kōsa suru
überschütten	注ぎかける sosogi kakeru
überschwemmen	氾濫する hanran suru
übersehen	見渡す miwatasu
übersetzen	翻訳する honyaku suru
überspielen	巧みに隠す takumi ni kakusu
übersteigen	上回る uwamawaru
überstrapazieren	極度に酷使する kyokudo ni kokushi suru
überstürzen	大慌てでする ōawate de suru
übertragen	移動する idō suru
übertreffen	まさる masaru
übertreiben	誇張する kochō suru
überwachen	監督する kantoku suru
überwältigen	圧倒する attō suru
überweisen	振り込む furikomu
überwiegen	優勢である yūsei dearu
überwinden	克服する kokufuku suru
überzeugen	納得させる nattoku saseru
überziehen	かぶせる kabuseru
umarmen	抱きしめる dakishimeru
umbauen	改築する kaichiku suru
umbenennen	名を改める na o aratameru
umblättern	めくる mekuru

umbringen	殺す korosu
umdrehen	回転させる kaiten saseru
umfallen	倒れる taoreru
umfassen	含む fukumu
umgehen	回避する kaihi suru
umhängen	掛ける kakeru
umkehren	引き返す hikikaesu
umkippen	ひっくり返る hikkuri kaeru
umklammern	しがみつく shigamitsuku
umkommen	命を失う inochi o ushinau
umleiten	迂回する ukai suru
umräumen	配置を変える haichi o kaeru
umreißen	要点を述べる yōten o noberu
umrühren	かき混ぜる kakimazeru
umschalten	切り替える kirikaeru
umsehen	振り返る furikaeru
umsetzen	実行に移す jikkō ni utsusu
umsteigen	乗り換える norikaeru
umstimmen	気持ちを変えさせる kimochi o kaesaseru
umstürzen	ひっくり返す hikkurikaesu
umtauschen	交換する kōkan suru
umwerfen	投げ倒す nagetaosu
umziehen	引っ越す hikkosu
unterbrechen	中断する chūdan suru
unterdrücken	抑える osaeru
untergehen	沈む shizumu
unterhalten	語り合う katariau
unterlassen	やめる yameru
unternehmen	行う okonau
unterrichten	教える oshieru
untersagen	禁じる kinjiru
unterschätzen	過小評価する kashōhyōka suru
unterscheiden	区別する kubetsu suru
unterschreiben	署名する shomei suru
unterstellen	なすりつける nasuritsukeru
unterstreichen	強調する kyōchō suru
unterstützen	支援する shien suru
untersuchen	調べる shiraberu
untertauchen	姿を消す sugata o kesu
unterteilen	分割する bunkatsu suru
urteilen	判定を下す hantei o kudasu

V

verabreden	会う約束をする au yakusoku o suru
verabschieden	別れを告げる wakare o tsugeru
verachten	軽蔑する keibetsu suru
verallgemei-nern	一般化する ippanka suru
verändern	変える kaeru
verängstigen	おびえさせる obiesaseru
verantworten	責任を負う sekinin o ou
verarbeiten	加工する kakō suru
verärgern	感情を害する kanjō o gaisuru
verarzten	応急手当をする ōkyūteate o suru
verbergen	隠す kakusu
verbessern	改善する kaizen suru
verbeugen	お辞儀をする ojigi o suru
verbiegen	曲げて駄目にする magete dame ni suru
verbieten	禁止する kinshi suru
verbinden	つなぐ tsunagu
verbleiben	とどまる todomaru
verbluten	出血多量で死ぬ shukketsutaryō de shinu
verbrauchen	使う tsukau
verbreiten	広める hiromeru
verbrennen	焼く yaku
verbringen	過ごす sugosu
verdächtigen	疑いをかける utagai o kakeru
verdanken	おかげである okage dearu
verdauen	消化する shōka suru
verdecken	覆い隠す ōi kakusu
verderben	傷む itamu
verdeutlichen	明確にする meikaku ni suru
verdienen	稼ぐ kasegu
verdoppeln	2倍にする nibai ni suru
verdrängen	抑圧する yokuatsu suru
verdursten	喉が渇いて死ぬ nodo ga kawaite shinu
verehren	尊敬する sonkei suru
vereinbaren	取り決める torikimeru
vereinen	まとまる matomaru
vereinfachen	簡素化する kansoka suru
vereinheit-lichen	統一する tōitsu suru
vereinigen	一体化する ittaika suru
verfallen	荒廃する kōhai suru
verfälschen	曲げる mageru
verfassen	書く kaku
verfaulen	腐敗する fuhai suru
verfehlen	会いそこねる aisokoneru
verfeinern	向上する kōjō suru
verfluchen	呪う norou
verfolgen	追う ou
verfügen	命じる meijiru
verführen	誘惑する yūwaku suru
vergehen	過ぎ去る sugisaru
vergelten	報いる mukuiru
vergessen	忘れる wasureru
vergeuden	無駄に使う muda ni tsukau
vergewaltigen	強姦する gōkan suru
vergewissern	確かめる tashikameru
vergiften	毒を加える doku o kuwaeru

vergleichen	比較する hikaku suru
vergnügen	楽しむ tanoshimu
vergraben	隠す kakusu
vergrößern	拡大する kakudai suru
verhaften	逮捕する taiho suru
verhalten	振る舞う furumau
verhandeln	交渉する kōshō suru
verhängen	課す kasu
verharmlosen	軽視する keishi suru
verharren	じっとしている jittoshiteiru
verheilen	傷が治る kizu ga naoru
verheimlichen	隠す kakusu
verherrlichen	褒めたたえる hometataeru
verhexen	魔法にかける mahō ni kakeru
verhindern	防ぐ fusegu
verhören	尋問する jinmon suru
verhüllen	覆い隠す ōi kakusu
verhungern	飢え死にする uejini suru
verhüten	予防する yobō suru
verirren	迷い込む mayoikomu
verjagen	追い払う oiharau
verkaufen	売る uru
verklagen	訴える uttaeru
verkleiden	変装する hensō suru
verkleinern	縮小する shukushō suru
verknoten	結び合わせる musubiawaseru
verknüpfen	結びつける musubitsukeru
verkommen	腐る kusaru
verkörpern	体現する taigen suru
verkraften	処理する shori suru
verkrampfen	こわばる kowabaru
verkümmern	伸び悩む nobinayamu
verkürzen	短くする mijikaku suru
verlangen	要求する yōkyū suru
verlängern	延長する enchō suru
verlangsamen	遅くする osoku suru
verlassen	離れる hanareru
verlaufen	道に迷う michi ni mayou
verleihen	貸す kasu
verlernen	忘れる wasureru
verletzen	負傷させる fushō saseru
verleugnen	否認する hinin suru
verleumden	中傷する chūshō suru
verlieben	惚れる horeru
verlieren	紛失する funshitsu suru
verloben	婚約する konyaku suru
vermehren	増やす fuyasu
vermeiden	避ける sakeru
vermieten	貸す kasu
vermischen	混ぜる mazeru
vermissen	いなくて寂しく思う inakute sabishiku omou
vermitteln	仲介する chūkai suru
vermuten	推測する suisoku suru
vernachlässigen	おろそかにする orosoka ni suru
vernehmen	尋問する jinmon suru
verneigen	お辞儀をする ojigi o suru
verneinen	否定する hitei suru
vernichten	全滅させる zenmetsu saseru
veröffentlichen	公表する kōhyō suru

verordnen	処方する shohō suru
verpacken	包む tsutsumu
verpassen	のがす nogasu
verpflichten	義務づける gimuzukeru
verprügeln	さんざんに殴る sanzan ni naguru
verraten	裏切る uragiru
verrechnen	計算を間違える keisan o machigaeru
verreisen	旅に出る tabini deru
verrenken	ねじ曲げる nejimageru
verriegeln	かんぬきを掛ける kannuki o kakeru
verringern	減らす herasu
versagen	作動しない sadō shinai
versammeln	集合させる shūgō saseru
versäumen	遅れる okureru
verschenken	贈る okuru
verschicken	発送する hassō suru
verschieben	位置を変える ichi o kaeru
verschimmeln	かびる kabiru
verschlafen	寝過ごす nesugosu
verschlechtern	悪化する akka suru
verschließen	ふたをする futa o suru
verschlimmern	悪化させる akka saseru
verschlucken	むせる museru
verschmutzen	よごす yogosu
verschonen	被害を免れさせる higai o manogaresaseru
verschönern	より美しくする yori utsukushiku suru
verschütten	こぼす kobosu

verschweigen	黙っている damatte iru
verschwenden	無駄遣いする mudazukai suru
verschwimmen	ぼやける boyakeru
verschwinden	消える kieru
verschwören	共謀する kyōbō suru
versenden	発送する hassō suru
versetzen	移動させる idō saseru
verseuchen	汚染する osen suru
versichern	断言する dangen suru
versickern	にじみ出る nijimi deru
versinken	沈む shizumu
versöhnen	仲直りする nakanaori suru
versorgen	面倒をみる mendō o miru
verspäten	遅れる okureru
versperren	ふさぐ fusagu
verspotten	ばかにする bakani suru
versprechen	約束する yakusoku suru
verspüren	感じる kanjiru
verständigen	通知する tsūchi suru
verstärken	強化する kyōka suru
verstauben	ほこりにまみれる hokori ni mamireru
verstauchen	捻挫する nenza suru
verstecken	隠す kakusu
verstehen	理解する rikaisuru
versteigern	競売にかける kyōbai ni kakeru
verstellen	調節する chōsetsu suru
verstopfen	ふさぐ fusagu
verstoßen	違反する ihan suru
verstreichen	塗り広げる nurihirogeru

verstummen	黙り込む damarikomu
versuchen	試みる kokoromiru
versüßen	楽しいものにする tanoshii mono ni suru
vertagen	延期する enki suru
vertauschen	取り違える torichigaeru
verteidigen	防衛する bōei suru
verteilen	分配する bunpai suru
vertiefen	深まる fukamaru
vertragen	耐える taeru
vertrauen	信用する shinyō suru
vertreiben	追い出す oidasu
vertreten	代理をする dairi o suru
vertrocknen	干からびる hikarabiru
vertrödeln	無駄に過ごす mudani sugosu
vertrösten	ごまかしを言って慰める gomakashi o itte nagusameru
vertuschen	隠蔽する inpei suru
verübeln	悪く解釈する waruku kaishaku suru
verüben	犯す okasu
verunglücken	事故にあう jiko ni au
verunsichern	ぐらつかせる guratsukaseru
verunstalten	醜くする minikukusuru
verursachen	引き起こす hikiokosu
verurteilen	有罪の判決を下す yūzai no hanketsu o kudasu
verwechseln	混同する kondō suru
verweigern	拒む kobamu
verwelken	しぼむ shibomu
verwenden	使う tsukau
verwirklichen	実現する jitsugen suru
verwirren	混乱させる konran saseru
verwischen	ぼやけさせる boyake saseru
verwöhnen	甘やかす amayakasu
verwunden	負傷させる fushō saseru
verzaubern	魅了する miryō suru
verzehren	衰弱させる suijaku saseru
verzeichnen	書き留める kaki tomeru
verzeihen	許す yurusu
verzerren	ゆがめる yugameru
verzichten	放棄する hōki suru
verzieren	装飾する sōshoku suru
verzögern	遅らせる okuraseru
verzweifeln	絶望する zetsubō suru
voraussagen	予言する yogensuru
vorbeifahren	通り過ぎる tōri sugiru
vorbereiten	準備をする junbi o suru
vorbeugen	防止する bōshi suru
vordrängeln	押しのけながら前へ出る oshinokenagara mae e deru
vorenthalten	知らせない shirasenai
vorfallen	起こる okoru
vorfinden	見いだす miidasu
vorgeben	口実にする kōjitsu ni suru
vorhaben	意図する ito suru
vorhersehen	予測する yosoku suru
vorkommen	起こる okoru
vorlesen	読んで聞かせる yonde kikaseru
vormachen	やって見せる yatte miseru
vornehmen	もくろむ mokuromu

vorschlagen	提案する teian suru
vorschreiben	指図する sashizu suru
vorsorgen	あらかじめ準備する arakajime junbi suru
vorstellen	想像する sōzō suru
vortäuschen	振りをする furi o suru
vortragen	述べる noberu
vorübergehen	通り過ぎる tōrisugiru
vorweisen	提示する teiji suru
vorwerfen	責める semeru
vorzeigen	見せる miseru
vorziehen	。。。より好む …yori konomu

W

wachsen	成長する seichō suru
wackeln	ぐらぐらする guragura suru
wagen	危険にさらす kiken ni sarasu
wählen	選ぶ erabu
wahrnehmen	気付く kizuku
wandern	ハイキングする haikingu suru
warnen	警告する keikoku suru
warten	待つ matsu
waschen	洗う arau
wechseln	取り替える torikaeru
wecken	起こす okosu
wegfahren	出発する shuppatsu suru
wegfallen	中止される chūshi sareru
weggehen	立ち去る tachisaru
weglassen	省略する shōryaku suru
wegnehmen	取り去る torisaru
wegrennen	逃げる nigeru
wegschicken	発送する hassō suru
wegschmeißen	投げ捨てる nagesuteru
wehren	阻止する soshi suru
weigern	拒む kobamu
weinen	泣く naku
welken	しおれる shioreru
wellen	波打つ namiutsu
wenden	裏返す uragaesu
werden	。。。になる … ni naru
werfen	投げる nageru
wetten	賭ける kakeru

wickeln *Baby*	おむつを替える omutsu o kaeru
widerlegen	論破する ronpa suru
widersetzen	逆らう sakarau
widerspiegeln	反映する hanei suru
widerstehen	抵抗する teikō suru
widmen	ささげる sasageru
wiedergeben	返す kaesu
wiederholen	繰り返す kurikaesu
wiederkehren	帰ってくる kaette kuru
wiederkommen	戻ってくる modotte kuru
wiedersehen	再び見る futatabi miru
wiegen	重さを量る omosa o hakaru
wiehern	いななく inanaku
wimmeln	いっぱいである ippai dearu
wimmern	しくしく泣く shikushiku naku
winden	風が吹く kaze ga fuku
winken	手を振る te o furu
winseln	クンクン鳴く kunkun naku
wippen	上下に揺れる jōge ni yureru
wirken	。。。のように見える ...no yōni mieru
wischen	ふき取る fukitoru
wispern	ささやく sasayaku
wissen	知っている shitteiru
wohnen	住んでいる sunde iru
wollen	望む nozomu
wundern	驚かせる odorokaseru
wünschen	願う negau
würdigen	正しく評価する tadashiku hyōka suru
würfeln	振って出す futte dasu
würgen	首を絞める kubi o shimeru
würzen	味付けする ajitsuke suru

Z

zahlen	支払う shiharau
zählen	数える kazoeru
zähmen	飼いならす kainarasu
zanken	口げんかをする kuchigenka o suru
zappeln	そわそわする sowasowa suru
zaubern	魔法をかける mahō o kakeru
zeichnen	図面を書く zumen o kaku
zeigen	見せる miseru
zelten	テントに泊まる tento ni tomaru
zerbrechen	割る waru
zerdrücken	押しつぶす oshitsubusu
zerfallen	崩壊する hōkai suru
zerkleinern	細かく刻む komakaku kizamu
zerknüllen	しわくちゃにする shiwakucha ni suru
zerkratzen	引っかき傷をつける hikkakikizu o tsukeru
zerkrümeln	細かく砕く komakaku kudaku
zerreißen	引き裂く hikisaku
zerren	無理やり引っ張る muriyari hipparu
zerschlagen	砕く kudaku
zerspringen	割れて粉々になる warete konagona ni naru
zerstören	破壊する hakai suru
zertreten	踏みつぶす fumitsubusu
zertrümmern	粉々にする konagona ni suru
ziehen	引く hiku
zielen	狙う nerau
zieren	飾る kazaru
zischen	シューという音を出す „shū“ to yū oto o dasu
zittern	震動する shindō suru
zögern	ためらう tamerau
zoomen	拡大する kakudai suru
zubeißen	かみつく kamitsuku
zubereiten	用意をする yōi o suru
zubinden	結ぶ musubu
zublinzeln	目くばせする mekugase suru
zucken	ピクピク動く pikupiku ugoku
zücken	さっと引き抜く satto hikinuku
zudecken	ふたをする futa o suru
zudrehen	栓ひねって止める sen o hinette tomeru
zufriedengeben	満足する manzoku suru
zufriedenlassen	そっとしておく sottoshite oku
zufügen	与える ataeru
zugeben	白状する hakujō suru
zugreifen	飛びつく tobitsuku
zugucken	眺める nagameru
zuhören	耳を傾ける mimi o katamukeru
zujubeln	。。。に歓声をあげる … ni kansei o ageru
zuknöpfen	ボタンを掛ける botan o kakeru
zulächeln	ほほえみかける hohoemi kakeru
zulassen	許す yurusu
zumachen	閉める shimeru
zumuten	期待する kitai suru
zünden	点火する tenka suru
zunehmen	増加する zōka suru

zunichtemachen	打ち砕く uchikudaku
zunicken	会釈する eshaku suru
zuordnen	割り当てる wariateru
zupacken	しっかりつかむ shikkari tsukamu
zupfen	つま弾く tsumahajiku
zurechtfinden	見当がつく kentō ga tsuku
zurücknehmen	撤回する tekkai suru
zurufen	大声で伝える ōgoe de tsutaeru
zusagen	承諾する shōdaku suru
zusammenhängen	関連がある kanren ga aru
zusammenprallen	衝突する shōtotsu suru
zusammenschreiben	一語に書く ichigo ni kaku
zuschicken	送付する sōfu suru
zuschlagen	勢いよくばたんと閉める ikioiyoku batan to shimeru
zuschließen	鍵を掛ける kagi o kakeru
zuschrauben	ねじって締める nejitte shimeru
zusehen	眺める nagameru
zusichern	確約する kakuyaku suru
zuspielen	パスする pasu suru
zuspitzen	深刻化する shinkokuka suru
zustimmen	同意する dōi suru
zustoßen	ふりかかる furikakaru
zutrauen	自信がある jishin ga aru
zutreffen	正しい tadashii
zuvorkommen	先手を打つ sente o utsu
zuwenden	向ける mukeru
zuziehen	引いて閉める hiite shimeru
zwängen	力ずくで押し込む chikarazuku de oshikomu
zweifeln	疑う utagau
zwicken	つねる tsuneru
zwingen	強いる shiiru
zwinkern	まばたきする mabataki suru

INDEX DEUTSCH –
索引　ドイツ語
sakuin doitsugo

INDEX JAPANISCH –
索引　日本語
sakuin nihongo

INDEX DEUTSCH – 索引　ドイツ語 sakuin doitsugo

INDEX DEUTSCH – GERMAN INDEX

3D-Film, der 227
7-Meter-Linie, die 191
9. September 2021, der 328

A

Aal, der 70, 317
Abblendlicht, das 108
Abdeckband, das 61
Abdeckcreme, die 35
Abdeckfolie, die 61
Abend, der 328
Abenddämmerung, die 328
Abfahrtslauf, der 206
Abfalleimer, der 133
Abflug, der 124
Abfluss, der 54
abheben 178
Abitur, das 148
abkühlen, sich 211
Ablage, die 166
Ablage für Eingänge, die 166
Ablagetisch, der 41
abnehmende Mond, der 278
Abonnement, das 182
Absatz, der 33
Abschlag, der 198
abschleppen 105
Abschleppwagen, der 119
Abschlussball, der 151
abschmirgeln 59
abschuppen 71
Abseilen, das 208
Abseits, das 190
abseits der Piste 206
Absender, der 184
Absperrhahn, der 54
abspielen 179
abstrakte Malerei, die 222
Abteilung für Hals-Nasen-Ohrenheilkunde, die 259
Abtropfsieb, das 47
Abtropfständer, der 48
Abwehrspieler, der 191, 192
Abwesenheitsnotiz, die 176
abwischen 57
Achillessehne, die 242
Achselhöhle, die 238
acht 322
acht Uhr 326
achte(r, s) 323
Achtel, ein 324
Achtersteven, der 201
Achtung, Gefahr! 275
achtzehn 322
achtzehn Uhr 327
achtzehnte(r, s) 323
achtzig 322
achtzigste(r, s) 324
Ackerbohne, die 78
Acre, der 330
Acrylfarbe, die 221
Acryllack, der 61
Adapter, der 62
addieren 325
Adler, der 315
Adrenalin, das 269
Adresse, die 184
Aerobic, das 211
Afghanistan 293
Afrikanische Union, die 297
Ägypten 290
Ahorn, der 305
Ahornsirup, der 89
Aids, das 253
Airbag, der 110
Akademie für darstellende Künste, die 158
Akkordeon, das 218
Akku, der 59, 177
Akkubohrer, der 59
Akte, die 166
Aktenschrank, der 166
Aktentasche, die 33
Aktenvernichter, der 166
Aktiengesellschaft (AG), die 164
Aktionär, der 164
Aktionärin, die 164
Aktmalerei, die 222
Akupunktur, die 264
akustische Gitarre, die 217
Albanien 285
Albtraum, der 51
Algerien 290
alkoholfreie Bier , das 90
alle 325
Allergie, die 251
Alles Gute zum Geburtstag! 20
Alligator, der 316
Allwetterreifen, der 111
Alpen, die 283
Als Vorspeise/Hauptgericht/Nachtisch nehme ich ... 100
alt 24
Altbau, der 39
Altglas, das 44
Altstadt, die 130
Alufolie, die 46
Alzheimer, der 253
Amaretto, der 91
Amazonien 283
ambulante Patient, der 259
Ameise, die 319
Ameisenbär, der 313
American Football, der 194
Amethyst, der 304
Ampel, die 104, 133
Ampere, das 62
an Bord gehen 127
an der Ecke 133
Analogkamera, die 228
Ananas, die 80
Ananasguave, die 80
Anästhesist, der 260
Anbau, der 38
anbeißen 205
anbraten 93
Anden, die 283
Andorra 285
angeekelt 26
Angel, die 204
Angel auswerfen, die 205
Angelausrüstung, die 204
Angelhaken, der 204
Angelrolle, die 204
Angelrute, die 204
Angelschein, der 205
Angelschnur, die 204
Angestellte, der 164
Angler, der 204
Anglerweste, die 204
Angola 290
angreifen 189
Angriffslinie, die 192
Angriffsspieler, der 191
Angriffszone, die 192
anhalten 105
Anhang, der 176
Anhänger, der 119
Anker, der 200
Anker werfen/lichten, den 127
Ankunft, die 124
anlegen 127
anmachen 85
Anrichte, die 43
Anrufbeantworter, der 178
anschnallen, sich 123
Anstoßpunkt, der 188
Antarktis, die 284
Antenne, die 108, 181
Antigua und Barbuda 287
Antiquitätenladen, der 139
Anus, der 247
Anzeige, die 182
Anzeigetafel, die 125, 194
Anzug, der 29
Aperitif, der 99
Apfel, der 79
Apfelsaft, der 90
Apfelschorle, die 90
Apotheke, die 139
Apothekerin, die 160, 262
App, die 177
Applaus, der 215
Après-Ski, das 207
Aprikose, die 79
April, der 329
Aquamarin, der 304
Aquarellmalerei, die 222
Aquarium, das 144, 317
Äquator, der 284
Äquatorialguinea 290
Arabische Liga, die 297
Arabische Meer, das 282
arbeiten 52
Arbeitgeber, der 169
Arbeitnehmer, der 169
Arbeitsbedingungen, die 159
Arbeitsplatte, die 44
Arbeitsplatz, der 166
Arbeitsspeicher, der 173
Architekt, der 161
Argentinien 289
Arktis, die 284
Arm, der 238, 239
Arm ausrenken, sich den 255
Armaturenbrett, das 110
Ärmel, der 30
Ärmelkanal, der 282
Armenien 293
armer Ritter 95
Armlehne, die 52, 120, 254
arrogant 26
Art déco, der/das 145
Arterie, die 245
Artikel, der 182
Artischocke, die 74
Arzt, der 160
Ärztin, die 250
Aschenbecher, der 143
Aserbaidschan 293
Asphalt, der 303
Ass, das 196, 230
Assel, die 319
Assistentin, die 169
Ast, der 305
Asteroid, der 280
Asthma, das 253
Astronaut, der 280
Astronomie, die 280
Atemnot, die 253
Äthiopien 290
Atlantische Ozean, der 282
Atmosphäre, die 281
Atmungssystem, das 245
attraktiv 24
Aubergine, die 77
auf der rechten/linken Seite 133
auf die Toilette gehen 53
auf einen Kaffee treffen, sich 143
Auf Wiedersehen! 19
Aufführung, die 214
aufgenommen werden 259
aufgeregt 25
Aufguss, der 265
Aufgusskübel, der 265
Auflauf, der 98
Auflaufförmchen, das 48
auflegen 178
Auflieger, der 118
aufnehmen 179
Aufsatz, der 148
Aufschlag, der 192
Aufschlaglinie, die 196
Aufschlagmittellinie, die 196
Aufschnitt, der 68
Aufsteckblitz, der 228
aufstehen 51
auftrennen 226
aufwachen 51
Aufwachraum, der 260

aufwärmen, sich 211
Aufzug, der 39
Auge, das 22, 258
Augenbraue, die 22
Augenbrauen zupfen, sich die 34
Augentropfen, die 258
August, der 329
Aula, die 148
aus biologischem Anbau 74
aus Freilandhaltung 69
aus heimischer Produktion 74
aus Kunstfaser 27
Ausbildung, die 158
auschecken 135
Ausfahrt, die 105
Ausfallschritt, der 211
Ausflug, der 144
Ausgehviertel, das 131
ausklappbare Blitz, der 228
Auslandsflug, der 125
auslaufen 127
Ausleihe, die 157
ausleihen 157
ausloggen, sich 174
Auslöser, der 228
Auspuffrohr, das 109, 118
Auspufftopf, der 109
Ausritt, der 203
ausrollen 93
ausschlafen 51
ausschneiden 174
Ausschnitt, der 30
Außenangreifer, der 192
Außendienst, der 165
Außenstürmer, der 189
Außentank, der 279
Außenverteidiger, der 189
Außenzelt, das 235
äußere Erdkern, der 281
Aussichtsplattform, die 144
ausstechen 93
Ausstechförmchen, das 46
aussteigen 121
Ausstellung, die 144
ausstemmen 59
Auster, die 71
Australian Football, der 209
Australien 296
Auswechselbank, die 191
Auswechsellinie, die 191
Auszeit, die 191
Autobahn, die 105
Autobahnkreuz, das 105
Automatikschaltung, die 107
Automatiktür, die 113
Autotransporter, der 118
Autotür, die 109
Avocado, die 77
Axt, die 272
Ayurveda, das 264

B

Baby, das 18
Babyartikel, die 141
Babydecke, die 27
Babyfäustling, der 27
Babyfläschchen, das 27
Babyfon®, das 50
Babyschlafsack, der 27
Babyschühchen, das 27
Babytragetasche, die 50
Bachelor, der 156
Backblech, das 46
Backbordseite, die 126
backen 87
Bäcker, der 162
Bäckerei, die 138
Backgammon, das 230
Backofen, der 44
Backofenschalter, der 44
Backpapier, das 46
Backpflaume, die 82
Backpinsel, der 48
Backpulver, das 87
Backwaren, die 141
Badeanzug, der 30
Badehose, die 29
Bademantel, der 28
Badematte, die 55
baden 55
Badewanne, die 53
Badmintonplatz, der 195
Badmintonschläger, der 195
Bagel, der 88
Bagger, der 119
baggern 192
Baguette, das/die 88
Bahamas, die 287
Bahnhofshalle, die 121
Bahnsteig, der 121
Bahrain 293
Baht, der 331
Balkendiagramm, das 168
Balkon, der 40, 214
Ball, der 50
Ball halten, den 190
Ball vom Abschlag spielen, den 199
Ballaststoffe, die 101
Ballerina, der 33
Ballett, das 209, 214
Balljunge, der 196
Banane, die 80
Bandage, die 269
Bandscheibenvorfall, der 255
Bandschleifer, der 59
Bangladesch 293
Bank, die 210, 265
Bankdrücken, das 210
Bankkauffrau, die 163
Bankschließfach, das 137
Bar, die 134
Bär, der 311
Barbados 287
Bärenklau, der 306
Barhocker, der 143
Barista, der 143
Barkeeper, der 143
barock 145
Bart, der 24
Baseball, der 155, 194
Baseballhandschuh, der 194
Baseballschläger, der 194
Basilikum, das 83
Basisstation, die 178
Basketball, der 155
Basketballkorb, der 155
Basmatireis, der 86
Bassgitarre, die 217
Bassschlüssel, der 219
Batterie, die 109, 152
Bauarbeiter, der 161
Bauch, der 238
Bauchmuskel, der 242
Bauchnabel, der 238
Bauchspeicheldrüse, die 244
Bauer, der 231
Bauhaus, das 145
Bauklötzchen, das 50
Baum, der 200
Baumarkt, der 139
Baumblüte, die 309
Baumwolle, die 226
Baustelle, die 106
Bauxit, der 303
Beachvolleyball, der 192
Beamer, der 168
Beatmung, die 261
Becher, der 91
Becken, das 218, 243
bedeckt 298
Beerdigung, die 21
Beförderung, die 169
Befruchtung, die 248
begrenzte Zone, die 193
Begrenzungsleuchte, die 108
Behälter, der 54
Behandlung, die 250
Behandlungslampe, die 256
behindert 254
Behindertenparkplatz, der 104
beide 325
Beifahrerseite, die 108
Beifahrersitz, der 110
Beilage, die 99, 182
Beilagensalat, der 98
Bein, das 238
Beipackzettel, der 263
Beistellschrank, der 42
Beiwagen, der 115
Bekannte, der/die 18
Belag, der 197
belästigen 271
belegte Brötchen, das 88
Belgien 285
Belize 287
Benin 290
Benutzerkonto, das 176
Benzin, das 111
Benzintank, der 109, 115
bequem 30
Berg, der 301
Berghang, der 301
Bergwacht, die 273
Bericht, der 168
Berichterstatter, der 181
Berichterstatterin, die 181
Bernstein, der 304
Berufseinstieg, der 21
Berufserfahrung, die 159
Berufsfachschule, die 158
Berufsverkehr, der 105
Beruhigungsmittel, das 263
Beschneidung, die 246
Besen, der 60
Besetzung, die 215
Bespannung, die 195
Besprechung, die 168
Besprechungstisch, der 168
bestellen 97
Bestellung, die 99
bestürzt 26
Besuchszeiten, die 259
Betonmischer, der 119
Betrag, der 137
Betriebsrat, der 165
Betriebssystem, das 175
Betriebswirtschaftslehre, die 156
Bett machen, das 51
Bettbezug, der 49
Bettdecke, die 49
Bettgestell, das 49
Bettruhe, die 260
Beweisstück, das 271
Bewerberin, die 159
Bewerbungsgespräch, das 159
Bewerbungsunterlagen, die 159
bewusstlos 261, 268
bezahlen 141
Bezahlfernsehen, das 179
Bezahlung, die 100
BH, der 30
Bhutan 293
Biathlon, das 206
Biberratte, die 313
Bibliothek, die 131, 157
Bibliothekar, der 157, 163
Bibliothekarin, die 157
Bibliotheksausweis, der 157
Biene, die 318
Bier, das 92
Bikini, der 30
Bild, das 182
Bildband, der 183
Bildbearbeitung, die 229
Bilderrahmen, der 42, 52
Bildhauer, der 163
Bildhauerei, die 220
Bildschirm, der 172
Bildschirm für das Bordprogramm, der 123
Billion, eine 323
Bindehautentzündung, die 251
Bindung, die 207
Binnenmeer, das 281
Biobaumwolle, die 27
Bioladen, der 138
Biologie, die 150
Bioprodukt, das 69
Bioprodukte, die 141
Birdie, das 199
Birke, die 305
Birne, die 79
Birnenmelone, die 80
Bitte ein Glas ... 143
Bitte eine Tasse ... 143
Bitte hinterlassen Sie eine Nachricht nach dem Signalton. 178

bitter 75
Bizeps, der 242
Bizepsübung, die 210
Blase, die 255
Blasenentzündung, die 251
blass 24
Blatt, das 74, 230, 305, 307
Blau, das 223
blauen Augen, die 24
Blazer, der 31
Bleichmittel, das 56
bleifrei 111
Bleistift, der 149, 167
Bleistiftspitzer, der 167
Bleistiftzeichnung, die 222
Blendenregler, der 228
blind 254
Blinddarm, der 244
Blindenhund, der 254
Blindenstock, der 254
Blinker, der 115
Blinkerhebel, der 110
Blinkleuchte, die 108
Blitz, der 228, 299
Blitzschuh, der 228
blocken 192
blond 23
Blues, der 219
Bluetooth®-Headset, das 177
blühen 307, 309
Blumenbeet, das 63
Blumenkelle, die 64
Blumenkohl, der 76
Blumenladen, der 138
Blumenvase, die 43
Blumenwiese, die 309
Bluse, die 31
Blut, das 255
Blutdruck messen, den 250
Blutdruckmessgerät, das 250
Blüte, die 307
bluten 255
Blütenblatt, das 307
Blutkreislauf, der 245
Blutorange, die 81
Blutrot, das 223
Blutspende, die 269
Blutung, die 255
Blutvergiftung, die 252
Blutwurst, die 95
BMX-Rad, das 117
Bobfrisur, die 23
Bobsport, der 207
Body, der 27
Bodypump, das 211
Bogen, der 145, 217
Bogenschießen, das 209
Bogey, das 199
bohren 59
Bohrer, der 59
Boje, die 127
Bolivien 289
Bombenalarm, der 275
Bonbon, das/der 96
Bongos, die 218
Booster, der 279
Bootsrumpf, der 201
Bordkarte, die 124
Bordstein, der 104
Borke, die 305
Börse, die 137
Börsenkurs, der 137
Bosnien und Herzegowina 285
Botschaft, die 132
Botswana 290
Boule, die/das 209
Boulevard, der 130
Boulevardzeitung, die 182
Boutique, die 139
Bowling, das 209
Boxershorts, die 29
Brandbekämpfung, die 272
Brandung, die 233
Brandungsangeln, das 205
Brandwunde, die 255
Brasilien 289
braten 69, 77, 93
Bratengabel, die 48
Brathähnchen, das 98
Bratkartoffeln, die 98
Bratpfanne, die 48
Braun, das 223
braunen Augen, die 24
Brausetablette, die 262
Braut, die 21
Bräutigam, der 21
Brautkleid, das 21
bremsen 116
Bremsflüssigkeitsbehälter, der 108
Bremshebel, der 116
Bremshebel für die Vorderradbremse, der 115
Bremsleuchte, die 109
Bremspedal, das 110
Brennnessel, die 306
Brettspiel, das 231
Brezel, die 88
Brie, der 72
Brief, der 184
Brief beantworten, einen 184
Brief einwerfen, einen 184
Brief erhalten, einen 184
Briefkasten, der 38, 184
Briefmarke, die 184
Briefmarken sammeln 220
Brieföffner, der 167
Brieftasche, die 33
Briefträgerin, die 161
Briefumschlag, der 167, 184
Brille, die 32, 258
Brillengestell, das 258
Brillenglas, das 258
Brillenputztuch, das 258
Brise, die 299
Brokkoli, der 76
Brombeere, die 79
Bronchitis, die 251
Bronzer, der 35
Brot, das 94
Brötchen, das 88, 94
Brotteller, der 100
Browser, der 176
Brücke, die 104, 130
Bruder, der 17
Brunei 293
brünett 23
Brunnenkresse, die 74
Brust, die 69, 238
Brustbein, das 243
Brustkorb, der 238, 243
Brustmuskel, der 242
Brustwarze, die 238
Brutkasten, der 249
B-Säule, die 109
Bube, der 230
Buch, das 142
Buch blättern, in einem 183
Buchdeckel, der 183
Buche, die 305
Bücherregal, das 42, 51, 157
Bücherschrank, der 52
Buchhaltung, die 164
Buchladen, der 139
Buchrücken, der 183
buchstabieren 151
Bucht, die 281, 302
Buchungsnummer, die 125
Buchweizen, der 86
Bug, der 122, 126, 200, 201
Bügelbrett, das 56
Bügeleisen, das 56
bügeln 56
Bügelsäge, die 58
Bugfahrwerk, das 122
Bugwulst, der 126
Bühne, die 214
Bühnenbild, das 215
Bulgarien 285
Bulgur, der 86
Bullauge, das 126
Bungalow, der 38
Bungeespringen, das 208
Bunker, der 198
Bunsenbrenner, der 153
Buntstift, der 221
Burg, die 132
Bürgersteig, der 104
Burkina Faso 290
Bürogebäude, das 132
Bürokauffrau, die 162
Büroklammer, die 167
Büromöbel, die 166
Bürostuhl, der 166
Bürste, die 57
Burundi 290
Busbahnhof, der 113
Busfahrer, der 162
Bushaltestelle, die 113, 133
Businessklasse, die 122
Büstenhalter, der 30
Butter, die 73, 94
Butterblume, die 306
Butterbrotdose, die 154
Buttermilch, die 73
Butternusskürbis, der 77
Bytes, (die) 174

C

Cabrio, das 107
Caddie, der 199
Camembert, der 73
Campingbus, der 234
Campingplatz, der 234
Campingstuhl, der 234
Campingtoilette, die 235
Campus, der 156
Cappuccino, der 91, 94
Carport, der 39
Cashewkern, der 82
CD/DVD auswerfen, eine 175
CD/DVD-Laufwerk, das 172
CD-ROM, die 173
Cello, das 217
Celsius 298
Chamäleon, das 316
Champagner, der 92
Champignon, der 74
Check-in-Automat, der 124
Check-in-Schalter, der 124
Cheddar, der 73
Chef, der 169
Chemie, die 150
Chemikalienhandschuh, der 152
Cherimoya, die 80
Chicorée, der/die 76
Chile 289
Chiliflocken, die 84
Chilischote, die 77, 84
China 293
chinesische Neujahr, das 20
Chipkartenterminal, das 136
chippen 199
Chips, die 96
Chirurg, der 160, 260
Cholesterin, das 101
Chopper, der 114
Chor, der 216
Chrysantheme, die 308
Cidre, der 92
Citrin, der 304
Clementine, die 81
Cockpit, das 114, 122, 200
Cocktail, der 92
Cocktailshaker, der 143
Cola, die/das 90
Collage, die 222
Comic, der/das 142
Commonwealth, das 297
Compact-Flash-Karte, die 229
Computergehäuse, das 172
Computerraum, der 148
Computertomografie, die 261
Concierge, der/die 135
Containerhafen, der 127
Containerlager, das 127
Containerschiff, das 127
Controlling, das 164
Cornflakes, die 94
Costa Rica 288
Couchtisch, der 42
Countrymusik, die 219
Couscous, der/das 86
Cousine, die 17
Crew, die 200
Croissant, das 88, 94
Crosstrainer, der 210
Curling, das 207
Curry, das 98
Currypulver, das 84
Cyan, das 223

D
Dach, das 40, 108
Dachboden, der 39
Dachdecker, der 161
Dachfenster, das 40
Dachgarten, der 63
Dachgaube, die 40
Dachrinne, die 40
Dachs, der 311
Dachziegel, der 40
Dame, die 230, 231
Damespiel, das 230
Dampfbad, das 265
Dampfgarer, der 45
Dampflok, die 120
Dänemark 285
Darlehen, das 136
Darmgrippe, die 251
Darts, das 209
Das Gleiche noch einmal. 143
Das passt gut, ich nehme es. 28
Datei, die 175
Datei ausdrucken, eine 174
Datei öffnen, eine 174
Datei verschieben, eine 174
Datenspeicher, der 177
Dattel, die 82
Datum, das 329
Daumen, der 240
Deck, das 126
Decke, die 42
Deckel, der 91
decken 193
Defibrillator, der 268
Dehnung, die 211
Delfin, der 313
Deltamuskel, der 242
Demenz, die 253
Demokratische Republik Kongo, die 290
Denkmal, das 133
Deo, das 34
Deodorant, das 263
Depression, die 253
Der Motor springt nicht an. 112
Desinfektionsmittel, das 269
Desktop-Computer, der 172
Dessertlöffel, der 100
Deutschland 285
Dezember, der 329
Dezimalpunkt, der 325
Diabetes, der 253
Diagnose, die 250
Diagnose stellen, eine 261
Dialyse, die 253
Diamant, der 304
Diaphragma, das 247
Diät, die 101
Dichtstoff, der 60
dick 24
Dickdarm, der 244
dickköpfig 26
Diebstahl, der 271
Diele, die 41
Dienstag, der 329
Dienstgürtel, der 270
Diesel, der 111
digitale Bilderrahmen, der 229
Digitalempfänger, der 179
Digitalkamera, die 228
Dill, der 83
Dinar, der 331
Dinkel, der 86
Diphtherie, die 252
Diplom, das 156
Dirigent, der 216
Dirigentenpult, das 216
Disko, die 219
Display, das 178
Disqualifikation, die 191
Dissertation, die 156
Distel, die 306
dividieren 325
Diwalifest, das 20
DJ, der 181
Dokumentarfilm, der 180
Dollar, der 331
Dom, der 130
Dominica 288
Dominikanische Republik, die 288
Dominostein, der 230
Döner, der 97
Donner, der 299
Donnerstag, der 329
Doppel, das 196
Doppelbett, das 49
Doppeldecker, der 113
Doppeldribbling, das 193
Doppelhaus, das 38
Doppelpaddel, das 201
doppelt 325
Doppelzimmer, das 134
Dorn, der 307
Dosenfisch, der 71
Dosenöffner, der 47
Dosierung, die 262
Download, der 176
Dozentin, die 156
Drachenfliegen, das 208
Drachenfrucht, die 80
Draht, der 60
Drahtnetz, das 153
Drama, das 150
Drehstuhl, der 52
Drehzahlmesser, der 112
drei 322
drei Uhr 326
drei Viertel 324
Drei-/Vier-Sterne-Hotel, das 135
dreifach 325
Dreifuß, der 153
dreihundertste(r, s) 324
dreimal 325
Drei-Punkte-Linie, die 193
Dreirad, das 117
dreißig 322
dreißigste(r, s) 324
dreitürig 107
dreiundzwanzig 322
dreiundzwanzig Uhr 327
dreizehn 322
dreizehn Uhr 326
dreizehnte(r, s) 323
Dreizimmerwohnung, die 40
Dressurreiten, das 203
dritte(r, s) 323
Drittel, ein 324
driven 199
Drogerie, die 139
Druckknopf, der 28
Druckluftflasche, die 201
Drüse, die 244
Dschibuti 290
Du bist dran. 231
Dudelsack, der 218
duften 307
düngen 65
Dünger, der 65
Dunk, der 193
dunkel 23
Dunkelblau, das 223
Dunkelkammer, die 229
dunkle Bier, das 92
Dünndarm, der 244
Dunstabzugshaube, die 44
Durchfall, der 251
Durchschwung, der 199
Dürre, die 300
Dusche, die 53
duschen 55
Duschen und Toiletten, die 234
Duschgel, das 34
Duschkabine, die 53
Duschkopf, der 55
Duschschwamm, der 55
Duschvorhang, der 55
Dutt, der 23
Duty-free-Laden, der 124
Dutzend, ein 325
DVD, die 179
DVD-Player, der 179
Dynamo, der 116

E
Ebbe, die 233
Ebene, die 302
E-Book-Reader, der 177
EC-Karte, die 136
Eckbogen, der 188
Eckstoß, der 189
Eckzahn, der 256
Economyklasse, die 122
Ecuador 289
Efeu, der/das 309
Ehefrau, die 16
Ehemann, der 16
Ehepaar, das 17
Eiche, die 305
Eichel, die 246
Eichhörnchen, das 310
Eidechse, die 316
Eierkarton, der 73
Eierschale, die 72
Eierschneider, der 47
Eierstock, der 247
eifersüchtig 26
Eigelb, das 72
Eigenkapital, das 137
Eigentum, das 38
Eigentümer, der 40
Eigentümerin, die 40
Eigentumswohnung, die 38
Eilbrief, der 184
Eileiter, der 247
Eimer, der 57, 232
ein Uhr 326
Ein/Aus-Schalter, der 172
Einbahnstraße, die 104, 106
Einband, der 183
Einbauküche, die 44
Einbauleuchte, die 44
Einbiegen nach links verboten 106
Einbiegen nach rechts verboten 106
Einbruch, der 271
Eine einfache Fahrt nach ..., bitte. 121
Eine Portion Pommes rot-weiß, bitte. 97
eineiigen Zwillinge, die 249
einfach 325
Einfädler, der 225
Einfahrt, die 105
Einfahrt verboten 106
Einfamilienhaus, das 38
einfügen 174
Eingabetaste, die 172
eingeben 174
einholen 205
einige 325
einjährig 309
Einkaufskorb, der 140
Einkaufsliste, die 140
Einkaufsviertel, das 131
Einkaufswagen, der 140
einlochen 198
einloggen, sich 174
einmal 325
Einrad, das 117
eins 322
Einsatzkraft, die 273
einschecken 135
Einschienenbahn, die 120
einschlafen 51
Einschreiben, das 184
Einschulung, die 21
Einstand, der 196
einsteigen 121
Einstellrad, das 153
Einstellungen, die 175
Eintopf, der 98
eintopfen 65
Eintrittsgeld, das 144
Eintrittskarte, die 215
einundzwanzig 322
einundzwanzig Uhr 327
einundzwanzigste(r, s) 323
Einwegkamera, die 228
Einwurf, der 189
Einzel, das 196
Einzelbett, das 51
Einzelhaus, das 40
Einzelzimmer, das 134, 259
Eis, das 299
Eisbär, der 311
Eisbergsalat, der 76
Eisen, das 199
Eisenerz, das 303

Eishockey, das 194
Eiskaffee, der 90
Eiskunstlauf, der 207
Eislutscher, der 96
Eisportionierer, der 47
Eisprung, der 247
Eisschnelllauf, der 207
Eisschokolade, die 90
Eistee, der 90
Eiweiß, das 72, 101
Eizelle, die 248
Ekzem, das 251
El Salvador 288
Elefant, der 312
Elektriker, der 161
elektrische Gitarre, die 217
elektrische Schlag, der 255
Elektrobohrer, der 59
Elektroboiler, der 54
Elektrofachmarkt, der 139
Elektrofahrrad, das 117
Elektrogrill, der 45
elf 322
elf Uhr 326
Elfenbeinküste, die 290
Elfmeter, der 190
Elfmeterpunkt, der 188
elfte(r, s) 323
Ellbogen, der 239
Elle, die 243
Eltern, die 17
Elternabend, der 151
Elternzeit, die 169
E-Mail-Adresse, die 176
Embryo, der/das 248
Emmentaler, der 73
empfangen 176
Empfänger, der 184
Empfängnis, die 248
Empfängnisverhütung, die 247
Empfangsbestätigung unterschreiben, die 184
Empfangsdame, die 134, 160
Endiviensalat, der 76
endokrine System, das 245
Energiesparlampe, die 62
eng 28
Enkel, der 16
Enkelin, die 16
Ente, die 69, 315
Entenfleisch, das 69
Entfernungstafel, die 105
Entführung, die 271
Entgiftung, die 264
Enthaarung, die 34
entlassen werden 169, 259
Entschuldigen Sie bitte, wie komme ich nach ...? 133
Entschuldigung, ich habe mich verwählt. 178
Entsorgungsstation, die 235
Entspannung, die 264
Entziehungskur, die 264
Entzug machen, einen 264
Entzündung, die 252
Epidemie, die 275
Epilepsie, die 253
Erdbeben, das 300
Erdbeere, die 79
Erde, die 278, 281
Erdgeschoss, das 40
Erdkruste, die 281
Erdkunde, die 150
Erdmännchen, das 311
Erdmantel, der 281
Erdnuss, die 82
Erdnussbutter, die 89
Erdrutsch, der 300
Erdspeer, der 205
Erdung, die 62
Erektion, die 246
Ergebnisse, die 250
Ergometer, das 210
Eritrea 290
Erkältung, die 252
Erkennungsmelodie, die 181
Ermäßigung, die 144
Ermittlung, die 270
erneuerbare Energie, die 62
ernten 65
Ersatzreifen, der 112
Ersatzspieler, der 191
erste Hilfe leisten 268
erste Klasse, die 120, 122
erste Liga, die 189
erste Rang, der 214
erste Stock, der 40
erste(r, s) 323
Erste-Hilfe-Kasten, der 269
Erste-Hilfe-Kurs, der 269
ertrinken 274
Erwachsene, der 18
Erzählliteratur, die 183
Es ist ein Unfall passiert! 275
Es ist schön/trüb/nasskalt. 298
Es ist zwei Uhr. 326
Es regnet/schneit. 298
Escapetaste, die 172
Esche, die 305
Esel, der 312
Espresso, der 91
Essen auftauen, das 44
Essensausgabe, die 154
Essig, der 85
Esslöffel, der 330
Essstörung, die 253
Essteller, der 100
Esstisch, der 43
Estland 285
Estragon, der 83
Etagenbett, das 51
Ethikunterricht, der 150
etliche 325
etwas auf Rechnung setzen 143
Eukalyptus, der 305
Eule, die 315
Euro, der 331
Europäische Union (EU), die 297
Evakuierung, die 275
Explosion, die 275
externe Festplatte, die 173

F

Fabrik, die 132
Fachbereich, der 158
Fächerfisch, der 317
Fäden, die 260
Faden einfädeln, einen 225
Fadenführung, die 224
Fadenhebel, der 224
Fagott, das 217
Fahne, die 198
Fähre, die 127
Fahrenheit 298
Fahrerseite, die 108
Fahrersitz, der 110, 114
Fahrkarte, die 113
Fahrkartenautomat, der 113, 121
Fahrkartenschalter, der 121
Fahrplan, der 113
Fahrpreis, der 113
Fahrradhelm, der 116
Fahrradkorb, der 116
Fahrradschlauch flicken, einen 116
Fahrradschloss, das 117
Fahrradständer, der 117
Fahrradweg, der 104
Fahrspur, die 104
Fahrsteig, der 125
Fahrtrage, die 261
Fahrwerk, das 122
Fahrzeugkran, der 119
Fahrziel, das 113
Fairway, das 198
Fallschirmspringen, das 208
Falte, die 22
Familie gründen, eine 21
Familienzimmer, das 135
Fang, der 205
fangen 193, 205
Fangnetz, das 273
Farbdose, die 61
Farbe, die 61, 223
Farbmuster, das 61
Farbpalette, die 35
Farbroller, der 61
Farbwanne, die 61
Fassade, die 145
fasten 101
faulig 81
Faultier, das 313
Faxgerät, das 178
Februar, der 329
Fechten, das 209
Feder, die 314
Federball, der 155, 195
Federkleid, das 314
Federmäppchen, das 149
fegen 57
Fehler, der 196
Fehlermeldung, die 175
Fehlgeburt, die 249
Feier, die 20
Feiertag, der 20, 328
Feige, die 80
feilen 59
Feinkost, die 141
Feldsalat, der 76
Feldspieler, die 191
Felge, die 109, 116
Felgenbremse, die 116
Fell, das 310
Felsen, der 301
Fenchel, der 74, 83, 84
Fenster, das 40, 122, 175
Fenster minimieren, ein 175
Fensterbank, die 51
Fensterbrett, das 43
Ferien, die 151
Fernbedienung, die 179
Fernlicht, das 108
Fernsehbank, die 42
fernsehen 179
Fernseher, der 179
Fernsehserie, die 179
Fernsehturm, der 130
Ferse, die 239, 240
Fersenbein, das 243
Festanstellung, die 159
festkochend 75
Festnahme, die 271
Festplatte, die 173
Feststelltaste, die 172
Feta, der 72
Fett, das 101
fettarm 73
feucht 298
Feuchtgebiet, das 302
Feuchtigkeitscreme, die 34
Feuchttuch, das 263
Feueranzünder, der 234
Feuerlöscher, der 111, 272
Feuerwache, die 131, 272
Feuerwehrfahrzeug, das 119
Feuerwehrhelm, der 272
Feuerwehrmann, der 272
Feuerwehrschlauch, der 272
Feuerwehrschutzjacke, die 272
Feuerzeug, das 142
Fichte, die 305
Fidschi 296
Fieber, das 252
Fieberthermometer, das/der 263
Filet, das 68, 71
Film, der 229
Filme drehen 220
Filmplakat, das 227
Filter, der 228
Filzstift, der 221
Finanzberater, der 137
Fingerabdruck, der 270
Fingerhut, der 225, 306
Fingerknöchel, der 240
Fingerkuppe, die 240
Fingernagel, der 240
Finimeter, das 201
Fink, der 314
Finnland 285
Fisch einholen, einen 205
Fisch entgräten, einen 71
Fisch fangen, einen 204
Fisch mit Pommes, der 97
Fischer, der 161
Fischgeschäft, das 138

Fischkorb, der 205
Fischrogen, der 70
Fischschwarm, der 317
Fischsteak, das 70
Fischtheke, die 141
Fitnessball, der 210
Fitnessraum, der 134
Fitnessstudio, das 210
FKK-Strand, der 233
Flachbettauflieger, der 118
Flachpinsel, der 61
Flachrennen, das 203
Fladenbrot, das 88
Flamingo, der 315
Fläschchen, das 249
Flaschenöffner, der 48
Flatrate, die 177
flattern 314
Flauschdecke, die 50
Flechte, die 306
Fleckenentferner, der 56
Fledermaus, die 310
Fleisch und Geflügel, das 141
Fleischklopfer, der 47
Fleischtheke, die 140
Flickzeug, das 117
Flieder, der 307
Fliege, die 29, 318
fliegen 123
Fliegende Fisch, der 317
Fliegenfischen, das 205
fliehen 271
Fließhecklimousine, die 107
Flip-Flop®, der 33, 232
Floh, der 319
Flosse, die 317
Flug buchen, einen 125
Flugbegleiterin, die 123, 162
Flügel, der 69, 145, 218, 314
Fluggastbrücke, die 124
Fluggasttreppe, die 124
Fluggesellschaft, die 122
Fluglotse, der 124
Flugsicherungsdienst, der 122
Flugsteig, der 124
Flugzeugtür, die 122
Flur, der 39
Fluss, der 130, 301
Flussfahrt, die 144
flüssige Honig, der 89
Flusskrebs, der 71
Flussmündung, die 301
Flut, die 233
Fock, die 200
Föhn, der 55
Folge, die 179
Folie, die 168
Football, der 155
Forelle, die 70
Formel 1®, die 208
Formschnitt, der 309
Forschung, die 156
Forschungsinstitut, das 156
Fortschrittsbalken, der 175
Foto, das 52
Foto machen, ein 229
Fotoalbum, das 229
Fotograf, der 163
fotografieren lassen, sich 229
Fotostudio, das 229
Foul, das 189
Foyer, das 214
Fracht, die 127
Frachtraum, der 122
Franc, der 331
Frankreich 285
Frau, die 18, 238, 239
Frau ... 18
Free-TV, das 179
freie Jahr, das 158
freie Rippe, die 243
freilassen 205
Freilufttheater, das 214
Freiraum, der 192
Freistil, der 207
Freistoß, der 189
Freitag, der 329
Freiwurflinie, die 191, 193
Fremdenführer, der 144
Fremdenführerin, die 144
Fremdsprachen, die 150
Frequenz, die 181
Frettchen, das 310
Freund, der 18
Freunde, die 18
Freundin, die 18
freundlich 25
Friedhof, der 133
Frikadelle, die 98
Frisbee®, das 209
frisch 71, 81
frisch gepresste Grapefruitsaft, der 90
frisch machen, sich 55
frische Obst, das 94
Frischhaltefolie, die 46
Frischkäse, der 73
Friseurin, die 162
Friseursalon, der 139
frittieren 93
Frontlader, der 56
Frosch, der 316
Frost, der 299
Frozen Yogurt, der 96
fruchtbar 247
Fruchtblase, die 248
Früchtejoghurt, der 94
Fruchtshake, der 95
Fruchtwasser, das 248
Frühchen, das 249
Frühgeburt, die 249
Frühling, der 328
Frühlingsblume, die 307
Frühlingszwiebel, die 75
Frühstücksbuffet, das 135
Frühstücksflocken, die 94, 141
Frühstückstheke, die 44
Fruktose, die 101
Fuchs, der 311
Führerstand, der 120
Füller, der 149
fünf 322
fünf nach zwölf 327
fünf Uhr 326
fünf und drei Achtel 324
fünffach 325
fünfte(r, s) 323
Fünftel, ein 324
fünfundfünfzigtausend 323
fünfzehn 322
fünfzehn Uhr 327
fünfzehnte(r, s) 323
fünfzig 322
fünfzigste(r, s) 324
fünfzigtausend 323
Funkantenne, die 126
Funkloch, das 177
Fürstentum, das 284
Fusilli, die 87
Fuß, der 153, 238, 330
Fuß verstauchen/brechen, sich den 255
Fußabtreter, der 38
Fußball, der 155, 190
Fußballschuh, der 190
Fußbodenheizung, die 62
Fußgängerampel, die 104, 133
Fußgängerzone, die 133
Fußgelenk, das 240
Fußgewölbe, das 240
Fußraste, die 114
Fußreflexzonenmassage, die 264
Fußrücken, der 240
Fußschalthebel, der 114
Fußsohle, die 240
Fußstütze, die 110, 254

G

Gabel, die 100, 116
Gabelstapler, der 119
Gabun 290
Galaxie, die 280
Gallenblase, die 244
Galopp, der 203
Gambia 290
Gang, der 123, 140
Gang schalten, in einen höheren/niedrigeren 116
Gans, die 69, 315
Gänseblümchen, das 306
Gänseei, das 72
Gänsefleisch, das 69
Garage, die 39
Garam masala, das 84
Garderobenständer, der 41
Garnele, die 71
Garnrollenstift, der 224
Gartenbank, die 63
Gartenerbse, die 78
Gartenhandschuh, der 64
Gartenhaus, das 63
Gartenmauer, die 63
Gartenmöbel, die 63
Gartenschlauch, der 64
Gartenteich, der 63
Gartenweg, der 63
Gartenzaun, der 63
Gärtner, der 162
gärtnern 220
Gasbrenner, der 234
Gasdrehgriff, der 115
Gasflasche, die 234
Gaspedal, das 110
Gasse, die 130
Gast, der 99
Gastroenterologie, die 259
Gas-Wandheizgerät, das 54
Gaumen, der 241
gebackenen Bohnen, die 95
Gebärdensprache, die 254
Gebärmutter, die 247
Gebärmutterhals, der 247
Gebäudereiniger, der 161
geben 230
Gebirge, das 301
Gebirgsbach, der 302
Gebirgskette, die 281
gebratenen Nudeln, die 97
gebundene Buch, das 183
Geburt, die 21, 248
Geburt einleiten, die 248
Geburtsgewicht, das 249
Geburtstag, der 20
Gecko, der 316
gedämpfte Gemüse, das 74
Gedenkstätte, die 145
geduldig 25
Gefahr, die 275
Gefälle, das 106
Gefängnis, das 271
Gefrierbeutel, der 46
Gefrierschrank, der 44
gegart 77
Gegen Mittag. 327
gegenüber 133
Gegenverkehr, der 106
gegrillte Tomate, die 95
Gehalt, das 169
Gehirn, das 241
Gehirnerschütterung, die 255
gehörlos 254
Gehweg, der 130
Geige, die 217
Geisteswissenschaften, die 156
gekocht 77
gekochte Ei, das 94
gelähmt 254
Geländemotorrad, das 114
Geländer, das 121
Geländewagen, der 107
gelangweilt 26
Gelb, das 223
gelbe Karte, die 189
Gelbgrün, das 223
Gelborange, das 223
Geld abheben 136
Geld einzahlen 136
Geldautomat, der 136
Geldschein, der 137
gemahlen 85
Gemälde, das 42
Gemeinschaftskunde, die 150
Gemüsegarten, der 63
Gemüseladen, der 138
Generalprobe, die 215
Genesung, die 260
geöffnet 144
geografische Breite, die 284
geografische Länge, die 284
Georgien 294
Gepäckablage, die 120, 135

Gepäckabschnitt, der 125
Gepäckband, das 125
Gepäckfach, das 123
Gepäckkontrolle, die 125
Gepäckraum, der 113
Gepäckträger, der 116
Gepard, der 311
geparkte Auto, das 104
gepökelt 69
gepolsterte Hocker, der 42
Geranie, die 308
geraspelt 85
geräuchert 69, 71
Gerbera, die 308
Gerichtsgebäude, das 131
geriebene Käse, der 73
geröstet 82
Gerste, die 86
Geruchssinn, der 245
gesalzen 82
Gesäß, das 239
Gesäßbacke, die 239
Gesäßmuskel, der 242
Gesäßspalte, die 239
Geschäftsfrau, die 168
Geschäftsführung, die 164
Geschäftsmann, der 168
Geschäftsreise, die 168
Geschäftsviertel, das 130
geschält 81
Geschenkeladen, der 139
Geschichte, die 150
geschieden 17
Geschirr abtropfen lassen, das 44
Geschirrtuch, das 44
Geschlechtskrankheit, die 246
Geschlechtsverkehr, der 246
geschlossen 144
Geschmackssinn, der 245
Geschmacksverstärker, der 101
Geschwindigkeit, die 112
Geschwindigkeitsbegrenzung, die 106
Geschwindigkeitsüberschreitung, die 105
Geschwister, die 18
Geschwür, das 253
Gesellschaft mit beschränkter Haftung (GmbH), die 164
Gesellschafter, der 165
Gesichtsbehandlung, die 265
Gesichtscreme, die 34
Gesichtsmaske, die 265
gestern 328
gestresst 26
gesund 252
gesunde Ernährung, die 101
Getränk, das 227
Getränke, die 141
Getriebe, das 109, 114
Gewächshaus, das 63
Gewalt, die 271
Gewebe, das 244
gewellt 23
Gewicht, das 185
Gewichtsscheibe, die 210
gewinnen 231
Gewitter, das 299
Gewölbe, das 145
Geysir, der 302
Ghana 290
Gibbon, der 313
gießen 65
Gießkanne, die 64
Gift, das 316
Giftzahn, der 316
Gin Tonic, der 92
Gipfel, der 301
Giraffe, die 312
Girokonto, das 136
Gitterbettchen, das 50
Gitterstab, der 50
glänzend 229
Glas, das 89
glasieren 93
glatt 23
Glätteisen, das 55
Glatze, die 23
Gleichgewichtssinn, der 245
Gleisnummer, die 121
Gleitsichtbrille, die 258
Gletscher, der 301
Glück, das 231
glücklich 25
Glühbirne, die 62
Glühfaden, der 62
Glühwein, der 91
Glukose, die 101
glutenfrei 101
glutenfreie Mehl, das 87
GmbH & Co. KG , die 164
Gold, das 303
Goldfisch, der 317
Golf, der 281
Golfball, der 198
Golfcart, das 199
Golfplatz, der 198
Golfschläger, die 199
Golfspieler, der 199
Golftasche, die 199
Golftrolley, der 199
Gong, der 216
Gorgonzola, der 72
Gorilla, der 313
gotisch 145
Gottesanbeterin, die 318
Gouache, die 221
Gouda, der 73
Grabmal, das 145
Grad, der 298
Graffiti, das 222
Grafikerin, die 163
Grafit, der 303
Gramm, das 331
Granat, der 304
Granatapfel, der 80
Granit, der 303
Grapefruit, die 81
Grasland, das 302
Gräte, die 71
Grau, das 223
grau meliert 23
Graubrot, das 88
graue Star, der 258
grauen Augen, die 24
gravieren 220
Great Barrier Reef, das 283
Greifreifen, der 254
Grenada 288
Griechenland 285
Griff, der 195, 197
Grille, die 318
grillen 69, 93
Grillpfanne, die 48
Grillrost, der 234
Grimasse schneiden, eine 22
Grippe, die 252
Gros, ein 325
groß 24, 28, 97
Größe, die 30
große Trommel, die 216
große Zeh, der 240
Großeltern, die 17
großformatige Zeitung, die 182
Großhirn, das 241
Großmutter, die 17
Großraumabteil, das 120
Großsegel, das 200
Großvater, der 17
Grübchen, das 22
Grün, das 198, 223
Grundgestein, das 281
Grundierung, die 35
Grundlinie, die 192, 193, 196, 197
Grundriss, der 39
Grundschule, die 148
Grundstück, das 38
grüne Bohne, die 78
grüne Linse, die 78
grüne Star, der 258
grünen Augen, die 24
Grußkarte, die 142
Guatemala 288
Guave, die 80
Guinea 291
Guinea-Bissau 291
Gummibärchen, das 96
Gummihandschuh, der 57
Gummistiefel, der 33
Gummiwischer, der 57
Gurke, die 77
Gürtel, der 33
Gürtelrose, die 252
Gürtelschlaufe , die 33
Guten Abend! 19
Guten Appetit! 100
Guten Morgen! 19
Guten Tag! 19
Güterzug, der 120
Guthaben, das 177
Guyana 289
Gymnasium, das 148
Gynäkologie, die 259

H

Haar, das 22
Haarbürste, die 34
Haare föhnen, sich die 34
Haare glätten, sich die 34
Haargummi, der/das 34
Haarprodukt, das 34
Haarspange, die 34
Haben Sie das auch eine Nummer größer/kleiner? 28
Haben Sie ein Zimmer frei? 134
Habicht, der 314
Habilitation, die 156
Hacke, die 64
Hackfleisch, das 68
Hackmesser, das 47
Hafer, der 86
Haferbrei, der 95
Haftnotiz, die 167
Haftstreifen, der 167
Hagel, der 299
Hahn, der 315
Hahn auf-/zudrehen, den 55
Hähnchen, das 69
Hähnchenkeule, die 69
Haiti 288
häkeln 226
halb elf 327
halbe Stunde, eine 326
halber, ein/ein halbes/eine halbe 324
halbes Dutzend, ein 325
Halbfeld, das 196
Halbinsel, die 281
Halbmond, der 278
Halbpension, die 135
Halbzeit, die 190
Halfpipe, die 207
Hallo! 19
Halloween, das 20
Hals, der 238
Halskette, die 32
Halsschmerzen, die 251
Halswirbel, der 243
Halteknopf, der 113
Halteschlaufe, die 113
Halteverbot, das 106
Haltung, die 198
Hamburger, der 97
Hammer, der 58
hämmern 59
Hamster, der 310
Hand, die 239
Hand geben, sich die 19
Handball, der 155
Handbremse, die 110
Handfeger, der 57
Handfläche, die 240
Handfunkgerät, das 270
Handgelenk, das 239, 240
Handgepäck, das 123
Handicap, das 199
Handrad, das 224
Handrechen, der 64
Handrührgerät, das 45
Handsäge, die 58
Handschaltung, die 107
Handschellen, die 270
Handschuh, der 32
Handschuhfach, das 110
Handtasche, die 33
Handtuch, das 53
Handtuchhalter, der 53
Handwerker, der 61
Handy, das 177

Handytasche, die 32, 177
Hängelampe, die 51
Hängematte, die 234
Hängeregister, das 167
Hängeschrank, der 44
Hanukkah, die 20
Harfe, die 217
Harnblase, die 245, 246, 247
Harnleiter, der 245
Harnröhre, die 246, 247
Harnsystem, das 245
Harpune, die 205
Haselnuss, die 82
Hasenglöckchen, das 306
hässlich 24
Hauptgericht, das 99
Hauptstadt, die 284
Hausarbeit, die 158
Hausaufgabe, die 151
Hausbriefkasten, der 185
Hausmeister, der 39
Hausnummer, die 38
Hauspost, die 166
Hausschlüssel, der 38
Hausschuh, der 28
Haustür, die 40
Hauswirtschaft, die 151
Haut, die 22
Hautausschlag, der 251
Hautpflege, die 263
Havarie, die 274
Heavy Metal, das 219
Hebamme, die 248
Heberglocke, die 54
Hechtabwehr, die 192
Heck, das 122, 200, 201
Hecke, die 63
Heckenschere, die 64
Heckscheibe, die 109
Hefe, die 87
Hefeweizen, das 92
heften 226
Heide, die 302
Heidekraut, das 306
Heidelbeere, die 79
Heilbutt, der 70
heiraten 21
heiß 298
heiße Schokolade, die 95
Heizdecke, die 49
Heizkörper, der 62
Heizung anschalten/ausschalten, die 62
Heizungsregler, der 110
Hektar, der/das 330
Hellbraun, das 223
Hellgelb, das 223
Helm, der 273
Hemd, das 29
Herbst, der 328
Herd, der 44
Hering, der 235
Herr ... 18
Herz, das 74, 230, 244, 245
Herzdruckmassage, die 268
Herzinfarkt, der 253
Herz-Kreislauf-System, das 245
Herzlich willkommen! 19
Herzlichen Glückwunsch! 20
Herzmonitor, der 261
Herzmuschel, die 71
Heuschnupfen, der 252
Heuschrecke, die 318
heute 328
Hi-Hat, die/das 218
Hilfe! 275
Himalaja, der 283
Himbeere, die 79
Himmel und Hölle spielen 154
hin und zurück 121
hinken 254
hintere Aufschlaglinie Doppel, die 195
hintere Aufschlaglinie Einzel, die 195
hintere Backenzahn, der 256
Hinterrad, das 116
Hinterzwiesel, der 202
Hip-Hop, der 219
Hirnhautentzündung, die 252
Hirnstamm, der 241
Hirse, die 86
Hitparade, die 181
Hitzewelle, die 300
HIV-positiv/negativ 253
hobeln 59
Hochformat, das 229
Hochgeschwindigkeitszug, der 120
Hochschulabschluss, der 158
Hochseeangeln, das 205
Hochstuhl, der 43
Hochzeit, die 20
Hochzeitstag, der 20
Hocker, der 49
Hockey, das 194
Hockeyschläger, der 194
Hoden, der 246
Hodensack, der 246
Hof, der 38
hohe Blutdruck, der 252
hohe Stiefel, der 33
Höhenleitwerk, das 122
Höhle, die 301
Hole-in-one, das 199
Holunderbeere, die 79
Holz, das 199
Holzboden, der 43
Holzbrett, das 60
Holzhammer, der 58
Holzkohle, die 234
homogenisiert 73
homöopathische Heilmittel, das 264
Honduras 288
Honig, der 89
Honigmelone, die 81
Hörer, der 178
Hörgerät, das 254
Hormon, das 246
Horn, das 217, 310
Hornhaut, die 258
Hornhecht, der 317
Hornisse, die 318
Horrorfilm, der 227
Hörsaal, der 156
Hörsinn, der 245
Hörspiel, das 181
Hortensie, die 308
Hose, die 29, 190
Hosenträger, die 32
Hot Dog, der/das 97
Hotelanlage, die 134
hübsch 24
Huf, der 202, 310
Hufeisen, das 203
Hüfte, die 238
Hügel, der 302
Huhn, das 315
Hühnerei, das 72
Hülse, die 78
Hummel, die 318
Hummer, der 71
Hummerfalle, die 205
Hund, der 310
hundert 322
Hundertfüßer, der 319
hundertste(r, s) 324
hunderttausend 323
Hundeschlittenfahren, das 207
Hupe, die 110
Hurrikan, der 300
Husten, der 252
Hustenbonbon, das/der 263
Hustensaft, der 262
Hut, der 32
Hüttenkäse, der 72
Hyazinthe, die 308
Hydrant, der 133, 272
Hypnose, die 264
Hypothek, die 136
Hypothek aufnehmen, eine 40

I

Ich bin verärgert/froh/traurig. 25
Ich habe ein Zimmer unter dem Namen ... gebucht. 134
Ich habe eine Panne. 112
Ich habe empfindliche/trockene Haut. 265
Ich habe fettige/normale Haut. 265
Ich hätte gern ... 143
Ich hätte gerne die Rechnung, bitte. 100
Ich hätte gerne ein Doppelzimmer für eine Nacht. 134
Ich heiße ... 19
Ich möchte bitte ... sprechen. 178
Ich möchte gerne ein Konto eröffnen. 137
Ich stelle Sie durch. 178
Ich würde gerne etwas zum Mitnehmen bestellen. 97
Igel, der 310
Ihr Flug ist jetzt zum Einsteigen bereit. 122
ihren Abschluss machen 148
im Aus sein 193
im Chor singen 220
im Internet surfen 176
immergrüne Baum, der 305
Immobilienmaklerin, die 162
Impfung, die 249
Implantat, das 257
impotent 246
In zehn Minuten. 327
Inbus®-Schlüssel, der 60
Index, der 183
Indianerzelt, das 234
Indie-Musik, die 219
Indien 294
Indische Ozean, der 282
Indonesien 294
Industriegebiet, das 131
Infekt, der 251
Informatik, die 150
Informatiker, der 160
Infusionsständer, der 259
Ingenieurin, die 161
Ingenieurwesen, das 156
Ingwer, der 84
Inhalator, der 253
Inhaltsverzeichnis, das 183
Inlandsflug, der 125
Inlineskaten, das 208
Innendienst, der 165
Innenhof, der 145
Innenverteidiger, der 189
Innenzelt, das 235
innere Erdkern, der 281
Innereien, die 69
ins Bett gehen 51
Insektenspray, der/das 234
Insektenstich, der 255
Insel, die 281, 302
Instrument stimmen, ein 216
Intensivstation, die 261
Internat, das 148
Interview, das 180
Interviewpartner, der 180
intolerant 26
Irak, (der) 294
Iran, (der) 294
Iris, die 258, 308
Irland 285
ischiocruralen Muskeln, die 242
Island 285
Isomatte, die 235
Israel 294
Ist dieser Platz noch frei? 121
ist gleich 325
Italien 285
IT-Leitung, die 164

J

Jachthafen, der 200
Jade, der 304
Jagd, die 209
Jagdrennen, das 203
Jaguar, der 311
Jahr, das 329
Jahresurlaub, der 169
Jamaika 288
Januar, der 329
Japan 294
Jazz, der 219
Jeans, die 31

jeder/jede/jedes 325
jemandem Blut abnehmen 250
jemandem eine Spritze geben 251
jemandem einen Brief schicken 184
jemandem einen Heiratsantrag machen 21
jemandem einen Kuss geben 19
jemandem kündigen 169
jemanden anrufen 19, 178
jemanden begrüßen 19
jemanden einstellen 159
jemanden nach dem Äußeren beurteilen 24
jemanden vorstellen 19
Jemen, (der) 294
Jenga®, das 231
jobben 158
Jochbein, das 243
Jockey, der 203
Joghurt, der 72
Johannisbeersaft, der 90
Joker, der 230
Jordanien 294
Journalistin, die 163
jugendfrei 227
Jugendliche, die 18
Jugendstil, der 145
Juli, der 329
jung 24
Junge, der 18
Jungtier, das 313
Juni, der 329
Jupiter, der 279
Juweliergeschäft, das 139

K

Kabel, das 178
Kabelfernsehen, das 179
Kabeljau, der 70
Kabine, die 126
kacheln 61
Kaffee, der 91, 99
Kaffee zum Mitnehmen, der 91
Kaffeebohnen, die 91
Kaffeemaschine, die 45, 143
Kai, der 127
Kaiserschnitt, der 249
Kajak, der/das 201
Kajalstift, der 35
Kakadu, der 315
Kalbfleisch, das 68
Kalkstein, der 303
Kalorien, die 101
Kalorien verbrennen 211
kalt 298
Kaltwasserzulauf, der 54
Kambodscha 294
Kamel, das 312
Kameragehäuse, das 228
Kameratasche, die 229
Kamerun 291
Kamille, die 306
Kamillentee, der 91
Kamin, der 42
Kaminofen, der 62
Kaminsims, der 42
Kamm, der 34
Kammmuschel, die 71
Kanada 288
Kanadier, der 201
Kanal, der 131
Kanaldeckel, der 133
Kanarienvogel, der 314
Kandare, die 202
Känguru, das 313
Kaninchen, das 68, 310
Kann ich hier mein Zelt aufschlagen? 235
Kante, die 206
Kanter, der 203
Kap Verde 291
Kapitel, das 183
Kapsel, die 262
Kapuzenmuskel, der 242
Kapuzenpullover, der 28
Karabiner, der 273
Karaffe, die 100
Kardamom, der/das 84
Kardiologie, die 259
Karibische Meer, das 282
Karies, die 257
Karneval, der 20
Karo, das 230
Karotte, die 75
Karottensaft, der 90
Karpfen, der 70
Karriere, die 159
Karten mischen, die 230
Kartoffel, die 75
Kartoffelspalten, die 98
Kartoffelstampfer, der 47
Karton, der 222
Kartuschenpistole, die 60
Kasachstan 294
Käse, der 94
Käsemesser, das 99
Käseteller, der 99
Käsetheke, die 140
Kaspische Meer, das 282
Kasse, die 140
Kassenzettel, der 141
Kassierer, der 140
Kassiererin, die 136
Kastagnetten, die 218
Kastanie, die 82
Katakomben, die 145
Katamaran, der 126, 200
Katar 294
Katze, die 310
kaufmännische Bereich, der 164
kaufmännische Leitung, die 164
Kaugummi, der/das 96, 142
Kaulquappe, die 316
Kaution, die 39
Kehle, die 241
Kehlkopf, der 241
Kehrschaufel, die 57
Keilabsatz, der 33
Keilbeinhöhle, die 241
Keilriemen, der 111
keimen 307
Keks, der 96
Keller, der 39
Kellner, der 99, 162
Kenia 291
kentern 200, 274
Kern, der 78
Kerngehäuse, das 81
kernlos 81
Kernspintomografie, die 261
Kerze, die 43
Kesselpauke, die 218
Ketchup, der/das 85
Kette, die 116
Kettenschutz, der 116
Keuchhusten, der 252
Keule, die 68
Key-Account-Management, das 165
Kfz-Mechanikerin, die 161
Kichererbse, die 78
kicken 190
Kidneybohne, die 78
Kiemen, die 317
Kilogramm, das 331
Kilometer, der 330
Kilometerstand, der 112
Kind, das 18
Kinderanhänger, der 117
Kinderbuch, das 183
Kindergarten, der 21, 148
Kinderkrankheit, die 252
Kinderlähmung, die 252
Kinderschaufel, die 232
Kindersitz, der 117
Kinderstation, die 259
Kinderwagen, der 50
Kinn, das 22, 238
Kino, das 132
Kinokasse, die 227
Kinoleinwand, die 227
Kinosaal, der 227
Kiosk, der 133
Kipper, der 119
Kirche, die 132
Kirgisistan 294
Kiribati 296
Kirsche, die 79
Kirschtomate, die 77
Kissenbezug, der 49
Kittel, der 152
Kiwano, die 80
Kiwi, die 80
Klappe, die 180
Klapptisch, der 120
Klarinette, die 217
Klasse, die 148
Klassenarbeit, die 148
Klassenfahrt, die 151
klassische Musik, die 219
klassizistisch 145
Klausur, die 157
Klebeband, das 185
Klebepistole, die 59
Klebstoff, der 221
Klee, der 306
Kleid, das 31
Kleiderbügel, der 41
Kleiderhaken, der 41
Kleiderschrank, der 49
klein 24, 97
Kleinabteil, das 120
Kleinbus, der 113
kleine Finger, der 240
kleine Geschenk, das 19
kleine Trommel, die 216
kleine Zeh, der 240
Kleingeld, das 141
Kleinhirn, das 241
Kleinstwagen, der 107
Kleintransporter, der 107
Kleinwagen, der 107
Klempner, der 161
Klettern, das 208
Kletterpflanze, die 309
Klettverschluss, der 32
klicken 174
Klimaanlage, die 107
Klimmzug, der 211
Klingel, die 134
klingeln 178
Klingelton, der 177
Klippe, die 301
Klitoris, die 247
Klobürste, die 53
klopfen 93
Kloschüssel, die 53
Klostein, der 53
Knäckebrot, das 88
knackig 81
kneten 87
Knicks machen, einen 19
Knie, das 238
Kniebeuge, die 211
Kniekehle, die 239
Kniescheibe, die 243
Knirscherschiene, die 257
Knoblauch, der 75
Knoblauchknolle, die 75
Knoblauchpresse, die 47
Knoblauchzehe, die 75
Knöchel, der 239
Knochenbruch, der 255
Knopf, der 28, 225
Knopfloch, das 28
Knorpel, der 244
Knospe, die 307
Koala, der 311
Koch, der 162
köcheln lassen 93
kochen 93, 220
Kochlöffel, der 48
Kochtopf, der 48
Köder, der 205
Koffer, der 32
Kofferkuli, der 121
Kofferraum, der 109
Kofferwagen, der 135
Kohle, die 303
Kohlenhydrat, das 101
Kohlrabi, der 74
Koi, der 317
Kokosnuss, die 80
Kolibri, der 314
Kollege, der 169
Kollegin, die 169
Kolonie, die 284

Kolumbien 289
Kolumne, die 182
Koma, das 261
Kombiwagen, der 107
Kombizange, die 58
Komet, der 280
Komiker, der 214
Kommanditgesellschaft (KG), die 164
Kommode, die 49
Komödie, die 214, 227
Komoren, die 291
Komposter, der 63
Kondensmilch, die 73
Konditorei, die 138
Kondom, das 247
Konfitüre, die 89
König, der 230, 231
Königreich, das 284
Können Sie mich bitte zurückrufen? 178
Könnte ich das mal anprobieren? 28
Könnten Sie bitte den Pannendienst anrufen? 112
Könnten Sie mir beim Reifenwechseln helfen? 112
Könnten Sie mir bitte sagen, wo ... ist? 133
Könnten Sie mir das bitte auf der Karte zeigen? 133
Könnten Sie mir das bitte wechseln? 137
Könnten Sie mir Starthilfe geben? 112
Könnten Sie uns bitte die Weinkarte bringen? 100
Konserven, die 141
Kontaktlinse, die 258
Kontaktlinsenbehälter, der 258
Kontinent, der 281
Kontonummer, die 136
Kontoüberziehung, die 136
Kontrollturm, der 124
konzentrieren, sich 52
Konzern, der 164
Kopf, der 224, 238
köpfen 190
Kopfhörer, der 178
Kopfkeil, der 265
Kopfkissen, das 49
Kopflehne, die 120
Kopfsalat, der 76
Kopfschmerzen, die 251
Kopfstütze, die 110
Kopfteil, das 49
kopieren 174
Koppel, die 203
Korallenriff, das 302
Korb, der 193
Korbbrett, das 155, 193
Korbleger, der 193
Korbring, der 193
Koriander, der 83, 84
Korkenzieher, der 48, 143
Körperverletzung, die 271
Kosmetikerin, die 162, 265
Kotelett, das 68
Kraftstofftank, der 118
Krafttraining, das 210
Kragen, der 29
Krähe, die 314
Krake, der 71
Kralle, die 310, 314
Krampf, der 251
Kran, der 127
krank 252
Krankenhaus, das 131
Krankenhausbett, das 259, 261
Krankenkasse, die 250
Krankenpfleger, der 160
Krankentisch, der 259
Krankenzimmer, das 259
Kräuterheilkunde, die 264
Kräutertee, der 91
Krawatte, die 29
Krawattennadel, die 32
kreative Schreiben, das 220
Krebs, der 71, 253
Kreditkarte, die 137
Kreide, die 149, 221, 303
Kreissäge, die 59
Kreißsaal, der 249
Kreisverkehr, der 104, 106
Kresse, die 74
Kreuz, das 219, 230
kreuzen 200
Kreuzfahrtschiff, das 126
Kreuzstich, der 226
Kreuzung, die 105
Kreuzworträtsel, das 233
Kricket, das 194
kriechen 316
Kriminalbeamte, der 270
Kriminalbeamtin, die 270
Kroatien 285
Krocket, das 209
Krokodil, das 316
Krokus, der 307
Krone, die 257, 305, 331
Kronleuchter, der 43
Kröte, die 316
Krücke, die 254
Kuba 288
Kubikmeter, der/das 330
Kuchengitter, das 46
Küchenhocker, der 44
Küchenkräuter, die 63
Küchenmaschine, die 45
Küchenmesser, das 47
Küchenpapier, das 46
Küchensieb, das 47
Küchenwaage, die 45
Küchenwecker, der 46
Küchenzange, die 48
Kugelfisch, der 317
Kugelschreiber, der 167
Kuh, die 312
Kühler, der 109
Kühlergrill, der 108, 118
Kühlerhaube, die 118
Kühlmitteltemperaturanzeige, die 112
Kühlregal, das 141
Kühlschrank, der 44
Kuhmilch, die 73
Küken, das 314
Kulisse, die 214
Kulturbeutel, der 34
Kumquat, die 81
Kundenakquise, die 165
Kundendienst, der 165
Kundin, die 140
Kunst, die 150
Kunstfliege, die 204
Kunstgeschichte, die 156
Kunsthalle, die 132
Kunsthochschule, die 158
Künstlergarderobe, die 215
Kunstmalerin, die 163
Kunststoff, der 60
Kupfer, das 303
Kuppel, die 145
Kupplungshebel, der 114
Kupplungspedal, das 110
Kur, die 264
Kurbel, die 204
Kürbis, der 77
Kürbiskerne, die 86
Kurierdienst, der 185
Kurkuma, die 84
Kurs, der 158
Kurve, die 105
kurz 28
kurze Hose, die 29
Kurzhaarschnitt, der 23
Kurzhantel, die 210
kurzsichtig 258
Kurzwelle, die 181
Kuscheltier, das 50
Küste, die 232, 301
Küstenwachboot, das 274
Küstenwache, die 127
Kuwait 294

L

Laborausrüstung, die 152
Laborwaage, die 152
lächeln 25
lachen 19
Lachs, der 70
Lack, der 60
Lackfarbe, die 221
Lacrosse, das 209
Lagerfeuerstelle, die 234
Laib, der 89
Laken, das 49
Lakritze, die 96
laktosefrei 101
laktosefreie Milch, die 73
Lama, das 312
Lammfleisch, das 68
Lampe, die 42, 153
Lampensockel, der 62
Land, das 281, 284
landen 123
Landschaftsgärtner, der 161
Landschaftsmalerei, die 222
Landungssteg, der 127
Landwirt, der 161
lang 28
Langhantel, die 210
Langlauf, der 206
Langlaufloipe, die 206
Langstreckenflug, der 125
Langwelle, die 181
LAN-Kabel, das 176
Laos 294
Lapislazuli, der 304
Laptop, der/das 52, 173
Laptoptasche, die 173
Lasagne, die 98
Laserdrucker, der 173
Latte macchiato, der/die 91
Lätzchen, das 27
Latzhöschen, das 27
Latzhose, die 61
Laub, das 305
Laub rechen, das 65
Laubbaum, der 305
Laubrechen, der 64
Lauch, der 75
Laufband, das 210
Läufer, der 231
Laufstall, der 50
Lautsprecher, der 173
Lautstärke, die 179
Lautstärkeregler, der 175
Lavendel, der 83, 307
Lawine, die 273, 300
Lawinenschutz, der 273
Lawinenwarnschild, das 273
Lebenslauf, der 159
Lebensmittelgeschäft, das 138
Lebensmittelintoleranz, die 101
Leber, die 68, 244
Lederhandschuh, der 115
Lederjacke, die 33, 115
ledig 17
Leertaste, die 172
Leerungszeiten, die 185
leger 30
Leggings, die 30
Leguan, der 316
Lehrer, der 163
Lehrerin, die 148
Lehrerpult, das 149
Lehrplan, der 151
leicht ausgestellte Hose, die 31
Leihfahrrad, das 117
Leinen, das 226
Leinwand, die 222
Leiste, die 238
Leitartikel, der 182
Leiter, die 61
Leitung, die 62
Leitungswasser, das 90
Lende, die 239
Lendenwirbel, der 243
Lenker, der 115, 116
Lenkergriff, der 114
Lenkrad, das 110
Leopard, der 311
lernen 158
Lerngruppe, die 158
Lesebändchen, das 183
Lesebrille, die 258
Leselampe, die 123
lesen 151, 220
Lesesaal, der 157

Lesezeichen, das 176
Lesotho 291
Lettland 285
letzte(r, s) 324
Leuchtrakete, die 200
Leuchtturm, der 127
Leukoplast®, das 269
Libanon, (der) 294
Libelle, die 318
Liberia 291
Libero, der 189, 192
Libyen 291
Lichtjahr, das 280
Lichtleiste, die 271
Lichtmaschine, die 111
Lichttherapie, die 264
Lidschatten, der 35
Liebesfilm, der 227
Liebstöckel, das/der 83
Liechtenstein 286
liefern 97, 185
Lieferservice, der 97
Liegerad, das 117
Liegestuhl, der 232
Liegestütz, der 211
Liga, die 189
Likör, der 92, 99
Lila, das 223
Lilie, die 308
Limabohne, die 78
Limette, die 81
Limonade, die 90
Limousine, die 107
Linde, die 305
Lineal, das 149
Linienbus, der 113
Liniennummer, die 113
Linienrichter, der 192, 196
Linienrichterin, die 196
linke Aufschlagfeld, das 195
linke Flügel, der 191
links abbiegen 133
Linse, die 258
Lipgloss, der/das 35
Lippe, die 22
Lippenpflegestift, der 263
Lippenstift, der 35
Lira, die 331
Litauen 286
Liter, der/das 330
Literanzeige, die 111
Litschi, die 80
Liveaufzeichnung, die 181
Livesendung, die 180
Lobby, die 134
Loch, das 198
Locher, der 167
Lockenstab, der 55
lockig 23
Loge, die 214
Lokalanästhesie, die 260
Longboardfahren, das 208
Lorbeerblatt, das 84
löschen 174
Löschfahrzeug, das 272
Lösungsmittel, das 61
löten 59
Lötkolben, der 60
Lottoschein, der 142
Lötzinn, das 60
Löwe, der 311
Löwenzahn, der 306
Luftdüse, die 123
Lufteinlass, der 115
Luftfilter, der 108
Lufthorn, das 118
Luftkanal, der 62
Luftmatratze, die 235
Luftpumpe, die 116, 235
Luftröhre, die 244
Lunchpaket, das 154
Lunge, die 244
Lungenautomat, der 201
Lupe, die 152
Lutscher, der 96
Luxemburg 286
LVS-Gerät, das 273
lymphatische System, das 245

M

Macadamianuss, die 82
Madagaskar 291
Mädchen, das 18
Magen, der 244
Magenschmerzen, die 251
Magnet, der 152
Mähne, die 202
Mai, der 329
Maiglöckchen, das 306
Maikäfer, der 318
Mail weiterleiten, eine 176
Mais, der 77, 86
Maismehl, das 87
Majoran, der 83
Makrele, die 70
Malawi 291
Malaysia 295
Malediven, die 295
Maler, der 161
Mali 291
Malta 286
Manager, der 164
Managerin, die 169
manche 325
manchmal 325
Mandel, die 82
Mangelerscheinung, die 252
Mango, die 80
Mangold, der 74
Mangostanfrucht, die 80
Maniküre, die 265
Mann, der 18, 238, 239
männliche Fortpflanzungssystem, das 245
männlichen Geschlechtsorgane, die 246
Mannschaft, die 194
Mannschaftsaufstellung, die 189
Manschette, die 250
Manschettenknopf, der 32
Margarine, die 89
Marienkäfer, der 319
marinieren 85
mariniert 69
Markenemblem, das 108
Marker, der 149
Marketingabteilung, die 165
Marketingleitung, die 165
markieren 174
Markt, der 138
Marktstand, der 138
Marmelade, die 89, 94
Marmor, der 303
Marokko 291
Mars, der 278
Marshallinseln, die 296
Martinshorn, das 271
März, der 329
Maschen, die 197
Masern, die 252
Massage, die 264
Maßband, das 58, 224
Mast, der 200
Mastdarm, der 246
Master, der 156
Mathematik, die 150
Matratze, die 49
matt 229
Matte, die 210
Maul, das 310
Maulwurf, der 310
Mauretanien 291
Mauritius 291
Maus, die 172, 310
Mauspad, das 173
Mauszeiger, der 175
Mautstelle, die 105
Mayonnaise, die 85
Medikament, das 262
Meditation, die 264
Medizin, die 156
medizinische Nachversorgung, die 260
Meer, das 232, 281
Meerenge, die 281
Meeresschildkröte, die 316
Meeresströmung, die 200
Meerschweinchen, das 310
mehligkochend 75
mehrfach 325
Mehrfachsteckdose, die 62
Mehrfamilienhaus, das 38
mehrjährig 309
Mehrkornbrot, das 88
mehrmals 325
Meile, die 330
Meisterschaft, die 189
melden, sich 151
Melone, die 94
Mensa, die 157
Mensch ärgere dich nicht®, das 231
Menstruation, die 247
Merkur, der 278
Messbecher, der 48, 262
messen 59
Messer, das 100
Messerblock, der 47
Messerschärfer, der 46
Messlöffel, der 48, 249
Metall, das 60
Meteor, der 280
Meter, der/das 330
Metzgerei, die 138
Metzgerin, die 162
Mexiko 288
Miesmuschel, die 71
Miete, die 39
mieten 39
Mieter, der 39
Mieterin, die 39
Mietvertrag, der 39
Mietwohnung, die 38
Migräne, die 251
Mikrofasertuch, das 60
Mikrofon, das 178, 180
Mikronesien 296
Mikroskop, das 153
Mikrowelle, die 45
Milch, die 72, 94
Milchkaffee, der 91
Milchprodukte, die 141
Milchpulver, das 249
Milchpumpe, die 249
Milchschaum, der 91
Milchschokolade, die 96
Milchshake, der 90
Milchstraße, die 280
Milliarde, eine 323
Milliliter, der/das 330
Millimeter, der/das 330
Million, eine 323
millionste(r, s) 324
Milz, die 244
Mineralbad, das 265
Mineralwasser mit Kohlensäure, das 90
Minibar, die 135
Minute, die 326
Minze, die 83
Minztee, der 91
Mistgabel, die 64
mit dem Netz fangen 205
mit der Flasche füttern 249
mit Eis 92
mit kurzen/langen Ärmeln 28
mit Stretchanteil 30
mit Zahnseide reinigen 257
Mittag, der 328
Mittagspause, die 154
Mittelangreifer, der 192
Mittelfeldspieler, der 189
Mittelfinger, der 240
mittelgroß 97
Mittelkonsole, die 110
Mittelkreis, der 188, 193
Mittellinie, die 188, 193, 195, 197
Mittelmeer, das 282
Mittelohrentzündung, die 251
Mittelstreifen, der 105
Mittelstürmer, der 189
Mitternacht, die 327, 328
mittlere Schulabschluss, der 148
Mittwoch, der 329
Mixer, der 45
Möbel restaurieren 220
Möbelgeschäft, das 139
Mobile, das 50
möbliert 40

Modellbau, der 220
Modelleisenbahn, die 220
modellieren 220
Moderator, der 180
Moderatorin, die 163, 180
modisch 30
mogeln 231
Mohnblume, die 309
Moldawien 286
Monaco 286
Monat, der 329
Monatskarte, die 113
Mondphasen, die 278
Mondsichel, die 278
Mongolei, die 295
Monopoly®, das 231
Monsun, der 300
Montag, der 329
Montenegro 286
Moos, das 306
Mord, der 271
Morgen, der 330, 328
morgen 328
Morgendämmerung, die 328
Mörser, der 47
Mosaik legen 220
Mosambik 291
Moschee, die 132
Moskitonetz, das 235
Motocross, das 208
Motor, der 109
Motorboot, das 126
Motorhaube, die 109
Motorjacht, die 126
Motorradgespann, das 115
Motorradhelm, der 115
Motorradkombi, die 115
Motorradrennen, das 208
Motorroller, der 114
Mountainbike, das 117
Mountainbiken, das 208
Möwe, die 314
Mozzarella, der 73
MP3-Player, der 177
Mückenspray, der/das 263
müde 26
Muffinförmchen, das 46
Müllbeutel, der 60
Mullbinde, die 269
Mülleimer, der 44
Müllmann, der 161
Mülltrennung, die 44
Müllwagen, der 118
multiple Sklerose, die 253
multiplizieren 325
Mumps, der 252
Mund, der 22
Mundharmonika, die 218
Mundhygiene, die 257
mündliche Prüfung, die 157
Mundschutz, der 256, 260
Mundspülbecken, das 256
Mundwasser, das 55, 257
Mund-zu-Mund-Beatmung, die 268
Mungobohne, die 78
Münze, die 137
Museum, das 132
Musik, die 150
Musikerin, die 163
Musikhochschule, die 158
Muskatnuss, die 84
Muskelkater, der 211
muskulös 24
Müsli, das 94
Müsliriegel, der 94
Mutter, die 17, 58
Muttermal, das 22
Mutterschutz, der 169
Muttertag, der 20
Mütze, die 27, 32
Myanmar 295

N

Nabelschnur, die 248
Nachbar, der 18
Nachbarin, die 18
nachdenklich 25
Nachhilfe, die 149
Nachmittag, der 328
Nachricht, die 176
Nachrichten, die 180
Nachrichtensprecherin, die 180
Nachtblüher, der 307
Nachtfalter, der 318
Nachtisch, der 99
Nachttisch, der 49, 259
Nachttischlampe, die 49
Nacken, der 239
Nacktschnecke, die 319
Nadel, die 224
Nadelbaum, der 305
Nadelkissen, das 225
Nagel, der 58
Nagelfeile, die 34, 263
Nagelhaut, die 240
Nagellack, der 35
Nagellackentferner, der 34
Nagelschere, die 34
Nähe (von), in der 133
nähen 226
Nähfuß, der 224
Nähfußdruckregler, der 224
Nähgarn, das 224
Nähkästchen, das 225
Nähmaschine, die 224
Nähnadel, die 225
Nahrungsergänzungsmittel, das 263
Naht, die 30
Nahtauftrenner, der 225
Namibia 292
Narbe, die 24, 260
Narzisse, die 308
Nase, die 22
Nasenbein, das 241
Nasenbluten, das 251
Nasenhöhle, die 241
Nasenloch, das 22
Nasenriemen, der 202
Nashorn, das 312
Nation, die 284
Natrium, das 101
Naturreis, der 86
Naturwissenschaften, die 156
Nauru 296
Navigationsgerät, das 110
Nebel , der 280
Nebelscheinwerfer, der 108
Nebenwirkung, die 263
neblig 298
Neffe, der 17
Negativ, das 229
neidisch 26
Nektarine, die 79
Nelke, die 308
Nelken, die 84
Nepal 295
Neptun, der 279
Nerv, der 257
Nervensystem, das 245
nervös 26
nett 25
Netz, das 192, 193, 196, 197
Netzhalter, der 197
Netzhaut, die 258
Netzkante, die 192
Netzoberkante, die 197
Neubau, der 40
Neugeborene , das 249
neugierig 25
neun 322
neun Uhr 326
neunte(r, s) 323
neunzehn 322
neunzehn Uhr 327
neunzehnte(r, s) 323
neunzig 322
neunzigste(r, s) 324
Neurologie, die 259
Neuseeland 296
Neustart, der 174
Nicaragua 288
Nicht knicken! 185
Nichte, die 17
Nichtraucherflug, der 123
Niederflurbus, der 113
Niederlande, die 286
niedlich 25
niedrige Blutdruck, der 252
niemals 325
Niere, die 68, 244, 245
Niesen, das 252
nieten 59
Nietenzange, die 59
Niger, (der) 292
Nigeria 292
Nilpferd, das 312
Nordhalbkugel, die 284
Nordkorea 295
nördliche Polarkreis, der 284
nördliche Wendekreis, der 284
Nordmazedonien 286
Nordpol, der 281
Nordpolarmeer, das 282
Nordsee, die 282
Norwegen 286
Notarzt, der 268
Notärztin, die 268
Notation, die 219
Notaufnahme, die 261
Notausgang, der 123, 272
Note, die 148, 219
Noten, die 216
Notenlinie, die 219
Notenständer, der 216
Notizbuch, das 142, 167
Notlandung, die 123, 275
Notrufknopf, der 259
Notrufnummer, die 275
Notrufsäule, die 104
November, der 329
Nudelholz, das 48
Nugget, das 97
nukleare Katastrophe, die 275
null 322
Nummernschild, das 108
Nuss knacken, eine 82
Nussknacker, der 82
Nussschale, die 82
Nylon®, das 226

O

oben 185
Oberarm, der 239
Oberärztin, die 261
Oberkiefer, der 241
Oberleitung, die 120
Oberschenkel, der 238
Oberschenkelknochen, der 243
Oberschenkelmuskel, der 242
Oberteil, das 31
Objektiv, das 153, 228
Objektivdeckel, der 228
Objektivrevolver, der 153
Objektklemme, die 153
Objekttisch, der 153
Objektträger, der 153
Oboe, die 217
Obst und Gemüse, das 141
Obstbaum, der 309
Ocker, das 223
Ofen, der 265
Ofen vorheizen, den 44
offen 25
offene Handelsgesellschaft (OHG), die 164
Öffnungszeiten, die 144
Offroadfahren, das 208
ohne Eier 101
ohne Sattel reiten 203
Ohnmacht fallen, in 255
Ohr, das 22
Ohrring, der 32
Ohrstöpsel, der 263
Okraschote, die 77
Oktober, der 329
Okular, das 153
Öl wechseln(, das) 111
Oldtimer, der 107
Ölfarbe, die 221
Olive, die 77
Olivenöl, das 85
Olivgrün, das 223
Ölkreide, die 221
Ölmalerei, die 222
Ölmessstab, der 108
Oman 295
Omelett, das 95
Onkel, der 17
Onkologie, die 259

Onlinebanking, das 136
Online-Check-in, der/das 125
Online-Einkauf, der 176
Onyx, der 304
Opal, der 304
Oper, die 216
Operation, die 260
Operationsbesteck, das 260
Operationsleuchte, die 260
Operationssaal, der 260
Operationstisch, der 260
Opernhaus, das 132
Opernsängerin, die 216
OP-Mantel, der 260
OP-Schwester, die 260
Optiker, der 139
Optikerin, die 160, 258
Orange, das 81, 223
Orangensaft, der 90, 94
Orang-Utan, der 313
Orbiter, der 279
Orchestergraben, der 216
Orchidee, die 308
Ordner, der 167, 174
Oregano, der 83
Organisation des Nordatlantikvertrags (NATO), die 297
organisieren 168
Organspende, die 269
Origami, das 220
Orthopäde, der 160
Orthopädie, die 259
örtliche Betäubung, die 257
Öse, die 204
Osteopathie, die 264
Ostern, das 20
Österreich 286
östliche Hemisphäre, die 284
Ostsee, die 282
Osttimor 295
Otter, der 313
Ouvertüre, die 216
Overlock, die 224
Ozon, der 299
Ozonschicht, die 299

P

Paar, das 18
paar, ein 325
Paar, ein 325
Päckchen, das 185
Pädagogik, die 156
Paket, das 184
Paketzusteller, der 162
Pakistan 295
Palau 296
Palette, die 221
Palliativmedizin, die 264
Palme, die 309
Panama 288
Pandabär, der 311
Pandemie, die 300
Panflöte, die 218
Paniermehl, das 89
panierte Schnitzel, das 98
Panzer, der 316
Papagei, der 315
Papaya, die 80
Papierkorb, der 166, 174
Pappmaschee, das 220
Paprika, der 77, 84
Papua-Neuguinea 297
Par, das 199
Paraguay 289
Paranuss, die 82
Parfüm, das 34
Parfümerie, die 139
Park, der 131
Parkett, das 214
Parkinsonkrankheit , die 253
Parkour, der/das 209
Parkscheinautomat, der 104
Parkverbot, das 106
Parmesan, der 73
Passah, das 20
Passionsfrucht, die 80
Pastellkreide, die 221
Pastete, die 98
pasteurisiert 73
Pastinake, die 75
Patchwork, das 226
Patenonkel, der 18
Patentante, die 18
Patientenumhang, der 256
Patientin, die 250, 256
Pauke, die 216
Pause, die 154, 215
Pause machen, eine 52
Pausenbrot, das 154
Pausetaste, die 179
Pavian, der 313
Pazifische Ozean, der 282
Pech, das 231
Pedal, das 116
Pedale treten, in die 116
Pediküre, die 265
Peeling, das 265
Pekannuss, die 82
Penholdergriff, der 197
Penis, der 246
Penne, die 87
per Luftpost 185
Periodikum, das 157
Perle, die 304
Personal, das 169
Personalabteilung, die 165
Personalleitung, die 165
Personalreferentin, die 159
Peru 289
Perücke, die 23
Peso, der 331
Pessar, das 247
Petersilie, die 83
Petrischale, die 153
Petroleumlampe, die 235
Petunie, die 307
Pfahlwurzel, die 305
Pfannenwender, der 48
Pfannkuchen, der 95
Pfau, der 315
Pfeffer, der 84, 85
Pfefferminzbonbon, der/das 142
Pfeffermühle, die 85
Pfeife, die 142
Pferd, das 202, 312
Pferdepfleger, der 203
Pferderennen, das 203
Pferdeschwanz, der 23
Pfifferling, der 74
Pfirsich, der 79
pflanzen 65
Pflaster, das 269
pflücken 65
Pfote, die 310
Pfund, das 331
Philippinen, die 295
Physalis, die 80
Physik, die 150
Physiotherapeut, der 160
Pickel, der 22
Pick-up, der 107
Pik, das 230
Pikkoloflöte, die 217
Pilates, das 211
Pille, die 247
Pilot, der 122, 162
Pilotin, die 122
Pils, das 92
Pilz, der 306
Pilze, die 95
Pinguin, der 315
Pinienkern, der 82
Pink, das 223
Pinne, die 200
PIN-Nummer, die 136
Pinnwand, die 166
Pinsel, der 35, 221
Pint, das 330
Pinzette, die 34, 152, 263
Pipette, die 153
Piranha, der 317
Pistazie, die 82
Pistole, die 270
Pizza, die 97
Planet, der 280
Plateau, das 302
Platte, die 281
Platz, der 131
Platzanweiser, der 215
Platzanweiserin, die 215
Platzverweis, der 188
Plazenta, die 248
pochieren 93
Pokal, der 189
Poker spielen 230
Polen 286
polieren 57
Politikwissenschaft, die 156
Polizeiabsperrung, die 271
Polizeiabzeichen, das 270
Polizeiauto, das 271
Polizeiwache, die 131
Polizeiwagen, der 119
Polizist, der 270
Polizistin, die 270
Pollenflug, der 299
Poller, der 127
Polo, das 203
Polohemd, das 29
Polyester, der 226
Pommes frites, die 97
Pony, der 23
Pool, der 134
Poolbillard, das 209
Popcorn, das 96, 227
Popmusik, die 219
Pore, die 22
Portemonnaie, das 33
Porto, das 185
portofrei 184
Porträtmalerei, die 222
Portugal 286
Posaune, die 217
Pose, die 204
Post, die 131
Postanweisung, die 185
Postausgang, der 176
Posteingang, der 176
Postfach, das 166, 184
Postkarte, die 184
Postleitzahl, die 184
Poststempel, der 184
potent 246
PR-Abteilung, die 165
Praktikum, das 158
Praline, die 96
Präsentation, die 168
Praxissemester, das 158
Preis, der 141
Preisanzeige, die 111
Preiselbeere, die 79
Preisschild, das 141
Premiere, die 215, 227
Prepaidkarte, die 177
pressen 248
primäre Geschäftsfeld, das 164
Primel, die 308
pritschen 192
Privatschule, die 148
Probe, die 215
Produktion, die 165
Produktionsleitung, die 165
Professor, der 156
Profisportler, der 163
Programm, das 175, 215
Programm deinstallieren, ein 175
Programm installieren, ein 175
Programmwählscheibe, die 228
Prokurist, der 165
Promotion, die 156
Propangas, das 234
Prostata, die 246
Prothese, die 254
Protokoll, das 168
protokollieren 168
Provinz, die 284
Provision, die 137
Prozent, das 325
Prozessor, der 173
Prüfung, die 148
Psychologin, die 160
Publikum, das 180, 215
Puck, der 155, 194
Puderdose, die 35
Pullunder, der 29
Puls, der 268
Pulsmessung, die 268
Pulsuhr, die 211
Pulverschnee, der 206

Puma, der 311
Pumps, der 33
pünktlich 121
Pupille, die 258
Puppe, die 50, 318
Püree, das 77
Pürierstab, der 45
püriert 77
Pusteblume, die 306
Pute, die 69
Putenfleisch, das 69
Putter, der 199
putzen 57
Putzlappen, der 46
Puzzle, das 230

Q

Quad, das 114
Quadratfuß, der 330
Quadratmeter, der/das 330
Quadratwurzel, die 325
quaken 316
Qualifikation, die 159
Qualitätszeitung, die 182
Quarantäne, die 259
Quark, der 72
Quartett, das 216
Quarz, der 304
Quecksilber, das 303
Querflöte, die 217
Querformat, das 229
Querlatte, die 190
Querruder, das 122
Quiche, die 98
Quinoa, die 86
Quitte, die 79
Quizshow, die 180

R

Rabe, der 314
Rachen, der 241
Rachitis, die 252
Raclettegrill, der 45
Raclettekäse, der 73
Racquetball, der 195
Rad, das 108
Radarantenne, die 126
Radaufhängung, die 108, 114
Radfahren lernen 116
Radiergummi, der 167
Radieschen, das 75
Radio, das 181
Radiosender, der 181
Radioteleskop, das 280
Radkappe, die 109
Radlader, der 119
Radmutternschlüssel, der 112
Radsport, der 208
Rahmen, der 195
Rail, das 207
Rallyefahren, das 208
Ramadanfest, das 20
Rambutan, die 80
Rand, der 331
Rap, der 219
Rasen, der 309
Rasen mähen, den 65
Rasen sprengen , den 65
Rasenmäher, der 64
Rasensprenger, der 64
Rasentrimmer, der 64
Rasierapparat, der 55
rasieren, sich 55
Rasierer, der 55
Rasierschaum, der 55
Rasierwasser, das 55
Rassel, die 27, 218
Raststätte, die 105
Rathaus, das 131
Ratte, die 310
Raubüberfall, der 271
Räucherfisch, der 71
Rauchmelder, der 39, 272
Rauchverbot, das 111
Raumduft, der 53
Raumklang, der 179
Raumschiff, das 279
Raumstation, die 280
Raupe, die 318
Raureif, der 299
Ravioli, die 87
Reagenzglas, das 152
Real, der 331
Rebound, der 193
Rechen, der 64
rechnen 151
Rechner herunterfahren, den 175
Rechner hochfahren, den 175
Rechnung, die 137
Rechnung übernehmen, die 143
rechte Aufschlagfeld, das 195
rechte Flügel, der 191
rechts abbiegen 133
Rechtsabteilung, die 165
Rechtsanwalt, der 160
Rechtswissenschaft, die 156
Referat halten, ein 157
Reflektor, der 116
Reflektorstreifen, der 115
Reflexstreifen, der 272
Regen, der 299
Regenbogen, der 299
Regenhaut®, die 235
Regenjacke, die 28
Regenschirm, der 32
Reggae, der 219
Region, die 284
Regisseur, der 215
Regler, der 54
regnerisch 298
Reh, das 312
Rehabilitation, die 260
Reibe, die 47
reiben 93
reif 81
Reifen, der 109, 116
Reifen wechseln, den 112
Reifendruck, der 111
Reifenfüllgerät, das 111
Reifenpanne, die 112
Reifenprofil, das 108
Reihenhaus, das 38
Reiki, das 264
reinigen 265
Reinigungsmittel, das 57
Reinigungsmittel, die 141
Reis, der 86
Reisebus, der 113
Reiseführer, der 144
Reisende, der 121
Reisepass, der 124
Reisescheck, der 137
Reisetasche, die 32
Reiseziel, das 125
Reiskocher, der 45
Reisnudeln, die 87
Reißverschluss, der 32, 226, 235
Reißzwecke, die 167
Reiterin, die 202
Reitgerte, die 203
Reithelm, der 202
Reithose, die 202
Reitstiefel, der 202
Religionsunterricht, der 150
Renaissance, die 145
Rennmaschine, die 114
Rennpferd, das 203
Rennrad, das 117
Rennrodeln, das 207
Rente gehen, in 21, 169
Rentier, das 312
Reportage, die 180
Reporterin, die 180
Republik, die 284
Republik Kongo, die 292
Reservebank, die 192
Reserverad, das 112
Restaurant, das 134
retten 275
Rettungsboje, die 274
Rettungsboot, das 126, 200, 274
Rettungsdienst, der 268
Rettungseinsatz, der 273
Rettungshubschrauber, der 273
Rettungshund, der 273
Rettungsring, der 200, 274
Rettungsschlitten, der 273
Rettungsschwimmer, der 274
Rettungsstau, das 274
Rettungswagen, der 268
Rezept, das 250
Rezeption, die 134
Rhabarber, der 74
Rheuma, das 253
Rhododendron, der/das 307
rhythmische Sportgymnastik, die 209
Richterin, die 160
Riemen, der 33
Rigatoni, die 87
Rindfleisch, das 68
Ring, der 32
Ringe, die 155
Ringelblume, die 308
Ringfinger, der 240
Rinnstein, der 104
Rippe, die 243
Rochen, der 317
Rock, der 31, 219
Rocky Mountains, die 283
Rodeo, der/das 203
Rogen, der 317
Roggenmehl, das 87
roh 75, 77
Röhrenglocken, die 216
Röhrenhose, die 31
Rohrzange, die 58
Rokoko, das 145
Rollator, der 254
Rollcontainer, der 52
Rollkoffer, der 125
Rollkragenpullover, der 29
Rollo, das 43
Rollrasen verlegen 65
Rollstuhl, der 254
Rolltreppe, die 121
Roman, der 183
romanisch 145
Römersalat, der 76
Röntgenaufnahme, die 257
Röntgenbild, das 261
Röntgengerät, das 261
Rosa, das 223
Röschen, das 74
Rose, die 307
Rosenkohl, der 76
Rosenquarz, der 304
Rosenschere, die 64
Rosenstrauch, der 308
Roséwein, der 92
Rosine, die 82
Rosmarin, der 83
rösten 93
rostfreie Stahl, der 60
Rösti, die 95
Rot, das 223
Rote Bete, die 75
rote Karte, die 188
rote Linse, die 78
Rote Meer, das 282
rote Zwiebel, die 75
Rote-Augen-Effekt, der 229
Röteln, die 252
roten Johannisbeeren, die 79
rothaarig 23
Rotkehlchen, das 314
Rotkohl, der 76
Rotwein, der 92
Rotweinglas, das 99
Rouge, das 35
Rough, das 198
Router, der 176
Ruanda 292
Rübe, die 75
Rubel, der 331
Rubin, der 304
Rücken, der 239
Rückenlehne, die 52
Rückenmuskel, der 242
Rückfahrscheinwerfer, der 109
Rückgabedatum, das 157
rückgängig machen 175
Rückhand, die 196
Rückleuchte, die 109, 114
Rücklöschtaste, die 172
Rucksack, der 32, 125, 235
Rückspiegel, der 108, 114

rückwärtsfahren 105
Rückwärtsnähtaste, die 224
Rucola, der 76
Ruder, das 200
Rudergerät, das 210
Rufen Sie die Feuerwehr! 275
Rufen Sie die Polizei! 275
Rufen Sie einen Rettungswagen! 275
Rufknopf, der 261
Rugby, das 194
Ruheraum, der 265
Rührei, das 95
Rührschüssel, die 46
Ruine, die 132
Rum, der 92
Rumänien 286
Rumpf, der 122, 126, 200
Rumpfbeuge, die 211
Rupie, die 331
Rüsche, die 30
Russland 286

S

Sachbuch, das 183
Sachliteratur, die 183
säen 65
Safe, der 166
saftig 81
Saftpresse, die 90
Sägeblatt, das 59
sägen 59
Sahara, die 283
Sahne, die 72
Sakko, der/das 29
Salamander, der 316
Salami, die 68
Salat, der 99
Salatsoße, die 85
Salbe, die 262
Salbei, der 83
Salomonen, die 297
Salsa, die 85
Salz, das 85
Salzbrezel, die 96
salzen 93
salzig 97
Salzstreuer, der 85
Sambia 292
Samen, der 78
Samenbläschen, das 246
Samenerguss, der 246
Samenleiter, der 246
Sämling, der 65
Sammelpunkt, der 274
Samoa 297
Samstag, der 329
sämtliche 325
San Marino 286
Sand, der 232
Sandale, die 33
Sandburg, die 233
Sandstein, der 303
Sanduhr, die 46, 175
Sandwich, das 89
Sandwichgrill, der 45
Sängerin, die 163
Sangria, die 92
Sanitäter, der 162, 268
Sanitäterin, die 268
São Tomé und Príncipe 292
Saphir, der 304
Sardine, die 70
Satellit, der 280
Satellitenschüssel, die 179
Sattel, der 116, 202
Sattelgurt, der 202
Sattelschlepper, der 118
Sattelstütze, die 116
Satteltasche, die 117
Sattelzug, der 118
Saturn, der 279
Satz, der 196
Saudi-Arabien 295
sauer 26, 81
Sauerstoffmaske, die 123, 268
Sauerteigbrot, das 88
Säugling, der 249
Säule, die 145
Saum, der 30
Sauna, die 211, 265
Saxofon, das 217
Scanner, der 140, 173
Schabe, die 319
Schach, das 231
Schachbrett, das 231
Schädel, der 243
Schaf, das 312
Schaffnerin, die 121
Schaft, der 195
Schal, der 32
Schale, die 81
schälen 77
schälen 93
Schäler, der 47
Schalotte, die 75
Schalter, der 62, 136
Schalthebel, der 110, 116
Schamgegend, die 238
Schamlippe, die 247
scharf 75
Scharlach, der/das 252
Schaufenster, das 138
Schauspieler, der 180, 215
Schauspielerin, die 163, 215
Scheck ausstellen, einen 136
Scheibe, die 89
Scheibenwischer, der 108
Scheide, die 247
scheiden lassen, sich 21
Scheidung, die 21
Scheinwerfer, der 109, 118
Schellenrassel, die 218
Schenkel, der 69
Schere, die 58, 167, 225
Schichtarbeit, die 159
schick 30
Schiebegriff, der 254
Schiedsrichter, der 188, 196
Schiedsrichterin, die 196
Schiefer, der 303
Schienbein, das 238
Schienbeinschoner, der 190
Schiene, die 120
Schienennetz, das 121
schießen 190
Schiffbruch, der 274
Schilddrüse, die 244
Schilddrüsenkrankheit, die 253
Schildkröte, die 316
Schimpanse, der 313
Schinken, der 68, 94
Schirmständer, der 38, 41
Schlafanzug, der 28
Schlafbrille, die 49
Schlafcouch, die 42
Schläfe, die 22
schlafen 51
Schlafkabine, die 118
Schlafsack, der 235
Schlafstörung, die 253
Schlaftablette, die 263
Schlaganfall, der 253
schlagen 93
Schlagfläche, die 197
Schlagholz, das 194
Schlaghose, die 31
Schlagstock, der 270
Schlagwurf, der 191
Schlagzeile, die 182
Schlagzeug, das 218
Schlagzeugstock, der 218
Schlange, die 316
schlank 24
Schleife, die 31
Schleifpapier, das 58
Schleudertrauma, das 255
Schlitten fahren 207
Schlittschuh laufen 207
Schloss, das 132
Schlucht, die 302
Schlüsselbein, das 243
Schlüsselbrett, das 41
Schlüsselkarte, die 134
Schmerzmittel, das 263
Schmetterling, der 318
schmettern 192
schminken, sich 55
schmoren 69
Schmortopf, der 48
Schmuck herstellen 220
Schmutzwäschekorb, der 56
Schnabel, der 314
Schnalle, die 33
Schnaps, der 92
schnarchen 51
Schnecke, die 319
Schneckenpost, die 184
Schnee, der 299
Schnee- oder Eisglätte, die 106
Schneeanzug, der 27
Schneebesen, der 47
Schneefräse, die 118
Schneeglöckchen, das 307
Schneehose, die 28
Schneekette, die 111
Schneemobil, das 273
Schneeschuhwandern, das 207
Schneesturm, der 300
Schneidebrett, das 47
schneiden 59, 77, 93, 226
Schneiderei, die 139
Schneiderin, die 163
Schneiderpuppe, die 225
Schneidezahn, der 256
Schnellkochtopf, der 45
Schnittlauch, der 83
Schnittmuster, das 225
Schnittwunde, die 255
Schnitz, der 81
schnitzen 220
Schnorchel, der 201
schnorcheln 233
Schnuller, der 27
Schnupfen, der 252
schnurlose Telefon, das 178
Schnurrbart, der 24
Schnurrhaar, das 310
Schnürschuh, der 33
Schnürsenkel, der 33
Schock, der 269
Schokoladenaufstrich, der 89
Schokoriegel, der 96, 142
Scholle, die 70
schön 24
Schöpfkelle, die 47
Schornstein, der 40, 126
Schote, die 78
schräg gegenüber 133
Schraube, die 58
schrauben 59
Schraubenschlüssel, der 58
Schraubenzieher, der 58
schreiben 151
Schreibtisch, der 51, 52, 166
Schreibtischlampe, die 51, 166
Schreibunterlage, die 166
Schreibwarengeschäft, das 138
Schreiner, der 161
Schriftart, die 175
Schritt, der 203
schrubben 57
Schubkarre, die 64
Schublade, die 44, 51, 166
schüchtern 25
Schuhgeschäft, das 139
Schuhlöffel, der 41
Schulabschlussball, der 21
Schulbuch, das 149
Schulbus, der 113
Schuld, die 271
Schule, die 131
Schüler, der 149
Schüleraustausch, der 151
Schülerin, die 149
Schulfach, das 151
Schulglocke, die 154
Schulheft, das 149
Schulhof, der 154
Schulleiterin, die 148
Schulranzen, der 50
Schultasche, die 149
Schulter, die 238
Schulterblatt, das 239
Schulterpolster, das 31
Schuluniform, die 148
Schuppe, die 71
Schuppen, die 316
Schuppenflechte, die 252
Schürfwunde, die 255

Schürze, die 46
Schüssel, die 100
Schutzblech, das 114, 116
Schutzbrille, die 60, 152
Schutzumschlag, der 183
Schwager, der 16
Schwägerin, die 16
Schwalbe, die 314
Schwamm, der 57
Schwammtuch, das 55
Schwan, der 315
schwanger 248
Schwangerschaft, die 21
Schwangerschaftsabbruch, der 247
Schwangerschaftstest, der 248
Schwanz, der 310
Schwarz, das 223
Schwarzaugenbohne, die 78
Schwarzbraun, das 223
Schwarzbrot, das 88
schwarze Bohne, die 78
schwarze Brett, das 158
schwarze Feld, das 231
schwarze Loch, das 280
Schwarze Meer, das 282
schwarzen Johannisbeeren, die 79
schwarzfahren 121
Schwarztee, der 91
Schweden 287
Schwefel, der 303
Schwein, das 312
Schweinefleisch, das 68
Schweiz, die 287
Schweizer Franken, der 331
schwerbehindert 254
schwerhörig 254
Schwerkraft, die 280
Schwertwal, der 313
Schwester, die 17
Schwiegermutter, die 16
Schwiegersohn, der 16
Schwiegervater, der 16
Schwimmflosse, die 201
Schwimmweste, die 274
Schwindel, der 251
schwingen 199
Science-Fiction-Film, der 227
Scrapbooking, das 220
Scrollbalken, der 175
scrollen 174
Scrollrad, das 172
sechs 322
sechs Uhr 326
sechsfach 325
sechste(r, s) 323
sechzehn 322
sechzehn Uhr 327
sechzehnte(r, s) 323
sechzig 322
sechzigste(r, s) 324
See, der 281, 301
Seebarsch, der 70
Seefisch, der 317
Seegang, der 200
Seehund, der 313
Seelöwe, der 313
Seenot geraten, in 274
Seepferdchen, das 317
Seerose, die 307
Seetang, der 233
Seeteufel, der 70
Seewetterbericht, der 274
Seezunge, die 70
Segelboot, das 126
Segler, der 200
Sehne, die 244
Sehnerv, der 258
Sehsinn, der 245
Sehtest, der 258
Seide, die 30, 226
Seife, die 34
Seifenspender, der 53
Seil, das 273
Seilbahn, die 206
sein Studium abschließen 157
seine Stelle kündigen 169
seinen Abschluss machen 148
Seit gestern. 327
Seit wann? 327
Seite, die 183
Seite überfliegen, eine 183
Seitenfenster, das 109
Seitenleitwerk, das 122
Seitenlinie, die 188, 192, 193, 197
Seitenlinie Doppel, die 195
Seitenlinie Einzel, die 195
Seitenlinie für das Doppelspiel, die 196
Seitenlinie für das Einzelspiel, die 196
Seitenschneider, der 59
Seitenschutzleiste, die 109
Seitenspiegel, der 109, 110
Seitenständer, der 114
Seitenstraße, die 130
Seitenwurzel, die 305
Seitenzahl, die 183
Sekretariat, das 164
Sekt, der 92
sekundäre Geschäftsfeld, das 164
Sekunde, die 326
Selbstauslöser-Lichtsignal, das 228
Selbstbedienungskasse, die 140
selbstbewusst 25
selbstständig sein 52
Semester, das 158
Semesterferien, die 158
Seminar, das 157
senden 176, 181
Sendung, die 181
Senegal, (der) 292
Senf, der 85
sensibel 26
September, der 329
Serbien 287
Servierlöffel, der 48
Serviette, die 100
Sessel, der 41, 42, 52
Set, das 180
Seychellen, die 292
Shakehandgriff, der 197
Shampoo, das 34
Sherry, der 92
Shorts, die 31
Sicherheitsanweisung, die 123
Sicherheitsgurt, der 110, 123
Sicherheitskontrolle, die 124
Sicherheitsnadel, die 225
Sicherheitsventil, das 54
Sicherung, die 62
Sicherungskasten, der 62
Sicherungskopie erstellen, eine 174
Sichtverpackung, die 262
Siebdruck, der 222
sieben 87, 93, 322
sieben Uhr 326
siebeneinhalb 324
Siebenmeter, der 191
siebte(r, s) 323
siebzehn 322
siebzehn Uhr 327
siebzehnte(r, s) 323
siebzig 322
siebzigste(r, s) 324
Sieger, der 194
Sierra Leone 292
Silber, das 303
Silvester, der/das 20
Simbabwe 292
SIM-Karte, die 177
Sinfonieorchester, das 216
Singapur 295
Siphon, der 54
Sit-up, der 211
Sitz, der 120, 201
Sitzabstand, der 123
Sitzbein, das 243
Sitzheizung, die 107
Sitznummer, die 123
Sitzplatz, der 123, 214
Sitzplatzreservierung, die 120
Sitzreihe, die 123, 214, 227
Sitzung, die 168
Skalpell, das 152
Skateboardfahren, das 208
Ski, der 206
Skianzug, der 206
Skibrille, die 207
Skifahren, das 207
Skihang, der 206
Skihütte, die 207
Skiläufer, der 206
Skipiste, die 206
Skispringen, das 206
Skistiefel, der 206
Skistock, der 206
Skizze, die 222
Skorpion, der 319
Slalom, der 206
Slip, der 30
Slipeinlage, die 263
Slowakei, die 287
Slowenien 287
Smaragd, der 304
Smaragdgrün, das 223
Smartphone, das 177
Smog, der 299
SMS, die 177
Snackbar, die 227
Snooker, das 209
Snowboard, das 207
Snowboardfahrer, der 207
Snowboarding, das 207
Social Media, die 176
Söckchen, das 27
Socke, die 33
Sofa, das 42
Sofakissen, das 42
Sofortbildkamera, die 228
Softball, der 194
Software, die 177
Sohle, die 33
Sohn, der 16
Sojabohne, die 78
Sojamilch, die 73
Sojasoße, die 85
Sojasprossen, die 78
Solarheizung, die 62
Solarium, das 265
Soldatin, die 161
Solistin, die 216
Somalia 292
Sommer, der 328
Sommerreifen, der 111
Sommersprossen, die 22
Sonate, die 216
Sonderangebot, das 140
Sonne, die 278
sonnen, sich 233
Sonnenaufgang, der 328
Sonnenblume, die 308
Sonnenblumenkerne, die 86
Sonnenbrand, der 233, 255
Sonnenbrille, die 32
Sonnencreme, die 34, 233
Sonnenfinsternis, die 280
sonnengebräunt 24
Sonnenhut, der 27, 32
Sonnenschein, der 299
Sonnenschirm, der 233
Sonnenschutzmittel, das 263
Sonnensystem, das 278
Sonnenterrasse, die 143
Sonnenuntergang, der 232, 328
sonnig 298
Sonntag, der 329
Sorbet, der/das 99
Soul, der 219
Souvenir, das 144
Soziussitz, der 114
Spachtel, der/die 61
Spachtelmasse, die 61
spachteln 61
Spaghetti, die 87
Spaghetti Bolognese, die 98
Spammail, die 176
Spanien 287
Spannung, die 62
Spanplatte, die 60
Spargel, der 74
Sparkonto, das 136
spastische Lähmung, die 254
Spaten, der 64

Spatz, der 314
Specht, der 314
Speck, der 95
Speerfischen, das 205
Speiche, die 116, 243
Speicherkarte, die 229
speichern 174
Speisekarte, die 99
Speiseröhre, die 241
Speisesaal, der 154
Spermium, das 248
Sperrholz, das 60
Spezialitäten, die 100
Spiegel, der 35, 41, 42, 53
Spiegelei, das 95
Spiegelreflexkamera, die 228
Spieler sperren, einen 189
Spielfeld, das 188
Spielkarte, die 230
Spielstand, der 194
Spielzeug, das 50
Spielzeugladen, der 139
Spieß, der 47
Spinat, der 76
Spind, der 154
Spinne, die 319
Spinnennetz, das 319
Spinnerkasten, der 205
Spinning®, das 211
Spirale, die 247
Spitze, die 30, 74, 206
Spitze klöppeln 226
Sport, der 150
Sport-BH, der 30
Sportfest, das 151
Sportplatz, der 148
Sportwagen, der 107
Spray, der/das 262
Sprechanlage, die 38
Sprechstunde, die 250
Sprechzimmer, das 250
Springer, der 231
Springform, die 46
Springreiten, das 203
Springseil, das 155
Spritzbeutel, der 46
Spritze, die 262
Spritze bekommen, eine 251
spritzen 65
Sprossenwand, die 155
Sprühflasche, die 57
Sprung, der 202
Sprungball, der 193
Sprungwurf, der 191
Spülbecken, das 44
Spule, die 204, 224
Spuler, der 224
Spülkasten, der 53, 54
Spüllappen, der 47
Spülmaschine, die 44
Spülmaschine laufen lassen, die 44
Spülmittel, das 57
Spülung, die 34
Squash, das 195
Sri Lanka 295
St. Kitts und Nevis 288
St. Lucia 288
St. Vincent und die Grenadinen 289
Staat, der 284
Stäbchen, das 99
stabile Seitenlage, die 268
Stachelbeere, die 79
Stadion, das 188
Stadtbesichtigung, die 144
Stadtmauer, die 145
Stadtplan, der 144
Stadtrundfahrt, die 144
Stall, der 203
Stamm, der 305
stampfen 93
Standstreifen, der 105
Stängel, der 307
Stangensellerie, der/die 74
Start- und Landebahn, die 123
starten 123
Starthilfekabel, das 112
Station, die 259
stationäre Patient, der 259
Stativ, das 153, 228
Stau, der 105, 106
Staub saugen 57
Staubsauger, der 57
Staubwedel, der 57
Stauraum, der 118
Steak, das 68, 98
Steakmesser, das 100
Stechmücke, die 318
Stechpaddel, das 201
Steckdose, die 62
Stecker, der 62
Stecknadel, die 225
Steg, der 233
Steigbügel, der 202
Steingarten, der 63
Steinpilz, der 74
Steinstrand, der 233
Steißbein, das 243
Stellenanzeige, die 159
Stellenmarkt, der 182
stellvertretende Geschäftsführung, die 165
Stemmeisen, das 59
Steppbrett, das 211
sterben 21
Stereoanlage, die 110
steril 269
Stern, der 280
Sternanis, der 84
Sternfrucht, die 80
Sternwarte, die 280
Stethoskop, das 250
Steuerbordseite, die 126
Steuererklärung, die 52
Steuerungstaste, die 172
Stich, der 226
Stichbreitenwähler, der 224
Stichplatte, die 224
Stichsäge, die 59
Stichwähler, der 224
sticken 226
Stiefbruder, der 18
Stiefelette, die 31
Stiefmutter, die 18
Stiefmütterchen, das 308
Stiefschwester, die 18
Stiefvater, der 18
Stiel, der 307
Stier, der 312
Stiftehalter, der 167
stille Mineralwasser, das 90
stillen 249
Stillleben, das 222
Stinktier, das 311
Stinkwanze, die 319
Stipendium, das 158
Stirn, die 22
Stirn runzeln, die 26
Stirnhöhle, die 241
Stirnlampe, die 234
Stirnmuskel, der 242
Stirnriemen, der 202
Stockteller, der 206
Stockwerk, das 40
Stoff, der 225
Stoffwindel, die 27
Stollen, der 190
stolz 25
Stone (= 6,35 kg) , das 331
stopfen 226
Stopptaste, die 179
Stoppuhr, die 152
Storch, der 315
Stößel, der 47
Stoßfänger, der 118
Stoßstange, die 108
Strafraum, der 188
Straftat, die 271
Strafzettel, der 105
Strahlung, die 261
Strähnchen, die 23
Strampler, der 27
Strand, der 232
Strandbar, die 233
Stranddüne, die 232
Strandgut, das 233
Strandhäuschen, das 233
Strandkorb, der 232
Strandmuschel, die 233
Strandpromenade, die 232
Strandresort, das 233
Strandtuch, das 232
Straße, die 130
Straßenbahn, die 120
Straßenbeleuchtung, die 130
Straßencafé, das 143
Straßenkehrmaschine, die 118
Straßenkünstler, der 144
Straßenlaterne, die 104, 133
Straßenmarkierung, die 104
Straßenmusiker, der 144
Stratosphäre, die 299
Strauß, der 315
streichen 59
Stretchlimousine, die 107
streuen 93
Strichcode, der 140
stricken 226
Strickjacke, die 31
Strickleiter, die 155
Stricknadel, die 225
Stromanschluss, der 234
Stromkabel, das 173
Stromnetz, das 62
Stromstärke, die 62
Strömung, die 233
Stromzähler, der 62
Strumpf, der 30
Strumpfhose, die 30
Strunk, der 74
Stück Pizza, das 97
Student, der 157
Studentenausweis, der 158
Studentenfutter, das 82
Studentenwohnheim, das 157
Studienabschluss, der 21
Stufenschnitt, der 23
Stuhl, der 43, 51
stumm schalten 179
Stunde, die 326
Stundenplan, der 151
Sturm, der 274, 300
stürmisch 298
Sturzhelm, der 206
stutzen 65
Stutzen, der 190
Styroporflocken, die 185
subtrahieren 325
Suche, die 274
suchen 174
Suchmannschaft, die 275
Sucht, die 253
Südafrika 292
Sudan, der 292
Südhalbkugel, die 284
Südkorea 295
südliche Polarkreis, der 284
südliche Wendekreis, der 284
Sudoku, das 233
Südpol, der 281
Südpolarmeer, das 282
Südsudan, der 292
Suite, die 135
Sultanine, die 82
Supermarkt, der 138
Suppe, die 98, 99
Suppenlöffel, der 100
Surfstick, der 177
Suriname 289
Sushi, das 97
süß 97
Süßigkeiten, die 141
Süßkartoffel, die 75
Süßwasserangeln, das 205
Süßwasserfisch, der 317
Swasiland 292
sympathisch 25
Symptom, das 263
Synagoge, die 132
Syrien 295
Szene, die 180

T

Tabak, der 142
Tablet-Computer, der 177
Tablett, das 46, 143, 154
Tablette, die 262
Tabloidformat, das 182
Tabulatortaste, die 172
Tachometer, der/das 112, 115
Tacker, der 167

Taco, der 97
Tadschikistan 295
Tafel, die 149
Tafelwasser, das 90
Tag, der 329
Tagesdecke, die 49
Tageslicht, das 52
Tagesordnung, die 168
Tageszeitung, die 182
Tagliatelle, die 87
Tai-Chi, das 264
Taille, die 239
tailliert 30
Takelage, die 200
Taktangabe, die 219
Taktstock, der 216
Taktstrich, der 219
Tal, das 301
Talkshow, die 180
Tamburin, das 218
Tampon, der 263
Tandem, das 117
Tankanzeige, die 112
Tankdeckel, der 111, 115
tanken 111
Tankleuchte, die 112
Tankwagen, der 118
Tanne, die 305
Tansania 293
Tante, die 17
Tante-Emma-Laden, der 138
Tänzer, der 163
Tapete entfernen, die 61
Tapetenrolle, die 61
tapezieren 61
Tapeziertisch, der 61
Taschenbuch, das 183
Taschendiebstahl, der 271
Taschenlampe, die 201, 235
Taschenmesser, das 60, 234
Taschenrechner, der 149, 325
Taschentuch, das 55
Taskleiste, die 175
Tasse, die 330
Tastatur, die 172
Tastenfeld, das 136, 178
Tastsinn, der 245
Tatort, der 270
Tatze, die 310
Taube, die 314
Tauchanzug, der 201
Tauchmaske, die 201
Tauchstiefel, der 201
Taufe, die 20
tausend 323
tausendste(r, s) 324
Taxi, das 119
Taxi herbeiwinken, ein 119
Taxifahrer, der 162
Taxistand, der 119
Team, das 164
Teamleiter, der 168
Teamleitung, die 164
technische Zeichnen, das 151
Techno, der/das 219
Teddy, der 50
Tee, das 198
Teebeutel, der 91
Teeblätter, die 91
Teekanne, die 91
Teeküche, die 166
Teelöffel, der 330
Teig, der 87
Teigrad, das 46
Teigschaber, der 48
Teilkreis am Strafraum, der 188
Teilnehmer, der 168, 180
Teilnehmerin, die 180
Teilzeit, die 159
Teint, der 265
Telefonbuch, das 178
Telefonhörer, der 178
Teleprompter®, der 180
Tellerlinse, die 78
Tempel, der 132
Temperatur, die 298
Tennisball, der 155, 196
Tennisschläger, der 196
Teppich, der 49
Teppich knüpfen, einen 226
Teppichboden, der 42, 51
Teppichmesser, das 58
Tequila, der 92
Termin, der 166, 250
Terminal, das 124
Terminkalender, der 166
Termite, die 319
Terrasse, die 40, 63
Territorium, das 284
Terrorangriff, der 275
Tesafilm®, der 167
Textmarker, der 167
Thailand 296
Thanksgiving, das 20
Theater, das 132
Theaterkasse, die 215
Theaterkostüm, das 215
Theaterstück, das 215
Theke, die 143
Therapie, die 264
Thermalquelle, die 302
Thermometer, das 152
Thermoskanne®, die 47
Thermostat, das 54
Thermowäsche, die 235
Thriller, der 227
Thunfisch, der 70
Thymian, der 83
Ticketkontrolle, die 124
Tiebreak, der/das 196
tief schlafen 51
Tiefenmesser, der 201
Tiefgarage, die 133
tiefgefroren 71
Tiefkühlkost, die 141
Tiefseetier, das 317
Tierarzt, der 160
Tierfutter, das 141
Tierhandlung, die 138
Tiger, der 311
Tigerauge, das/der 304
Tigerhai, der 317
Tintenfisch, der 71
Tintenpatrone, die 149, 173
Tintenstrahldrucker, der 173
tippen 174
Tipp-Ex®, das 167
Tisch für zwei Personen, der 99
Tischdecke , die 100
Tischdekoration, die 43
Tischläufer, der 43
Tischtennisball, der 197
Tischtennisschläger, der 197
Tischtennistisch, der 197
Titelseite, die 182
Toastbrot, das 88, 95
Toaster, der 45
Tochter, die 16
Tod, der 260
Todesanzeige, die 182
Togo 293
Toilette, die 53
Toilettenartikel, die 135
Toilettenbrille, die 53
Toilettendeckel, der 53
Toilettenpapier, das 53
Toilettenspülung, die 53
tolerant 25
Tollwut, die 252
Tomate, die 77
Tomatensaft, der 90
Tonaufnahme, die 181
Tonerkartusche, die 173
Tonga 297
Tonhöhe, die 216
Tonicwater, das 90
Tonne, die 331
Topas, der 304
Töpfchen, das 50
töpfern 220
Topfhandschuh, der 46
Topfpflanze, die 64
Tor, das 189
Torlinie, die 188
Tornado, der 300
Tornetz, das 190
Torpfosten, der 190
Torraum, der 188, 191
Torraumlinie, die 191
Törtchenform, die 46
Tortellini, die 87
Tortendiagramm, das 168
Tortilla, die 88
Tortilla-Chips, die 97
Torwart, der 189
Torwartgrenzlinie, die 191
Torwarthandschuh, der 190
tot 260
Touchscreen, der 177
Tourenfahrrad, das 117
Tourer, der 115
Touristeninformation, die 144
Trabrennen, das 203
Trabrennsport, der 203
traditionelle chinesische Medizin , die 264
Trage, die 268
trägerlos 30
Trägertop, das 31
Tragfläche, die 122
Tragödie, die 214
Trainer, der 194
Trainerin, die 194
trainieren 210
Trainingsanzug, der 28
Traktor, der 119
Trampolin, das 155
Transplantation, die 253
traumatisiert 269
träumen 51
traurig 26
Trekkingsandale, die 33
Trekkingstock, der 235
Trennvorhang, der 259
Treppe, die 41, 130
Treppenabsatz, der 41
Treppengeländer, das 41
Treppenhaus, das 39
Treppenstufe, die 41
Tresor, der 135, 137
Triangel, die/der/das 218
Triathlon, das 209
Trichter, der 48
Trieb, der 309
Triebwagen, der 120
Triebwerk, das 122
Trikot, das 190
Trillerpfeife, die 194
Trinidad und Tobago 289
Trinkgeld, das 100
Trittstufe, die 118
Trizeps, der 242
Trompete, die 217
Tropen, die 284
Tropfen, die 262
tropische Wirbelsturm, der 300
Troposphäre, die 299
Trüffel, die/der 74
Truthahn, der 315
Tschad, der 293
Tschechien 287
Tschüss! 19
T-Shirt, das 29
Tsunami, der 274, 300
Tuba, die 217
Tuberkulose, die 252
Tubus, der 153
Tukan, der 314
Tulpe, die 308
Tunesien 293
Tunnel, der 104, 106
Türanhänger „Bitte nicht stören", der 135
Turbulenzen, die 123
Türgriff, der 109
Türkei, die 296
Türkis, der 304
Türklingel, die 38
Turkmenistan 296
Turm, der 130, 231
Turmalin, der 304
Turnier, das 194
Turnschuh, der 28, 33, 211
Türöffner, der 110
Türschloss, das 38
Türschwelle, die 40
Tusche, die 221
Tuschezeichnung, die 222
Tuvalu 297

U

U-Bahn, die 120
Übelkeit, die 251
überbelichtet 229
Überfall, der 271
Überführung, die 105
Übergepäck, das 125
Überholspur, die 105
Überlauf, der 54
überleben 269
übermorgen 328
überrascht 25
Überschwemmung, die 300
Überstunde, die 52
Überwachungskamera, die 275
Überweisung, die 250
Überweisungsschein, der 137
U-Boot, das 127
Übung, die 151
Uganda 293
Uhr, die 32
Ukraine, die 287
Ulme, die 305
Ultraschallaufnahme, die 248
Ultraschalluntersuchung, die 248
um eine Stelle bewerben, sich 159
Um sieben Uhr. 326
Um wie viel Uhr? 326
umarmen , sich 19
Umbau, der 38
umgraben 65
Umkleidekabine, die 211
Umlaufbahn, die 280
umschalten 179
Umschalttaste, die 172
Umstandsmode, die 30
umsteigen 121
umziehen 21
Unentschieden, das 190
UNESCO, die 297
Unfall, der 268
Unfallopfer, das 268
Unfallort, der 268
unfruchtbar 247
Ungarn 287
ungeduldig 26
Uniform, die 270
Universität, die 131
Universum, das 280
Unkraut, das 309
Unkraut jäten 65
Unkrautvernichter, der 65
unscharf 229
unsympathisch 26
unter Schock stehen 269
Unterarm, der 239
unterbelichtet 229
Unterfangkescher, der 204
Unterführung, die 105
Unterhose, die 29
Unterkiefer, der 22, 241
Unterlage, die 52
Unternehmensberaterin, die 160
Unterschenkel, der 238
Untersetzer, der 48
Untersuchungsliege, die 250
Unze, die 330, 331
Uranus, der 279
Urknall, der 280
Uruguay 289
Usbekistan 296
USB-Schnittstelle, die 172
USB-Stick, der 173
UV-Strahlen, die 299

V

Valentinstag, der 20
Vanuatu 297
Varieté, das 214
Vater, der 17
Vatertag, der 20
vegan 101
vegetarisch 101
Vene, die 245
Venezuela 289
Ventilator, der 42, 109
Venus, die 278
Venusmuschel, die 71
verabschieden, sich 19
Verandatür, die 52
verängstigt 26
verärgert 26
Verband, der 269
Verbandschere, die 269
Verbandszeug, das 269
verbeugen, sich 19
verbleit 111
Verbrecher, der 270
Verbrecherin, die 270
Verbrennung, die 255
Verdächtige, der/die 270
Verdauungssystem, das 245
verdienen 169
Verdünnungsmittel, das 61
Vereinigte Königreich, das 287
Vereinigten Arabischen Emirate, die 296
Vereinigten Staaten, die 289
Vereinten Nationen (UN), die 297
vereist 298
Verfallsdatum, das 263
Vergewaltigung, die 271
Vergiftung, die 255
Vergrößerung, die 229
verheiratet 17
Verkäufer, der 162
Verkehrsflugzeug, das 122
Verkehrsnachrichten, die 181
Verkehrspolizist, der 105
Verkehrsunfall, der 112
verlängern 157
Verlängerung, die 190
Verlängerungskabel, das 62
verlegen 25
Verletzte, der 275
Verletzung, die 275
verlieben, sich 21
verliebt 25
verlieren 231
Verlierer, der 194
verloben, sich 21
verlobt 17
vermehren 65
vermieten 39
Vermieter, der 39
Vermieterin, die 39
Vermisste, der/die 274, 275
Verpackung, die 44
verputzen 61
verrühren 87
versandkostenfrei 185
Verschlüsselung, die 176
verschneit 298
Versiegelungsmittel, das 61
Verspätung, die 121
Verstauchung, die 255
Versuch, der 152
Vertäuung, die 127
Verteidigung, die 189
Verteidigungszone, die 192
Vertrag, der 168
Vertretung, die 169
Vertrieb, der 165
Vertriebsleitung, die 165
verwandt 17
Verwandte, der/die 17
Verwarnung, die 191
verwelken 307, 309
verwirrt 25
verwitwet 17
verzweifelt 26
Videospiel, das 179
viele 325
vielfach 325
vier 322
vier Uhr 326
vierfach 325
viermal 325
vierte(r, s) 323
Viertel nach neun 327
Viertel vor zwölf 327
Viertel, ein 324
viertürig 107
vierzehn 322
vierzehn Uhr 327
vierzehnte(r, s) 323
vierzig 322
vierzigste(r, s) 324
Vietnam 296
Violett, das 223
Violinschlüssel, der 219
Virus, das 251
Visier, das 115, 272
Visitenkarte, die 169
Visum, das 125
Vitamintablette, die 262
Vitrine, die 42, 43
Vögel beobachten 220
Volleyball, der 155
volljährig werden 21
Vollkornbrot, das 88
Vollkornmehl, das 87
Vollmilch, die 73
Vollmond, der 278
Vollnarkose, die 260
Vollpension, die 135
Vollzeit, die 159
Volontariat, das 158
Volt, das 62
von Bord gehen 127
von zu Hause arbeiten 52
vor Nässe schützen 185
Vor zehn Minuten. 327
Voraufführung, die 227
vorbestellen 157
vordere Aufschlaglinie, die 195
vordere Backenzahn, der 256
vordere Schienbeinmuskel, der 242
Vorderrad, das 116
Vordersteven, der 201
Vorderzwiesel, der 202
Vorfahre, der 17
Vorfahrt, die 105
Vorfahrt gewähren! 106
vorgestern 328
Vorhand, die 196
Vorhang, der 42, 214
Vorhaut, die 246
Vorlesung, die 157
vorletzte(r, s) 324
Vorschule, die 148
Vorspann, der 182
Vorspeise, die 99
vorspulen 179
Vorstadt, die 130
Vorstand, der 165
Vorzeichen, das 219
Vulkan, der 302
Vulkanausbruch, der 300

W

Waage, die 185
wach sein 51
Wachsenthaarung, die 265
Wachsmalstift, der 221
Wachtel, die 69, 315
Wachtelei, das 72
Wachtelfleisch, das 69
Wachturm, der 274
Wade, die 239
Wadenmuskel, der 242
Waffel, die 95
Waffeleisen, das 45
Wagenheber, der 111
Waggon, der 120
wählen 178
Währung, die 137
Währungsumtausch, der 125
Wahrzeichen, das 145
Wald, der 301
Waldbrand, der 300
Waldhonig, der 89
Walnuss, die 82
Walross, das 313
Wandern, das 208
Wanderschuh, der 235
Wanderstiefel, der 33
Wandmalerei, die 222
Wanduhr, die 43
Wange, die 22
Wann? 327
Ware, die 140
Warenregal, das 140
Warentransportband, das 140
warm 298
Wärmflasche, die 49
Warmwasserablauf, der 54

Warnblinkschalter, der 110
Wartehäuschen, das 113
Warteraum, der 261
Warteschlange, die 144
Wartezimmer, das 250
Was kostet das Zimmer, bitte? 134
Waschbär, der 311
Waschbecken, das 53, 54
Waschbeckenunterschrank, der 53
Wäsche schleudern, die 56
Wäsche waschen, die 56
Wäsche zum Trocknen aufhängen, die 56
Wäscheklammer, die 56
Wäschekorb, der 56
Wäscheleine, die 56
waschen, sich 55
Wäscheständer, der 56
Wäschetrockner, der 56
Waschlappen, der 55
Waschmaschine, die 56
Waschmaschine füllen, die 56
Waschmittelkammer, die 56
Waschpulver, das 56
Wasser, das 90
Wasserball, der 232
Wasserfall, der 301
Wasserfarbe, die 221
Wasserglas, das 100
Wasserhahn, der 53
Wasserhindernis, das 198
Wasserkanister, der 235
Wasserkocher, der 45
Wasserläufer, der 319
Wassermelone, die 81
Wasserspender, der 166
Wasserwaage, die 58
Watstiefel, der 204
Watt, das 62
Wattepad, das 55
Wattestäbchen, das 55
wattieren 226
WC-Reiniger, der 57
Webcam, die 173
weben 226
Wechselkurs, der 137
Wechselstube, die 137
wechselwame Tier, das 316
Weckanruf, der 135
Wecker, der 49
Wecker stellen, den 49
Wedge, der 199
Wegweiser, der 121
Wegwerfwindel, die 27
Wehen, die 248
weibliche Fortpflanzungssystem, das 245
weiblichen Geschlechtsorgane, die 247
Weichspüler, der 56
Weide, die 305
Weihnachten, das 20
Weinbrand, der 92
weinen 19
Weinglas, das 100
Weinhandlung, die 138
Weinkühler, der 143
Weinschorle, die 92
Weintraube, die 79
Weisheitszahn, der 256
Weiß, das 223
Weißbrot, das 88
weiße Feld, das 231
Weiße Hai, der 317
weiße Schokolade, die 96
Weißkohl, der 76
Weißrussland 287
Weißwein, der 92
weit 28
weiterführende Schule, die 148
weitsichtig 258
Weizen, der 86
Weizenkeime, die 94
Weizenmehl, das 87
Welches Datum haben wir heute? 328
Wels, der 317
Weltmeister, der 194
Wendeltreppe, die 39
wenden verboten 106
wenige 325
Wer ist dran? 231
Werbeprospekt, der 182
Werbespot, der 181
werfen 193
Werkbank, die 60
Werkunterricht, der 150
Werkzeugkasten, der 60
Wertpapier, das 137
Wesakfest, das 20
Wespe, die 318
Weste, die 29
Western, der 227
westliche Hemisphäre, die 284
Wetterbedingungen, die 274
Wetterbericht, der 181
Wettervorhersage, die 298
Whisky, der 92
Wickelauflage, die 50
Wickeltasche, die 50
Wickeltisch, der 50
Widerhaken, der 204
Wie heißen Sie? 19
Wie heißt du? 19
Wie ist das Wetter? 298
Wie ist der aktuelle Wechselkurs? 137
Wie viel Uhr ist es? 326
wieder gesund werden 261
wieder zu Bewusstsein kommen 261
Wiederbelebung, die 268
wiederherstellen 175
Wiese, die 302
Wildreis, der 86
Wimper, die 22
Wimperntusche, die 35
Wimpernzange, die 35
Wind, der 200, 299
Windgeschwindigkeit, die 299
windig 298
Windpocken, die 252
Windsack, der 122
Windschutzscheibe, die 108, 118
Winkelmesser, der 149
winken 19
Winter, der 328
Winter-Fünfkampf, der 207
Wintermantel, der 28
Winterreifen, der 111
Wirbel ausrenken, sich einen 255
Wirbelsäule, die 243
Wirbelsturm, der 300
Wirsing, der 76
Wirtschaftsprüfer, der 160
wischen 177
Wischmopp, der 57
Wissenschaftler, der 163
WLAN, das 176
Wo sind bitte die Toiletten? 143
Wobbler, der 205
Woche, die 329
Wochenende, das 329
Wochentag, der 329
Wochenzeitung, die 182
Wodka, der 92
Wohnblock, der 130
Wohngebiet, das 131
Wohnmobil, das 119, 234
Wohnungstür, die 41
Wohnwagen, der 119, 234
Wok, der 48
Wolf, der 311
Wolkenkratzer, der 132
wolkig 298
Wolle, die 225
Wörterbuch, das 149
Wrap, der 97
Wunde, die 255
Wundstarrkrampf, der 252
Würfel, der 231
würfeln 231
Wurm, der 319
Wurmfortsatz, der 244
Wurst, die 68, 95
Wurzel, die 75, 305
Wurzelbehandlung, die 257
Wurzelbürste, die 57
würzen 85
Wüste, die 302
wütend 26

X

Xylophon, das 216

Y

Yard, das 330
Yen, der 331
Yoga, das 264
Yuan, der 331

Z

zählen 151
Zahn, der 22, 257
Zahn ziehen, einen 257
Zahnarzt, der 160, 256
Zahnarztbesteck, das 256
Zahnarzthelferin, die 256
Zahnarztstuhl, der 256
Zahnbelag, der 257
Zahnbürste, die 55
Zähne putzen, sich die 55
Zahnfleisch, das 257
Zahnfüllung, die 257
Zahnpasta, die 34
Zahnprothese, die 257
Zahnrad, das 116
Zahnschmelz, der 257
Zahnschmerzen, die 251
Zahnseide, die 55
Zahnspange, die 24, 257
Zahnstocher, der 100
Zahnwurzel, die 257
Zander, der 70
Zäpfchen, das 262
Zapfhahn, der 143
Zapfpistole, die 111
Zapfsäule, die 111
Zapfschlauch, der 111
zappen 179
Zartbitterschokolade, die 96
Zauberkünstler, der 214
Zaumzeug, das 202
Zebra, das 312
Zebrastreifen, der 104
Zecke, die 319
Zehennagel, der 240
zehn 322
zehn Uhr 326
zehnmillionste(r, s) 324
zehntausend 323
zehntausendste(r, s) 324
zehnte(r, s) 323
Zeichendreieck, das 149
Zeichenkohle, die 221
Zeichentrickfilm, der 227
zeichnen 151
Zeigefinger, der 240
Zeitarbeit, die 159
Zeitnehmer, der 191
Zeitschrift, die 142
Zeitschriftenregal, das 142
Zeitstrafe, die 191
Zeitung, die 142, 182
Zeitungsspalte, die 182
Zelt, das 234
Zelt aufschlagen, ein 235
Zeltboden, der 235
Zelteingang, der 235
Zeltplatz, der 234
Zeltstange, die 235
Zentimeter, der/das 330
Zentralafrikanische Republik, die 293
Zentralheizung, die 62
zerbrechlich 185
zerstoßen 85, 93
Zeuge, der 270
Zeugin, die 270
Zeugnis, das 151
Ziege, die 312
Ziegenkäse, der 72
Ziegenmilch, die 73
zielen 193
Ziffer, die 325
Zigarette, die 142

Zigarettenanzünder, der 110
Zigarre, die 142
Zikade, die 318
Zimmer aufräumen, das 51
Zimmer mit Bad, das 49
Zimmer mit Frühstück, das 135
Zimmermädchen, das 135
Zimmernummer, die 135
Zimmerpflanze, die 43, 52
Zimmerservice, der 135
Zimtrinde, die 84
Zinssatz, der 136
Zirkeltraining, das 211
zischen 316
Zitrone, die 81
Zitronenaufstrich, der 89
Zitronenmelisse, die 83
Zoll, der 124, 330
Zone, die 284
Zoom, der/das 228
Zopf, der 23
zu verkaufen 38
Zucchini, die 77
züchten 65
Zucker, der 101
Zuckererbse, die 78
zuckerfrei 101
Zuckermelone, die 81
Zug, der 120, 231
Zügel, der 202
Zuleitung, die 54
Zum Wohl! 100
Zündung, die 107
zunehmende Mond, der 278
Zunge, die 241
zurückschneiden 65
zurückspulen 179
zusammengelegte Wäsche, die 56
Zuschauer, die 188
Zuschauertribüne, die 188
Zustellbett, das 135
Zustellung, die 185
zwanzig 322
zwanzig Uhr 327
zwanzig vor sieben 327
zwanzigste(r, s) 323
zwanzigtausend 323
zwei 322
zwei Fünftel 324
zwei Siebzehntel 324
zwei Uhr 326
Zweibettzimmer, das 134
zweieiigen Zwillinge, die 249
zweifach 325
Zweigstelle, die 164
zweihunderterste(r, s) 324
zweihundertfünfundzwanzigste(r, s) 324
zweihundert-zweiundzwanzig 323
zweijährig 309
zweimal 325
zweite Klasse, die 120
zweite Rang, der 214
zweite(r, s) 323
zweitürig 107
zweiundzwanzig 322
zweiundzwanzig Uhr 327
zweiundzwanzigste(r, s) 323
Zwerchfell, das 244
Zwetschge, die 79
Zwiebel, die 75
Zwillinge, die 18
Zwischenlandung, die 125
zwitschern 314
zwölf 322
zwölf Uhr mittags 326
Zwölffingerdarm, der 244
zwölfte(r, s) 323
Zypern 287

INDEX JAPANISCH – 索引 日本語

sakuin nihongo

3D eiga 227

A

abaraniku 68
abokado 77
abumi 202
abura de ageru 93
abura enogu 221
aburae 222
ācherī 209
āchigata 145
adaputā 62
adorenarin 269
adoresu 198
afuganisutan 293
afurika rengō 297
afutā shēbu 55
afutā sukī 207
ago 22, 238
ai 204
ai masuku 49
aian 199
airainā 35
airashii 25
airon 56
airon dai 56
airon o kakeru 56
airurando 285
aishadō 35
aisu chokorēto 90
aisu hokkē 194
aisukōhī 90
aisukurīmu sukūpu 47
aisukyandī 96
aisurando 285
aisutī 90
ajisai 308
ajitsuke suru 85
aka iro 223
aka wain 92
aka wain gurasu 99
akachan 18
akage 23
akakyabetsu 76
akame genshō 229
akarenzumame 78
akatamanegi 75
aki 328
akibin 44
akiresuken 242
akōdion 218
akōsutikku gitā 217
akuamarin 304
akumu 51
akuriru kei toryō 61
akuriru toryō 221
akuseru 110, 115
akushu suru 19
ama no gawa 280
amadoi 40
amagasa 32
amai 97
amakawa 240
amaretto 91
amazon bonchi 283
ame 96, 299
Ame ga futte iru. 298
amejisuto 304
amemoyō no 298
amenbo 319
amenitī yōhin 135
amerika gasshūkoku 289
amerikan futtobōru 155, 194
ami de toru 205
amibari 225
āmondo 82
amu 226
āmu 153
āmuchea 41, 42, 52
ana o akeru 59
anaake panchi 167
anaguma 311
anarogu kamera 228
anata no ban desu. 231
Anatano namae wa. 19
anbi 202
andesu sanmyaku 283
andora 285
angora 290
anime eiga 227
ankō 70
ankurubūtsu 31
annai ban 125
annai hyōshiki 121
anpea 62
anshitsu 229
anshō bangō 136
antena 108, 181
antigua bābūda 287
anzen ben 54
anzen pin 225
anzu 79
anzutake 74
ao iro 223
aoime 24
aozameta 24
appaku obi 250
apuri 177
arabiakai 282
arabu renmei 297
arabu shuchōkoku renpō 296
araiguma 311
aratte sappari suru 55
aremoyō no 298
arerugī 251
ari 319
arigētā 316
arikui 313
āru deko 145
arubaito suru 158
arubania 285
arujeria 290
arumenia 293
arumi haku 46
arupusu sanmyaku 283
arutsuhaimā byō 253
aruzenchin 289
asa 328
asatsuki 83
asatte 328
ashi 238
ashi no kō 240
ashi no koyubi 240
ashi no oyayubi 240
ashi no tsukene 238
ashi o nenza suru/oru 255
ashika 313
ashikubi 240
ashinosedai 42
ashisutanto 169
ashita 328
ashiura 240
ashiyubi no tsume 240
āsu 62
asufaruto 303
asuparagasu 74
atakkā 191
atama 238
atatakai 298
ātichōku 74
atori 314
atsui 298
atsuryoku gama 45
attakkurain 192
auto obu baunzu de aru 193
autodoa chea 234
awadate ki 47
awadateru 93
awai pink 223
ayame 308
āyuruvēda 264
azami 306
azarashi 313
azerubaijan 293

B

bā 134
bā dī 199
bā no takai koshikake 143
bābekyū guriru 234
bāberu 210
badominton kōto 195
badominton raketto 195
bagēji rakku 135
bagetto 88
bagu paipu 218
bahama 287
baiasuron 206
baiku uea 115
baikyaku suru tame 38
baindingu 207
baiorin 217
baiten 227
baito 174
baizā 115, 272
bajiru 83
baketsu 57, 232
bakku 192
bakku appu kopī o sakusei suru 174
bakku gyamon 230
bakku hando 196
bakku mirā 108, 114
bakku ranpu 109
bakku suru 105
bakkubōdo 155, 193
bakkuru 33
bakkusupēsukī 172
bakkuzōn 192
bākōdo 140
bakudan keihō 275
bakuhatsu 275
ban 107, 328
banana 80
bandoēdo 269
bangarōshiki jūtaku 38
banguradeshu 293
banjī janpu 208
bankā 198
banku sutikku 205
bannō penchi 58
banpā 108, 118
bansōkō 269
banuatsu 297
bara 307
bara no shigemi 308
baraetīi shō 214
baransu bōru 210
barē 209, 214
barēbōru 155
bārēn 293
barentaindē 20
barēshūzu 33
barisuta 143
barokku yōshiki no 145
baroku 202
barubadosu 287
barukonī 40
barukonī seki 214
barutokai 282
bashōkajiki 317
basshi suru 257
basu matto 55
basu no untenshu 162
basu tāminaru 113
basu tei 113
basu tsuki no heya 49
basudoramu 216
basuketto 155, 193, 206
basukettobōru 155
basumati mai 86
basurōbu 28
basutei 133
batā 73, 94
batānattosukuwasshu 77
batei 203
bātendā 143
bātsu 331
batta 318
batterī 109, 177
batto 194
bauhausu 145
bebī beddo 50
bebī buranketto 27
bebī miton 27
bebī monitā 50
bebī shūzu 27
bebī yōhin 141
bebīcheā 43
bebīkā 50
bebīsākuru 50
bebīshurafu 27
beddo deno ansei 260
beddo furēmu 49
beddo kabā 49
beddo o totonoeru 51
beddo saido ranpu 49
beddo saido tēburu 49
bēguru 88
beimen 87
bejitarian 101
bēkarīseihin 141
bēkingupaudā 87
bēkon 95

benan 290
benchi 265
benchi puresu 210
benezuera 289
bengoshi 160
benki 53
benkyō zukue 51
bentō bako 154
benza 53
beranda no doa 52
berarūshi 287
berīzu 287
beru ga naru 178
berubotomu 31
berugī 285
beruto 33
beruto konbea 140
beruto rūpu 33
beruto sanda 59
bēsu gitā 217
bēsu rain 196
bēsu sutēshon 178
betonamu 296
bīchi bā 233
bīchi barēbōru 192
bīchi bōru 232
bīchi parasoru 233
bīchi rizōto 233
bīchi sandaru 33, 232
bīchi sherutā 233
bīchi taoru 232
bigan pakku 265
bigguban 280
bijinesu kurasu 122
bijinesu shūzu 33
bijutsu daigaku 158
bijutsukan 132
bijutsushi 156
bikini 30
bikotsu 241, 243
biku 205
bikū 241
bin 89
binīru rein kōto 235
binkan da 26
biriyādo 209
bīru 92
bishoppu 231
bitamin zai 262
biyōin 139
biyōshi 162
biza 125
Bluetooth heddo setto 177
BMX baiku 117
bō gurafu 168
bō no tsuita ame 96
bobin 224
bobu 23
bochi 133
bodī sūtsu 27
bodii panpu 211
bōdingu burijji 124
bōfū 274, 300
bogi 199
bohyō 145
bōifurendo 18
bōka kōto 272
bōkisaito 303
bokki 246
bokkusu seki 214
bōkō 245, 246, 247
bōkō en 251
bokujū 221
bokusāpantsu 29
bokusōchi 302
bon 46
bongo 218
bonnetto 109, 118
boribia 289
bōringu 209
bōru 50
bōru bōi 196
bōru gami 222
bōrupen 167
boruto 58, 62
bōryoku 271
bosunia herutsegobina 285
botan 28, 225
botan ana 28
botsuwana 290
B-pirā 109
budō 79
budōtō 101
bukkumāku 176
būmu 200
buna 305
bunben shitsu 249
bunbōguya 138
bundoki 149
bunjōjūtaku 38
bunshi 305
bunsho torei 166
bunzenbānā 153
buraddo orenji 81
buraddo sōsēji 95
burajā 30
burajiru 289
burajirunattsu 82
burakku berī 79
burakkuhōru 280
burakkukaranto 79
burakkukarantojūsu 90
burandē 92
burashi 57
burausu 31
burauza 176
burēdo 197
burēki 116
burēki furūdo rizābā tanku 108
burēki o kakeru 116
burēki pedaru 110
burēki ranpu 109
burēki rebā 116
burī chīzu 72
burokkorī 76
burokku suru 192
burondo 23
buronzā 35
burūberī 79
burugaria 285
burugua 86
burukina faso 290
burunei 293
burunji 290
burūsu 219
būsutā 279
būsutā kēburu 112
buta 312
butai 214
butai geijutsu daigaku 158
butai ishō 215
butai setto 215
būtan 293
butaniku 68
butikku 139
būtsu 202, 206
būtsukatto pantsu 31
butsuri 150
byō 326
byōin 131
byōki 252
byōshitsu 259
byōshō 259, 261
byōtō 259
byūrā 35
byūtishan 162

C

CD romu 173
CD/DVD disuku doraibu 172
CD/DVD o ijekuto suru 175
cha iro 223
cha no ha 91
chado kyōwakoku 293
chairo no me 24
chairudo sīto 117
chairudo torērā 117
chakka zai 234
chakuriku sōchi 122
chakuriku suru 123
chakushinon 177
channeru o kaeru 179
channeru o korokoro kaeru 179
chanpionshippu 189
chedā chīzu 73
chekkā 230
chekku in/auto 135
chekkuin kauntā 124
cheko 287
chēn 116
chēn gādo 116
cherimoya 80
chero 217
chesu 231
chesu bōdo 231
chi 255
chibusa 238
chichi 17
chichi no hi 20
chichūkai 282
chien 121
chiiki 284
chiirui 306
chiisai 24, 28, 97
chiisana kojin shōten 138
chika chūshajō 133
chikabochi 145
chikadō 105
chikaku 281
chikashitsu 39
chikatetsu 120
chiketto uriba 215, 227
chikori 76
chīku 35
chikubi 238
chikyū 278
chīmu 164, 194
chīmu hensei 189
chīmu rīdā 164, 168
chinpanjī 313
chinretsu dana 140
chintai apāto 38
chintai keiyaku 39
chintsūzai 263
chippu 100
chippu shotto o utsu 199
chiri 150, 289
chiri furēku 84
chirimen kyabetsu 76
chiritori 57
chiryō 250
chīta 311
chitai 284
chitsu 247
chizu 144
chīzu 94
chīzu moriawase 99
chīzu uriba 140
chīzu yō naifu 99
chō 318
chō en 251
chō kōsōbiru 132
chō onpa kensa 248
chō onpa satsuei 248
chochiku kōza 136
Chōdo ii desu. Koreni shimasu. 28
chōgō 219
chōha 181
chōka hikidashi 136
chōka nimotsu 125
chōkaku 245
chōkeikotsudō 241
chokki 29
chokkon 305
choko bā 96, 142
chōkogatasha 107
chōkoku 220
chōkoku o tsukuru 220
chōkoku suru 220
chōkokuka 163
chokorēto supureddo 89
chōku 149, 221
chokuchō 246
chōkyori furaito 125
chōnekutai 29
choppā 114
chōri nabe 48
chōridai 44
chōrishita 77
chōritsu suru 216
chōriyō hakari 45
chōriyō supūn 48
chōsetsuki 54
chōshin ki 250
chōshoku byuffe 135
chōshoku tsuki no heya 135
chōshoku yō kauntā 44
chōshoku yō shiriaru 94, 141
chūba 217
chūbu rāberu 216
chūdoku 255
chūgata karasu 314
chūgoku 293
chūgurai 97
chūingamu 96, 142
chūji en 251
chūka nabe 48

chūmon 99
chūmon suru 97
chunijia 293
chūō afurika 293
chūō bunritai 105
chūrippu 308
chūsha 262
chūsha kinshi 106
chūsha shite morau 251
chūshachū no kuruma 104
chūshōga 222
chūsui 244
chūteisha kinshi 106
CT sukyan 261

D

daburu betto 49
daburu burēdo padoru 201
daburu doriburu 193
daburu rūmu 134
Daburu rūmu o ippaku onegai shitain desu ga. 134
daburusu 196
daburusu rongu sābisu rain 195
daburusu saido rain 195, 196
dachō 315
dahei 200
dai go 323
dai hachi 323
dai ichi 323
dai jū 323
dai kyū 323
dai nana 323
dai ni 323
dai roku 323
dai san 323
dai yon 323
daiafuramu 247
daibingu būtsu 201
daibo 18
daichi 281
daichō 244
daidenkin 242
daidō geinin 144
daietto 101
daifu 18
daigaku 131
daigaku no gakui 158
daigaku o sotsugyō suru 157
daigakukōshi 156
daigakukyōju shikaku no shutoku 156
daigakusotsugyō 21
daiich jigyōkubun 164
daikōdō 148
daikyōkin 242
daikyūshi 256
dainamo 116
daini jigyōkubun 164
dainō 241
daiō 74
dairi 169
dairiseki 303
daiseidō 130
daitai 238
daitai bu 69
daitaikotsu 243
daitaishitōkin 242
daiya 230
daiyamondo 304
daiyaru botan 178
daiyaru o mawasu 178
daiza 153
daizu 78
dakiau 19
dāku chokorēto 96
danberu 210
danbō o tsukeru/kesu 62
danku shūto 193
danpukā 119
danro 42, 62
dansā 163
dansei 18, 238, 239
dansei hōtai 269
dansei no seishoku sisutemu 245
danseiki 246
dantai ryokōyō basu 113
dareka ni chūsha o suru 251
dareka ni denwa suru 178
dareka ni saiketsu suru 250
dareka ni tegami o okuru 184
dareka o kaiko suru 169
dareka o yatou 159
dasshinyū 73
dasshu bōdo 110
dāto baiku 114
datsu 317
dātsu 209
datsumō 34
daunraito 44
daunrōdo 176
debabōchō 47
deguchi 105
dejitaru foto furēmu 229
dejitaru kamera 228
dejitaru reshībā 179
dekki burashi 57
dekki cheā 232
denatsu 62
denchi 152
dendō doriru 59
dengen kēburu 173
denki
boira 54
denki jitensha 117
denki mētā 62
denki mōfu 49
denki mushiki 45
denki potto 45
denki setsuzoku 234
denki ten 139
denkigishi 161
denkikamisori 55
denkyū no soketto 62
denmāku 285
denpa bōenkyō 280
denretsu 239
denryoku kyōkyū 62
denryū no tsuyosa 62
denshi renji 45
denshishoseki rīdā 177
dentaru furosu 55
dentarufurosu de ha o kireini suru 257
denwachō 178
deodoranto 34, 263
dessanyō mokutan 221
desuku matto 166
desuku ōganaizā 167
desukutoppu konpyūtā 172
dēta kioku sōchi 177
dētā no angōka 176
dētsu 82
deyūsu 196
dezāto 99
Dezāto wa … ni shimasu. 100
dezāto yō supūn 100
difensu 189, 191
dinā purēto 100
dināru 331
diru 83
disuko 219
disuku jokkī 181
disupurē 178
dīwārī 20
dīzeru 111
do 298
dō 303
do yōbi 329
doa 109, 122
doa fuda „Jama shinai de kudasai“ 135
doa handoru 109
doa mirā 109, 110
doa no jōmae 38
doa no shikii 40
dobokusagyōin 161
dōbutsu no ko 313
doitsu 285
doitsu dentō sugoroku 231
dōkō 258
doku 316
dokuga 316
dokushin 17
dokusho tō 123
dōkutsu 301
dokyumentarī eiga 180
dominika kyōwakoku 288
dominika renpō 288
domino 230
dōmu 145
dōmyaku 245
doneru kebabu 97
donguru 177
dono … mo 325
Donyori shiteiru. 298
doraggu stoa 139
doragonfurūtsu 80
doraibā 58
doraibā shotto o utsu 199
doramu setto 218
doresāju 203
doriru 59
dōro hyōji 104
dōro kōji chū 106
doro yoke 114
doroyoke 116
doru 331
dōryō 169
dōryokusha 120
dosei 279
dōtai 122
dōyō shiteiru 26
DVD 179
DVD purēyā 179

E

… e katamichi kippu onegai shimasu. 121
E mēru adoresu 176
ea baggu 110
eā dakuto 62
eā mattoresu 235
ea ponpu 235
eafirutā 108
eahōn 118
earobikusu 211
echiopia 290
efude 221
eggu suraisā 47
eguri toru 59
ei 317
eiga o satsuei suru 220
eigakan 132, 227
eigyō manējimento 165
eigyōbu 165
eisei 280
eisei antena 179
eizu 253
ejiputo 290
ejji 206
ēkā 330
eki konkōsu 121
ekibyō 275
ekisutora beddo 135
ekonomī kurasu 122
ekuadoru 289
ekubo 22
ementāru chīzu 73
emerarudo 304
emerarudo gurīn 223
en 331
enameru rimūbā 34
enameru shitsu 257
enameru toryō 221
enchō sen 190
enchō suru 157
enchōkēburu 62
enchū 145
endaibu sarada 76
endo rain 197
endōmame 78
endorain 192, 193
engan keibitai 127
engei o suru 220
engeki 150
engurafu 168
enjin 109, 122
Enjin ga kakarimasen. 112
enjin tsuki yotto 126
enjinia 161
enkinryōyō megane 258
enpitsu 149, 167
enpitsu kezuri 167
enpitsuga 222
enseki 104
enshi 258
enshō 252
entākī 172
entotsu 40, 126
epuron 46, 256
era 317
erāmessēji 175
erebētā 39
erekutorikku gitā 217
eri 29
eriguri 30

eritoria 290
erugo mētā 210
erusarubadoru 288
esa 205
esa ni kuitsuku 205
esharotto 75
ēsu 230
esukarētā 121
esukēpukī 172
esupuresso 91
esutetishan 265
esutonia 285
etsuranshitsu 157

F

fagotto 217
fainansharu adobaizā 137
fairu 167, 175
fairu kyabinetto 166
fairu ni hozon suru 174
fairu o hiraku 174
fairu o idō suru 174
fairu o insatsu suru 174
fakkusu 178
famirī rūmu 135
fan 109
fan beruto 111
fandēshon 35
fasādo 145
fasunā 32, 226, 235
fāsuto kurasu 122
feauei 198
feijoa 80
feisukurīmu 34
feisupaudā 35
fenneru 74, 83, 84
fenshingu 209
feretto 310
ferī 127
feta chīzu 72
figyua sukēto 207
fijī 296
fikushon 183
fin 201
finrando 285
firamento 62
firipin 295
fīrudo purēyā 191
firutā 228
fisshingu besto 204
fisshu ando chippusu 97
fīto 330
fō doa no 107
foa hando 196
foa kōto 196
foasuru 200
foguranpu 108
fōku 100, 116
fōkurifuto 119
fōmyura wan 208
fonto 175
forō surū 199
foruda 174
fōruto 196
front burēki rebā 115
fubuki 300
fuchinashi bōshi 27, 32
fuchinoaru bōshi 32
fudansō 74
fude 35
fudebako 149
fūdo purosessā 45
fudōsangyō 162
fūfu 17
fugu 317
fuhō shinnyū 271
fuhyō 127
fuirumu 229
fuji iro 223
fujirri 87
fukan eria 177
fukashita yasai 74
fukazara 100
fūkeiga 222
fukigen da 26
fukin 44
fukinagashi 122
fūkiri 227
fukitoru 57
fukkin 242
fukkin undō 211
fukurahagi 239
fukurō 315
fukusayō 263
fukushachō 165
fumendai 216
fuminshō 253
fun 326
funi no 247
funmatsu senzai 56
furai 204
furai fisshingu 205
furai kaeshi 48
furai pan 48
furai shīto 235
furaido poteto 97
Furaidopoteto ichininmae, kechappu to mayonēzu tsuki de onegai shimasu. 97
furaingu reshību 192
furaito atendanto 162
furaito o yoyaku suru 125
furamingo 315
furan 331
furansu 285
furasshu barubu 54
furattobeddo torērā 118
furēmu 195, 258
furenchi horun 217
furenchi tōsuto 95
furī kikku 189
furī surō rain 191, 193
furī sutairu 207
furī terebi 179
furikaderu hanbāgu 98
furikae kōza 136
furikakeru 93
furinji bangu 23
furiru 30
furisubī 209
furīzōn 192
furoku 182
furonto garasu 108, 118
furonto no josei 134
furontorefuto 192
furontosentā 192
furontozōn 192
furōzun yōguruto 96
furui 47
furui ni kakeru 87
furui tatemono 39
furutaimu 159
furūto 217
furūtsu shēku 95
furūtsu yōguruto 94
furuu 93
fusenmemo 167
fusenshi 167
fūshin 252
fushō 275
fushōsha 275
fūsoku 299
futa 91
futago 18
futarigake tēburu seki 99
fūtō 167, 184
futoi 24
futon kabā 49
futto resuto 110, 254
fuyu 328
fuyu no kōto 28
fuyūroku 243
fuyuyō taiya 111
fuzai tsūchi 176

G

ga 318
... ga dokoni arunoka oshiete itadakemasu ka. 133
gābera 308
gabon 290
gabyō 167
gachō 69, 315
gachō no tamago 72
gachōniku 69
gāden gurōbu 64
gaiana 289
gaibu nenryōtanku 279
gaikaku 281
gaikan de handan suru 24
gaikin 165
gaikoku kawase sōba 137
gaikokugo 150
gairai kanja 259
gaitō 104, 130, 133
gaka 163
gakka 151
gakki 158
gakkō 131
gakkō no seifuku 148
gakkō-sotsugyōshukugakai 21
gakubu 158
gakubuchi 42, 52
gakufu 216
gakujutsu ronbun 156
gakunen 148
gakusei 157
gakusei shokudō 157
gakuseiryō 148, 157
gakuseisho 158
gakusha 163
gakushi 156
gakuya 215
gamanzuyoi 25
gamen 172
gan 253
gāna 290
ganbia 290
gānetto 304
gankyō gishi 160, 258
gankyū 258
ganpeki 301
ganshō 301
garagara 27
garamumasara 84
garasu todana 42, 43
garēji 39
gārikku puresu 47
gārufurendo 18
gasorin 111
gasorin ponpu 111
gasorin tanku 109, 115, 118
gasshu 221
gasu bānā 234
gasu bonbe 234
gatsu 329
gāze no hōtai 269
gazō henshū 229
gedoku 264
geijutsu 150
gekai 160, 260
geki 215
gekijō 132
gekkei 247
gen 331
genepuro 215
genkan 41
genkan matto 38
genkan no kagi 38
genkanguchi 40
genkin jidō azuke baraiki 136
genkin suitō gakari 136
genmai 86
genshiryoku saigai 275
gensoku no marumado 126
geri 251
gesen suru 127
getsu yōbi 329
gia 109
gifuto shoppu 139
gijinittei 168
gijiroku 168
gijiroku o toru 168
gikotenshugi no 145
gimunajiumu 148
gin 303
ginga 280
ginia 291
giniabisau 291
ginkō no kashikinko 137
giri no kyōdai 16, 18
giri no shimai 16, 18
girisha 285
go 322
go bun no ichi 324
go bun no ni 324
go gatsu 329
go ji 326
go jū 322
go man 323
go man go sen 323
go to hachi bun no san 324
gobai no 325
gōban 60
goban me 323
gōda chīzu 73
gogo 328

gogo go ji 327
gogo hachi ji 327
gogo ichi ji 326
gogo jūichi ji 327
gogo jūji 327
gogo ku ji 327
gogo ni ji 327
gogo roku ji 327
gogo san ji 327
gogo shichi ji 327
gogo yo ji 327
gōguru 207
gōjō da 26
gojū ban me 324
gōkan 271
gokiburi 319
gōman da 26
gōmei gaisha 164
gomi bukuro 60
gomi kaishūsha 118
gomi no bunbetsu 44
gomibako 44, 133, 174
gomishori sutēshon 235
gomishūshūsha 161
gomu nagagutsu 33
gomu tebukuro 57, 152
gongu 216
gorira 313
gōru 189
gōru eria 188, 191
gōru kīpā 189
gōru posuto 190
gōru rain 188
gōru ringu 193
gōrueria rain 191
gorufā 199
gorufu baggu 199
gorufu bōru 198
gorufu kāto 199
gorufu kōsu 198
gorufu kurabu 199
gorugonzōra chīzu 72
gōrukīpā rain 191
gosenfu 219
gōshi gaisha 164
goshigoshi arau 57
goshikku yōshiki no 145
gōtō no bōkō 271
goyukkuri dōzo. 100
guaba 80
guatemara 288
gurafaito 303
gurafikku dezainā 163
gurafitī āto 222
guramu 331
gurando piano 218
guratan 98
guraundo shīto 235
gurenada 288
gurēpufurūtsu 81
gurēto baria rīfu 283
gurīn 198
gurippu 195, 197
guriru 69
guriru pan 48
guriru shita tomato 95
guriru suru 93
gurītingu kādo 142
gurōbu bokkusu 110
gūru gan 59
guruten o fukumanai 101
guruten o fukumanai kona 87
gyappu iyā 158
gyōmukanri bumon 164
gyōmukanri manējimento 164
gyōsē kukaku 284
gyūniku 68
gyūnyū 73

H

ha 22, 74, 257, 305, 307
ha o migaku 55
habataki suru 314
hābu 63
hābu tī 91
haburashi 55
hacchibakku 107
hachi 318, 322
hachi bun no ichi 324
hachi gatsu 329
hachi ji 326
hachi jū 322
hachi ni uekaeru 65
hachiban me 323
hachidori 314
hachijū ban me 324
hachimitsu 89
hachiue 64
hada no teire 263
hae 318
hāfu paipu 207
hāfupantsu 190
hāfutaimu 190
hagaki 184
hage 23
haguruma 116
haha 17
haha no hi 20
hai 244, 248
hai iro 223
haibīmu 108
haichi 288
haihatto 218
haiiro no me 24
haikankō 161
haiketsushō 252
haikikan 109, 118
haikingu 208
haikingu būtsu 33, 235
haikingu pōru 235
hairan 247
haisen 62
haisha 194
haishoku madoguchi 154
haisui kō 54
haisui torappu 54
haita 251
haitatsu 185
haitatsu sābisu 97
haitatsu suru 185
haiyaku 215
haiyū 180, 215
haizara 143
hakari 185
hakaru 59
hake 48
hakenshain 159
hakike 251
hakkaame 142
hakkaku 84
hakuboku 303
hakubutsukan 132
hakuchō 315
hakui 152
hakujō 254
hakunaishō 258
hakunetsu denkyū 62
hakushigō no shutoku 156
hakushu kassai 215
hamaki 142
hami 202
hamigaki ko 34
hāmonika 218
hamu 68, 94
hamu, sōsēji no moriawase 68
hamusutā 310
hamusutoringu 242
han dāsu 325
hana 22
hana ga saku 307, 309
hana no ana 22
hana no sōgen 309
hanabira 307
hanagawa 202
hanaji 251
hanakaze 252
hanamuko 21
hanashi gai no 69
hanaudo 306
hanaya 138
hanayome 21
hanbāgā 97
hanbun 324
handa 60
handa gote 60
handazuke suru 59
handī kyappu 199
hando baggu 33
hando burashi 57
hando burendā 45
hando fōku 64
hando gurippu 114, 254
hando mikisā 45
hando rimu 254
handobōru 155
handoru 110, 115, 204
handoru bā 116
hane 314
hanedyū meron 81
hanga 222
hangā 41
hangarī 287
hangetsu 278
hangu guraidā 208
hanīdū hachimitsu 89
hankagai 131
hankō genba 270
hanmā 58
hanmā de utsu 59
hanmokku 234
hansha sutoraipu 115, 272
hansharyōhō massāji 264
hansode 28
hansoku 189
hantō 281
hanukā matsuri 20
hanzai kōi 271
hanzaisha 270
hanzubon 29
happō suchirōru tsubu 185
happōjō 262
hāpu 217
hara 238
haraikomu 136
haraobi takkaku 202
hareta 298
hari 224
hariita 224
harikēn 300
harinezumi 310
hariryōhō 264
harisashi 225
haritsukeru 174
harouin 20
haru 328
haru no hana 307
hasami 58, 167, 225, 269
hashi 99, 104, 130
hashigo 61
hashika 252
hasshin 251
hasshudo poteto 95
hata o oru 226
hataki 57
hataraku 52
hato 314
hāto 230
hatoba 127
hatsuka nezumi 310
hau 316
hayaokuri 179
hazādo ranpu suicchi 110
hazukashigari 25
hazumi guruma 224
he on kigō 219
heā doraiyā 55
hea gomu 34
heā kurippu 34
heā seihin 34
heāburashi 34
hebi 316
hebi meta 219
heddo 224
heddo bōdo 49
heddo rain 182
heddo raito 109, 118, 234
heddo resuto 120, 265
heddofon 178
heddoresuto 110
hedingu suru 190
heichi kyōsō 203
heihō fīto 330
heihō mētoru 330
heihōkon 325
heijitsu 329
heikan 144
heikō kankaku 245
heishi 161
heiya 302
hekiga 222
hekutāru 330
henji o kaku 184
henkyakubi 157
henon dōbutsu 316
hensoku rebā 116
hentōtsū 251
hera 61

herumetto 115, 116, 202, 272, 273
heso 238
heso no o 248
heya bangō 135
heya o katazukeru 51
hēzerunattsu 82
hi no de 328
hidari gawa ni 133
hidari ni magaru 133
hidari sābisu kōto 195
hidari saido 191
hidoku okoru 26
hifu 22
hifukukin 242
higashi hankyū 284
higashi timōru 295
hige 24, 310
hige o soru 55
higeki 214
hihi 313
hiita 85
hiji 239
hijikake 52, 120, 254
hijōguchi 123, 272
hijō denwa 104
hijō yobidashi botan 259
hiki shio 233
hikidashi 44, 51, 166
hikidasu 136
hikigaeru 316
hikiniku 68
hikinobashi 229
hikiwake 190
hikiyoseru 205
hikki shiken 157
hikki tesuto 148
hikkosu 21
hiku 325
hikui gia ni ireru 116
himaraya sanmyaku 283
himawari 308
himawari no tane 86
hina 314
hinadan zaseki 227
hinagiku 306
hinan 275
hinin 247
hinyōki kei 245
hippu hoppu 219
hirahake 61
hirame 70
hire 317
hireniku 68
hiroba 131
hīru 33
hiru no jūni ji 326
hiruma no hikari 52
hiruyasumi 154
hiryō 65
hiryō o yaru 65
hishoka 164
hīsu 306
hisui 304
hitai 22
hitaigawa 202
Hitoheya aite imasu ka. 134
hitokumi no 325
hitosashi yubi 240
hitsuji 312
hittoparēdo 181
HIV yōsei/insei 253
hiyake 233
hiyake 255
hiyake dome 263
hiyakedome kurīmu 34, 233
hiyakeshita 24
hiyashinsu 308
hiyoke bō 27
hiyoke bōshi 32
hiyokomame 78
hiza 238
hiza no uragawa 239
hiza o kagamete ojigi suru 19
hizō 244
hizuke 329
hizume 202, 310
hoan kensa 124
hocchikisu 167
hōchō 47
hōchō togiki 46
hochōki 254
hodō 104, 130
hōdōkisha 180
hodoku 226
hōgaku 156
hogo megane 60, 152
hogosha kai 151
hōhi 246
hohoemu 25
hoīru kyappu 109
hoīru natto supana 112
hoīru rōdā 119
hoissuru 194
hōjirozame 317
hojoyoku 122
hoketsusha yō benchi 192
hōki 60
hōki de haku 57
hokkai 282
hokkē 194
hokkē sutikku 194
hokkyoku 281, 284
hokkyoku guma 311
hokkyoku ken 284
hokkyokukai 282
hōkō senjō zai 53
hōkō shijiki 115
hōkō shijiki rebā 110
hokōki 254
hōkoku 168
hokori da 25
hokori o sū 57
hokōsha tengoku 133
hokōshayō kōtsūshingōtō 104, 133
hōkōzai 53
hokuro 22
homeopashī no remedī 264
hōmu bangō 121
hōmu sentā 139
hōmubu 165
hon 142
hon no kabā 183
hon no pēji o mekuru 183
hon no se 183
honbuchō 164
hondana 42, 51, 52, 157
Honjitsu no rēto wa ikuradesu ka. 137
honjurasu 288
honya 139
honyūbin 27, 249
honyūbin de miruku o ataeru 249
honzōgaku 264
hoo 22
hoozuki 80
horā eiga 227
hōrensō 76
horiokosu 65
horu 220
hōru 198
hōru in wan 199
horumon 246
hōsekiten 139
hōshasen 261
hoshi 280
hoshipuramu 82
hoshitsu kurīmu 34
hoshū 149
hōsō 181
hōsō suru 181
hōsōgeki 181
hosoi 24
hōtai 269
hotarujako 70
hotate gai 71
hoteru no setsubi 134
hotto chokorēto 95
hotto purēto 45
hotto shū 228
hotto wain 91
hottodoggu 97
hottosando mēkā 45
howaito chokorēto 96
hozonshokuhin 141
hyaku 322
hyaku ban me/hyaku … me 324
hyaku man 323
hyakuman … me 324
hyakunichi zeki 252
hyō 299, 311
hyōga 301
hyōhaku zai 56
hyōryū butsu 233
hyōshi 183
hyōshi kigō 219
hyutte 207
hyūzu 62
hyūzu bokkusu 62

I

i 244
iaringu 32
ibiki o kaku 51
IC chippu kādo tanmatsu 136
icchō 323
ichi 322
ichi dāsu 325
ichi gatsu 329
ichi gurosu 325
ichi ji 326
ichi man 323
ichiba 138
ichiban me 323
ichibu rīgu 189
ichigan refu kamera 228
ichigo 79
ichiji teishi botan 179
ichijiku 80
ichiman … me 324
ichimen 182
ichinensei no 309
ichioku … me 324
ichiransei sōsēji 249
ichirin sha 117
ichō 261
ido 284
ie de shigoto o suru 52
ie no bangō 38
iemen 294
ierō kādo 189
igaku 156
igirisu 287
igirisu kaikyō 282
igirisu renpō 297
iguana 316
ika 71
ikari 200
ikari o orosu/ageru 127
ikasama o yaru 231
iki nokoru 269
ikimu 248
ikisaki 125
ikkai 40, 325
ikkai seki 214
ikkenya 40
ikkodate jūtaku 38
ikōru 325
ikuji kyūka 169
inabikari 299
inbu 238
inchi 330
indīzu 219
indo 294
indoneshia 294
indoyō 282
infuruenza 252
ingenmame 78
ingurisshu burūberu 306
inkaku 247
inkei 246
inkō 241
inkujetto purintā 173
inkukātorijji 149, 173
innā tento 235
innā doa handoru 110
innō 246
inpuranto 257
inryōhin 141
inshin 247
insutanto kamera 228
intabyū 180
intabyū pātonā 180
intāhon 38
intānshippu 158
intō 241
inu 310
inuzori suberi 207
iō 303
ippō tsūkō 104, 106
iraira suru 26
iraku 294
irakusa 306
iran 294

ireba 257
irie 281, 302
iriguchi 105
iritamago 95
iroenpitsu 221
iruka 313
ishi 160
ishiki fumei 268
ishiki o torimodosu 261
ishikifumei no 261
ishoku 253
ishoku gote 64
iso hama 233
iso zuri 205
isobūtsu 204
isu 43, 51, 166
isuraeru 294
īsutā 20
īsuto 87
IT manējimento 164
itabari yuka 43
itachizame 317
itameru 93
itameta jagaimo 98
itaria 285
ito 260
ito annai 224
ito o tōsu 225
ito tōshi 225
itoko 17
itotate bō 224
itsū 251
Itsu kara. 327
Itsu. 327
itta 82
ittōsha 120
IUD 247
iwai 20
iwashi 70
iyake ga sashita 26
iyakuhin 262
izonshō 253

J
jagā 311
jagaimo 75
jaguchi 53
jaguchi o akeru/shimeru 55
jaketto 31
jakkan no 325
jakki 111
jakku 230
jamaika 288
jānarisuto 163
janpu 202, 206
janpu bōru 193
janpu shūto 191
Janpu sutāto o shite kuremasen ka. 112
jazu 219
jenga 231
ji o tsuzuru 151
jiba sanbutsu 74
jibiinkōka 259
jibuchi 290
jidō chekkuinki 124
jidō doa 113
jidō kenbaiki 113
jidōsha seibikō 161
jidōtosho 183
jiēgyō 52
jifuteria 252
jigitarisu 306
jigusō pazuru 230
jiin 132
jikan 326
jikan dōri 121
jikan wari 151
jikken 152
jikkenshitsu setsubi 152
jiko 268
Jiko ga okorimashita. 275
jiko genba 268
jiko no giseisha 268
jikoku hyō 113
jikoshihon 137
jimejime shita 298
jimu 134
jimuin 162
jimuzukue 52
jinbabue 292
jinjibu 165
jinjibu manējimento 165
jinjitantōsha 159
jinkō kokyū 261
jinkō tōseki 253
jinmonkagaku 156
jintonikku 92
jintsū 248
jinzō 68, 244, 245
jīnzu 31
jishaku 152
jishin 300
jishin manman da 25
jisho 149
jisshū gakki 158
jisuberi 300
jiten sha no kagi 117
jitensha ni noru renshū o suru 116
jitensha no chūbu ni pacchi o ateru 116
jitensha no kago 116
jitensha rakku 117
jitensha senyō dōro 104
jitsugyōka 168
jitsuyōsho 183
jōba zubon 202
jōbayō muchi 203
jōen 214
jōgakukotsu 241
jōgen no tsuki 278
jōgi 149
jōgo 48
jōhōkagaku 150
jōhōkagakusha 160
joi 250
jōjia 294
jōkā 230
jōki kikansha 120
jōkyaku 121
jokyoku 216
jōkyūgakkō 148
jōkyu gakkō sotsugyō shikaku 148
jōmuin 123
jōmyaku 245
jōriku yō sanbashi 127
jōro 64
jōryokuju 305
jōsai 132
josaidōki 268
josanpu 248
josei 18, 238, 239
josei ginkōin 163
josei no seishoku sisutemu 245
josei no uketsukegakari 160
joseiki 247
jōsen suru 127
josetsusha 118
jōsha ken 113
jōshi 169
joshiseito 149
joshu seki 110
joshu seki gawa 108
josō suru 65
josō zai 65
jōwan 239
jōwan nitōkin 242
jōwan santōkin 242
joyū 163, 215
jōzai 262
jū 322
jū gatsu 329
jū go 322
jū hachi 322
jū ichi 322
jū ji 326
jū ku 322
jū man 323
jū ni 322
jū oku 323
jū roku 322
jū san 322
jū shi 322
jū shichi 322
jūban me 323
jūbun ni nemuru 51
jūden batterī 59
jūden shiki doriru 59
jūdo no shōgai ga aru 254
jūgo ban me 323
jūgyōin 169
jūhachi ban me 323
juhi 305
jūi 160
jūichi ban me 323
jūichi gatsu 329
jūichi ji 326
jūji han/sanjuppun 327
jukushita 81
jukusui suru 51
jūkyū ban me 323
jumoku no hana 309
jūnan zai 56
jūnanabun no ni 324
junbanmachi no retsu 144
jūni ban me 323
jūni gatsu 329
jūni ji jūgo fun mae/jūichi ji yon jūgo fun 327
jūnishichō 244
junkanki kei 245
junkankika 259
junkō suru 200
junyū suru 249
jūrai no yūbin 184
jūroku ban me 323
jūryō 185
jūryoku 280
juryōsho ni shomei suru 184
jūsan ban me 323
jusei 248
jūshichi ban me 323
jushin 176
jushin torei 176
jūsho 184
jūsu chūshutsu ki 90
jutai 248
jūtakugaiku 130
jūtaku kuiki 131
jūtan 49
jūtan o oru 226
jūtan o shikitsumeta yuka 51
jūten zai 61
jutsugo kea 260
juwaki 178
jūyon ban me 323

K
ka 318
ka yōbi 329
kaba 312
kabā ōru 27
kabegami o hagasu 61
kabegami o haru 61
kabegami rōru 61
kabekake shiki gasu kyūtōki 54
kabin 43
kābingu fōku 48
kabocha 77
kabocha no tane 86
kabu 75
kābu 105
kabunushi 164
kaburiore 107
kabushiki gaisha 164
kabushiki shijō 137
kabushiki sōba 137
kachinko 180
kadai 158
kadan 63
kādigan 31
kādo (gyōnyū) 72
kādo kī 134
kado ni 133
kādo o kiru 230
kaede 305
kaeru 316
kaeshi nui botan 224
kafun hisansū 299
kafunshō 252
kafusu botan 32
kagaku 150
kagaku seni 27
kagakukotsu 241
kagami 35, 41, 42, 53
kagen no tsuki 278
kagibari de amu 226
kagiita 41
kagu o hoshū suru 220
kagushokunin 161
kaguten 139
kagutsuki 40
kahei 307
kai 40

kaichiku 38
kaichūdentō 201, 235
kaidan 41, 130
kaidan fukinuke 39
kaidan no dan 41
kaidan no odori ba 41
kaidan no tesuri 41
kaidan zaseki 214
kaifuku taii 268
kaifukuki 260
kaifukushitsu 260
kaiga 42
kaigan 232, 301
kaigan keibitei 274
kaigi 168
kaigi no tēburu 168
kaijō yohō 274
kaika 307
kaikan 144
kaikan jikan 144
kaiko sareru 169
kaikyō 281
kaimen jōtai 200
kaimono kago 140
kaimono risuto 140
kainan jiko 274
kaiōsei 279
kairyū 200
kaishūjikan 185
kaisō 233
kaisuigyo 317
kaiteki da 30
kaiten 206
kaiten isu 52
kaiusagi 310
kaiyō 253
kaji 200
kaju 309
kajuaru 30
kakaku hyōji 111
kakato 239, 240
kake buton 49
kakeashi 203
kakedokei 43
kakeru 325
kaki 71
kakine 63
kakitome yūbin 184
kakiwari 214
kakkō 206
kakō 301
kaku 151
kakumaku 258
kakuri 259
kakuteru 92
kamakiri 318
kamanbēru chīzu 73
kamemushi 319
kamera hontai 228
kamera kēsu 229
kamereon 316
kamerūn 291
kami kuzukago 166
kami no ke 22
kami no tamago pakku 73
kami o doraiyā de kawakasu 34
kami o massugu ni suru 34
kami omutsu 27
kamimaki tabako 142
kamin kōnā 118
kaminari 299
kamisori 55
kamo 69, 315
kamome 314
kamomīru 306
kamomīru tī 91
kamoniku 69
kamotsu 127
kamotsu ressha 120
kamotsu shitsu 122
kānabi 110
kanada 288
kanadian kanū 201
kanai 16
kanari ōku no 325
kanarino 325
kanariya 314
kanashii 26
kanbatsu 300
kanbojia 294
kandai da 25
kanden 255
kānēshon 308
kanetsuro 265
kangaekomu 25
kangarū 313
kangoshi 160
kani 71
kani jidōsha shako 39
kānibaru 20
kanja 250, 256
kanji ga ii 25
kanji no yokunai 26
kanjō o motsu 143
kanjō ni tsukeru 143
kanketsusen 302
kanki 299
kankiri 47
kankisōchi fūdo 44
kankō annaijo 144
kankō gaido 144
kankō gaido bukku 144
kankoku 295
kankyaku 180, 188, 215
kankyakuseki 188
kanna de kezuru 59
kanpai 100
kanpan 126
kanpasu 222
kanpō 264
kanseitō 124
kansen 251, 252
kanshi kamera 275
kanshitō 274
kanshō nenrei seigen nashi 227
kanshō shokubutsu 52
kansō ki 56
kantoku 215
kantorī 219
kanwa kea 264
kanyōdenai 26
kanzō 244
kanzō kyandī 96
kanzume no sakana 71
kao no kea 265
kaoiro 265
kaoku no kanrinin 39
kaori ga suru 307
kāpoberude 291
kappu 91, 330
kappukēkigata 46
kappuru 18
kapuchīno 91, 94
kapuseru 262
karā konpakuto 35
karā sanpuru 61
karabina 273
karada o arau 55
karafu 100
karai 75
karē 98
karei 70
karēko 84
karibukai 282
karifurawā 76
karifurawā no fusa 74
kariharai ki 64
karikarishita 81
karikomi basami 64
karikomu 65
karikyuramu 151
kāringu 207
karinui suru 226
kariru 39, 157
karorī 101
karorī o nenshō suru 211
kāru airon 55
kāru shita 23
karudamon 84
karuku yaku 93
kasatate 38, 41
kasegu 169
kasei 151, 278
kasen 120
kashi 141, 298
kashidashi madoguchi 157
kashin 81
kashu 163
kashūnattsu 82
kāsoru 175
kassōro 123, 206
kasu 39
kasupikai 282
kasutanetto 218
kata 238
kata de nuku 93
kata patto 31
kataashi o hikizutte aruku 254
katagami 225
katai 238
katamaran 200
katāru 294
katatsumuri 319
katayude 75
kāten 42
katō 101
kāto 135, 140
katsu 231
katsurei 246
kattā naifu 58
kattēji chīzu 72
kauntā 143
kawa 81, 130, 301
kawa jan 115
kawa no janpā 33
kawa no kurūzu 144
kawa o muku 81, 93
kawa tebukuro 115
kawaii 24
kawamuki ki 47
kawara shokunin 161
kawauso 313
kaya 235
kayakku 201
kazafusutan 294
kazan 302
kazan funka 300
kaze 200, 252, 299
kaze no aru 298
kazoeru 151
keana 22
kēburu 178
kēburu kā 206
kēburu terebi 179
kechappu 85
keiba 203
keibō 270
keichū 127
keido 284
keieigaku 156
keiga sokuho kyōsō 203
keiji 270
keijiban 158, 166
keikai sen 271
keikoku 191, 302
keikōmākā 167
keikōtō 271
keimusho 271
keiran 72
keiren 251
keiribu 164
keiryō kappu 48, 262
keiryō supūn 48, 249
keiryū 127, 302
keisan suru 151
keisanki 149
keisatsu bajji 270
keisatsu ninmu beruto 270
Keisatsu o yonde kudasai. 275
keisatsukan 270
keiseimahi 254
keitai denwa 177
keitai kēsu 32, 177
keito 225
keitsui 243
keiyaku 168
kēki no kata 46
kēkikūrā 46
kēkiya 138
kekka 250
kekkaku 252
kekkon o mōshikomu 21
kekkon suru 21
kekkonkinenbi 20
kekkonshiki 20
kemikaru toire 235
kemuri hōchiki 39, 272
ken 244
ken kōkotsu 239
kenbikyō 153
kenchikuka 161
kenia 291
kenkenpa asobi o suru 154
kenketsu 269
kenkō 252
kenkō hoken 250

kenkō ni naru 261
kenkōshoku 101
kenkyū 156
kenkyū gurūpu 158
kenkyū kikan 156
kenkyūhōkoku o suru 157
kenma suru 59
kensaku suru 174
kenshi 256
kenshū kikan 158
kensui kakō 208
kensui undō 211
kerokero naku 316
keru 190
keshi 309
keshigomu 167
keshiin 184
keshō o suru 55
keshō yō kotton 55
kesshite … nai 325
kēsu 172
ketorudoramu 218
ketsuatsu kei 250
ketsuatsu o hakaru 250
ketsubō shōjō 252
ketsumaku en 251
ki iro 223
kī paddo 136
kīakaunto manējimento 165
kibangan 281
kibatan 315
kibi 86
kībōdo 172
kicchin pēpā 46
kicchin sutsūru 44
kicchin taimā 46
kidaidai iro 223
kidō 280
kidonī bīnzu 78
kifuhō 219
kigyō konsarutanto 160
kiiro no hana ga saku shokubutsu 306
kiji 87, 182
kikakujunbi suru 168
kikan 244
kikanshi en 251
kiken 275
Kiken. Chūi seyo. 275
kikon 17
kiku 308
kimatsu kyūka 158
kimidori iro 223
kin 303
kin yōbi 329
kinai anzen setsumei 123
kinai entāteimento shisutemu no gamen 123
kinchō suru 26
kindanryōhō 264
kindanryōhō o ukeru 264
kinen furaito 123
kinen no chi 145
kinenhi 133
kingaku 137
kingu 230, 231
kingyo 317
kinkan 81
kinko 135, 137, 166
kinkotsu takumashii 24
kinkyū chakuriku 123, 275
kinkyū denwa bangō 275
kinniku tsū 211
kinō 328
Kinō kara. 327
kinoko 95, 306
kinsei 278
kinsenka 308
kinshi 258
kinshitsu no 73
kinu 30, 226
kinua 86
kinzoku 60
kiosuku 133
kīpā gurōbu 190
kippu hatsubai madoguchi 121
kippu jidō hanbaiki 121
kipurosu 287
kirei ni suru 57
kiri ga kakatta 298
kiribasu 296
kirikizu 255
kirin 312
kiritori 174
kiro guramu 331
kiro mētā 330
kiru 77, 93, 226
kirugisu 294
kishu 122, 202, 203
kisshu 98
kisu suru 19
kisuishō 304
kita chōsen 295
kita hankyū 284
kita kaikisen 284
kita makedonia 286
kitataiseiyō jōyakukikō 297
kitō 246
kitsuen kinshi 111
kitsui 28
kitsune 311
kitsutsuki 314
kitte 184
kitte shūshū 220
kiuī 80
kizetsu suru 255
kizuato 24, 260
kizuchi 58
kizuguchi 255
kō ketsuatsu 252
ko no ha 305
ko yubi 240
koara 311
kōban 131
kōbu zaseki 114
kōcha 91
kōchō 148
kōdō 156
kodomo 18
kōdoresu denwa 178
koebi 71
kōen 131
kofukikogane 318
kōfunsuru 25
kōgai 130, 241
kōgaku 156
kogatasha 107
kogecha iro 223
kogechairo 23
kōgen 302
kōgen ranpu 153
kōgi 157
kogitte o kiru 136
kōgu bako 60
kōgyō chiiki 131
kōhaikin 242
kohaku 304
kōhī 91, 99
kōhī mame 91
kōhīmēkā 45, 143
kohitsuji no niku 68
kōhōbu 165
koi 70, 317
koi o suru 21, 25
kōi shitsu 211
kōjō 132
kōjōsen 244
kōjōsen shikkan 253
kōka 137
kōka kyō 105
kōkai 282
kōkan ga moteru 25
koke 306
kokemomo 79
kōkingu gan 60
kōkishin ga tsuyoi 25
kokkai 282
kokku pitto 114, 200
Koko ni tento o hatte iidesu ka. 235
kōkō sotsugyō shikaku shiken 148
kōkoku 182, 284
kokonatsu 80
kokoro kara oiwai shimasu 20
kōkū eisei 257
kōkū kanseitō 124
kokuban 149
kōkūbin 185
kōkūgaisha 122
Kōkūkōtsū kansei 122
kokumin 284
kokumotsupan 88
kokunai sen 125
kokusai rengō (kokuren) 297
kokusai sen 125
kokutsubu 78
kokyaku kaitaku 165
kōkyō gakudan 216
kokyū konnan 253
kokyūki kei 245
kōkyūshi 182
komadori 314
komāsharu songu 181
komāsharu supotto 181
kome 86
komedi 214, 227
komedian 214
komekami 22
kōmon 247
kōmori 310
komoro 291
komugi 86
komugi haiga 94
komugiko 87
kōnā eria 188
kōnā kikku 189
kona miruku 249
kōnai senjōeki 55, 257
konappoku niru 75
konban wa 19
kondensu miruku 73
kondishonā 34
kondōmu 247
kōnen 280
koneru 87
kōnfrēku 94
kongo kyōwakoku 292
kongo minshukyōwakoku 290
kōnin kaikeishi 160
konjō iro 223
konkurīto mikisā 119
konnichi wa 19
Kono seki wa aite imasu ka. 121
kōnotori 315
konpakuto furasshu kādo 229
konpātomento 120
konpō 44
konpyūtā o kidō suru 175
konpyūtā o shattodaun suru 175
konpyūtā shitsu 148
konransuru 25
konro 44
konsento 62
konsheruju 135
konshīrā 35
konsui 261
kontakuto renzu 258
kontena sen 127
kontena sōko 127
kontena tāminaru 127
kontorōrukī 172
kontsuerun 164
konwakusuru 25
konyaku suru 21
konyakuchū 17
koori 299
kopī suru 174
kōra 90, 316
korāju 222
koramu 182
kōrasu 216
kōrasu de utau 220
Kore o ryōgae shite itadakemasu ka. 137
koresuterōru 101
koriandā 83, 84
kōrin 116
kōrogi 318
koronbia 289
korukusen nuki 143
kōrurabī 74
kōsai 258
kosaji 330
kōsaku no jugyō 150
kōsaten 105
kōsen ryōhō 264
kōsha botan 113
koshi 238, 239
koshikake isu 49
koshitsu 259
koshō 84, 85
koshōhiki ki 85

Koshōsābisu ni denwa shitekuremasen ka. 112
kōsoku ressha 120
kōsokudōro 105
kōsokudōro no rittai kōsa 105
kossetsu 255
kōsu 158
kōsui 34
kōsuiten 139
kōsutā 48
kosutarika 288
kōtai benchi 191
kōtai rain 191
kōtaisei rōdō 159
kōtaiyōin 191
kōtaku no aru 229
kōtei 154
kōtō 241
kōto kake 41
kōtō shiken 157
kōtojibowāru 290
kōtsū ihan kippu 105
kōtsū jiko 112
kōtsū jōhō 181
kōtsū jūtai 105, 106
kōtsū keikan 105
kotsuban 243
kottōhin ten 139
koushiniku 68
kōya 302
kōyōju 305
kōza bangō 136
kōza furikomi yōshi 137
Kōza o hirakitai no desu ga. 137
kozeni 141
kozue 305
kōzui 300
kozutsumi 185
kozutsumi haitatsunin 162
ku 322
ku gatsu 329
ku ji 326
kubaru 230
kubi 238
kubisuji 239
kuchi 22, 310
kuchi tai kuchi jinkō kokyū 268
kuchibashi 314
kuchibeni 35
kuchibiru 22
kuchihige 24
kudamono to yasai 141
kuēto 294
kugi 58
kuīn 230, 231
kuizu bangumi 180
kujaku 315
kuji jugōfun sugi 327
kuki 74
kuki 307
kūki funsha guchi 123
kūki ire 116
kūki toriire guchi 115
kūkiire ponpu 111
kukkī 96
kukking shīto 46
kuma 311
kumade 64
kumagata no gumi 96
kumo 319
kumo de ōwareta 298
kumo no su 319
kumotta 298
kuni 284
kunsei no 69, 71
kunsei no sakana 71
kura 202
kūrā 107
kurabu 230
kuracchi pedaru 110
kuracchi rebā 114
kurakushon 110
kuranashi deno jōba 203
kurarinetto 217
kurashikku 219
kurashikku kā 107
kuraun 257
kurejitto kādo 137
kurementin mikan 81
kurēn 127
kurēn sha 119
kureson 74
kureyon 221
kuri 82
kuriketto 194
kurikku suru 174
kurippu 153
kurisumasu 20
kurisupu bureddo 88
kuro 223
kuro bīru 92
kuro masu 231
kuroachia 285
kurōbā 306
kurōbu 84
kurokami 23
kuroketto 209
kurokkasu 307
kurokodairu 316
kuromame 78
kurome mame 78
kurōne 331
kuropan 88
kurosu sutecchi 226
kurosu torēnā 210
kurosubā 190
kurosukantorī 206
kurosukantorī sukīkōsu 206
kurosuwādo pazuru 233
kurowassan 88, 94
kurū 200
kūru daun 211
kurubushi 239
kurubyō 252
kurūjingu sen 126
Kuruma ga koshōshimashita. 112
kuruma isu 254
kurumi 82
kurumi no kara 82
kurumi o waru 82
kurumiwari ki 82
kusachi 302
kusakaki kumade 64
kusarikaketa 81
kushami 252
kushi 34, 47
kushigata ni kitta poteto 98
kusshin undō 211
kusukusu 86
kusuri yubi 240
kutsubera 41
kutsuhimo 33
kutsushita 33
kutsuya 139
kutsuzoko 33
kuwa 64
kuzureta kojō 132
kyadī 199
kyaku 140
kyakushitsu gakari 135
kyami sōru 31
kyanpasu 156
kyanpingu ban 234
kyanpingu kā 119, 234
kyanpingu torērā 119, 234
kyanpu jō 234
kyanpufaiyā 234
kyapusu rokkukī 172
kyaria 159
kyarīkotto 50
kyaserōru nabe 48
kyasshu kādo 136
kyasutā tsuki kyabinetto 52
kyasuto 205
kyō 328
Kyō wa nan nichi desu ka. 328
kyōdai 17
kyōdaishimai 18
kyōdō shusshisha 165
kyōdōjūtaku 38
kyōgi 168
kyōikugaku 156
kyojū 270
kyōju 156
kyōkai 132
kyōkaku 243
kyōkasho 149
kyōken byō 252
kyōkotsu 243
kyokusho masui 257, 260
kyōkyūpaipu 54
kyori hyōji ban 105
kyōshi 163
kyōsōba 203
kyōtaku 149
kyōtō 153
kyōwa koku 284
kyū 322
kyū jū 322
kyūba 288
kyūban me 323
kyūjin kōkoku 159
kyūjin kyūshoku kōkoku 182
kyūjo herikoputā 273
kyūjo katsudō 273
kyūjo ken 273
kyūjo sori 273
kyūjo suru 275
kyūjotai 268
kyūjotaiin 273
kyūjū ban me 324
kyūka 151
kyūkan ukeire 261
kyūkei 154
kyūkei jikan 215
kyūkei no keishoku 154
kyūkei suru 52
kyūkeishitsu 265
kyūkōbai ari 106
kyūkyū sha 268
kyūkyūbako 269
kyūkyūi 268
Kyūkyūsha o yonde kudasai. 275
kyūkyūtaiin 162, 268
kyūmei bōto 126, 200, 274
kyūmei bui 200, 274
kyūmei dōi 274
kyūmei kōshū 269
kyūnan kakōhin 200
kyūnyūki 253
kyūri 77
kyūshigai 130
kyūshōgatsu 20
kyūshutsu rōpu 274
kyūsui 54
kyūtōshitsu 166
kyuūmei ukiwa 274
kyūyō 169, 264
kyūyu 54
kyūyu hōsu 111
kyūyu nozuru 111
kyūyu suru 111
kyūyukō no kyappu 111

L

LAN kēburu 176
lippu gurosu 35

M

machiai jo 113
machiai shitsu 250, 261
machibari 225
madagasukaru 291
madani 319
mado 40, 122
madodai 43, 51
madoguchi 136
maeashi 122, 310
mafin gata 46
mafurā 32, 109
māgarin 89
mago 16
magomusume 16
maguro 70
mahi shiteiru 254
mahōbin 47
maiku 178
maikuro basu 113
maikurofaibā nuno 60
maikurofon 180
mairu 330
majikkutēpu 32
majoramu 83
mākā 149
makadamianattsu 82
makeru 231
māketingu 165
māketingu manējimento 165
makijaku 224
makimodoshi 179
maku 214
māku suru 193
makura 49

makura kabā 49
māma rēdo 89, 94
mamachichi 18
mamahaha 18
manabu 158
manaita 47
manējā 164, 169
manga 142
mangetsu 278
mangō 80
mangosutin 80
manhōru no futa 133
manikyua 35, 265
mannenhitsu 149
manshon nī LDK 40
mantoru 281
mantorupīsu 42
manyuaru hensokuki 107
maraui 291
marēshia 295
mari 291
marīna 200
marine ni suru 85
marine shita 69
maru noko 59
maru pan 88, 94
maruchi soketto 62
maruhana bachi 318
marumero 79
marusudare gai 71
maruta 286
marutenjō 145
māsharu shotō 296
mashikiri kāten 259
massāji 264
masshurūmu 74
masu 70
masuikai 260
masukara 35
masukingu sīto 61
masukingu tēpu 61
masuku 201, 256
masuku meron 81
masutādo 85
masuto 200
mata ne 19
matanitīuea 30
matsu no mi 82
matsubazue 254
matsuge 22
matto 210
matto no 229
mattoresu 49
maunten baiku 117, 208
mausu 172
mausu pīsu 257
mausupaddo 173
mawashibiki nokogiri 59
mayonaka ni 328
mayonēzu 85
mayu 22
mayu o hisomeru 26
mayu o nuku 34
mazāzu baggu 50
mazeawaseru 85
mazeru 87
me 22
me ga deru 307
mēburu shiroppu 89
medama yaki 95
megane 32, 258
megane fuki 258
meganeten 139
megusuri 258
mei 17
mein ryōri 99
Mein ryōri wa … ni shimasu. 100
meinmemorī 173
meinsuru 200
meishi 169
meisō 264
mejā 58
mēkā enburemu 108
mekishiko 288
mekyabetsu 76
memai 251
memochō 142
memorī kādo 229
men 226
menbō 55
menkai jikan 259
menyū 99
menzeiten 124
meron 94
mēru o tensō suru 176
messēji 176
messhu 23, 197
mesu 152
mētā 330
meushi 312
mezamashi dokei 49
mezamashi o setto suru 49
mezameru 51
mezamete iru 51
mīakyatto 311
michi shio 233
middofīrudā 189
midori iro 223
midori no me 24
midori no renzumame 78
migaku 57
migi gawa ni 133
migi ni magaru 133
migi sābisu kōto 195
migi saido 191
mijikai 28
mikageishi 303
mikaku 245
mikan no fusa 81
miketsubako 166
miki 305
mikisā 45
mikishingu bōru 46
mikuroneshia renpō 296
mimi 22
mimino kikoenai 254
mimisen 263
mimizu 319
minami afurika 292
minami hankyū 284
minami kaikisen 284
minami sūdan 292
minerаruuōtā 90
minibā 135
minikui 24
minto 83
minto tī 91
miri mētā 330
miri rittoru 330
miruku 72, 94
miruku chokorēto 96
miruku kōhī 91
miruku no awa 91
miryokutekina 24
mishin 224
mīto pai 98
mitorizu 39
mitruku shēku 90
mitsu boshi hoteru 135
mitsubachi 318
mitto 194
mizu 90
mizu o yaru 65
mizu yō gurasu 100
mizubōsō 252
mizubukure 255
mizugi 29, 30
mizuiro 223
mizukiri dai 48
mizukiri zaru 47
mizumizushii 81
mizunure chūi 185
mizuumi 281, 301
mobīru 50
mochifuda 230
mochikaeri kōhī 91
Mochikaeri yō ni chūmon shitai no desuga. 97
mochinushi 40
mōchō 244
mōdo daiyaru 228
mōdōken 254
mogura 310
mōhi 310
Mōhitotsu ōkii/chiisai saizu wa arimasuka. 28
mokei seisaku 220
mokei tetsudō 220
moku yōbi 329
mokuban 60
mokuji 183
mokusei 279
mokutan 234
mokutekichi 113
mōmaku 258
momi no ki 305
momo 79
mōmoku 254
momoniku 68
monako 286
mongoru 295
mōningu kōru 135
monohoshi rōpu 56
monooki goya 63
monoporī 231
monorēru 120
monsūn 300
monteneguro 286
moppu 57
mori 205, 301
mōrishasu 291
mōritania 291
morokko 291
morudibu 295
morudoba 286
morumotto 310
mosuku 132
mōtā bōto 126
motokurosu 208
motoni modosu 175
motosen 54
moyashi 78
moyō sentaku 224
mozaiku de sōshoku suru 220
mozanbīku 291
mozzarera chīzu 73
MP surī purēyā 177
MRI 261
muchin jōsha 121
muchiuchishō 255
mudage shori 265
mueitō 260
muen 111
mukade 319
muko 16
muku 77
mune 238
muneate tsuki zubon 61
muneniku 69
munyūtō miruku 73
murasaki iro 223
mūru gai 71
musen LAN 176
musenyō antena 126
mushi megane 152
mushiba 257
mushiburo 265
mushini 69
mushisasare 255
mushiyoke supurē 234, 263
musuko 16
musume 16
mutō 101
myaku 268
myakuhaku sokutei 268
myanmā 295
myūzurī 94
myūzurī bā 94

N

nabetsukami 46
nadare 273, 300
nadare bīkon 273
nadare keikokuban 273
nadare taisaku 273
nae 65
nagai 28
nagare 233
nagasode no 28
nageru 193
nagetto 97
naibunpi kei 245
naifu 100
naifu tate 47
naijeria 292
naikai 281
naikaku 281
naikin 165
nairon 226
naito 231
naito tēburu 259
naizō furasshu 228
naka yubi 240
nakaniwa 38, 145
naku 19
nama 75, 77
nama chīzu 73
nama kurīmu 72

nama rekōdingu 181
namahōsō 180
namakemono 313
namazu 317
namekuji 319
namiashi 203
namibia 292
Nan ji desu ka. 326
Nan ji ni? 326
Nan to yū onamae desu ka. 19
nana 322
nana jū 322
nana mētoru rain 191
nana mētoru surō 191
nana to ni bun no ichi 324
nanaban me 323
nanajū ban me 324
nanbā purēto 108
nanbai kano/nanbai mono 325
nanchō 254
nando mo 325
nankō 262
nankotsu 244
nankyoku 281, 284
nankyoku ken 284
nankyokukai 282
nanpa 274
napukin 100
nasu 77
natoriumu 101
natsu 328
natsumeggu 84
natsuyō taiya 111
natto 58
nauru 296
nawabashigo 155
nawatobi no nawa 155
ne 75, 305
nebukuro 235
nedan 141
nefuda 141
nega 229
neiru 51
neiru fairu 34
neji de shimeru 59
nekkuresu 32
neko 310
nekutai 29
nekutaipin 32
nekutarin 79
nemaki 28
nen 329
nenbangan 303
nenji kyūka 169
nenkinseikatsu ni hairu 21, 169
nenryō zanryō keikokutō 112
nenryōkei 112
nenza 255
nepāru 295
neppa 300
nerau 193
neru 51
netsu 252
nettai 284
nettai bōfū 300
netto 190, 192, 193, 195, 196, 197
netto fensu 273
netto jōen 197
netto kensaku suru 176
netto shichū 197
nezumi 310
ni 322
… ni aisatsu suru 19
... ni denwa o kakeru 19
ni gatsu 329
ni hyaku ni jū ni 323
ni ji 326
Ni ji desu. 326
ni jū 322
ni jū ichi 322
ni jū ni 322
ni jū san 322
ni man 323
ni san no 325
niageta 77
nibai no 325
niban me 323
nichi 329
nichi yōbi 329
nichibotsu 232, 328
ni-dan beddo 51
nigai 75
nihōkō kōtsū 106
nihon 294
nihyaku ban me/nihyaku … me 324
nihyaku nijūgo ban me/ nihyaku nijūgo … me 324
nijēru 292
niji 299
nijū ban me 323
nijū ichi ban me 323
nijū ni banme 323
nijū no 325
nikai 40, 325
nikai date basu 113
nikai seki 214
nikaragua 288
nikibi 22
nikkanshi 182
nikkōyoku muki no terasu 143
nikkōyoku suru 233
nikodate jūtaku 38
nikomi ryōri 98
niku tataki 47
niku uriba 140
nikurui 141
nikuya 138, 162
nimai gai 71
nimotsu 184
nimotsu hikitori tāntēburu 125
nimotsu ire 123
ninchi shō 253
ninensei no 309
ningyō 50
ninjin 75
ninjinjūsu 90
ninniku 75
ninniku hitokake 75
ninniku hitotama 75
ninshin 21
ninshin chūzetsu 247
ninshin kanōna 247
ninshin kensa yaku 248
ninshin shite iru 248
niransei sōsēji 249
nire 305
nisennijūichi-nen ku-gatsu kokonoka desu 328
nishi hankyū 284
ni-shoku tsuki shukuhaku 135
nisshoku 280
nisu 60
nitōkin kāru 210
nitōsha 120
niwa no benchi 63
niwa no fensu 63
niwa no hei 63
niwa no ike 63
niwa no tsūro 63
niwa yō kagu 63
niwa yō sansui hōsu 64
niwashi 162
niwatoko no mi 79
niwatori 315
nō 241
(… no) chikaku ni 133
... no namae de singuru rūmu o yoyaku shimashita. 134
nodo no itami 251
nōgyō keieisha 161
nojisha 76
nōkan 241
nokoba 59
nokogiri de kiru 59
nōkōsoku 253
nōmaku en 252
nomi 319
nomimono 227
non arukōru bīru 90
non suteppu basu 113
nonfikushon 183
norikaeru 121
noritsuke dai 61
norojika 312
noru 121
noruuē 286
noshi bō 48
nōshintō 255
nōto 149, 167
nōto pasokon 52, 173
nōzei shinkoku 52
nūdisuto bīchi 233
nui ito 224
nuibari 225
nuigurumi 50
nuime 30, 226
nuime nagasa chōsetsu 224
nukigata 46
nuno omutsu 27
nunoji 225
nuru 59
nusumi 271
nūtoria 313
nuu 226
nyōdō 246, 247
nyōkan 245
nyūgaku 21
nyūin kanja 259
nyūin suru 259
nyūji 249
nyūjirando 296
nyūjōken 215
nyūjōryō 144
nyūryō kyokashō 205
nyūryoku suru 174
nyūseihin 141
nyūsu 180
nyūsu anaunsā 180

O

… o gurasu ippai onegai shimasu. 143
… o koppu ippai onegai shimasu. 143
… o onegai shimasu. 143
… o shōkai suru 19
oba 17
ōbāfurō 54
ōban no shinbun 182
ōbāōru 27
ōbārokku mishin 224
obentō 154
obieru 26
obijōhōshin 252
ōbitā 279
ōbo shorui 159
ōboe 217
oboreru 274
ōbosha 159
ōbun 44
ōbun no suicchi 44
ōbun o yonetsu suru 44
ochasuru 143
ochiba o kumate de sōji suru 65
ōdako 71
ōdan hodō 104
odango hea 23
ōdo iro 223
ōdōri 130
odoroita 25
ofisu biru 132
ofisu gai 130
ofisu kagu 166
ofu rōdo 208
ofu saido 190
ōfuku 121
ofuro ni hairu 55
ofurōdo sha 107
ōganikku 69
ōganikku kotton 27
ōganikku seihin 141
ōgata karasu 314
ōgata sukurīn 227
ōhashi 314
ohayōgozaimasu 19
ohyō 70
oi 17
oikoshi shasen 105
oiru kōkan suru 111
oiru pasuteru 221
oirugēji 108
oji 17
ojigi suru 19
oka 302
ōkakumaku 244
Okanjō onegai shimasu. 100
ōkesutora seki 216
ōkii 28, 97
okiru 51
ōkisa 30
ōkoku 284

okotteiru 26
oku 178
ōku 305
ōku no 325
okujōteien 63
okura 77
ōkyūteate o suru 268
ōkyūteate yōhin 269
omān 295
omaru 50
omiyage 144
omocha 50
omochaya 139
ōmu 315
ōmugi 86
omuretsu 95
omutsu kae shīto 50
omutsu kōkan dai 50
on za rokku 92
on/ofu suicchi 172
Onajimono o mōichido onegai shimasu. 143
ondo 298
ondo chōsetsu 110
ondokei 152
ondori 315
ongaku 150
ongaku daigaku 158
ongakuka 163
onikisu 304
onna no ko 18
ono 272
onpu 219
onrain bankingu 136
onrain chekku in 125
onrain kōnyū 176
onryō 179
onryō chōsetsu 175
onsen 302
onshitsu 63
onsu 330, 331
ookami 311
ookii 24
oomisoka 20
opāru 304
opera 216
opera hausu 132
opera kashu 216
operētingu raito 256
operētingu sisutemu 175
ōpun kafe 143
ōpun sando icchi 88
ōpun saron sharyō 120
oranda 286
oraūtan 313
oregano 83
orengi jūsu 94
orenji 81
orenji iro 223
orenjijūsu 90
orību 77
orību iro 223
orību yu 85
origami 220
Orikaeshi odenwa itadakemasen ka. 178
orikomi chirashi 182
orimage kinshi 185
oriru 121
oritatamishiki tēburu 120
oroshiki 47
oroshita 85
oroshita chīzu 73
orutanēta 111
osae 224
osae chōsetsu 224
osagegami 23
ōsaji 330
ōsetsusetto yō tēburu 42
oshaburi 27
oshiri 239
ōshūrengō (EU) 297
osuteopashī 264
ōsutoraria 296
ōsutorarian futto bōru 209
ōsutoria 286
otafukukaze 252
ōtaka 314
otama 47
otamajakushi 316
otanjōbi omedetō 20
ōtobai rēsu 208
otoko no ko 18
otoko yamome (m), mibōjin (w) 17
ōtomachikku hensokuki 107
ōtomīru gayu 95
otona 18
ototoi 328
ōtsumugi 86
Otsunagi itashimasu. 178
otto 16
oushi 312
oyashirazu 256
oyayubi 240
ozon 299
ozon sō 299

P

pā 199
pacchi wāku 226
padokku 203
pai guruma 46
painappuru 80
painto 330
paipu renchi 58
paipu tabako 142
pairotto 122, 162
pākā 28
pākinson byō 253
pakisutan 295
pakku 155, 194
pan 94
pan ko 89
pan no katamari 89
pan yō sara 100
panama 288
panda 311
pandemikku 300
panfrūto 218
pankēki 95
panku 112
panpusu 33
pantī rainā 263
pantsu 29
panya 138, 162
papaia 80
papiemashe 220
papua nyūginia 297
papurika 77, 84
paraguai 289
parao kyōwakoku 296
paretto 221
parukūru 209
parumezan chīzu 73
pāsento 325
paseri 83
pasokon kēsu 173
passhon frūtsu 80
pāsunippu 75
pasupōto 124
pasuteru 221
patā 199
pātikuru bōdo 60
patokā 271
patorōrukā 119
pātotaimu 159
patthingu suru 198
paudā sunō 206
pawā shoberu 119
pechunia 307
pedaru 116
pedaru o kogu 116
pedikyua 265
pegu 235
peinto torei 61
pēji 183
pēji sū 183
pekan no mi 82
penarutī āku 188
penarutī eria 188
penarutī kikku 190
penarutī māku 188
pengin 315
penhorudā guripppu 197
penne 87
pēpā naifu 167
pepīno 80
perū 289
pesaha matsuri 20
peso 331
pessarī 247
petanku 209
petto fūdo 141
petto shoppu 138
Pī to oto ga nattara messēji o nokoshite kudasai. 178
picchi 188, 216
pikkoro 217
pikku appu torakku 107
pin furaggu 198
pīnatsu batā 89
pīnattsu 82
pink 223
pinsetto 34, 152, 263
pinto no boketa 229
pipetto 153
pirania 317
piratisu 211
pīringu 265
piru 247
pirusunā bīru 92
pistachio 82
pita pan 88
piza 97
piza hitokire 97
pobusurē 207
pōkā o suru 230
poketto ban no hon 183
poketto dentaku 325
poketto naifu 60, 234
pōn 231
pondo 331
ponītēru 23
poppu 219
poppu kōn 96, 227
pōrando 286
poriesuteru 226
poro 203
poroshatsu 29
pōru 235
porutogaru 286
posutā 227
poteto chippu 96
poteto masshā 47
puchi tomato 77
pun 326
puragu 62
puramu 79
purarine chokorēto 96
purasuchikku 60
purattofōmu 121
purēto 281
purettsueru 88
purezentēshon 168
puripeido kādo 177
puro no supōtsusenshu 163
puroguramu 175, 215
puroguramu o aninsutōru suru 175
puroguramu o insutōru suru 175
puroguresubā 175
purojekutā 168
puropan gasu 234
purosessā 173
purotekutibu suturippu 109
purotēze 254
pūru 134
pyūma 311
pyurē 77
pyurē ni suru 77

R

rabā 197
rabendā 83, 307
rabiori 87
radisshu 75
rafu 198
ragubī 194
raichi 80
raikyaku 99
raimame 78
raimu 81
raimugipan 88
rain jajji 192
rainzu man 196
raion 311
rairakku 307
raitā 142
raiu 299
rajiētā 62, 109
rajiētā guriru 108, 118
rajio 181
rajio hōsō 181
raketto 196
raketto bōru 195
rakuda 312
rakuretto chīzu 73
rakurosu 209

rakutōsu o fukumanai 101
rama 312
ramadan sai 20
ramekin zara 48
ramu shu 92
ran 308
randoseru 50
ranji 211
rankan 247
rankiryū 123
ranpu 42
ranpūtan 80
ransaibō 248
ransō 247
ranto 331
raosu 294
rappu 46, 97, 219
rarī 208
rasen kaidan 39
rataiga 222
rate makiāto 91
ratobia 285
ratoru 218
razania 98
razuberī 79
reāru 331
rebā 68
rebanon 294
reborubā 153
rēdāyō antena 126
reddo kādo 188
reddokaranto 79
regee 219
reginsu 30
regyurētā 201
rei 322
rei ji gofun sugi 327
reiappu shūto 193
reikiserapī 264
reikyakuzai ondo hyōji 112
reimugi ko 87
reinkōto 28
reitō suru 71
reitō yō fukuro 46
reitōko 44
reitōshokuhin 141
reiyā sutairu 23
reizō shōkēsu 141
reizōko 44
reji 140
reji gakari 140
rekishi 150
rekkā idō suru 105
rekkā sha 119
rekuretto guriru 45
remon 81
remon bāmu 83
remon iro 223
remon kādo 89
remonēdo 90
renai eiga 227
renketsushiki torakku 118
renshū 151
renta saikuru 117
rentogen satsuei 257
rentogen shashin 261
rentogen sōchi 261
renzokumono no ichiwa 179
renzu 228, 258
renzu kēsu 258
renzu kyappu 228
renzumame 78
repōtā 181
rēru 207
resepushon 134
reshību suru 192
rēshingu baiku 114
reshīto 141
resoto 291
ressha 120
rēsu 30
rēsu o amu 226
resutoran 134
retsujōjūtaku 38
rēzā purintā 173
rēzun 82
rēzun iri mikkusu nattsu 82
ria kyaria 116
ria uindō no garasu 109
ribaundo 193
riberia 291
ribero 189, 192
ribetto de kotei suru 59
ribetto puraiyā 59
ribia 291
ribon 31
rīdo 182
rifurekutā 116
rigakuryōhōshi 160
rigatōni 87
rīgu 189
rihabiritēshon 260
rihāsaru 215
rihitenshutain 286
rikanbento 117
rikon 17, 21
riku 281
rikugame 316
rikyūru 92, 99
rimōto kontorōru 179
rimu 109, 116
rimujin 107
ringo 79
ringojūsu 90
ringojūsu no tansansui wari 90
rinneru 226
rinpa kei 245
rinri no jugyō 150
rippā 225
rippōmētoru 330
rippu kea 263
rira 331
rirekisho 159
ririku suru 123
rirīsu suru 205
riritsu 136
rīru 204
risu 310
ritoania 286
rittoru 330
rittoru hyōji 111
roba 312
robēji 83
robī 134, 214
rōbīmu 108
robusutā 71
robusutā no wanakago 205
rodeo 203
rōdō jōken 159
rōdo rēsā 117
rōgankyō 258
roguofu suru 174
roguon suru 174
rōingu mashīn 210
roji 130
rojō chūshaken jidōhanbaiki 104
rōka 39
rokata 105
rokkā 154
rokkaku renchi 60
rokkī sanmyaku 283
rokkotsu 243
rokku 219
rokku kuraimingu 208
rokoko yōshiki 145
roku 322
roku gatsu 329
roku ji 326
roku jū 322
rokubai no 325
rokuban me 323
rokuboku 155
rokuga 179
rokujū ban me 324
rokuon 181
romanesuku yōshiki no 145
romein retasu 76
romen densha 120
romen seisōsha 118
rōn 136
rongu būtsu 33
rongu skēto bōdo 208
rōpu 273
rōrā 61
rōrāburaindo 43
rōrāburēdo 208
rōrie 84
rōru de nobasu 93
rōru matto 235
rōru shibafu o shiku 65
rosen bangō 113
rosen basu 113
roshia 286
roshutsu andā 229
roshutsu ōbā 229
rōsoku 43
rōsuto chikin 98
rōtarī 104
rōtarī ari 106
roten 138
roze wain 92
rōzu kwōtsu 304
rōzumarī 83
ruā 205
rubī 304
rūburu 331
rūfu 108
rukkora 76
rūku 231
rukusenburuku 286
rūmania 286
rūmu sābisu 135
runessansu 145
rupī 331
ruporutāju 180
ruri 304
rusuban denwa 178
rūtā 176
ruwanda 292
ryō 205
ryōchi 284
ryōgae 125
ryōgae sho 137
ryōhō 264
ryokakuki 122
ryōkin 113
ryōkinjo 105
ryokōkaban 32
ryokunaishō 258
ryokutō 78
ryōri o kaitō suru 44
ryōri suru 93, 220
ryōrinin 162
ryōshi 161
ryōshin 17
ryōyō 264
ryūju 207
ryukkusakku 32, 125, 235
ryūkō no 30
ryūmachi 253
ryūsan 249
ryūsei 280

S

saba 70
sabaku 302
sābingu supūn 48
sābisu bumon 165
sābisu eria 105
sābisu ēsu 196
sābisu rain 196
sābu 192
sadoru 116
sadoru baggu 117
saezuru 314
safaia 304
sagan 303
sagen gawa 126
sagyō dai 60
sahara sabaku 283
sai 312
saibai suru 65
saibankan 160
saibansho 131
saido burēki 110
saido kyabinetto 42
saido rain 192, 193, 197
saido tēburu 41, 259
saido uindō 109
saidobakku 189
saidobōdo 43
saidokā 115
saien 63
saifu 33
saigo kara niban me 324
saigo no 324
saihōbako 225
saikidō 174
saikoro 231
saikoro o furu 231
saikuringu 208
saimin 264
sain pen 221
sairen 271
saisei kanōna energī 62
saisei suru 179
saishūshiken o ukeru 148
sakana no harako 70

sakana no hone 71
sakana no hone o toru 71
sakana no kirimi 71
sakana no mure 317
sakana no sutēki 70
sakana no tamago 317
sakana o hikiyoseru 205
sakana o tsuru 204
sakanaya 138
sakasakagi 204
sake 70
sākitto torēningu 211
sakkābōru 155, 190
sakkāsokkusu 190
sakkāsupaiku 190
sakkin 269
sakotsu 243
saku 50, 121
sakubun 148
sakugu 200
sakuin 183
sakujo suru 174
sakunyūki 249
sakuranbo 79
sakurasō 308
sakusofon 217
sāmo shitagi 235
samoa 297
sāmosutatto 54
samui 298
... san 18
san 322
san bun no ichi 324
san gatsu 329
san guria 92
san ji 326
san jū 322
... san o onegai shimasu. 178
sanagi 318
sanbai no 325
sanban me 323
sanbashi 233
sanbyaku ban me/sanbyaku ... me 324
sanchō 301
sandaru 33
sandoicchi 89
sandopēpā 58
sanfujinka 259
san-gai seki 214
sangaku kyūjotai 273
sangoshō 302
sangurasu 32
sanjū ban me 324
sanjuppun 326
sankai 325
sankaku jōgi 149
sankakukin 242
sankasha 180
sankyaku 153, 228
sanmarino 286
sanmyaku 281, 301
sanpu suru 65
sanpuku 301
sanrin sha 117
sanshiki sumire 308
san-shoku tsuki shukuhaku 135
sanshōuo 316
sanso masuku 123, 268
santome purinshipe 292
sapurimento 263
sarada 99
sarada doresshingu 85
sarada no tsukeawase 98
saradana 76
sarami 68
sarusa sōsu 85
sasaina okurimono 19
sasetsu kinshi 106
sashidashi nin 184
sashite 231
sasori 319
sasupendā 32
sasupenshon 108, 114
satsuire 33
satsujin 271
satsumaimo 75
saujiarabia 295
sauna 211, 265
sauna oke 265
sawādane pan 88
saya 78
sayaendō 78
sayōnara 19
se motare 52
sebone 243
sēbu suru 190
secchaku tēpu 185
secchakuzai 221
seibu geki 227
seibutsu 150
seibutsuga 222
seibyō 246
seifuku 270
seigen kuiki 193
seihaku pan 88
seihon 183
seijigaku 156
seijin ni naru 21
seikan 246
seikeigeka 259
seikeigekai 160
seikō 246
seikō kanō na /seikō funō na 246
seikyūsho 137
seinō 246
seisan 165
seisan manējimento 165
seiseki 148
seisekihyō 151
seishain 159
seishi 248
seishinanteizai 263
seisō 246
seisōken 299
seito 149
seito kōkan puroguramu 151
seiuchi 313
seiun 280
seiyō kizuta 309
seiyō negi 75
seiyōsuguri 79
sēji 83
seki 252
sekidō 284
sekidō ginia 290
sekidome doroppu 263
sekidome shiroppu 262
sekiei 304
sekitan 303
sekitei 63
sekiyu ranpu 235
sekkaiseki 303
sekken 34
semi 318
seminā 157
sen 244, 323
sen ban me/sen ... me 324
sen nuki 48
senaka 239
senbi 200, 201
senbizai 201
senchi mētā 330
senegaru 292
sengyo uriba 141
senji dashi 265
senjō suru 265
senjō tanku 53, 54
senmen dai 53, 54
senmenyōgu pōchi 34
senpūki 42
senrei 20
senro 120
sensei 148
senshitsu 126
senshu 126, 200, 201
senshu barubu 126
senshuzai 201
sensuikan 127
sentā fowādo 189
sentā konsōru 110
sentā māku 188
sentā rain 188, 193, 197
sentā sābisu rain 196
sentā sākuru 188, 193
sentābakku 189
sentai 126, 201
sentaku basami 56
sentaku ki 56
sentakukago 56
sentakumono hoshi 56
sentakumono o arau 56
sentakumono o hosu 56
sentakumono o sentaku ki ni ireru 56
sentakumono o shiboru 56
sentakumonokago 56
sentan 74, 206
sentei basami 64
sentei suru 65
sentokurisutofā neibisu 288
sentoraru hītingu 62
sentorushia 288
sentovinsento gurenadīn 289
senzai 57, 141
senzai hikidashi 56
senzo 17
serori 74
serotēpu 167
sēru 140
serubia 287
serufu sābisu no reji 140
serufutaimā ranpu 228
sēsheru 292
sesshi 256, 298
sesshoku shōgai 253
setsudan suru 59
setsugan renzu 153
setsugan saseru 127
setsujōsha 273
settei 175
setto 180, 196
SF eiga 227
shaberu 232
shābetto 99
shachi 313
shachō 164
shafuto 195
shahaba tō 108
shain 164
shakaika 150
shakukotsu 243
shakunage 307
shakuyanin 39
shanai yūbin 166
shanderia 43
shanpan 92
shanpū 34
shāpu 219
shāre 153
shareta 30
sharin 108
sharyō 120
sharyō shinnyū kinshi 106
sharyō unpansha 118
shasei 246
shasen 104
shasetsu 182
shashin 52, 182
shashin arubamu 229
shashin ga hōfu ni haitta hon 183
shashin o toru 229
shashin o totte morau 229
shashin sutajio 229
shashinka 163
shashō 121
shatoru 155, 195
shattā botan 228
shawā 53
shawā heddo 55
shawā kāten 55
shawā o abiru 55
shawā shitsu 53
shawā to toire 234
shawā yō suponji 55
shawājeru 34
shēbingu fōmu 55
shēkā 143
shēku hando gurippu 197
sherī 92
shi 260, 322
shi gatsu 329
shi no gaiheki 145
shiawase da 25
shiba 309
shibafu ni mizu o maku 65
shibakari ki 64
shibakari suru 65
shibō kōkoku 182
shibomu 307, 309
shibori bukuro 46
shiborichi chōsetsu daiyaru 228
shiboritate no gurēpu frūtsu 90

shicchi 302
Shichaku shite mo ii desu ka. 28
shichi 322
shichi gatsu 329
shichi ji 326
shichi ji ni juppun mae/ roku ji yon juppun 327
Shichi ji ni. 326
shichimenchō 69, 315
shichimenchōniku 69
shichōsha 131
shīdoru 92
shifuto pedaru 114
shifuto rebā 110
shigā raitā 110
shigaisen 299
shigaisen hōsha beddo 265
shigyō beru 154
shiharai 100
shiharau 141
shihei 137
shijūsō kyoku 216
shika chiryōyō yunitto 256
shikai 160, 256
shikaisha 163, 180
shikajoshu 256
shikaku 159, 245
shikaku hakudatsu 191
shikamettsura o suru 22
shikayō iryōkigu 256
shiken 148
shikenkan 152
shikibō 216
shikidai 216
shikikin 39
shikisai 223
shikisha 216
shikitsume jūtan 42
shikkui o nuru 61
shikō 257
shikon 257
shikon chiryō 257
shikyū 247
shikyū keibu 247
shima 281, 302
shimai 17
shimauma 312
Shimeppokute samui. 298
shiminuki zai 56
shimo 299
shimon 270
shin 74
shīn 180
shinai kenbutsu 144
shinai meguri 144
shinamon 84
shinanoki 305
shinbaru 218
shinboru 145
shinbun 142, 182
shinchiku 40
shinda 260
shindan 250
shindan suru 261
shingapōru 295
shingō 104, 133
shinguru burēdo padoru 201
shiniku 257
shinju 304
shinkai tsuri 205
shinkaidōbutsu 317
shinkei 257
shinkei kei 245
shinkeika 259
shinkin kōsoku 253
shinku 44
shinku iro 223
shinku kyabinetto 53
shinme 309
shinpaku kei 211
shinpan 188
shinpanin 196
shinri gakusha 160
shinryō jikan 250
shinsatsu dai 250
shinsatsu shitsu 250
shinseiji 249
shinseki 17
shinsen da 71
shinsen na 81
shinsen na kudamono 94
shinsetsu da 25
shintaisō 209
shinu 21
shinyōju 305
shinzō 244, 245
shinzō kekkan kei 245
shinzō massāji 268
shinzō monitā 261
shio 85
shio karai 97
shio o kuwaeru 93
shio purettsueru 96
shio zuke no 69
shioaji no 82
shioire 85
shiori ribon 183
shippo 310
shiraga majiri no 23
shirakaba 305
shiretsu kyōsei burijji 24
shiretsu kyōsei sōchi 257
shiri tabu 239
shiria 295
shiriai 18
shīringu zai 60
shiritsugakkō 148
shiro 132, 223
shiro bīru 92
shiro masu 231
shiro wain 92
shiroari 319
shirofon 216
shirokyabetsu 76
shirushi o tsukeru 174
shiryō 52
shiryoku kensa 258
shisha 164
shisha kai 227
shishinkei 258
shishitsu 101
shisho 157, 163
shishobako 166, 184
shishū suru 226
shisshin 251
shisutemu kicchin 44
shisutemu techō 166
shita 241
shitaago 22
shitaito maki 224
shitanuri zai 61
shitēseki 120
shīto beruto 110
shīto hītā 107
shīto post 116
shītsu 49
shitsugaikotsu 243
shitsukoku tsukimatou 271
shitsunai kanshōshokubutsu 43
shitto suru 26
shiwa 22
shiyō kigen 263
shiyō setsumeisho 263
shizen shokuryōhin ten 138
shizenkagaku 156
shō 183
shō ryokō 144
shō uindō 138
shoberu 64
shōbō hōsu 272
shōbōsha 119, 272
Shōbōsha o yonde kudasai. 275
shōbōshi 272
shōbōsho 131, 272
shōchō 244
shōdokuzai 269
shoen 215
shōene ranpu 62
shōga 84
shōgai 271
shōgai ga aru 254
shōgai kyōsō 203
shōgai tobikoe 203
shōgaishayō chūshajō 104
shōgakkō 148
shōgakukin 158
shōgo 328
shōhin 140
shohōsen 250
shōjō 263
shōka katsudō 272
shōka ki 111
shōka sen 133
shōkaijō 250
shōkaki 272
shōkaki kei 245
shōkakika 259
shōkasen 272
shokkaku 245
shokki araiki 44
shokki o kawakasu 44
shokki yō fukin 47
shokki yō senzai 57
shokkiaraiki o ugokasu 44
shokku jōtai 269
shokku jōtai ni aru 269
shōko hin 271
shōkōnetsu 252
shōkotsu 243
shoku ni ōbo suru 159
shokuba 166
shokuba iinkai 165
shokudō 154, 241
shokugyō kunren 158
shokugyō senmongakkō 158
shokuminchi 284
shokumotsu futaishō 101
shokumotsu seni 101
shokunin 61
shokureki 159
shokuryōhin ten 138
shokutaku 43
shokutaku dekorēshon 43
shokuzen shu 99
shōkyū 169
shōkyūshi 256
shomei kengensha 165
shōni byō 252
shōni byōtō 259
shōni mahi 252
shōnin 270
shōnō 241
shōon mōdo ni suru 179
shoppingugai 131
shorui 166
shorui kaban 33
shōsetsu 183
shōsetsu o kaku 220
shōsha 194
shōsū ten 325
shotai o kamaeru 21
shōten chōsetsu nobu 153
shōto messēji sābisu 177
shōto pantsu 31
shōto sābisu rain 195
shōtsu 30
shōwakusei 280
shōyu 85
shoyūbutsu 38
shōzōga 222
shū 284, 329
„shū“ to oto o tateru 316
shucchō 168
shūchū chiryōshitsu 261
shūchū suru 52
shūgaku mae kyōiku 148
shūgaku ryokō 151
shūgeki 271
shūgō basho 274
shūhasū 181
shūho 203
shujin 16
shujutsu 260
shujutsudai 260
shujutsugi 260
shujutsushitsu 260
shujutsushitsu kangoshi 260
shujutsuyō kigu 260
shujutsuyō masuku 260
shūkaku 245
shūkaku suru 65
shūkakukanshasai 20
shūkanshi 182
shukketsu 255
shukketsu suru 255
shukkō suru 127
shukudai 151
shukusai jitsu 328
shukusaijitsu 20
shūkyō no jugyō 150
shūmatsu 329
shunōkeru 233
shuppatsu 124
shureddā 166
shūri kitto 117
shuryō 209
shūsei tēpu 167

shūshi 156
shūshoku mensetsu 159
shūshoku suru 21
shussan 248
shussan ga hajimaru 248
shussan kyūka 169
shussei taijū 249
shussekisha 168
shuto 284
shūto 16
shūto suru 190
shūtome 16
shutsujō teishi ni suru 189
shuwa 254
shuyōka 259
shuyoku 122
sierareone 292
sifutokī 172
SIM kādo 177
sinagōgu 132
singuru beddo 51
singuru rūmu 134
singurusu 196
singurusu rongu sābisu rain 195
singurusu saido rain 195, 196
sīto 201
sīto beruto 123
sīto beruto o shimeru 123
skēto bōdo 208
smātofon 177
soba 86
sobakasu 22
sobo 17
sōbōkin 242
socchoku da 25
sode 30
sōdōgata yotto 126
sofā 42
sofā betto 42
sofāyō no kusshon 42
sofu 17
sofubo 17
sofuto bōru 194
sofuto mōfu 50
sofuto uea 177
sōhō no 325
sōji ki 57
sōjūshitsu 122
sokkō 104
sokkusu 27
sokudo 112
sokudo seigen 106
sokukon 305
sokusha 115
sokutatsu yūbin 184
somaria 292
sonata 216
Sono heya wa ikura desu ka. 134
sōpu disupensā 53
soramame 78
Sore o chizu de shimeshite kudasaimasen ka. 133
sori suberi 207
sorisuto 216
soromon shotō 297
sōryō muryō 185
sōsa 270
sōsaku 274
sōsakutai 275
sōsanji 249
sōsanji hoikuki 249
sosei 268
sōsēji 68, 95
sōsharumedia 176
soshiki 244
sōshiki 21
sōshin 176
sōshin torei 176
sōshingu o tsukuru 220
sōshōsei hashōfū 252
sōtei 183
sotozuke furasshu 228
sotozuke hādodisuku 173
sotsugyō dansu pātī 151
sotsugyō shōsho 156
souru 219
souzai 141
soyokaze 299
sōzan 249
storēto airon 55
su 85
subete no 325
sūdan 292
sudoku 233
suēden 287
sūgaku 150
sui yōbi 329
suibokuga 222
suicchi 62
suichoku biyoku 122
suidō no mizu 90
suigin 303
suihanki 45
suihei biyoku 122
suihei ki 58
suiheiobi 192
suika 81
Suimasen, daiyaru o machigae mashita. 178
suiminyaku 263
suinan kyūjoin 274
suingu suru 199
suiren 307
suisai enogu 221
suisaiga 222
suisei 278, 280
suisen 308
suishin kei 201
suishōtai 258
suisu 287
suisu furan 331
suīto 135
suizō 244
suizokukan 144, 317
sūji 325
suji mukai ni 133
sukai daibingu 208
sukanku 311
sukasshu 195
sukāto 31
sukecchi 222
sukēto de suberu 207
sukī 207
sukī herumetto 206
sukī ita 206
sukī jō 206
sukī wea 206
sukinī pantsu 31
sukīyā 206
sukoa bōdo 194
sukurappu bukku 220
sukurōru suru 174
sukurōrubā 175
sukurōruhoīru 172
sukūru basu 113
sukūtā 114
sukyanā 140
sukyanā 173
sumai ni hairu doa 41
Sumimasen … ewa dōikeba ii desu ka. 133
sumoggu 299
suna 232
suna no shiro 233
sunadokei 46, 175
sunappu 28
sune 238
sunea doramu 216
suneate 190
sunō bōdo 207
sunō chēn 111
sunōbōdā 207
sunōbōdo 207
sunōkeru 201
sunōpantsu 28
sunōshū haikingu 207
sunōsūtsu 27
sunūkā 209
supa 265
sūpā māketto 138
supachura 48
supageti 87
supagetti mīto sōsu 98
supaiku suru 192
supākuringu wain 92
supamu 176
supana 58
supea taiya 112
supēdo 230
supein 287
superuto komugi 86
supēsukī 172
supia fisshingu 205
supīdo ihan 105
supīdo mētā 112, 115
supīdo sukēto 207
supīkā 173
supiningu 211
supirittsu 92
supōku 116
suponji 57
suponji kurosu 55
supōtsu bura 30
supōtsu kā 107
suppai 81
sūpu 98, 99
sūpu yō supūn 100
supurē 262
supurē botoru 57
supurinkurā 64
supurittsuā 92
supūru 204
suraido 168
suraido garasu 153
suraisu 89
surakkusu 29
sureiberu 218
suri 271
suri bachi 47
surī doa no 107
suri kogi 47
surī pointo rain 193
surikizu 255
surinamu 289
suriorosu 93
surippa 28
surirā 227
suriranka 295
suritsubusu 93
surō in 189
surobakia 287
surobenia 287
surutana rēzun 82
sushi 97
suso 30
sutaddo 190
sutaffu 169
sutāfurūtsu 80
sutajiamu 188
sutando 114
sutēji 153
sutēki 68, 98
sutēki yō naifu 100
sutenresu 60
suteppu 114, 118
suteppu shūto 191
suteppudai 211
sutereo onkyō 179
sutereo sōchi 110
sutēshon wagon 107
sutikku 218
sutokkingu 30
sutokku 206
sutōn 331
sutoppu ōbā 125
sutoppu wocchi 152
sutorappu 33
sutorappuresu 30
sutorecchā 261
sutorecchi 211
sutorecchi rimujin 107
sutorecchi sozai no 30
sutoresu o kanjiru 26
sutorēto 23
sutoringu 195
sutorīto myūjishan 144
sūtsu 29
sūtsu kēsu 32
suwaipu 177
suwajirando 292
suzuki 70
suzume 314
suzumebachi 318
suzuran 306

T

tabako 142
tabukī 172
taburetto 177
taburoido ban 182
tacchi rain 188
tacchi sukurīn 177
Tadaima okyakusama o kinai ni goannaisuru junbi ga totonoi mashita. 122
tahatsusei kōkashō 253
tai 296
tai brēku 196

taiban 248
taibutsu renzu 153
taigāzu ai 304
taiheiyō 282
taihi 63
taihi fōku 64
taiho 271
taiiku 150
taiin suru 259
taijōmeirei 188
taikiken 281
taikutsu da 26
taikyokuken 264
taimu 83
taimu auto 191
taimu penarutī 191
taimukīpā 191
taionkei 263
taipu suru 174
tairiku 281
tairu o haru 61
tairyūken 299
taiseiyō 282
taishikan 132
taishoku o mōshideru 169
taishūshi 182
taitsu 30
taiya 109, 116
taiya atsu 111
taiya kōkan 112
taiya no toreddopatān 108
Taiyakōkan o tetsudatte itadakemasu ka. 112
taiyō 278
taiyō enerugī riyō no danbō 62
taiyō kei 278
taiyō no hikari 299
tajikisutan 295
takai gia ni ireru 116
takarakuji 142
taki 301
takkuru bokkusu 205
takkuru suru 189
takkyū bōru 197
takkyū raketto 197
takkyūdai 197
tako mētā 112
takosu 97
takuhai gyōsha 185
takujō beru 134
takujō denki sutando 51
takujō gēmu 231
takujō sutando 166
takushī 119
takushī no untenshu 162
takushī noriba 119
takushī o hirou 119
tama retasu 76
tamago fushiyō 101
tamago no kara 72
tamago no kimi 72
tamago no shiromi 72
tamanegi 75
tāminaru 124
tamo 204
tanburin 218
tandemu jitensha 117
tane 78
tane no nai 81
tane o maku 65
tanensei no 309
tani 301
tanitsu no 325
tanjō 21
tanjōbi 20
tanka 268
tankā 118
tanku 54, 201
tanku kyappu 115
tannō 244
tanpa 181
tanpaku shitsu 101
tanpatsu 23
tanpon 263
tanpopo 306
tansan iri no mineraru uōtā 90
tansannuki no mineraru uōtā 90
tansu 49
tansui tsuri 205
tansuigyo 317
tansuikabutsu 101
tanzania 293
taoru 53
taorukake 53
tappu 143
tara 70
taragon 83
tarappu 124
tariaterre 87
tasu 325
tasukete 275
tasukubā 175
tatanda sentakumono 56
tategami 202
tatemonoseisō kanrigyō 161
tatenaga fōmatto 229
tatesen 219
tātorunekkusētā 29
tatsu no otoshigo 317
tatsumaki 300
tazuna 202
te 239
te kubi 240
te no hira 240
te o ageru 151
te o furu 19
tebaniku 69
tebiki kāto 199
tebukuro 32
tēburu bīto 75
tēburu kurosu 100
tēburu sentā 43
teddy bēa 50
tegami 184
tegami o dasu 184
tegami o uketoru 184
tehikinokogiri 58
tei ketsuatsu 252
teigakusei ryōkin 177
teiki kankōbutsu 157
teiki ken 113
teiō sekkai 249
teionsakkin shita 73
teishi botan 179
teishibō no 73
teitai 200
teitetsu 203
teitō ni ireru 40
teitōken 136
tejinashi 214
tejō 270
tekīra 92
tekizai 262
tekkōseki 303
tekubi 239
tekuno 219
tenagazaru 313
tenbin 152
tenbin 224
tenbōdai 144
tenchi muyō 185
tenimotsu 123
tenimotsu hanken 125
tenimotsu kensa 125
tenimotsu okiba 120
tenimotsu unpanyō kāto 121
tenin 162
tenisu bōru 196
tenisubōru 155
tenjō 42
tenka sōchi 107
tenkai kinshi 106
tenkan 253
Tenki wa dō desu ka. 298
tenki yohō 181, 298
tenkō jōkyō 274
tenmado 40
tenmondai 280
tenmongaku 280
tennōsei 279
tenpu 176
tenpuku suru 200, 274
tenrankai 144
tenteki sutando 259
tento 234
tento furappu 235
tento o haru 235
tento saito 234
tentōmushi 319
teoshi guruma 64
teppan 46
terasu 40, 63
terebi 179
terebi gēmu 179
terebi kyabinetto 42
terebi no renzoku bangumi 179
terebi o miru 179
terebitō 130
terepronputā 180
teri o tsukeru 93
tero kōgeki 275
tēru 122
tēru ranpu 109, 114
tesūryō 137
tetsudōmō 121
tī 198
tī baggu 91
tī ofu suru 199
tī potto 91
tī shotto 198
tīnējā 18
tinpani 216
tipī tento 234
tīshatsu 29
tisshu 55
tō 130
to on kigō 219
... to rikon suru 21
tobiuo 317
tōbō 271
tobu 123
tōbun 101
tōchaku 124
tochi 38
tōdai 127
todokeru 97
tōgaikotsu 243
tōgarashi 77, 84
toge 307
tōgo kyōwakoku 293
tōhi 305
toire 53
toire burashi 53
toire ni iku 53
toire no futa 53
toire no senjō 53
Toire wa doko desu ka. 143
toire yō senzai 57
toiretto pēpā 53
tōjiki o tsukuru 220
tōjō gēto 124
tōjōken 124
tōjōken no chekku 124
tokage 316
tōkatsu 164
tokei 32
tōketsu shita 298
tōki go-shu kyōgi 207
tokidoki 325
tōkotsu 243
tokubetsu ryōri 100
tōkushō 180
tokuten 194
tomato 77
tomatojūsu 90
tōmei hachimitsu 89
tōmei na hōsō 262
tomeru 105
tomodachi 18
tōmorokoshi 77, 86
tōmorokoshi ko 87
ton 331
ton katsu 98
tonakai 312
tonākātorijji 173
tōnamento 194
tonari no dansei 18
tonari no josei 18
tonbo 318
toneriko 305
tonga 297
tongu 48
tonikku uōtā 90
tonneru 104, 106
tōnori 203
tonton tataku 93
tōnyōbyō 253
tōnyū 73
tōnyū guchi 56
topāzu 304
topiarī 309
toppusu 31
tora 311
toraberāzu chekku 137
toraianguru 218
toraiasuron 209

torakutā 119
toranborin 155
toranku 109
toranku shitsu 113
toranpetto 217
toranpu no kādo 230
toransībā 270
toransu misshon 114
torauma o kakaeta 269
torē 154
toreddo miru 210
torei 143
torekkingu sandaru 33
torēnā 194
torēningu benchi 210
torēningu jimu 210
torēningu suru 210
torēningu uea 28
torērā 118
torērā 119
toreterīni 87
tōri 130
tori no momoniku 69
tori o kansatsu suru 220
torinidādo tobago 289
toriniku 69
torippu mētā 112
torishimariyaku 165
torobi de niru 93
toronbōn 217
torōrī baggu 125
toru 178
toruko 296
toruko ishi 304
torukumenisutan 296
torumarin 304
torutīya 88
torutīya chippusu 97
toryō 61
toryō kan 61
toryō yō shinnā 61
toryufu 74
toshitotta 24
toshokan 131, 157
toshokan kādo 157
tosōkō 161
tosu 192
tōsutā 45
tōsuto 95
tōsuto pan 88
tsubame 314
tsubaru 297
tsubasa 314
tsubasabu 145
tsubomi 307
tsubu iri jamu 89
tsubushita 85
tsubusu 93
tsuchi fumazu 240
tsūdoa no 107
tsūgaku kaban 149
Tsugi wa dare no ban desu ka. 231
tsuikanban herunia 255
tsuikotsu o dakkyū suru 255
tsuin rūmu 134
tsūka 137
tsukaisute kamera 228
tsukarete iru 26
tsukeawase 99
tsuki no isō 278
tsuki nomi 59
tsūkin rasshu 105
tsukue 166
tsukurou 226
tsuma 16
tsumayōji 100
tsume 310
tsume 314
tsumekiri basami 34
tsumemono 257
tsumeyasuri 263
tsumi 271
tsumiki 50
tsumu 65
tsunami 274, 300
tsuno 310
tsunonigauri 80
tsuri 204
tsuri dōgu 204
tsuri ito 204
tsuribari 204
tsuribito 204
tsurikawa 113
tsūringu baiku 115
tsūringu jitensha 117
tsurisage dentō 51
tsurisageshiki forudā 167
tsuritodana 44
tsuriwa 155
tsurizao 204
tsūro 123, 140
tsuru 205
tsuru shokubutsu 309

U

uchū 280
uchū hikōshi 280
uchū sutēshon 280
uchūsen 279
uddo 199
ude 238, 239
ude o dakkyū suru 255
udetatefuse 211
uēbu ga tsuita 23
uebukamu 173
uedingu doresu 21
ueito disuku 210
ueito torēningu 210
uejji 199
uejji sōru 33
ueru 65
uēsaku matsuri 20
uesuto 239
uesuto o hosoku shiageru 30
uetto sūtsu 201
uetto tisshu 263
ugai hachi 256
uganda 293
ugen gawa 126
ugoku hodō 125
uiggu 23
uindō 175
uindō o shukushō suru 175
uinkā 108
uirusu 251
uisukī 92
ukeru 193
uketori nin 184
uki 204
ukon 84
ukuraina 287
uma 202, 312
umagoya 203
umami chōmiryō 101
umeru 61
umi 232, 281
umi de sōnan suru 274
umi no ie 233
umibe 232
umibe no sakyū 232
umibe no yūhodō 232
umikame 316
umō 314
un ga ii 231
un ga warui 231
unagi 70, 317
undō jō 148
undōgutsu 28, 33, 211
undōkai 151
unga 131
unten seki 110, 114
untenshi shitsu 120
untenshu gawa 108
uokka 92
uōmingu appu 211
uōtā kureson 74
uōtā sukuijī 57
uradōri 130
urayamu 26
uroko 71, 316
uroko o otosu 71
uruguai 289
usaginiku 68
USB intāfēsu 172
USB memorī 173
usetsu kinshi 106
usucha iro 223
utsubyō 253
utsukushii 24
uwagi 29
uzubekisutan 296
uzura 69, 315
uzura no tamago 72
uzuraniku 69

V

V-nekku surippu ōbā 29

W

waffuru 95
waffuru mēkā 45
wain gurasu 100
wain hanbaiten 138
wain kūrā 143
Wain lisuto o onegai shimasu. 100
waipā 108
waishatsu 29
waiyā 60
waiyā kanaami 153
waiyā kattā 59
wakai 24
wakare o tsugeru 19
wakegi 75
waki no shita 238
wakusei 280
wan 281
wan pīsu 31
warajimushi 319
warau 19
waremono chūi 185
waribiki 144
waru 325
wārudo chanpion 194
washi 315
wata o tsumeru 226
watage ni natta tanpopo 306
Watashi wa ... to mōshimasu. 19
watashi wa binkan hada/kansō hada desu. 265
Watashi wa okotteiru/tanoshii/kanashii. 25
watashi wa shisē hada/futsū hada desu. 265
watto 62
wazuka na 325
weitā 162
wēitā 99
wingu 189
wōtā hazādo 198
wōtā tanku 235
wōtasābā 166

Y

yaa 19
yachin 39
yādo 330
yagai gekijō 214
yagi 312
yagi no chīzu 72
yaginyū 73
yaita 69
yaita mame 95
yakedo 255
yakisoba 97
yakkyoku 139
yakōsei no shokubutsu 307
yaku 77, 87, 93
yakusoku 166
yakuzaishi 160, 262
yakyū 194
yakyūbōru 155
yama 301
yama kaji 300
yama sukī 206
yamadoritake 74
yamori 316
yanagi 305
yane 40
yane mado 40
yanegawara 40
yanetsuki bīchi cheā 232
yaneura beya 39
yanushi 39
yaoya 138
yarinaoshi 175
yaseimai 86
yashi 309
yasuri o kakeru 59
yatoinushi 169
yo ji 326
yoake 328
yobidashi botan 261
yobirin 38
yobōsesshu 249
yōchien 21, 148

yōchū 318
yodarekake 27
yōfuku dansu 49
yōfukufukku 41
yoga 264
yōgisha 270
yōguruto 72
Yoi. 298
yokonaga fōmatto 229
yōkoso irasshai mashita 19
yokusō 53
yokuyō taoru 55
yōmakunō 248
yomu 151, 220
yon 322
yon bun no ichi 324
yon jū 322
yonaka no jūni ji 327
yōnashi 79
yonbai no 325
yonban me 323
yonjū ban me 324
yonkai 325
yonrin bagī 114
yorudan 294
yōryō 262
yōsaishi 163
yōsaiten 139
yōsaiyō torusō 225
yosenami 233
yōsui 248
yotsu boshi hoteru 135
yōtsui 243
yotto 126
yotto sōjūsha 200
yoyaku 250
yoyaku bangō 125
yoyaku kōdoku 182
yoyaku suru 157
yōzai 61
yubi no chūkan kansetsu 240
yubi no tsume 240
yubi saki 240
yūbin bangō 184
yūbin kawase 185
yūbin ryōkin 185
yūbin ryōkin betsunō 184
yūbinkyoku 131
yūbinkyokuin 161
yūbinuke 38, 184, 185
yubinuki 225
yubiwa 32
yude tamago 94
yuderu 93
yūen 111
yūgen gaisha 164
yūgen gōshi gaisha 164
yūgento yōshiki 145
yūgure 328
yuka danbō 62
yūka shōken 137
yūkai 271
yūkari 305
yukashita shūnō 118
yuki 299
Yuki ga futte iru. 298
yuki matawa kōri niyoru romen tōketsu 106
yuki ni umoreta 298
yuki no hana 307
yūkisaibai 74
yukuefumeisha 274, 275
yume o miru 51
yumi 217
yumi noko 58
yumibari zuki 278
yunesuko 297
yunifōmu 190
yuri 308
yūro 331
yurui 28
yūryō terebi 179
yūsen tsūkōken 105
yūshō kappu 189
yutanpo 49
yūzā akaunto 176

Z

zakotsu 243
zakuro 80
zanatsu kei 201
zanbia 292
zandaka 177
zangyō 52
zarigani 71
zaseki 120, 123, 214
zaseki annai gakari 215
zaseki bangō 123
zaseki kankaku 123
zaseki no retsu 123
zasshi 142
zasshi no tana 142
zassō 309
zatto me o tōsu 183
zayaku 262
zeikan 124
zemukurippu 167
zen tenkōyō taiya 111
zenbu no 325
zenkeikotsukin 242
zenkutsu undō 211
zenkyō 202
zennyū 73
zenpō yūsen dōro 106
zenrin 116
zenritsu sen 246
zenryūfun 87
zenryūfun pan 88
zensai 99
Zensai wa … ni shimasu. 100
zenshin masui 260
zensoku 253
zentōdō 241
zentōkin 242
zenwan 239
zeraniumu 308
zero 322
zesshoku 101
zetsubōshita 26
zettai saishoku shugi 101
zō 312
zōchiku 38
zōenka 161
zōki teikyō 269
zōkin 46
zōmotsu 69
zon bun no san 324
zōshoku suru 65
zukkīni 77
zumen 151
zumen o kaku 151
zūmu 228
zutsū 251

IN JAPAN – 日本で
nihon de

A
aikidō 342
anpan 341

B
bon odori 336
bonsai 334

C
chasen 345
chawan 345
chōshoku 339

D
dango 341
dashi 341

F
fujisan 338
fukumame 335
furo 345
futon 345

G
gēmusentā 343
genbaku dōmu 339
genkan 345
gochisōsama deshita 345
Gogatsu Ningyo 335
gyōza 340
gyūdon 340

H
hanabi taikai 336
hanami 335
hashi 345
hashioki 345
hatsumōde 337
hi-mōsen 335
hina matsuri 335
hinaningyō 335

I
ikebana 334
itadakimasu 345
izakaya 343

J
jidō hanbaiki 343
jinja 335
joseisenyō sharyō 344
jūdō 342

K
kabuki 334
kabukiza 338
kaimono 343
kaminarimon 338
kapuseru hoteru 344
karaoke 343
karaoke bokkusu 343
kasutera 341
katsudon 340
kendō 342
kimono 334
kinkakuji 339
koi nobori 335
kōkyo 338
konbiniensu sutoa (konbini) 343
koto 342
kutsu o nugu 345
kyōto 338
kyūsu 345

M
maiko 338
mamemaki 335
manga 344
manjū 341
matcha 345
mikoshi 336
miso 341
misoshiru 339
mizutaki 340
mochi 337
monorēru 344

N
natsu matsuri 336
nattō 339
nengajō 337
nihon buyō 334
nihonshu 341
nikkō tōshōgū 338
nomikai 343
nori 339

O
obon 336
oden 340
ojigi 345
okinawa 339
okonomiyaki 339
ōmisoka 337
onigiri 340
onsen 335
origami 334
osechi (ryōri) 337
otoshidama 337
o-wan 345

P
pachinko 343

R
rāmen 339
rosenzu 344
ryokan 344
ryokucha 341

S
sadō 334
sashimi 340
seijin shiki 337
seiretsu jōsha 344
seiza 345
senbei 341
setsubun 335
shabu shabu 340
shakuhachi 342
shamisen 342
shichigosan 336
shinkansen 344
shinobue 342
shiro 335
shōchū 341
shodō 334
shōgatsu 337
shōyu 341
soba 340
sukiyaki 340
sukuranburu kōsaten 344
sumō 342
sushi 340

T
tanabata 336
tango no sekku 335
tatami 345
tempura 340
tendon 341
tera 335
tōdaiji 339
tōfu 339
tōkyō 338
tōkyō sukaitsurī 338
tonkatsu 340
torii 335
tsukemono 339
tsukimi 336

U
uchiwa 336
udon 340
umeboshi 339
unajū 340

W
wadaiko 342
wasabi 341
washi 334
washiki toire 345

Y
yakisoba 339
yakitori 340
yakizakana 339
yōkan 341
yōshiki toire 345
yukata 336

Z
zōni 337

BILDNACHWEIS

* - © Fotolia.com

14 */CsabaPeterdi, **16** */AlexanderRaths, **16** */JeanetteDietl, **16** */Forgiss, **16** */paulmz, **16** */fotodesign-jegg.de, **16** */mimagephotos, **16** */SydaProductions, **16** */iko, **16** */JeanetteDietl, **16** */drubig-photo, **16** */oocoskun, **17** */damato, **17** */vbaleha, **17** */Rido, **17** */LjupcoSmokovski, **17** */JeanetteDietl, **17** */JaninaDierks, **17** */ValuaVitaly, **17** */Rido, **17** */AndresRodriguez, **17** */SydaProductions, **17** */ValuaVitaly, **18** */DmitryLobanov, **18** */SamuelBorges, **18** */DenisNata, **18** */PavelLosevsky, **18** */GabrielBlaj, **18** */WONGSZEFEI, **18** */vgstudio, **18** */Picture-Factory, **18** */Ariwasabi, **19** */endostock, **19** */mma23, **19** */JasminMerdan, **19** */TomWang, **19** */MichaelGray, **19** */JanMika, **19** */BeTa-Artworks, **19** */michaeljung, **19** */Savannah1969, **19** */patpitchaya, **19** */Sabphoto, **19** */CelloArmstrong, **19** */eyetronic, **20** */DaniloRizzuti, **20** */RuthBlack, **20** */Smileus, **20** */chesterF, **20** iStockphoto/CatherineYeulet, **20** */DenisNata, **20** */MelindaNagy, **20** */Kaarsten, **20** */MISHELA, **20** */Eray, **20** */Unclesam, **20** */satin_111, **20** */MichaelFritzen, **21** */yanlev, **21** */BeTa-Artworks, **21** */MargitPower, **21** */BrendaCarson, **21** */AfricaStudio, **21** */PiotrMarcinski, **21** */Fotowerk, **21** */AVRORA, **21** */stockyimages, **21** */TylerOlson, **21** */ExQuisine, **21** */GlendaPowers, **21** Thinkstock/iStockphoto, **22** */ValuaVitaly, **22** */codiarts, **23** */JaimieDuplass, **23** */krimar, **23** */magann, **23** */StefanBalk, **23** */KaponiaAliaksei, **23** */koji6aca, **23** */yuriyzhuravov, **23** */yuriyzhuravov, **23** */ErmolaevAlexandr, **23** */V.R.Murralinath, **23** */badmanproduction, **23** */AntonZabielskyi, **23** */auremar, **23** */koji6aca, **24** */mimagephotos, **24** */Tiler84, **24** */velazquez, **24** */giorgiomtb, **24** */apops, **24** */dusk, **24** */KnutWiarda, **24** */stokkete, **24** */Taiga, **24** */Taiga, **24** */Taiga, **24** */Taiga, **25** */KarrambaProduction, **25** */RobertKneschke, **25** */cantorpannatto, **25** */Garrincha, **25** */Picture-Factory, **25** */bevangoldswain, **25** */WavebreakMediaMicro, **25** */Rido, **25** */MinervaStudio, **25** */cantorpannatto, **25** */Fotowerk, **25** */Fotowerk, **26** */Gelpi, **26** */stockyimages, **26** */WavebreakmediaMicro, **26** */pathdoc, **26** */Ilike, **26** */pathdoc, **26** */AndresRodriguez, **26** */Garrincha, **26** */cantorpannatto, **26** */pressmaster, **26** */vladimirfloyd, **26** */Elnur, **26** */KlausEppele, **27** */boumenjapet, **27** */VeraAnistratenko, **27** */carol_anne, **27** */AndreyArmyagov, **27** Thinkstock/NikolayK, **27** */srdjan111, **27** */ZbyszekNowak, **27** */PamelaUyttendaele, **27** */MichaelaPucher, **27** */KatrinaBrown, **28** */ghoststone, **28** */nito, **28** */zhekos, **28** */chiyacat, **28** */AlexandraKaramyshev, **28** */BEAUTYofLIFE, **28** */LuckyDragon, **29** */KarrambaProduction, **29** */BEAUTYofLIFE, **29** */Khvost, **29** */Khvost, **29** */Elnur, **29** */PopovaOlga, **29** */ArtemGorohov, **29** */Elnur, **29** */RuslanKudrin, **29** */GordanaSermek, **29** */AlexandraKaramyshev, **30** */alaterphotog, **30** */Elnur, **30** */Elnur, **30** */RuslanKudrin, **30** */AlexandraKaramyshev, **30** */AlexandraKaramyshev, **30** */OliverPreißner, **30** */RobertLehmann, **30** */AlexandraKaramyshev, **31** */mimagephotos, **31** */AlexandraKaramyshev, **31** */AlexandraKaramyshev, **31** */ludmilafoto, **31** */okinawakasawa, **31** Thinkstock/AlexandruChiriac, **31** */cedrov, **31** */Khvost, **31** */hifashion, **31** */AlexandraKaramyshev, **31** */AlexandraKaramyshev, **32** */Little_wine_fly, **32** */JiriHera, **32** */rangizzz, **32** */JiriHera, **32** */AndrewBuckin, **32** Thinkstock/DannyChan, **32** */ArtemMerzlenko, **32** */Cobalt, **32** */fotomatrix, **32** */Rozaliya, **32** */adisa, **32** */KiraNova, **32** */ShariffChe'Lah, **32** */venusangel, **32** */Unclesam, **32** */srki66, **33** */adisa, **33** */adisa, **33** */lalouetto, **33** */PRILLMediendesign, **33** */AfricaStudio, **33** */adisa, **33** */AndreyBandurenko, **33** */Nadinelle, **33** */design56, **33** */SergeyRusakov, **33** */JiriHera, **33** */gemenacom, **33** */AndrePlath, **33** */AlexanderRaths, **33** */Liaurinko, **33** */thaikrit, **33** */humbak, **34** */wiedzma, **34** */kontur-vid, **34** */Tharakorn, **34** */picsfive, **34** */pattarastock, **34** */NilsZ, **34** */picsfive, **34** */picsfive, **34** */ksena32, **34** */cristi180884, **34** */bpstocks, **34** */nito, **34** */Tarzhanova, **34** */bpstocks, **34** */terex, **34** */ibphoto, **35** */GennadiyPoznyakov, **36** */stockone, **38** */JSB, **38** */stocker1970, **38** */photo5000, **38** */TiberiusGracchus, **38** */RalfGosch, **38** */visivasnc, **38** */LasseKristensen, **38** */Speedfighter, **38** */Bokicbo, **38** */typomaniac, **38** */O.M., **38** */designsstock, **38** */Tatty, **39** */Kurhan, **39** */selensergen, **39** */BrilliantEagle, **39** */IrianaShiyan, **39** */terex, **39** */Sashkin, **39** */bcdesign, **39** */pyzata, **39** */ThomasAumann, **39** */TiberiusGracchus, **39** */IgorKovalchuk, **39** */MaksymYemelyanov, **39** */pabijan, **40** */MagdaFischer, **41** */KasiaBialasiewicz, **41** */bennnn, **41** */BertFolsom, **41** */AleksandarJocic, **41** */yevgenromanenko, **41** */AleksandrUgorenkov, **42** */IrianaShiyan, **42** */luchshen, **42** */sokrub, **42** */sokrub, **42** */okinawakasawa, **43** */pics721, **43** */Delphimages, **43** */arteferretto, **43** */KitchBain, **43** */ChrisBrignell, **44** */stock_for_free, **44** */kornienko, **45** */mrgarry, **45** */mariocigic, **45** Thinkstock/Hemera, **45** */AlexanderMorozov, **45** */DenisGladkiy, **45** */SergiiMoscaliuk, **45** */sutsaiy, **45** */sutsaiy, **45** */okinawakasawa, **45** */AlexanderMorozov, **45** */venusangel, **45** */bergamont, **45** */AlexanderMorozov, **45** */sutsaiy, **45** */manipulateur, **45** */kmiragaya, **46** */fotyma, **46** */DenisaV, **46** */jonnysek, **46** */KitchBain, **46** */pholien, **46** */AlonaDudaieva, **46** */M.R.Swadzba, **46** Thinkstock/iStockphoto, **46** */bennyartist, **46** */NikolaBilic, **46** */cretolamna, **46** */IgorSyrbu, **46** */PiotrPawinski, **47** */cretolamna, **47** */HaraldBiebel, **47** */gavran333, **47** */M.R.Swadzba, **47** */IrisArt, **47** */DianaTaliun, **47** */cretolamna, **47** */MS, **47** */nito, **47** */BombaertPatrick, **47** */scol22, **47** */cretolamna, **47** */picsfive, **48** */SunshinePics, **48** */VRD, **48** */petrsalinger, **48** */cretolamna, **48** */gavran333, **48** */UweLandgraf, **48** */nito, **48** */Schwoab, **48** */cretolamna, **48** */StefanBalk, **48** */karandaev, **48** */LuckyDragon, **48** */PhotoSG, **49** */2mmedia, **50** */AndresRodriguez, **50** */simmittorok, **50** */LiliiaRudchenko, **50** */venusangel, **50** */LjupcoSmokovski, **50** */MaksimKostenko, **50** Thinkstock/Stockbyte, **50** */Xuejunli, **50** */LjupcoSmokovski, **50** */Coprid, **50** */Yingko, **51** */poligonchik, **52** */arsdigital, **53** */adpePhoto, **53** */AfricaStudio, **53** */Tiler84, **53** */NilsZ, **53** */AfricaStudio, **53** */Coprid, **54** */magraphics.eu, **54** */sommersby, **54** */ermess, **54** */AndG, **55** */ILYAAKINSHIN, **55** */Lusoimages, **55** */HamsterMan, **55** */jlcst, **55** */Foto-Ruhrgebiet, **55** */DmytroAkulov, **55** */picsfive, **55** */ibphoto, **55** */JonathanStutz, **55** */Jackin, **55** */ganko, **55** */artmim, **55** */KlausEppele, **56** */Sashkin, **56** */Creatix, **56** */AndrejaDonko, **56** */KatrinaBrown, **56** */LjupcoSmokovski, **57** */Okea, **58** */kmit, **58** */luckylight, **58** */tuja66, **58** */tuja66, **58** */corund, **58** */tuja66, **58** */RynioProductions, **58** */mick20, **58** */DenisDryashkin, **58** */tuja66, **58** */claudio, **58** */CEPhotography, **58** */tuja66, **58** */БурдюковАндрей, **58** */vav63, **59** */RynioProductions, **59** */RynioProductions, **59** */RynioProductions, **59** */PRILLMediendesign, **59** */fefufoto, **59** */antonsov85, **60** */andersphoto, **60** */scis65, **60** */venusangel, **60** */Coprid, **60** */f9photos, **60** */tuja66, **60** */KonovalovPavel, **60** */Freer, **60** */Nik, **60** */chungking, **60** */mariuszszczygieł, **61** */auremar, **61** */AfricaStudio, **61** */ankiro, **61** */IonescuBogdan, **61** */piai, **61** */DenysRudyi, **62** */Nomad_Soul, **62** */gradt, **62** */twister025, **62** */egorovvasily, **62** */womue, **62** Thinkstock/iStockphoto, **62** Thinkstock/iStockphoto, **62** */cherezoff, **62** */by-studio, **63** */coco, **63**

*/D.Ott, **63** */D.Ott, **63** */federicofoto, **63** */babsi_w, **63** */StibatStudio, **63** */Kara, **63** */JeanetteDietl, **63** */sonnefleckl, **63** */keller, **63** */miket, **63** */WoGi, **63** */M.Schuppich, **63** */MarcoBecker, **63** */kobra78, **63** */KalleKolodziej, **64** */mallivan, **64** */ZbyszekNowak, **64** */opasstudio, **64** */hsagencia, **64** */photka, **64** */photka, **64** */photka, **64** */photka, **64** */GeraldBernard, **64** */JaimieDuplass, **64** */steamroller, **64** */tompet80, **64** */schankz, **64** */keerati, **65** */hopfi23, **65** */AlexPetelin, **65** */Patryssia, **65** */D.Ott, **65** */Horticulture, **65** */KasiaBialasiewicz, **65** */mopsgrafik, **65** */B.Wylezich, **65** */fotoschab, **65** */Miredi, **65** */udra11, **65** */NinaMalyna, **65** */rupbilder, **66** */mates, **68** */unpict, **68** */Teamarbeit, **68** */ChristianJung, **68** Dreamstime/Christianjung, **68** */HLPhoto, **68** */ExQuisine, **68** */rdnzl, **68** */uckyo, **68** */ExQuisine, **68** */lefebvre_jonathan, **68** */Cornerman, **68** */MaraZemgaliete, **68** iStockphoto/Vasko, **68** */DianaTaliun, **68** Thinkstock/AlenaDvorakova, **68** Shutterstock/marcomayer, **69** */ExQuisine, **69** */ExQuisine, **69** */fotomaster, **69** */EricIsselée, **69** */boguslaw, **69** */EricIsselée, **69** */nito, **69** */IrinaKhomenko, **69** */Viktor, **69** */OranTantapakul, **69** */lightpoet, **70** */RémyMASSEGLIA, **70** */NataliaMerzlyakova, **70** Dreamstime/Witoldkr1, **70** */PicturePartners, **70** */antonioscarpi, **70** */GaetanSoupa, **70** */o.meerson, **70** */ExQuisine, **70** Dreamstime/Pipa100, **70** */lunamarina, **70** */HelleM, **70** */Dalmatin.o, **70** */WitoldKrasowski, **70** */AndreiNekrassov, **70** */Dionisvera, **70** */Dionisvera, **71** */angorius, **71** */DaniVincek, **71** */felinda, **71** */AndreyStarostin, **71** */pedrolieb, **71** */ExQuisine, **71** Dreamstime/Onepony, **71** */dulsita, **71** */GiuseppeLancia, **71** */margo555, **71** */BSANI, **71** */womue, **71** */JiriHera, **72** */ExQuisine, **72** Dreamstime/Sethislav, **72** */volff, **73** */dimakp, **73** Shutterstock/Multiart, **73** Shutterstock/KrzysztofSlusarczyk, **73** */DaddyCool, **73** */BradPict, **73** Dreamstime/Jack14, **73** */cynoclub, **73** */PicturePartners, **73** */Lsantilli, **73** */Coprid, **73** */Fotofermer, **73** */BradPict, **73** */MaraZemgaliete, **74** */DaniVincek, **74** */Natika, **74** */LuisCarlosJiménez, **74** */angorius, **74** */marrfa, **74** */Natika, **74** */fotogal, **74** */ShawnHempel, **74** */Jessmine, **74** */Daorson, **74** */JérômeRommé, **74** */gcpics, **74** */PicturePartners, **75** */valeriy555, **75** */valeriy555, **75** */BarbaraPheby, **75** */volga1971, **75** Dreamstime/Robynmac, **75** */AnnaKucherova, **76** */jeromesignoret, **76** */boguslaw, **76** */fotomatrix, **76** */Worldtravelimages, **76** */margo555, **76** */margo555, **76** */margo555, **76** */margo555, **76** */WolfgangJargstorff, **77** */valeriy555, **77** */silencefoto, **77** */valeriy555, **77** */valeriy555, **77** */silencefoto, **77** */valeriy555, **77** */photocrew, **77** */valeriy555, **77** */AnnaKucherova, **77** */valeriy555, **77** */MalyshchytsViktar, **77** */charlottelake, **77** */valeriy555, **78** */tycoon101, **78** */ZbyszekNowak, **78** */M.R.Swadzba, **78** */Schlierner, **78** */EkaterinaLin, **78** */AndreyStarostin, **79** */azureus70, **79** */azureus70, **79** */valeriy555, **79** */Dionisvera, **79** Thinkstock/anna1311, **79** */valeriy555, **79** */AndreaWilhelm, **79** */valeriy555, **79** */valeriy555, **79** */valeriy555, **79** */valeriy555, **79** */valeriy555, **79** */valeriy555, **79** */AnnaKucherova, **80** */MalyshchytsViktar, **80** */MalyshchytsViktar, **80** */MalyshchytsViktar, **80** */MalyshchytsViktar, **80** */MalyshchytsViktar, **80** */MalyshchytsViktar, **80** */MalyshchytsViktar, **80** */MalyshchytsViktar, **80** */MalyshchytsViktar, **80** */MalyshchytsViktar, **80** */Natika, **80** */MalyshchytsViktar, **80** */MalyshchytsViktar, f9photos, **80** */MalyshchytsViktar, **80** */OleksiyIlyashenko, **80** */TimUR, **80** */valeriy555, **80** */valeriy555, **80** */Natika, **80** */valeriy555, **81** Dreamstime/Skyper1975, **81** */WernerFellner, **81** */marilynbarbone, **81** */nblxer, **81** */goodween123, **82** */PopovaOlga, **82** */PopovaOlga, **82** */mates, **82** */PopovaOlga, **82** */PopovaOlga, **82** */PopovaOlga, **82** */PopovaOlga, **82** */PopovaOlga, **82** */pimponaco, **82** */Schlierner, **82** */svl861, **82** */svl861, **82** Dreamstime/Margouillat, **83** */Team5, **83** MDB/seli8, **83** */unpict, **83** */Tomboy2290, **83** */nbriam, **83** */VeraKuttelvaserova, **83** */VesnaCvorovic, **83** */Maceo, **83** */scis65, **84** Thinkstock/iStockphoto, **84** Thinkstock/iStockphoto, **84** Thinkstock/iStockphoto, **84** Thinkstock/iStockphoto, **84** Thinkstock/iStockphoto, **84** Thinkstock/iStockphoto, **84** Thinkstock/iStockphoto, **84** Thinkstock/iStockphoto, **84** */PopovaOlga, **84** Thinkstock/iStockphoto, **84** Thinkstock/iStockphoto, **84** Thinkstock/iStockphoto, **84** Thinkstock/iStockphoto, **84** Thinkstock/iStockphoto, **84** Thinkstock/iStockphoto, **84** Thinkstock/iStockphoto, **85** Dreamstime/Sergioz, **85** */AfricaStudio, **85** */OrlandoBellini, **85** */IngaNielsen, **85** */IngaNielsen, **85** */IngaNielsen, **85** */BorisRyzhkov, **86** */PopovaOlga, **86** */PopovaOlga, **86** */PopovaOlga, **86** */PopovaOlga, **86** */PopovaOlga, **86** */PopovaOlga, **86** */PopovaOlga, **86** */PopovaOlga, **86** */PopovaOlga, **86** */PopovaOlga, **86** */PopovaOlga, **86** */PopovaOlga, **86** */PopovaOlga, **86** */PopovaOlga, **86** */ElenaSchweitzer, **86** */Picturefoods.com, **87** Dreamstime/Jirkaejc, **87** Dreamstime/Glasscuter, **87** */AndrzejTokarski, **87** Dreamstime/Pryzmat, **87** */StefanoNeri, **87** */Roxana, **87** */enzo4, **87** */StefanoNeri, **87** */akulamatiau, **87** */zorandim75, **87** */marilynbarbone, **88** */pico, **88** */SergejsRahunoks, **88** Dreamstime/Givaga, **88** */Piovanello, **88** */Piovanello, **88** */the_pixel, **88** */Liaurinko, **88** */nemez210769, **88** */midosemsem, **88** */JiriHera, **88** */jurisemjonow, **88** */BradPict, **88** Dreamstime/Travelling-light, **88** Dreamstime/Synchronista, **88** */JulianWeber, **88** */IrisArt, **89** */BeTa-Artworks, **89** */SergiiMoscaliuk, **89** */DianaTaliun, **89** */DanielWiedemann, **89** Dreamstime/Nagme, **89** */lantapix, **89** */Olegich, **89** */scis65, **89** */Vidady, **89** */komar.maria, **90** */JiriHera, **90** */Nitr, **90** */Nitr, **90** */ExQuisine, **90** */Natika, **90** */IngaNielsen, **90** */Nitr, **90** */Nitr, **90** */Taffi, **90** */karandaev, **90** */unpict, **90** */baibaz, **90** */AfricaStudio, **91** */pabijan, **91** */amenic181, **91** */Viktor, **91** */blende40, **91** */Fotofermer, **91** */RobStark, **91** */gtranquillity, **91** */gtranquillity, **91** */gtranquillity, **91** */gtranquillity, **91** */gtranquillity, **91** */IngaNielsen, **92** Thinkstock/puchkovo48, **92** */neirfy, **92** */Nitr, **92** */Nitr, **92** */Nitr, **92** */Taffi, **92** */Taffi, **92** */Taffi, **92** */Taffi, **92** */karandaev, **92** */karandaev, **92** */karandaev, **93** */Hemeroskopion, **93** */Hemeroskopion, **93** */Hemeroskopion, **93** */Hemeroskopion, **93** */Hemeroskopion, **93** */Hemeroskopion, **93** */Hemeroskopion, **93** */Hemeroskopion, **93** */Hemeroskopion, **93** */Hemeroskopion, **93** */Hemeroskopion, **93** */Hemeroskopion, **93** */Hemeroskopion, **94** */kab-vision, **94** Shutterstock/Multiart-Shutterstock.com, **94** */VolodymyrShevchuk, **94** */SergejsRahunoks, **94** */sspice, **94** */CorinnaGisseman, **94** */azureus70, **94** */PopovaOlga, **94** */baibaz, **95** */WhiteboxMedia, **95** */angorius, **95** */AndreaWilhelm, **95** Dreamstime/Margouillat, **95** */Viktor, **95** */Kesu, **95** */Peredniankina, **95** */margo555, **95** */AleksandarJocic, **96** */JiriHera, **96** */victoriap., **96** */djama, **96** */vagabondo, **96** */JiriHera, **96** */scis65, **96** */blende40, **96** */MUNCH!, **96** */AfricaStudio, **96** */arinahabich, **96** */MariusGraf, **96** */MariusGraf, **96** */MariusGraf, **96** */Liaurinko, **96** */BradPict, **96** */juniart, **97** */DmytroSukharevskyy, **97** */DmytroSukharevskyy, **97** */DmytroSukharevskyy, **97** */SergejsRahunoks, **97** */canoncam, **97** */uckyo, **97** */torsakarin, **97** */ThibaultRenard, **97** */eyewave, **97** */OrlandoBellini, **97** */BlueWren, **97** */DmytroSukharevskyy, **97** */DmytroSukharevskyy, **98** */JacekChabraszewski, **98** */IngaNielsen, **98** */dusk, **98** */RoadKing, **98** */JackJelly, **98** Dreamstime/TomislavPinter, **98** */JacekChabraszewski, **98** */ExQuisine, **98** */aktifreklam, **98** */zhekos, **98** */JessYu, **98** */illustrez-vous, **98** */AndreaWilhelm, **99** */MinervaStudio, **99** */BorisRyzhkov, **99** */Nitr, **99** */unpict, **99** */JacekChabraszewski, **99** */photocrew, **99** */Viktor, **99** */eyewave, **99** Dreamstime/Lightzoom, **99** iStockphoto/GordanaSermek, **100** */AfricaStudio, **100** */VitalyKorovin, **100** */Coprid, **100** */Schlierner, **100** */Fotofermer, **101** */ashka2000, **101** */womue, **101** */EMArt, **101** */ExQuisine, **101** */photocrew, **101** */jeehyun, **101**

*/reineg, **101** */reineg, **101** */reineg, **101** */reineg, **101** */SubbotinaAnna, **101** */rangizzz, **101** */sjhuls, **102** */Fotofermer, **104** Thinkstock/KeithLevitPhotography, **104** Thinkstock/iStockphoto, **104** Thinkstock/iStockphoto, **104** Thinkstock/iStockphoto, **104** Thinkstock/iStockphoto, **104** Thinkstock/iStockphoto, **104** Thinkstock/iStockphoto, **104** Thinkstock/iStockphoto, **104** Thinkstock/Fuse, **105** Thinkstock/Fuse, **105** Thinkstock/iStockphoto, **105** Thinkstock/iStockphoto, **105** Thinkstock/iStockphoto, **105** Thinkstock/Comstock, **105** */AlexandraGl, **106** */leremy, **106** */leremy, **106** */leremy, **106** */leremy, **106** */leremy, **106** */leremy, **106** */mrtimmi, **106** */mrtimmi, **106** */mrtimmi, **106** */mrtimmi, **106** */mrtimmi, **106** */mrtimmi, **106** */Bobo, **106** */leremy, **106** */leremy, **106** */FelixCHH, **107** Thinkstock/iStockphoto, **107** */Eisenhans, **107** Thinkstock/iStockphoto, **107** Thinkstock/iStockphoto, **107** Thinkstock/Hemera, **107** Thinkstock/Hemera, **107** Thinkstock/Hemera, **107** */BombaertPatrick, **107** */algre, **107** Thinkstock/Hemera, **107** Thinkstock/iStockphoto, **107** Thinkstock/Hemera, **108** */VladimirKramin, **108** */algre, **109** */algre, **109** */apttone, **110** Thinkstock/iStockphoto, **110** */JennyThompson, **110** */AaronAmat, **110** */overthehill, **110** */eldadcarin, **110** */MichaelSeidel, **111** Thinkstock/iStockphoto, **111** */gradt, **111** */LasseKristensen, **111** */ŽeljkoRadojko, **111** */golandr, **112** Thinkstock/iStockphoto, **112** Thinkstock/Stockbyte, **113** Thinkstock/iStockphoto, **113** Thinkstock/Hemera, **113** Thinkstock/iStockphoto, **113** Thinkstock/iStockphoto, **113** Thinkstock/iStockphoto, **113** */Bikeworldtravel, **114** */Idelfoto, **114** Thinkstock/iStockphoto, **114** Thinkstock/Hemera, **114** Thinkstock/Hemera, **114** Thinkstock/Hemera, **115** Thinkstock/iStockphoto, **115** Thinkstock/iStockphoto, **115** Thinkstock/iStockphoto, **116** Thinkstock/iStockphoto, **117** Thinkstock/Hemera, **117** Thinkstock/iStockphoto, **117** Thinkstock/iStockphoto, **117** Thinkstock/iStockphoto, **117** Thinkstock/iStockphoto, **117** Thinkstock/iStockphoto, **117** Thinkstock/iStockphoto, **117** Thinkstock/iStockphoto, **117** Thinkstock/iStockphoto, **117** Thinkstock/iStockphoto, **117** Thinkstock/iStockphoto, **117** Thinkstock/iStockphoto, **117** Thinkstock/iStockphoto, **117** Thinkstock/iStockphoto, **117** Thinkstock/Hemera, **117** Thinkstock/iStockphoto, **118** Thinkstock/iStockphoto, **118** Thinkstock/Hemera, **118** Thinkstock/Photos.com, **118** Thinkstock/iStockphoto, **118** */photo5000, **118** Thinkstock/iStockphoto, **118** Thinkstock/iStockphoto, **118** Thinkstock/Hemera, **118** Thinkstock/Hemera, **119** */Eisenhans, **119** Thinkstock/iStockphoto, **119** Thinkstock/iStockphoto, **119** Thinkstock/Stockbyte, **119** Thinkstock/Hemera, **119** Thinkstock/iStockphoto, **119** Thinkstock/JuliodelaHigueraRodrigo, **119** */DeVIce, **119** */ArtemGorohov, **119** */LukasSembera, **119** Thinkstock/iStockphoto, **119** Thinkstock/iStockphoto, **119** */Eisenhans, **119** Thinkstock/iStockphoto, **119** Thinkstock/iStockphoto, **119** */auremar, **120** */laurenthuet, **120** */NikolaiSorokin, **120** */DmitryVereshchagin, **120** */Ettore, **120** */tr3gi, **120** */12ee12, **120** Thinkstock/VladimirArndt, **121** */Fotito, **121** */mschick, **121** */BlueSkyImages, **121** */contrastwerkstatt, **121** Thinkstock/iStockphoto, **121** Thinkstock/HemeraTechnologies, **122** */Okea, **122** */MarcusLindström-iStockphoto.com, **123** */CandyBoxImages, **123** */TMAX, **123** */michaeljung, **123** */Maygutyak, **123** */SteveMann, **123** */nui7711, **123** */JörgHackemann, **124** */Sashkin, **124** */virtabo, **124** Thinkstock/iStockphoto, **124** */BenChams, **124** */BenChams, **124** */BenChams, **124** */mindscanner, **124** */swx, **124** */michaeljung, **124** */alexmillos, **124** Thinkstock/iStockphoto, **124** */Bergringfoto, **124** Thinkstock/iStockphoto, **124** */chalabala, **124** */BenBurger, **125** */Tupungato, **125** */PinkBadger, **125** */HappyAlex, **125** */monticellllo, **125** */monticellllo, **125** */monticellllo, **126** */Masyanya, **126** */DmitryVereshchagin, **126** */DmitryVereshchagin, **126** */DmitryVereshchagin, **126** */Photobankkiev, **127** */vichie81, **127** */UschiHering, **127** */skampixelle, **127** */DOCRABEMedia, **127** */NadineKlabunde, **127** */AndreasJ., **128** */Farinoza, **130** */Marco2811, **130** */phant, **130** */Crobard, **130** */A.Karnholz, **130** */ermess, **131** */sborisov, **131** */XtravaganT, **131** */Mihai-BogdanLazar, **131** */jacek_kadaj, **131** */ArTo, **131** */hansenn, **131** */MarcelSchauer, **131** Thinkstock/iStockphoto, **131** */JörgLantelme, **131** */vaitekune, **131** */apops, **131** */motivation1965, **131** */steschum, **131** Thinkstock/iStockphoto, **131** Thinkstock/iStockphoto, **131** */HaywireMedia, **132** */Scanrail, **132** */anshar73, **132** */XtravaganT, **132** Thinkstock/iStockphoto, **132** Thinkstock/iStockphoto, **132** */A_Lein, **132** Thinkstock/iStockphoto, **132** */jovannig, **132** */PatrykKosmider, **132** */Max, **132** Thinkstock/GettyImages, **132** */miket, **132** */Ciaobucarest, **132** */PaulLiu, **132** Thinkstock/iStockphoto, **132** */Adrianv.Allenstein, **133** */Pabkov, **133** Thinkstock/iStockphoto, **133** Thinkstock/iStockphoto, **133** Thinkstock/photodisc, **133** */Anchels, **133** Thinkstock/IngramPublishing, **133** */Ichbins11, **133** */MIMOHE, **133** */blas, **133** */FranzPfluegl, **133** */PetraBeerhalter, **133** */davidundderriese, **134** */contrastwerkstatt, **134** */Berni, **134** */Berni, **134** */Berni, **134** */slava296, **134** */Berni, **134** */Berni, **134** */xy, **134** */lunamarina, **134** */Berni, **135** Thinkstock/Hemera, **135** */oranhall, **135** */Kzenon, **135** Thinkstock/iStockphoto, **135** */MargoHarrison, **135** Thinkstock/iStockphoto, **135** Thinkstock/iStockphoto, **135** */JackF, **135** */AfricaStudio, **135** */Hirurg, **135** */stockyimages, **136** */qech, **136** */contrastwerkstatt, **136** Thinkstock/iStockphoto, **136** Thinkstock/iStockphoto, **136** Thinkstock/photodisc, **136** */LVDESIGN, **136** */SantiagoCornejo, **137** */eyewave, **137** */jogyx, **137** */JoopHoek, **137** */T.Michel, **137** Thinkstock/iStockphoto, **137** */dextroza, **137** Thinkstock/iStockphoto, **137** */lowtech24, **137** Thinkstock/iStockphoto, **137** Thinkstock/iStockphoto, **137** Thinkstock/Comstock, **137** */Picture-Factory, **137** Thinkstock/iStockphoto, **138** Thinkstock/iStockphoto, **138** Thinkstock/iStockphoto, **138** */zhudifeng, **138** */GinaSanders, **138** */BauerAlex, **138** */AndresRodriguez, **138** */Kzenon, **138** */AlexTihonov, **138** */AlexTihonov, **138** */ChristopheFouquin, **138** */SvenWeber, **138** */mediagram, **138** */bradleyhebdon, **138** */AfricaStudio, **138** */paulprescott, **138** */TylerOlson, **139** */shotsstudio, **139** */luanateutzi, **139** */adisa, **139** */scaliger, **139** Thinkstock/Fuse, **139** Thinkstock/AndreyBurmakin, **139** Thinkstock/DigitalVision, **139** */Pumba, **139** */lightpoet, **139** Thinkstock/Fuse, **139** Thinkstock/iStockphoto, **139** */chamillew, **139** */gemenacom, **139** */mangostock, **139** */TylerOlson, **139** */Kzenon, **140** */MinervaStudio, **140** */eyetronic, **140** */paulprescott, **140** */corepics, **140** */AlienCat, **140** */ThomasFrancois, **140** */agvisuell, **140** */MinervaStudio, **140** */contrastwerkstatt, **141** */ArtAllianz, **141** */adisa, **141** */Pumba, **141** */adisa, **141** */VitalyMaksimchuk, **141** Thinkstock/iStockphoto, **141** */amlet, **141** Thinkstock/BrandXPictures, **141** */Joshhh, **141** */karandaev, **141** */808isgreat, **141** Thinkstock/iStockphoto, **141** */AndresRodriguez, **142** */ruigsantos, **142** */Pixel&Création, **142** Thinkstock/iStockphoto, **142** */robert, **142** Thinkstock/IngramPublishing, **142** */by-studio, **142** Thinkstock/DigitalVision, **142** */viperagp, **142** */OlegDoroshin, **142** */Pixelwolf2, **142** */VL@D, **142** */rekemp, **142** */NataliaMerzlyakova, **142** */spaxiax, **142** */SunshinePics, **142** */eyewave, **143** */nicknick_ko, **143** Thinkstock/iStockphoto, **143** Thinkstock/iStockphoto, **143** */Mingis, **143** */nyul, **143** Thinkstock/iStockphoto, **143** */AfricaStudio, **143** */MinervaStudio, **143** Thinkstock/iStockphoto, **143** */fottoo, **143** */AfricaStudio, **143** Thinkstock/iStockphoto, **143** */Digitalpress, **144** Thinkstock/Hemera, **144** Thinkstock/iStockphoto, **144** */cottonfioc, **144** */goodluz, **144** */AlenAjan, **144** */ArturBogacki, **144** */leungchopan, **144** */PaulVinten, **144** Thinkstock/Jupiterimages, **144** */amarok17wolf, **144** */ScottGriessel, **144** */fxegs, **144** */terex, **145** */kameraauge, **145** */LianeM, **145** */XtravaganT, **145** */vom, **145** */dbvirago, **145** */StuartMonk, **145** */legeartispics, **145** */phant, **145** */ArTo, **145** */Sorry, **145** */bbourdages, **145** */

Furan, **145** */bluclementine, **146** */NikaNovak, **148** */GennadiyPoznyakov, **148** */sdenness, **148** */contrastwerkstatt, **148** */MonkeyBusiness, **148** */RobertKneschke, **148** */shock, **148** */MonkeyBusiness, **148** Thinkstock/iStockphoto, **148** */Cozyta, **148** Thinkstock/Comstock, **148** */tiero, **148** */contrastwerkstatt, **148** */hues, **149** */GennadiyPoznyakov, **149** */kritchanut, **150** */luminastock, **150** */robert, **150** */yeyen, **150** */auremar, **150** */JavierCastro, **150** */peshkova, **150** */GennadiyPoznyakov, **150** */Kzenon, **150** */sunabesyou, **150** */gemenacom, **150** */shock, **150** */JürgenFälchle, **150** */Nosvos, **150** */luminastock, **150** */kartos, **150** */peshkova, **151** */OlgaGalushko, **151** */AVAVA, **151** */TylerOlson, **151** */SvenBähren, **151** */alco81, **151** */paylessimages, **151** */RobertKneschke, **151** */auremar, **151** */ayutaroupapa, **151** */Aiwendyl, **151** */kmiragaya, **151** */contrastwerkstatt, **151** */TomaszTrojanowski, **152** Thinkstock/iStockphoto, **152** */AfricaStudio, **152** */Zerbor, **152** */dkimages, **152** */babimu, **152** */phloxii, **152** */AfricaStudio, **152** */VladIvantcov, **152** */VladyslavDanilin, **153** */ThorstenSchmitt, **153** Thinkstock/PhotoObjects.net, **153** */lily, **154** Thinkstock/iStockphoto, **154** */leszekglasner, **154** */MatHayward, **154** */KonstantinL, **154** */josje71, **154** */xy, **154** */Creativa, **154** */MonkeyBusiness, **154** */MonkeyBusiness, **154** */aidaricci, **155** Thinkstock/iStockphoto, **155** */MariusGraf, **155** */muro, **155** */BEAUTYofLIFE, **155** */ia_64, **155** */lu-photo, **156** */JörgLantelme, **156** */Berni, **156** */JeanetteDietl, **156** Thinkstock/BrandXPictures, **156** */RandallReed, **156** */MinervaStudio, **156** */trotzolga, **156** */johannesspreter, **156** */AfricaStudio, **156** */AlexanderRaths, **156** */contrastwerkstatt, **156** */agenturfotografin, **156** */lightpoet, **157** Thinkstock/JamesWoodson, **157** */CandyBoxImages, **157** */IgorMojzes, **157** */WavebreakmediaMicro, **157** */AfricaStudio, **157** */AndresRodriguez, **157** */xy, **157** */apops, **157** */pearl, **157** */RobertKneschke, **157** */MarkusHaack, **157** */lightpoet, **158** */MinervaStudio, **158** */WavebreakmediaMicro, **158** */goodluz, **158** */lightpoet, **158** */goodluz, **158** */Kzenon, **158** */CandyBoxImages, **158** */Fuse, **158** */goodluz, **158** */pearl, **158** */mangostock, **158** Thinkstock/iStockphoto, **158** Thinkstock/DigitalVision, **159** */contrastwerkstatt, **159** */A_Bruno, **159** */WavebreakmediaMicro, **159** */GeoMartinez, **159** */GeoMartinez, **159** */endostock, **160** */MinervaStudio, **160** */apops, **160** */bevangoldswain, **160** */AdamGregor, **160** */Kzenon, **160** */Kzenon, **160** */michaeljung, **160** */ontrastwerkstatt, **160** */TylerOlson, **160** */ValentinaR., **160** */contrastwerkstatt, **160** */IuriiSokolov, **160** */Kzenon, **160** */Picture-Factory, **160** */Rido, **160** */nyul, **161** */goodluz, **161** */Kadmy, **161** */PeterAtkins, **161** */jörnbuchheim, **161** */Kadmy, **161** */Kurhan, **161** */krizz7, **161** */Kadmy, **161** */ikonoklast_hh, **161** */MarénWischnewski, **161** */apops, **161** */goodluz, **161** */CyrilComtat, **161** Thinkstock/AndriyFomenko, **161** */manu, **161** */petert2, **162** */MonikaWisniewska, **162** Thinkstock/iStockphoto, **162** */goodluz, **162** */MinervaStudio, **162** */Kzenon, **162** */Kzenon, **162** Thinkstock/Photodisc, **162** */Kzenon, **162** */ClaudiaNagel, **162** */MinervaStudio, **162** */Kzenon, **162** */contrastwerkstatt, **162** */CandyBoxImages, **162** */Kzenon, **162** */Kzenon, **162** */Kurhan, **163** */goodluz, **163** */contrastwerkstatt, **163** */IgorMojzes, **163** */mezzotint, **163** */claudiaveja, **163** */AndreyKiselev, **163** */WavebreakmediaMicro, **163** */Elnur, **163** */diegocervo, **163** */AfricaStudio, **163** */AfricaStudio, **163** */berc, **163** */Natali_ua, **163** Thinkstock/Fuse, **163** */lightpoet, **163** */contrastwerkstatt, **166** */terex, **166** Thinkstock/iStockphoto, **166** */nikkytok, **166** */marcoprati, **166** */eyewave, **166** */AfricaStudio, **167** */AfricaStudio, **167** */DianaTaliun, **167** */Rulan, **167** */interklicks, **167** Thinkstock/iStockphoto, **167** Thinkstock/iStockphoto, **167** */Corwin, **167** */rangizzz, **167** */monstersparrow, **168** */Picture-Factory, **168** */CarlosCaetano, **168** */vda_82, **168** */vetkit, **168** */JacekFulawka, **168** */masterzphotofo, **169** */ViorelSima, **169** */Mi.Ti., **169** */BrianJackson, **169** */juniart, **169** */OksanaKuzmina, **169** */MarcinSadlowski, **170** */Gelpi, **172** */TAlex, **172** */karandaev, **173** */MaksymYemelyanov, **173** */Vitas, **173** */romantiche, **173** */rawcaptured, **173** */AVD, **173** */SergeyDashkevich, **173** Thinkstock/iStockphoto, **173** */ArturSynenko, **173** */dimakp, **173** */heigri, **173** */Lusoimages, **173** */ApartFoto, **173** */sonnefleckl, **173** */ManuelaFiebig, **173** */KlausEppele, **173** */ArturSynenko, **174** */GinaSanders, **174** */snyfer, **174** */snyfer, **174** */IuriiTimashov, **174** */IuriiTimashov, **174** */IuriiTimashov, **174** */IuriiTimashov, **174** */IuriiTimashov, **174** */IuriiTimashov, **174** */WonderfulPixel, **174** */IuriiTimashov, **174** */IuriiTimashov, **174** */IuriiTimashov, **175** */WonderfulPixel, **175** */WonderfulPixel, **175** */WonderfulPixel, **175** */WonderfulPixel, **175** */WonderfulPixel, **175** */vasabii, **175** */grgroup, **175** */Skipio, **175** */vector_master, **175** */Scanrail, **175** */Vectorhouses, **175** */Vectorhouses, **175** */Vectorhouses, **176** */MetinTolun, **176** */inal09, **176** */electriceye, **176** */DoRa, **176** */DoRa, **176** */DoRa, **176** */DoRa, **176** */DoRa, **176** */DoRa, **176** */DoRa, **176** */Palsur, **176** */marog-pixcells, **176** */Palsur, **177** */mtkang, **177** */Taffi, **177** */pizuttipics, **177** */by-studio, **177** */Scanrail, **177** */RTimages, **177** */AleksandrBryliaev, **177** */JcJgPhotography, **177** */Coprid, **177** */tanatat, **177** */Palsur, **177** */AndrewBarker, **178** */ashumskiy, **178** */Gewoldi, **178** */Vitas, **178** */singkham, **179** */Sebalos, **179** */tomispin, **179** */manaemedia, **179** */Niceregionpics, **179** */thanomphong, **179** */Lusoimages, **180** Thinkstock/AlexanderPodshivalov, **180** */wellphoto, **180** */StefanKörber, **180** */PavelLosevsky, **181** */TrudiDesign, **181** */WavebreakmediaMicro, **181** */ArtHdesign, **181** */valdistorms, **181** */cirquedesprit, **181** */AlexandraGl, **181** */SergeyNivens, **181** */imkenneth, **181** */WavebreakMediaMicro, **182** */jfv, **182** */pressmaster, **182** */jminso679, **182** */Marco2811, **182** */JohannaMühlbauer, **182** */A_Bruno, **183** */pedrosala, **183** */fotomatrix, **183** */UweBumann, **183** */robert, **183** */MilanSurkala, **183** */the_builder, **183** */reich, **184** */Scanrail, **184** */Dron, **184** */drubig-photo, **184** */mirabella, **184** */gradt, **185** */gradt, **185** Thinkstock/iStockphoto, **185** */JiSIGN, **185** */JiSIGN, **185** */JiSIGN, **185** */Rido, **185** */auremar, **186** */Elenathewise, **188** */mirpic, **188** */KB3, **188** Thinkstock/Stockbyte, **189** */lesniewski, **189** */LarioTus, **189** */MelindaNagy, **189** */kostasaletras, **189** */contrastwerkstatt, **189** */beachboyx10, **190** Thinkstock/iStockphoto, **190** */ValThoermer, **191** Thinkstock/DorlingKindersleyRF, **191** */snaptitude, **192** */PavelLosevsky, **192** */.shock, **192** */NicholasPiccillo, **192** Thinkstock/Photodisc, **192** Thinkstock/Photodisc, **192** Thinkstock/Photoobjects.net, **192** */.shock, **192** */micromonkey, **193** */kromkrathog, **193** Thinkstock/Fuse, **193** */StianIversen, **194** */TanKianKhoon, **194** */modestil, **194** */IgorSokolov, **194** */piai, **194** */WillHughes, **194** */Actionpics, **194** */Kelpfish, **194** */AfricaStudio, **194** */Brocreative, **194** */karaboux, **194** */LanceBellers, **194** */SeanGladwell, **194** */by-studio, **195** */kanate, **195** */by-studio, **195** */MichaelPettigrew, **195** Thinkstock/IngramPublishing, **196** */KatyaConstantine, **196** */NicholasPiccillo, **197** */DmitryVereshchagin, **197** */PinkBlue, **197** */PinkBlue, **197** */PinkBlue, **198** */KrisStrach, **198** */Kzenon, **198** */Kzenon, **199** */Quasarphoto, **199** */sumnersgraphicsinc, **199** */sumnersgraphicsinc, **199** */VeniaminKraskov, **199** */ApartFoto, **199** */RTimages, **200** */marsyk, **200** */Sportlibrary, **200** */agentur2728.de, **200** Thinkstock/Hemera@GettyImages, **201** Thinkstock/iStockphoto, **201** Thinkstock/iStockphoto, **201** Thinkstock/Comstock, **202** */KseniyaAbramova, **203** */ThierryRYO, **203** */KseniyaAbramova, **203** */KseniyaAbramova, **203** Thinkstock/ThomasNorthcut@GettyImages, **203** */MargoHarrison, **203** */fifranck, **203** */hosphotos, **203** */HeikeundHardy, **203** Thinkstock/iStockphoto, **203** */PackShot, **203** */auremar, **204** */LjupcoSmokovski, **204** */SS1001, **204** */VadimBukharin, **204** */DmitryDG, **205** */ftlaudgirl, **205** */U.Woell, **205** */AntonGvozdikov, **205** */

project1photography, **205** */VolkerSkibbe, **205** */MarceloDufflocq, **205** Thinkstock/iStockphoto, **205** */roblan, **205** */andreshka, **205** */stoonn, **205** */daseaford, **205** */sablin, **205** */garry_images, **206** */dell, **206** */SilvanoRebai, **206** */dell, **206** */victorzastol'skiy, **206** */mradlgruber, **206** Thinkstock/iStockphoto, **206** */©Olympixel, **206** */ValThoermer, **206** */terranova_17, **207** Thinkstock/iStockphoto, **207** Thinkstock/moodboard, **207** */GalinaBarskaya, **207** Thinkstock/Hemera, **207** */Dreef, **207** */SteeveROCHE, **207** Thinkstock/iStockphoto, **207** Thinkstock/Photodisc, **207** */corepics, **207** */Lsantilli, **208** Thinkstock/iStockphoto, **208** */NetzerJohannes, **208** */StefanSchurr, **208** */inigocia, **208** */NetzerJohannes, **208** */JanKranendonk, **208** */monster85, **208** */Avantgarde, **208** */photomag, **208** */storm, **208** */Fotoimpressionen, **208** */Marco2811, **208** */yanlev, **208** */lassedesignen, **208** */StefanSchurr, **208** */Grigorenko, **209** */lilufoto, **209** */3dmentat, **209** */maxoidos, **209** */Bergringfoto, **209** */MarinConic, **209** */DimitarMarinov, **209** */just2shutter, **209** Thinkstock/iStockphoto, **209** */Shmel, **209** */olly, **209** Thinkstock/iStockphoto, **209** Thinkstock/CameronSpencer@GettyImages, **209** */ChantalS, **209** */FelixMizioznikov, **209** Thinkstock/DigitalVision, **209** */artjazz, **210** Thinkstock/iStockphoto, **210** */okinawakasawa, **210** */VIPDesign, **210** */okinawakasawa, **210** */starush, **210** */Hetizia, **211** Thinkstock/WavebreakMedia, **211** */Lerche&Johnson, **211** */Lerche&Johnson, **211** */Lerche&Johnson, **211** */Lerche&Johnson, **211** Thinkstock/iStockphoto, **211** Thinkstock/iStockphoto, **211** */Lerche&Johnson, **211** */Wisky, **211** */nito, **211** */Kzenon, **212** */AfricaStudio, **214** Thinkstock/iStockphoto, **214** Thinkstock/DigitalVision, **214** Thinkstock/iStockphoto, **214** Thinkstock/Purestock, **214** Thinkstock/iStockphoto, **214** */AndreyBurmakin, **214** */AndreyBurmakin, **214** */NejronPhoto, **214** Thinkstock/JupiterImages©GettyImages, **215** Thinkstock/DigitalVision, **215** Thinkstock/DigitalVision, **215** Thinkstock/DigitalVision, **216** Thinkstock/iStockphoto, **216** */AfricaStudio, **216** */Kalim, **216** Thinkstock/iStockphoto, **216** */ysbrandcosijn, **217** */KlausEppele, **217** */scalaphotography, **217** */cynoclub, **217** */BrianJackson, **217** */mekcar, **217** */by-studio, **217** */HenrySchmitt, **217** */HenrySchmitt, **217** */alephcomo1, **217** */HenrySchmitt, **217** */deusexlupus, **217** */apops, **217** */MUE, **217** */MUE, **217** */MUE, **217** Thinkstock/Hemera(CagriOner), **218** */ReMuS, **218** */soerenkuhrt, **218** */Maruba, **218** */cjansuebsri, **218** Thinkstock/iStockphoto, **218** */Constantinos, **218** */ILYAAKINSHIN, **218** */dvs71, **218** */JürgenFälchle, **218** */UrosPetrovic, **218** */Distrikt3, **218** */LuckyDragonUSA, **218** */DenisIvatin, **218** */photlook, **218** */KlausEppele, **218** */venusangel, **219** Thinkstock/iStockphoto, **219** */visivasnc, **219** */sumnersgraphicsinc, **219** */ArtFamily, **219** Thinkstock/iStockphoto, **219** */ysbrandcosijn, **219** */jehafo, **220** */starman963, **220** */KirillZdorov, **220** */tobago77, **220** */SteveMann, **220** */MichaelFlippo, **220** Thinkstock/iStockphoto, **220** */MartinaBerg, **220** */st-fotograf, **220** */imagika, **220** Thinkstock/iStockphoto, **220** */WavebreakMediaMicro, **220** */jillchen, **220** */AlexanderRaths, **221** */WarrenMillar, **221** Thinkstock/Stockbyte, **221** Thinkstock/iStockphoto, **221** Thinkstock/iStockphoto, **221** Thinkstock/iStockphoto, **221** Thinkstock/iStockphoto, **221** */ksena32, **221** Thinkstock/iStockphoto, **221** */AllebaziB, **221** */BarbaraPheby, **221** Thinkstock/Hemera, **221** */womue, **221** */LiliiaRudchenko, **221** Thinkstock/iStockphoto, **221** */jogyx, **221** */MariusGraf, **222** */ReginaJersova, **222** */bittedankeschön, **222** Thinkstock/iStockphoto, **222** */franzgustincich, **222** */openlens, **222** */bruniewska, **222** */Amid, **222** Thinkstock/iStockphoto, **222** */GinoSantaMaria, **222** Thinkstock/iStockphoto, **222** */krimzoya46, **222** */sandis94, **222** */tsaplia, **222** */tigger11th, **222** */neirfy, **222** */bahrialtay, **223** */akekoksom, **224** Thinkstock/iStockphoto, **224** Thinkstock/iStockphoto, **224** */Sergiogen, **224** Thinkstock/iStockphoto, **224** */babimu, **225** */uckyo, **225** */RTimages, **225** */AfricaStudio, **225** */AfricaStudio, **225** */luiscarceller, **225** */Neyro, **225** */kornienko, **225** Thinkstock/thinstockAblestock.com@GettyImages, **225** */Mushy, **225** */maestria_diz, **225** Thinkstock/iStockphoto, **225** */U.Hardberck, **225** */AndrejaDonko, **225** */koosen, **225** Thinkstock/iStockphoto, **225** Thinkstock/Hemera@GettyImages, **226** */Printemps, **226** */AfricaStudio, **226** Thinkstock/iStockphoto, **226** */shooarts, **226** */VyacheslavPlyasenko, **226** */Artranq, **226** Thinkstock/JupiterImages©GettyImages, **226** */FirmaV, **226** */ronstik, **226** */lunamarina, **226** */iampuay, **226** */Kuzmick, **226** */marysa03, **227** Thinkstock/Fuse, **227** Thinkstock/CreatasImages, **227** Thinkstock/Fuse, **227** */Kzenon, **227** */nyul, **227** */SergeyNivens, **227** */NejronPhoto, **228** */RobertNeumann, **228** */ratana_k, **228** */MariusGraf, **228** Thinkstock/iStockphoto, **228** */Unclesam, **228** */indigolotos, **228** */BirgitReitz-Hofmann, **228** */fotomanu21, **228** */Hamik, **229** */Lichtmaler, **229** */Cmon, **229** Thinkstock/iStockphoto, **229** */DoraZett, **229** */NoName, **229** */RTimages, **229** */avtor_ep, **229** Thinkstock/Comstock, **229** */DanRace, **229** Thinkstock/DigitalVision, **229** Thinkstock/IngramPublishing, **229** Thinkstock/iStockphoto, **229** */seen, **230** Thinkstock/Zoonar, **230** */donfiore, **230** Thinkstock/iStockphoto, **230** */eldadcarin, **230** */eldadcarin, **230** */AnjaRoesnick, **230** */AnjaRoesnick, **230** */AnjaRoesnick, **230** */AfricaStudio, **230** */Foto-Ruhrgebiet, **230** Thinkstock/Zoonar, **230** */eldadcarin, **230** */STUDIO12, **231** Thinkstock/iStockphoto, **231** */sergign, **231** */schoki_01, **231** */aleciccotelli, **231** */Fyle, **231** */frankpeters, **231** */ChristerTvedt, **232** */benjaminnolte, **232** Thinkstock/iStockphoto, **232** Thinkstock/DigitalVision, **232** */AleksandarTodorovic, **233** Thinkstock/iStockphoto, **233** */f9photos, **233** Thinkstock/iStockphoto, **233** */photocrew, **233** Thinkstock/iStockphoto, **233** */AleksandarTodorovic, **233** */mikesch112, **233** */rangizzz, **233** */chulja, **233** Thinkstock/iStockphoto, **233** */pressmaster, **233** Thinkstock/iStockphoto, **233** */arnau2098, **234** */B.Wylezich, **234** */philipus, **234** */Angus, **234** */od-pictureworks, **234** */bergamont, **234** */risto0, **234** */fullimage, **234** */Coprid, **234** */f9photos, **234** */sss78, **234** */federicofoto, **235** */AfricaStudio, **235** */LjupcoSmokovski, **235** */Danicek, **235** Thinkstock/iStockphoto, **235** */AlexeyPotapov, **235** */scphoto48, **235** */tolism, **236** */babimu, **238** */CLIPAREA.com, **238** */CLIPAREA.com, **239** */CLIPAREA.com, **239** */CLIPAREA.com, **240** Thinkstock/Zoonar, **240** Thinkstock/Hemera@GettyImages, **240** Thinkstock/iStockphoto, **241** */mrgarry, **241** */turhanerbas, **242** */adimas, **243** */adimas, **244** */pixelcaos, **245** */3drenderings, **245** */3drenderings, **245** */3drenderings, **245** */3drenderings, **245** */3drenderings, **245** */3drenderings, **245** */arsdigital, **245** */pixelcaos, **246** */pixelcaos, **247** */pixelcaos, **247** */DianaTaliun, **248** */vectorus, **248** */Lsantilli, **248** */SvenBähren, **248** */TylerOlson, **248** */GordonGrand, **248** */iStockphoto, **249** */reflektastudios, **249** Thinkstock/oksun70, **249** */RobertAngermayr, **249** */silverrobert, **249** */PopovaOlga, **249** */gradt, **250** */AlexanderRaths, **250** */fhmedien_de, **250** */Creativa, **250** */ISOK°-photography, **250** */Sashkin, **250** */AfricaStudio, **251** */MonkeyBusiness, **251** */dalaprod, **251** */drubig-photo, **251** */drubig-photo, **251** */vladimirfloyd, **252** */AfricaStudio, **252** */iko, **252** */DoraZett, **252** */Creativa, **252** */GinaSanders, **252** */SubbotinaAnna, **252** */drubig-photo, **252** */OcskayBence, **252** */detailblick, **252** */Kurhan, **253** */Creativa, **253** */underdogstudios, **253** */DmitryLobanov, **253** */rangizzz, **253** */DanRace, **253** */Eisenhans, **253** */smikeymikey1, **254** Thinkstock/iStockphoto, **254** */GuidoGrochowski, **254** */DmitryVereshchagin, **254** */HBK, **254** */treetstreet, **254** */PeterAtkins, **254** */Bandika, **254** */wckiw, **255** */ksena32, **255** */IgorMojzes, **255** */st-fotograf, **255** */Vidady, **255** */Maridav, **255** Thinkstock/iStockphoto, **255** Thinkstock/iStockphoto, **255**

*/Kondor83, **255** */Gelpi, **255** */VolkerWitt, **255** */apops, **255** */juefraphoto, **255** */Joss, **256** */CandyBoxImages, **256** */alswart, **256** */hitdelight, **256** */unclepodger, **257** */IgorZakowski, **257** */RadeLukovic, **257** */draw05, **257** */blende40, **257** */Kurhan, **257** */Jessmine, **257** */contrastwerkstatt, **257** */apops, **258** */AlexandrMitiuc, **258** Thinkstock/iStockphoto, **258** */TylerOlson, **258** */AfricaStudio, **259** */malajscy, **259** */GerhardBrée, **259** */epstock, **259** */ksl, **260** */GennadiyPoznyakov, **260** */Tobilander, **260** */malajscy, **260** */starman963, **260** */JimVallee, **261** */danutelu, **261** */spotmatikphoto, **261** */RobertKneschke, **261** */DmitryVereshchagin, **261** */itsmejust, **261** */RobertKneschke, **261** */WONGSZEFEI, **262** */AfricaStudio, **262** */AfricaStudio, **262** */contrastwerkstatt, **262** */khuntapol, **262** */Coprid, **262** */AnatolyRepin, **262** */adisa, **262** */BorysShevchuk, **262** */ManuelSchäfer, **262** */Nataraj, **263** */GordonSaunders, **263** */seen, **263** */only4denn, **263** Thinkstock/Hemera, **263** */Coprid, **263** */blondina93, **263** */by-studio, **263** */JiriHera, **263** */JohannaGoodyear, **263** */Nazzu, **263** */Tharakorn, **263** */Tarzhanova, **263** */terex, **264** */TatjanaBalzer, **264** */TylerOlson, **264** */Schlierner, **264** */Kzenon, **264** */modul_a, **264** */NikkiZalewski, **264** */Khorzhevska, **264** */bertys30, **264** */Tran-Photography, **264** */ZdenkaDarula, **264** */WONGSZEFEI, **264** */pearl, **264** */Taffi, **265** */GennadiyPoznyakov, **265** */ecobo, **265** */pukall-fotografie, **265** */goodluz, **265** Thinkstock/DorlingKindersleyRF, **265** Thinkstock/iStockphoto, **265** */ArtemMerzlenko, **266** */HanvanVonno, **268** */CandyBoxImages, **268** */RomanMilert, **268** */VolkerWitt, **268** */AK-DigiArt, **268** */DarioLoPresti, **268** */benjaminnolte, **269** */MichaelSchütze, **269** */brozova, **269** */Rodja, **269** Thinkstock/iStockphoto, **269** */cristi180884, **269** */LisaF.Young, **270** Thinkstock/iStockphoto, **270** Thinkstock/Photodisc, **270** */VRD, **270** */AndreBonn, **270** */shutswis, **271** */LukasSembera, **271** Thinkstock/liquidlibrary, **271** */marog-pixcells, **271** Thinkstock/iStockphoto, **271** */koszivu, **271** */Photographee.eu, **271** Thinkstock/iStockphoto, **271** */MonkeyBusiness, **271** */Photographee.eu, **271** */GerhardSeybert, **271** */ArtemFurman, **272** */PictureArt, **272** */PavelLosevsky, **272** */davis, **272** */Arcady, **272** */playstuff, **272** */beermedia, **272** */LuckyDragonUSA, **272** */IgorKovalchuk, **273** */ChristaEder, **273** */SvetlanaGryankina, **273** */creAtive, **273** */Berry, **273** */Maygutyak, **273** */WoGi, **273** */Tobboo, **273** */jogyx, **273** */rouakcz, **273** */SilvanoRebai, **274** */Fiedels, **274** */nupsik284, **274** */BirgitReitz-Hofmann, **274** */ClaudioDivizia, **274** */GP, **274** */S.Kobold, **274** */amorfati.art, **274** */CPJPhotography, **274** */ZacariasdaMata, **274** */HughMcKean, **274** */aquapix, **274** */EricGevaert, **275** */andrewburgess, **275** Thinkstock/iStockphoto, **275** */lassedesignen, **275** */HeinzWaldukat, **275** */SergeyKamshylin, **275** */Nazzalbe, **275** */KalleKolodziej, **275** */RoyPedersen, **275** */MacX, **275** */reeel, **275** */marqs, **275** */william87, **276** */IgorKovalchuk, **278** Thinkstock/iStockphoto, **278** */Artenauta, **279** */fergregory, **280** */JürgenFälchle, **280** */peresanz, **280** */magann, **280** */vencav, **280** */virtua73, **280** */KovalenkoInna, **280** */creatifixus, **280** */cbpix, **280** */FlorentDIE, **280** */pinghan, **280** */peresanz, **280** */kevron2001, **280** */peresanz, **281** */jeremyculpdesign, **283** */AridOcean, **284** */artalis, **285** */jokatoons, **285** */ThomasRöske, **285** */jokatoons, **285** */jokatoons, **285** */jokatoons, **285** */jokatoons, **285** */jokatoons, **285** */jokatoons, **285** */jokatoons, **285** */jokatoons, **285** */jokatoons, **285** */jokatoons, **285** */jokatoons, **285** */jokatoons, **285** */jokatoons, **286** */jokatoons, **286** */jokatoons, **286** */jokatoons, **286** */jokatoons, **286** */jokatoons, **286** */jokatoons, **286** */jokatoons, **286** */jokatoons, **286** */jokatoons, **286** */jokatoons, **286** */jokatoons, **286** */jokatoons, **286** */jokatoons, **286** */jokatoons, **286** */jokatoons, **286** */jokatoons, **287** */jokatoons, **287** */jokatoons, **287** */ThomasRöske, **287** */jokatoons, **287** */jokatoons, **287** */Pekchar, **287** */jokatoons, **287** */jokatoons, **287** */jokatoons, **287** */jokatoons, **287** */jokatoons, **287** */jokatoons, **287** */jokatoons, **288** Thinkstock/Hemera, **288** Thinkstock/Hemera, **288** Thinkstock/Hemera, **288** Thinkstock/Hemera, **288** Thinkstock/Hemera, **288** Thinkstock/Hemera, **288** Thinkstock/Hemera, **288** Thinkstock/Hemera, **288** Thinkstock/Hemera, **288** Thinkstock/Hemera, **288** Thinkstock/Hemera, **288** Thinkstock/Hemera, **288** Thinkstock/Hemera, **288** */Route66, **288** Thinkstock/Hemera, **288** Thinkstock/Hemera, **289** Thinkstock/Hemera, **289** Thinkstock/Hemera, **289** Thinkstock/Hemera, **289** Thinkstock/Hemera, **289** Thinkstock/Hemera, **289** Thinkstock/Hemera, **289** Thinkstock/Hemera, **289** Thinkstock/iStockphoto, **289** Thinkstock/iStockphoto, **289** Thinkstock/iStockphoto, **289** Thinkstock/iStockphoto, **289** Thinkstock/iStockphoto, **289** Thinkstock/iStockphoto, **289** Thinkstock/iStockphoto, **289** Thinkstock/iStockphoto, **290** Thinkstock/iStockphoto, **290** Thinkstock/iStockphoto, **290** Thinkstock/iStockphoto, **290** Thinkstock/iStockphoto, **290** */romantiche, **290** */romantiche, **290** */romantiche, **290** */romantiche, **290** */romantiche, **290** */romantiche, **290** */romantiche, **290** */romantiche, **290** */romantiche, **290** */romantiche, **290** */romantiche, **290** */romantiche, **291** */romantiche, **291** */romantiche, **291** */romantiche, **291** */romantiche, **291** */romantiche, **291** */romantiche, **291** */romantiche, **291** */romantiche, **291** */romantiche, **291** */romantiche, **291** */romantiche, **291** */romantiche, **291** */romantiche, **291** */romantiche, **291** */romantiche, **291** */romantiche, **292** */romantiche, **292** */romantiche, **292** */romantiche, **292** */romantiche, **292** */romantiche, **292** */romantiche, **292** */romantiche, **292** */romantiche, **292** */romantiche, **292** */romantiche, **292** */romantiche, **292** */romantiche, **292** */romantiche, **292** */romantiche, **292** */romantiche, **292** */romantiche, **292** */romantiche, **293** */romantiche, **293** */romantiche, **293** */romantiche, **293** */romantiche, **293** */romantiche, **293** */romantiche, **293** */romantiche, **293** */romantiche, **293** */romantiche, **293** */romantiche, **293** */petrab., **293** */petrab., **293** */petrab., **293** */petrab., **294** */petrab., **294** */petrab., **294** */petrab., **294** */petrab., **294** */petrab., **294** */petrab., **294** */petrab., **294** */petrab., **294** */petrab., **294** */petrab., **294** */petrab., **294** */petrab., **294** */petrab., **294** */petrab., **294** */petrab., **294** */petrab., **295** */petrab., **295** */petrab., **295** */petrab., **295** */petrab., **295** */petrab., **295** */petrab., **295** */petrab., **295** */Yotama, **295** */petrab., **295** */petrab., **295** */petrab., **295** */petrab., **295** */petrab., **295** */petrab., **295** */petrab., **295** */petrab., **296** */petrab., **296** */petrab., **296** */petrab., **296** */petrab., **296** */petrab., **296** */petrab., **296** */petrab., **296** */petrab., **296** */Pekchar, **296** */megastocker, **296** Thinkstock/iStockphoto, **296** */ThomasRöske, **296** Thinkstock/iStockphoto, **296** Thinkstock/iStockphoto, **296** Thinkstock/iStockphoto, **296** Thinkstock/iStockphoto, **297** Thinkstock/iStockphoto, **297** */ThomasRöske, **297** Thinkstock/iStockphoto, **297** Thinkstock/iStockphoto, **297** Thinkstock/iStockphoto, **297** Thinkstock/iStockphoto, **297** Thinkstock/iStockphoto, **297** */jokatoons, **297** */yannikLABBE, **297** */DreamCursor, **297** */sunt, **297** Thinkstock/iStockphoto, **297** */AndreasMeyer, **297** */DomLortha, **298** */ElenaPetrova, **298** */ChristianPedant, **298** */TomasSereda, **298** Thinkstock/Fuse, **298** */Masson, **298** */Alliance, **298** */marog-pixcells, **298** */byheaven, **298** */joda, **298** */Miredi, **298** */momanuma, **298** */pictureguy32, **298** */bugphai, **299** */NathanJaskowiak, **299** */VeraKuttelvaserova, **299** */rangizzz, **299** Thinkstock/ImageSource, **299** */LeonidTit, **299** */hjschneider, **299** */tiplyashina, **299** */SergZastavkin, **299** */VeraKuttelvaserova, **299** */VeraKuttelvaserova, **299** */RyszardStelmachowicz, **299** */Hamik, **299** */rangizzz, **300** */SunnyForest, **300** Thinkstock/iStockphoto, **300** */MinervaStudio, **300** Thinkstock/iStockphoto, **300** */steffendia, **300** */FrankBirds, **300**

*/SunshinePics, **300** */ChristopheFouquin, **300** Thinkstock/iStockphoto, **300** */lassedesignen, **300** Thinkstock/iStockphoto, **300** Thinkstock/iStockphoto, **300** */Maygutyak, **300** */mariobeauregard, **300** */victorzastol'skiy, **300** */macky_ch, **301** */scattomatto74, **301** */SabineKipus, **301** */Cmon, **301** */DarioBajurin, **301** */jacare35, **301** */kohy, **302** */nni94, **302** Thinkstock/IngramPublishing, **302** */ollirg, **302** */MartinM303, **302** */mrks_v, **302** */dorisoberfrank-list, **302** Thinkstock/iStockphoto, **302** */steffus, **302** */smereka, **302** */BenBurger, **302** */kentauros, **302** */BerndS., **302** */DarioBajurin, **302** */acceleratorhams, **302** */Fyle, **302** */AlenaStalmashonak, **303** */siimsepp, **303** */siimsepp, **303** */siimsepp, **303** */siimsepp, **303** */siimsepp, **303** */TylerBoyes, **303** */siimsepp, **303** */TylerBoyes, **303** */vvoe, **303** */wlad074, **303** */TylerBoyes, **303** */iraries, **303** */EkaterinaFribus, **303** */EkaterinaFribus, **303** */marcel, **303** */siimsepp, **304** */boykung, **304** */AlexanderHoffmann, **304** */AlexanderHoffmann, **304** */AtikettaSangasaeng, **304** */byjeng, **304** */AlexanderHoffmann, **304** */AlexanderHoffmann, **304** */apttone, **304** */AlexanderHoffmann, **304** */bigjo, **304** */Rozaliya, **304** */VL@D, **304** */AlexanderHoffmann, **304** */AlexShadrin, **304** */AlexanderHoffmann, **304** */AlexanderHoffmann, **304** */Digipic, **304** */volff, **304** */AlexanderHoffmann, **304** */AlexanderHoffmann, **305** */AlexanderPotapov, **305** */Tiler84, **305** */Tiler84, **305** */Tiler84, **305** */Tiler84, **305** */lamax, **306** */vladimirkim3722, **306** */k_kron, **306** Thinkstock/iStockphoto, **306** */iko, **306** */ürgenFälchle, **306** */ondrej83, **306** */HeinzWaldukat, **306** */termis1983, **306** */Tom, **306** */mubus, **306** */veneratio, **306** */RomanPyshchyk, **306** */Picture-Factory, **306** */Omika, **306** */funnycreature, **306** */Almgren, **307** */Nik, **307** */Tonanakan, **307** */motorlka, **307** */PavloVakhrushev, **307** */MiroslawaDrozdowski, **307** */pia-pictures, **308** */Gang, **308** */AfricaStudio, **308** */felinda, **308** */sergio37_120, **308** */eyetronic, **308** */sergio37_120, **308** */VICUSCHKA, **308** */tr3gi, **308** */TimUR, **308** */alfastudiofoto, **308** */sergio37_120, **308** */lenkusa, **308** */sergio37_120, **308** */Friedberg, **308** */AfricaStudio, **308** */Roxana, **309** */anankkml, **309** */DanielStrauch, **309** */StefanKörber, **309** */hansklein, **309** */juiceteam2013, **309** */audioscience, **309** */keller, **309** */flucas, **309** */ijacky, **309** */Tomashko, **309** */SergheiVelusceac, **309** */AndreaWilhelm, **309** */tab62, **309** */Ichbins11, **309** */StudioBarcelona, **309** */volkerr, **310** */Farinoza, **310** */EricIsselée, **310** */jagodka, **310** */AzaliyaElyaVatel, **310** */EricIsselée, **310** */UrosPetrovic, **310** */KatrinaBrown, **310** */eastmanphoto, **310** */nn-fotografie, **310** */cynoclub, **310** */biglama, **310** */EricIsselée, **310** */grafikplusfoto, **311** Thinkstock/iStockphoto, **311** */EricIsselée, **311** */JackF, **311** */EricIsselée, **311** */EricIsselée, **311** */AaronAmat, **311** */EricIsselée, **311** */EricIsselée, **311** */anekoho, **311** */ChristianMusat, **311** */EricIsselée, **311** */EricIsselée, **311** */ChristianMusat, **311** */ILYAAKINSHIN, **311** */EricIsselée, **311** */EricIsselée, **312** */EricIsselée, **312** */StarJumper, **312** */EricIsselée, **312** */Anatolii, **312** */VeraKuttelvaserova, **312** */EricIsselée, **312** */Coprid, **312** */EricIsselée, **312** */JackF, **312** */nexusseven, **312** */EwaStudio, **312** */cynoclub, **312** */anankkml, **312** */tiero, **312** */Taalvi, **312** */EricIsselée, **313** */AlexanderPotapov, **313** */EricIsselée, **313** */EricIsselée, **313** */EricIsselée, **313** Thinkstock/iStockphoto, **313** Thinkstock/iStockphoto, **313** */MikePrice, **313** */RomanSamokhin, **313** */EricIsselée, **313** */EricIsselée, **313** Thinkstock/iStockphoto, **313** */maz12, **313** */EricIsselée, **313** */Smileus, **313** */XK, **313** */anankkml, **314** */EricIsselée, **314** */SteveByland, **314** */EricIsselée, **314** */EricIsselée, **314** */EricIsselée, **314** */EricIsselée, **314** */EricIsselée, **314** */fotomaster, **314** */jakgree, **314** */Farinoza, **314** */Farinoza, **314** Thinkstock/iStockphoto, **314** */EricIsselée, **315** */UryadnikovSergey, **315** */phant, **315** */EricIsselée, **315** */EricIsselée, **315** */ILYAAKINSHIN, **315** */JanisSmits, **315** */AaronAmat, **315** */ILYAAKINSHIN, **315** */EricIsselée, **315** */fotomaster, **315** */RomanSamokhin, **315** */shishiga, **315** */NicoletteWollentin, **315** */sval7, **315** */EricIsselée, **315** */EricIsselée, **316** */eastmanphoto, **316** */eastmanphoto, **316** */Smileus, **316** */DanielNimmervoll, **316** */kurapy, **316** */EricIsselée, **316** */jagodka, **316** */RichardCarey, **316** */Anatolii, **316** */antpkr, **316** Thinkstock/iStockphoto, **316** */EricIsselée, **316** */eastmanphoto, **317** */Irochka, **317** */GiuseppePorzani, **317** */eyeblink, **317** */manuart, **317** */EricIsselée, **317** */lunamarina, **317** */pistol7, **317** */RichardCarey, **317** */WitoldKrasowski, **317** Thinkstock/Hemera, **317** Thinkstock/iStockphoto, **317** */Coprid, **317** */tongdang, **318** */OliverKlimek, **318** */ValeriyKirsanov, **318** */defun, **318** */Alekss, **318** */JPS, **318** */Gewoldi, **318** */HenrikLarsson, **318** */vnlit, **318** */KlausEppele, **318** */xiaoliangge, **318** */VRD, **318** */Alekss, **318** */MarcoUliana, **318** */morelia1983, **318** */ZbyszekNowak, **318** */npps48, **319** Thinkstock/iStockphoto, **319** */defun, **319** */CosminManci, **319** Thinkstock/Hemear, **319** */fancyfocus, **319** */gertrudda, **319** */xjbxjhxm, **319** Thinkstock/iStockphoto, **319** */defun, **319** */emer, **319** */chungking, **319** */Coprid, **319** Thinkstock/iStockphoto, **319** */eastmanphoto, **319** */CarolaSchubbel, **319** */natara, **320** */tescha555, **322** */DDRockstar, **322** */DenysPrykhodov, **322** */DenysPrykhodov, **322** */DenysPrykhodov, **322** */DenysPrykhodov, **322** */DenysPrykhodov, **322** */DenysPrykhodov, **322** */AfricaStudio, **322** */AfricaStudio, **322** */AfricaStudio, **322** */DB, **325** */robert, **326** */magann, **326** */magann, **326** */magann, **326** */magann, **326** */magann, **326** */magann, **326** */magann, **326** */magann, **326** */magann, **326** */magann, **326** */magann, **326** */magann, **326** */magann, **327** */magann, **327** */magann, **327** */magann, **327** */magann, **327** */magann, **327** */magann, **327** */magann, **327** */magann, **327** */magann, **327** */magann, **327** */magann, **327** */magann, **327** */vvoe, **327** */LuckyDragon, **328** */tomreichner, **328** */Marco2811, **328** */merydolla, **328** */in-foto-backgrounds, **328** */Reicher, **328** */ARochau, **328** */Yahyaldiz, **328** */motorradcbr, **328** */Beboy, **328** */DmytroSmaglov, **328** */AntonGvozdikov, **328** */sborisov, **328** */NetzerJohannes, **329** Stockphoto/Juffin, **330** */Juulijs, **330** */m.u.ozmen, **330** */lucato, **330** */www.strubhamburg.de, **330** */guynamedjames, **330** */JörgHackemann, **330** */MaxWo, **331** */Al, **331** */hayo, **331** */ufotopixl10, **331** */vectoricon, **331** */vectoricon, **331** */vectoricon, **331** */vectoriconEnglisch

BILDNACHWEIS

In Japan

U1 Shutterstock/Piyaset, Shutterstock/AVprophoto, **334** Shutterstock/Kobby Dagan, **334** Shutterstock/Bikeworldtravel, **334** Shutterstock/supawat bursuk, **334** Getty Images/oluolu3, **334** Shutterstock/Aleksandar Todorovic, **334** Shutterstock/Ajisawa Sei, **334** Shutterstock/PixHound, **334** Shutterstock/hanabiyori, **334** Shutterstock/mokokomo, **335** Shutterstock/twoKim studio, **335** Shutterstock/Nattee Chalermtiragool, **335** Shutterstock/mTaira, **335** Shutterstock/Burin P, **335** Shutterstock/LIN CHEN YEN, **335** Shutterstock/TAGSTOCK1, **335** Shutterstock/Uino, **335** Shutterstock/Takashi Images, **335** Shutterstock/yuri4u80, **335** Shutterstock/yoshi0511, **336** Getty Images/Satoshi-K, **336** Shutterstock/MasaPhoto, **336** Shutterstock/StreetVJ, **336** Shutterstock/HikoPhotography, **336** Shutterstock/Vassamon Anansukkasem, **336** Getty Images/NeonJellyfish, **336** Shutterstock/Boyloso, **336** Shutterstock/ikuyan, **336** Shutterstock/T.TATSU, **336** Shutterstock/KPG_Payless, **337** Shutterstock/sasaken, **337** Getty Images/kuremo, **337** Shutterstock/norikko, **337** Shutterstock/gontabunta, **337** Shutterstock/studio presence, **337** Shutterstock/Nokzd, **337** Shutterstock/Motionographer, **337** Shutterstock/Wako Megumi, **337** Getty Images/photoclicks, **338** Getty Images/y-studio, **338** Getty Images/Torsakarin, **338** Shutterstock/TK Kurikawa, **338** Shutterstock/Osugi, **338** Shutterstock/kkb3, **338** Shutterstock/Sean Pavone, **338** Getty Images/shihina, **338** Getty Images/Sean Pavone, **338** Getty Images/xavierarnau, **339** Shutterstock/Sorn340 Studio Images, **339** Shutterstock/cowardlion, **339** Shutterstock/Luciano Mortula - LGM, **339** Shutterstock/leiko_araki, **339** Shutterstock/taa22, **339** Shutterstock/Nishihama, **339** Shutterstock/funny face, **339** Shutterstock/norikko, **339** Shutterstock/gontabunta, **339** Getty Images/sucharn, **339** Shutterstock/ao nori, **339** Shutterstock/gontabunta, **339** Getty Images/vichie81, **339** Getty Images/sunabesyou, **339** Shutterstock/fumi901, **340** Shutterstock/Takanori Ogawa, **340** Getty Images/taa22, **340** Getty Images/MIXA, **340** Shutterstock/ao nori, **340** Getty Images/Yuji Kotani, **340** Getty Images/deeepblue, **340** Shutterstock/norikko, **340** Getty Images/MIXA, **340** Shutterstock/norikko, **340** Getty Images/MIXA, **340** Getty Images/tororo, **340** Shutterstock/norikko, **340** Shutterstock/MIKITO SHIRAI, **340** Getty Images/akiyoko, **340** Shutterstock/fumi901, **340** Shutterstock/taa22, **341** Shutterstock/sasaken, **341** Shutterstock/Julie Clopper, **341** Getty Images/PicturePartners, **341** Shutterstock/K321, **341** Shutterstock/sasaken, **341** Shutterstock/norikko, **341** Shutterstock/Nishihama, **341** Getty Images/akiyoko, **341** Shutterstock/fumi901, **341** Shutterstock/riphoto3, **341** Shutterstock/Wako Megumi, **341** Shutterstock/bonchan, **341** Shutterstock/karinrin, **341** Shutterstock/K321, **342** Getty Images/paylessimages, **342** Shutterstock/Sivapoom Yamasaki, **342** Shutterstock/YOHEI TAKASHINA, **342** Getty Images/Hanabaw, **342** Getty Images/Xavier Arnau, **342** Shutterstock/Dr. Gilad Fiskus, **342** Getty Images/ULTRA.F, **342** Getty Images/OSTILL, **342** Shutterstock/Novoselov, **343** Getty Images/tdub303, **343** Shutterstock/siiixth, **343** Shutterstock/artapartment, **343** Shutterstock/Princess_Anmitsu, **343** Getty Images/Image Source, **343** Getty Images/JohnnyGreig, **343** Shutterstock/buritora, **343** Shutterstock/TungCheung, **343** Shutterstock/MADSOLAR, **344** Shutterstock/elfarero, **344** Shutterstock/pisaphotography, **344** Shutterstock/InfantryDavid, **344** Getty Images/Sean Pavone, **344** Shutterstock/AsiaTravel, **344** Shutterstock/KONGKY, **344** Shutterstock/Tang Yan Song, **344** Shutterstock/af8images, **344** Shutterstock/Ned Snowman, **345** Shutterstock/JOKE_PHATRAPONG, **345** Shutterstock/buritora, **345** Shutterstock/Osaze Cuomo, **345** Shutterstock/polkadot_photo, **345** Shutterstock/yoshi0511, **345** Getty Images/georgeclerk, **345** Shutterstock/Toru Kimura, **345** Shutterstock/Thayut Sutheeravut, **345** Getty Images/Kateryna Kolesnyk, **345** Getty Images/John_Kasawa, **345** Getty Images/PicturePartners, **345** Shutterstock/Kristi Blokhin

Frisch weiterlernen mit den PONS Bildwörterbüchern:

ISBN 978-3-12-516241-9

ISBN 978-3-12-516415-4

ISBN 978-3-12-516409-3

ISBN 978-3-12-516411-6

ISBN 978-3-12-516412-3

ISBN 978-3-12-516413-0

ISBN 978-3-12-516277-8

ISBN 978-3-12-516417-8

ISBN 978-3-12-516273-0

ISBN 978-3-12-516433-8

ISBN 978-3-12-516432-1

ISBN 978-3-12-516431-4

ISBN 978-3-12-516428-4

ISBN 978-3-12-516414-7

ISBN 978-3-12-516429-1

Weitere Sprachen:

Bulgarisch
Chinesisch
Dänisch
Griechisch
Hebräisch
Kroatisch
Kurdisch
Norwegisch
Portugiesisch
Schwedisch
Serbisch
Thai
Tigrinisch
Tschechisch
Ukrainisch
Ungarisch
Urdu

PONS

Bildwörterbuch
Japanisch-Deutsch

Bearbeitet von: Akimi Greuet

Entwickelt auf der Basis des PONS Bildwörterbuchs Japanisch
ISBN 978-3-12-516111-5

Bearbeitet von: Anette Dralle, Akimi Greuet

1. Auflage 2021 (1,07 – 2025)

www.pons.com/kontakt

Projektleitung: Christiane Mackenzie
Innenlayout: Petra Michel, Essen
Satz: Satzkasten, Stuttgart
Umschlagfoto: Shutterstock/AVprophoto
Logoentwurf: Erwin Poell, Heidelberg
Logoüberarbeitung: Sabine Redlin, Ludwigsburg
Druck und Bindung: Publikum d.o.o.

ISBN: 978-3-12-516277-8